"十四五"智慧城市实践系列丛书

新型城市基础设施建设发展报告 2022

中国建设报社　编著

中国建筑工业出版社

图书在版编目（CIP）数据

新型城市基础设施建设发展报告 . 2022 / 中国建设
报社编著 . —北京：中国建筑工业出版社，2022.11
（"十四五"智慧城市实践系列丛书）
ISBN 978-7-112-27951-7

Ⅰ . ①新… Ⅱ . ①中… Ⅲ . ①城市—基础设施建设—
研究报告—中国—2022 Ⅳ . ① F299.24

中国版本图书馆 CIP 数据核字 (2022) 第 174349 号

责任编辑：张　健　徐明怡
责任校对：孙　莹

"十四五"智慧城市实践系列丛书
新型城市基础设施建设发展报告 2022
中国建设报社　编著

*

中国建筑工业出版社出版、发行（北京海淀三里河路 9 号）
各地新华书店、建筑书店经销
北京点击世代文化传媒有限公司制版
北京云浩印刷有限责任公司印刷

*

开本：787 毫米 ×1092 毫米　1/16　印张：18¼　字数：355 千字
2023 年 3 月第一版　2023 年 3 月第一次印刷
定价：85.00 元
ISBN 978-7-112-27951-7
（40073）

编委会

主 任 杨海英

主 编 顾宇新

执行副主编 解 菲 张佳丽

主要成员（按姓名笔画排序）

马恩成　王 芳　王 洋　王 晋　王 翀　王为军　亓 伟
牛永波　叶佳龙　田力男　史曦晨　付 明　兰 宇　朱 江
刘 硕　刘绍兴　孙 琦　孙文国　杨 滔　吴安定　吴江寿
吴建忠　吴强华　何 江　张文成　张海英　赵 勇　金 鑫
郑 军　姜 立　娄东军　袁宏永　夏绪勇　顾志明　顾雪存
徐淮舟　梁 怡

参编单位

广东省住房和城乡建设厅

安徽省住房和城乡建设厅

广州市住房和城乡建设局

南京市城乡建设委员会

重庆市住房和城乡建设委员会

青岛市住房和城乡建设局

苏州市住房和城乡建设局

杭州市城乡建设委员会

成都市住房和城乡建设局

济南市住房和城乡建设局

清华大学合肥公共安全研究院

百度 Apollo

北京数字政通科技股份有限公司

青岛市北区若庭瑄置业有限公司

中国电建集团华东勘测设计研究院有限公司

北京构力科技有限公司

万物云城·云城研究院

衷心感谢所有参与本书编写的各位专家同仁和相关单位。随着"新城建"不断取得新进展，与之共生的新技术、新理念、新方法、新成果、新经验也将层出不穷。限于时间和水平，书中难免存在疏漏与不足，敬请广大读者批评指正。具体可联系 010-58933523 或下方二维码关注微信公众号"中国建设报智慧城市"（jsbzhcs），期待您的真知灼见。

序 言

"城，所以盛民也；民，乃城之本也。"城市是国家经济、政治、文化、社会等方面活动的中心，在党和国家工作全局中具有举足轻重的地位。城市工作是一个系统工程。做好城市工作，要顺应城市工作新形势、改革发展新要求、人民群众新期待，坚持以人民为中心的发展思想，坚持人民城市为人民。改革开放以来，我国经历了世界历史上规模最大、速度最快的城镇化进程，城市发展波澜壮阔，取得了举世瞩目的成就。城市发展带动了整个经济社会发展，城市建设成为现代化建设的重要引擎。

2015年12月20日至21日，中央城市工作会议在北京举行。习近平总书记在会上发表重要讲话，分析城市发展面临的形势，明确做好城市工作的指导思想、总体思路、重点任务。2020年3月29日至4月1日，习近平总书记在浙江考察时强调，"运用大数据、云计算、区块链、人工智能等前沿技术推动城市管理手段、管理模式、管理理念创新，从数字化到智能化再到智慧化，让城市更聪明一些、更智慧一些，是推动城市治理体系和治理能力现代化的必由之路，前景广阔。"2022年6月28日，习近平总书记在湖北省武汉市考察时强调："我们必须完整、准确、全面贯彻新发展理念，深入实施创新驱动发展战略，把科技的命脉牢牢掌握在自己手中，在科技自立自强上取得更大进展，不断提升我国发展独立性、自主性、安全性，催生更多新技术新产业，开辟经济发展的新领域新赛道，形成国际竞争新优势。"时代是思想之母，实践是理论之源。习近平总书记关于城市建设与发展和科技创新的一系列重要论述，是我们做好城市工作、提升城市治理体系和治理能力现代化水平的根本遵循，为破解城市发展难题、增强城市发展动力、厚植城市发展优势，推动我国城市高质量发展提供了行动指南。

城市是人类文明的重要标志。让城市更美好，是城市建设、发展、治理的价值所在。目前，住房和城乡建设行业已经进入以创新、协调、绿色、开放、共享为理念，以信息技术大应用与大融合为基础，加快建设宜居、绿色、韧性、智慧、人文城市的新常态。我国常住人口城镇化率超过60%，已经步入城镇化较快发展的中后期。城市发展由大规模增量建设转为存量提质改造和增量结构调整并重，从"有没有"转向"好不好"，全面进入城市更新的新阶段。随着新基建和新型城镇化的快速发展，基于信息化、数字化、智能化的新型城市基础设施建设正发挥重要作用，培育壮大新的经济增长点，转变经济发展方式，不断引领城市转型升级，推进城市治理现代化。

增进民生福祉是发展的根本目的。进入新发展阶段的新征程，住房和城乡建设行业立足新发展阶段，贯彻新发展理念，构建新发展格局，牢牢把握数字化发展新机遇，坚持创新驱动发展，以"新城建"对接"新基建"，拓展经济发展新空间，积极推动新型城市基础设施建设工作落实，顺应人民群众对美好生活的向往，积极回应人民群众所想、所盼、所急。中国建设报社主动适应分众化、差异化传播趋势，发挥资源与顶级平台优势，加快构建舆论引导新格局，在前期工作的基础上，组织编写了《新型城市基础设施建设发展报告 2022》，旨在总结提炼"新城建"试点经验和宣传推广，展示"新城建"试点工作成果，为进一步推进"新城建"提供决策参考和智力支持，助力城市治理体系和治理能力现代化。

本研究报告共分为三部分。

第一部分绪论篇，重点介绍了新型城市基础设施建设发展背景与内涵、工作进展以及发展趋势，通过综述新型城市基础设施建设发展的背景、内涵、总体工作进展及未来发展趋势解读新型城市基础设施的深刻意义。

第二部分试点篇，重点介绍了新型城市基础设施试点城市、试点工作开展的背景需求、主要做法、特色亮点与应用成效，展现新型城市基础设施建设在各地落地生根、百花齐放，助推城市高质量发展。作为"新城建"试点城市，广州、南京、重庆、青岛、苏州、杭州、成都、济南紧抓战略机遇期，敢为人先，主动作为，发挥示范引领作用，从机制体制创新、坚持问题导向、实践应用探索等方面先行先试，充分发挥自身优势，抢占未来发展制高点，为"新城建"工作在其他城市的开展提供了实践范式。

第三部分专题篇，重点介绍了新型城市基础设施建设七大重点任务，即城市信息模型（CIM）平台建设总体研究、智能化市政基础设施建设和改造总体研究、智慧城市与智能网联汽车协同发展总体研究、智能化城市安全管理平台总体研究、智慧社区建设总体研究、智能建造与建筑工业化协同发展总体研究、城市运行管理服务平台建设总体研究，详细解析七大重点任务所涵盖的行业现状、现存问题、未来发展以及实践案例，力争为构建系统完备、高效实用、智能绿色、安全可靠的城市现代化基础设施体系提供理论支撑与经验方法。

饱含信息化载量的新型城市建设，已经波澜壮阔地展现在我国城市建设的伟大进程中。新型城市基础设施建设发展研究成为时代命题，我们努力而为，聚沙成塔，必将不负韶华。展望未来，中国建设报社将深入学习贯彻党的二十大精神，在习近平新时代中国特色社会主义思想指引下，深刻领悟习近平总书记关于城市建设与发展、数字经济等一系列重要指示精神，紧紧围绕国家发展改革中心工作，进一步发挥"新城建"带动有效投资、壮大国内市场、提升城市建设水平和运行效率、推动城市高质量发展的作用，努力打造行业具有标杆性、引领性的品牌宣传，为全面建设社会主义现代化国家做出新的更大的贡献。

中国建设报社

2022 年 8 月 9 日

目 录

第一章 绪论篇

一、新型城市基础设施建设发展背景与内涵

（一）新型城市基础设施建设的发展背景

城市是我国经济社会发展的重要载体，是扩大内需的主引擎和主战场，也是现代文明的标志。城市为新一代信息技术提供了最广阔的应用场景和创新空间。基础设施是人类赖以生存和发展的物质基础，是为国家经济活动、社会生产和居民生活提供基本公共服务的工程设施。基础设施在经济社会发展全局中具有先导性、基础性、战略性作用。经济社会越发展，对基础设施的依赖就越强。城市越发达，对城市基础设施特别是新型城市基础设施的要求就越高。新型基础设施是以信息网络为基础，综合集成物联网、云计算、大数据、人工智能、区块链等新一代信息技术，面向社会生产生活的广泛需要而提供感知、传输、存储等数字能力的新一代信息通信基础设施，是数字中国建设的有机组成部分，也是经济社会数字化转型的重要支撑。

1. 中央城市工作会议确立了中国特色的城市发展道路

2015 年 12 月 20 日至 21 日，中央城市工作会议在北京举行。这是继 1978 年后首次召开的最高规格的中央城市工作会议。会议指出，我国城市发展已经进入新的发展时期。改革开放以来，我国经历了世界历史上规模最大、速度最快的城镇化进程，城市发展波澜壮阔，取得了举世瞩目的成就。城市发展带动了整个经济社会发展，城市建设成为现代化建设的重要引擎。城市是我国经济、政治、文化、社会等方面活动的中心，在党和国家工作全局中具有举足轻重的地位。会议强调，要深刻认识城市在我国经济社会发展、民生改善中的重要作用，顺应城市发展规律，更好发挥法治的引领和规范作用，布局城市发展的政策顶层设计，明确城市发展的方向，在"建设"与"管理"两端着力，着力转变城市发展方式，着力塑造城市特色风貌，着力提升城市环境质量，着力创新城市管理服务，完善城市治理体系，提高城市治理能力，走出一条中国特色的城市发展道路。

2.《中共中央 国务院关于进一步加强城市规划建设管理工作的若干意见》（中发〔2016〕6 号）对城市基础设施建设提出明确要求

2016 年 2 月 6 日，《中共中央 国务院关于进一步加强城市规划建设管理工作的若干意见》（中发〔2016〕6 号）对城市基础设施建设提出明确要求。一是有序实施城市修补和有机更新。解决老城区环境品质下降、空间秩序混乱、历史文化遗产损毁

等问题，促进建筑物、街道立面、天际线、色彩和环境更加协调、优美。通过维护加固老建筑、改造利用旧厂房、完善基础设施等措施，恢复老城区功能和活力；大力推进城镇棚户区改造，稳步实施城中村改造，有序推进老旧住宅小区综合整治、危房和非成套住房改造，加快配套基础设施建设，切实解决群众住房困难。二是优化街区路网结构。加强街区的规划和建设，分梯级明确新建街区面积，推动发展开放便捷、尺度适宜、配套完善、邻里和谐的生活街区；树立"窄马路、密路网"的城市道路布局理念，建设快速路、主次干路和支路级配合理的道路网系统。打通各类"断头路"，形成完整路网，提高道路通达性。科学、规范设置道路交通安全设施和交通管理设施，提高道路安全性；积极采用单行道路方式组织交通。加强自行车道和步行道系统建设，倡导绿色出行。合理配置停车设施，鼓励社会参与，放宽市场准入，逐步缓解停车难问题。三是优先发展公共交通。以提高公共交通分担率为突破口，缓解城市交通压力，统筹公共汽车、轻轨、地铁等多种类型公共交通协调发展，加强城市综合交通枢纽建设，促进不同运输方式和城市内外交通之间的顺畅衔接、便捷换乘，扩大公共交通专用道的覆盖范围。四是健全公共服务设施。合理确定公共服务设施建设标准，加强社区服务场所建设，形成以社区级设施为基础，市、区级设施衔接配套的公共服务设施网络体系；配套建设中小学、幼儿园、超市、菜市场，以及社区养老、医疗卫生、文化服务等设施，大力推进无障碍设施建设，打造方便快捷生活圈；合理规划建设广场、公园、步行道等公共活动空间，方便居民文体活动，促进居民交流。强化绿地服务居民日常活动的功能，使市民在居家附近能够见到绿地、亲近绿地。五是切实保障城市安全。加强市政基础设施建设，实施地下管网改造工程，提高城市排涝系统建设标准，加快实施改造，提高城市综合防灾和安全设施建设配置标准，加大建设投入力度，加强设施运行管理；建立城市备用饮用水水源地，确保饮水安全。健全城市抗震、防洪、排涝、消防、交通、应对地质灾害应急指挥体系，完善城市生命通道系统，加强城市防灾避难场所建设，增强抵御自然灾害、处置突发事件和危机管理能力。六是推进海绵城市建设。充分利用自然山体、河湖湿地、耕地、林地、草地等生态空间，建设海绵城市，提升水源涵养能力，缓解雨洪内涝压力，促进水资源循环利用。大幅度减少城市硬覆盖地面，推广透水建材铺装，大力建设雨水花园、储水池塘、湿地公园、下沉式绿地等雨水滞留设施，让雨水自然积存、自然渗透、自然净化，不断提高城市雨水就地蓄积、渗透比例。七是恢复城市自然生态。制定并实施生态修复工作方案，有计划、有步骤地修复被破坏的山体、河流、湿地、植被，积极推进采矿废弃地修复和再利用，治理污染土地，恢复城市自然生态；优化城市绿地布局，构建绿道系统，实现城市内外绿地连接贯通，将生态要素引入市区；进一步提高城市人均公园绿地面积和城市建成区绿地率，改变城市建设中过分追求高强度开发、高密度建设、大面积硬化的状况，让城市更自然、更生态、更有特色。八是推进城市智慧管理。加强城市管理和服务体系智能化建设，促进大数据、物联网、云计算等现代信息技术与城市管理服务融合，提升城市治理和服务水平；加强市政设施运行管理、交通管理、环境管理、应急管理等城市管理数字化平台建设和功能整合，建设综合性城市管理数据库；推进城市宽带信息基础设施建设，强化网络安全保障，通过智慧城市建设和其他一系列城市规划建设管理措施，不断提高城市运行效率。

3. "新型基础设施建设"的首次提出

2020 年 4 月 20 日，国家发展和改革委员会召开新闻发布会，首次明确新型基础设施的概念和范围。据介绍，新型基础设施是以新发展理念为引领，以技术创新为驱动，以信息网络为基础，面向高质量发展需要，提供数字转型、智能升级、融合创新等服务的基础设施体系。新型基础设施主要包括三个方面内容：一是信息基础设施，主要是指基于新一代信息技术演化生成的基础设施，比如，以 5G、物联网、工业互联网、卫星互联网为代表的通信网络基础设施，以人工智能、云计算、区块链等为代表的新技术基础设施，以数据中心、智能计算中心为代表的算力基础设施等；二是融合基础设施，主要是指深度应用互联网、大数据、人工智能等技术，支撑传统基础设施转型升级，进而形成的融合基础设施，比如，智能交通基础设施、智慧能源基础设施等；三是创新基础设施，主要是指支撑科学研究、技术开发、产品研制的具有公益属性的基础设施，比如，重大科技基础设施、科教基础设施、产业技术创新基础设施等。

4. "十四五"规划绘就新型基础设施建设蓝图

2020 年 10 月 26 日至 29 日，中国共产党第十九届中央委员会第五次全体会议在北京举行。会议审议通过的《中共中央关于制定国民经济和社会发展第十四个五年规划和二〇三五年远景目标的建议》明确提出，"统筹推进基础设施建设"。党中央在"十四五"规划中明确提出"统筹推进基础设施建设"的建议，是基于我国基础设施发展现状、适应经济社会未来发展趋势和人民日益增长的美好生活需要所提出的一项重大战略举措。所谓"统筹推进"：一是大力推进新型基础设施建设，为经济社会数字化转型提供支撑；二是积极推进传统基础设施数字化改造，补齐实践中存在的突出短板。

2022 年 3 月公布的《中共中央关于制定国民经济和社会发展第十四个五年规划和二〇三五年远景目标的建议》，作为指导我国未来 5 年及 15 年国民经济和社会发展的纲领性文件，对"统筹推进基础设施建设"和"推进新型城市建设"进一步作出战略性部署。一是建设现代化基础设施体系。统筹推进传统基础设施和新型基础设施建设，打造系统完备、高效实用、智能绿色、安全可靠的现代化基础设施体系。二是加快建设新型基础设施。围绕强化数字转型、智能升级、融合创新支撑，布局建设信息基础设施、融合基础设施、创新基础设施等新型基础设施。建设高速泛在、天地一体、集成互联、安全高效的信息基础设施，增强数据感知、传输、存储和运算能力。加快5G 网络规模化部署，用户普及率提高到 56%，推广升级千兆光纤网络。前瞻布局 6G 网络技术储备。扩容骨干网互联节点，新设一批国际通信出入口，全面推进互联网协议第六版（IPv6）商用部署。实施中西部地区中小城市基础网络完善工程。推动物联网全面发展，打造支持固移融合、宽窄结合的物联接入能力。加快构建全国一体化大数据中心体系，强化算力统筹智能调度，建设若干国家枢纽节点和大数据中心集群，建设 E 级和 10E 级超级计算中心。积极稳妥发展工业互联网和车联网。打造全球覆盖、高效运行的通信、导航、遥感空间基础设施体系，建设商业航天发射场。三是积极推进传统基础设施数字化改造。加快交通、能源、市政等传统基础设施数字化改造，加强泛在感知、终端联网、智能调度体系建设。四是开展城市现代化试点示范。顺应城市发展新理念、新趋势，建设宜居、创新、智慧、绿色、人文、韧性城市。提升城市智能化水平，推行城市楼宇、公共空间、地下管网等"一张图"数字化管理和城市运行一网统管；科学规划布局城市绿环、绿廊、绿楔、绿道，推进生态修复和功能完善工程，优先发展城市公共交通，建设自行车道、步行道等慢行网络，发展智能建造，推广绿色建材、装配式建筑和钢结构住宅，建设低碳城市；保护和延续城市文脉，杜绝大拆大建，让城市留下记忆、让居民记住乡愁。五是提升城市安全治理。建设源头减排、蓄排结合、排涝除险、超标应急的城市防洪排涝体系，推动城市内涝治理取得明显成效；增强公共设施应对风暴、干旱和地质灾害的能力，完善公共设施和建筑应急避难功能。加强无障碍环境建设。六是拓展城市建设资金来源渠道，建立期限匹配、渠道多元、财务可持续的融资机制。

5. 以"新城建"对接"新基建"，引领城市转型升级

改革开放以来，我国城市建设领域成就显著，城市基础设施得到明显改善，在完善城市功能、增强城市综合承载能力、提高城市运行安全和效率、改善人居环境、增进民生福祉、促进城市高质量发展等方面发挥了重要作用，但依然存在一些亟待解决的突出问题：一是城市高速发展对城市基础设施的需求越来越旺盛，但长期以来总量供给总体不足。二是投资主体相对单一，融资渠道偏窄，市场化投融资机制尚未完全建立。三是规划设计不尽合理，基础设施布局存在区域间不平衡，在部分城市尚未完全做到为全体市民提供均等化服务。四是建设标准滞后且参差不齐，智能化程度不高，尚未达到高水平互联互通。五是建设方式粗放，建安成本和管理成本居高，安全

事件频发，运行效率较低。六是绿色低碳发展水平还有待提高。

为了解决上述问题，2020 年 8 月，住房和城乡建设部等七部门联合下发指导意见，指导意见明确要求，要加快推进基于信息化、数字化、智能化的新型城市基础建设，以"新城建"对接"新基建"，提高城市承载能力和管理服务水平，引领城市转型升级。

根据工作安排，经地方申请，住房和城乡建设部在 21 个城市开展了"新城建"综合试点，同时也在部分城市就一些专项任务开展了专项试点。经过试点城市的实践探索和创新，目前已经取得阶段性成果，形成一些可复制、可推广的经验，为以点带面加快推进新型城市基础设施建设树立了标杆、作出了示范。

（二）新型城市基础设施建设的内涵

1. 新型城市基础设施建设的内在逻辑

积极推进新型城市基础设施建设，符合数字技术驱动经济内涵式增长的要求，也体现了城市高质量发展的理念。新型城市基础设施建设，主要是依托 5G 技术与 AIoT（人工智能＋物联网）、MEC（移动边缘计算）、IOC（智能运营管理）等新技术与传统城市基础设施的融合发展，串联起"端—边—枢"，实现城市基础设施万物智联、数据感知、信息共享、交互协同的全新建设模式。前沿先进技术有机融入新型城市基础设施建设，将助推更多创新技术形态的产生，为智能化发展拓展了巨大空间。通过新型城市基础设施建设的实践与推广，助推创新成果孵化新生，结合城市建设应用领域的不同特点，不断拓展符合建筑产业、汽车工业、城市治理、社区建设、防灾减灾等各行业、各领域智能化发展需求的"云—管—端"应用场景，让应用场景成为创新成果的测试论证与孵化、转化的平台，逐步形成"创新—应用—再创新"的发展逻辑。

2. 新型城市基础设施建设的基本特征

新型城市基础设施建设与传统城市基础设施建设相比，其"新"主要体现在以下几个方面。一是新型城市基础设施建设主要是连接人与数据，解决数据的连接、交互和处理问题；传统城市基础设施建设主要是连接人与物，解决基础设施覆盖范围内的商业化问题。二是新型城市基础设施建设由于嵌入了 5G、大数据、人工智能等高科技要素，有利于产业结构优化，将为相关产业升级带来更大发展空间，推动形成新产品服务、新生产体系和新商业模式；传统城市基础设施建设只是为产业发展带来便利化，较难促进产业升级换代。三是新型城市基础设施建设以市场为主导，更适合 PPP 模式，对民间和私人资本吸引力强，百度、腾讯、华为等互联网企业都将是新型基础设施建设的深度参与者；传统城市基础设施建设以政府为主导，市场化程度低，主要由地方政府城投公司或者垄断性国企负责组织实施。四是新型城市基础设施建设强调高科技和智能化，更多指向分布、5G 和数据分析；传统基础设施建设主要发挥的是基础支撑作用。五是新型城市基础设施建设更适合中长期投资，有望获得高增长的收益；传统城市基础设施建设偏向于中短期投资，获得相对安全的估值修复收益。六是新型城市基础设施建设更多体现绿色发展和高质量发展；传统城市基础设施建设更多的是关注去产能和投资拉动，有些项目粗放发展或者有一定程度的污染。

3. 新型城市基础设施建设的重点任务

推进新型城市基础设施建设的重点任务是加快推进基于信息化、数字化、智能化的新型城市基础设施建设和改造，全面提升城市建设水平、运行效率和治理能力。具体来讲，主要包括以下几个方面。一是全面推进城市信息模型（CIM）平台建设，打造智慧城市的基础平台，完善平台体系架构，加快形成国家、省、城市三级 CIM 平台体系，逐步实现三级平台互联互通。二是实施智能化市政基础设施建设和改造，对城镇供水、排水、供电、燃气、热力等市政基础设施进行升级改造和智能化管理，进一步提高市政基础设施运行效率和安全性能。三是协同发展智慧城市与智能网联汽车，以支撑智能网联汽车应用和改善城市出行为切入点，建设城市道路、建筑、公共设施融合感知体系，打造智慧出行平台"车城网"，推动智慧城市与智能网联汽车协同发展。四是建设智能化城市安全管理平台。以 CIM 平台为依托，整合城市体检、市政基础设施建设和运行、房屋建筑施工和使用安全等信息资源，充分运用现代科技和信息化手段，加强城市安全智能化管理。五是加快推进智慧社区建设，深化新一代信息技术在社区建设管理中的应用，实现社区智能化管理，推进智慧社区平台与城市政务服务一体化平台对接，推动"互联网＋政务服务"向社区延伸，打通服务群众的"最后一公里"。六是推动智能建造与建筑工业化协同发展，以大力发展新型建筑工业化为载体，以数字化、智能化升级为动力，打造建筑产业互联网，对接融合工业互联网，形成全产业链融合一体的智能建造产业体系。七是推进城市运行管理服务平台建设。建立集感知、分析、服务、指挥、监察等为一体的城市运行管理服务平台，提升城市科学化、精细化、智能化管理水平。加快构建国家、省、城市三级综合管理服务平台体系，逐步实现三级平台互联互通、数据同步、业务协同。

（三）加快推进新型城市基础设施建设的实践意义

1. 加快推进新型城市基础设施建设，是贯彻落实习近平总书记重要指示批示精神和党中央、国务院决策部署的重要举措

2020 年 3 月 29 日至 4 月 1 日，习近平总书记在浙江考察时强调，"推进国家治

理体系和治理能力现代化，必须抓好城市治理体系和治理能力现代化。运用大数据、云计算、区块链、人工智能等前沿技术推动城市管理手段、管理模式、管理理念创新，从数字化到智能化再到智慧化，让城市更聪明一些、更智慧一些，是推动城市治理体系和治理能力现代化的必由之路，前景广阔。"习近平总书记的重要指示，深刻揭示了通过新一代信息技术赋能城市建设、推动城市治理体系和治理能力现代化的发展规律，为做好新型城市基础设施建设工作明确了方向，提供了根本遵循。

党的十九届五中全会提出，要提升产业链、供应链现代化水平，发展战略性新兴产业，加快发展现代服务业，统筹推进基础设施建设，加快建设交通强国，推进能源革命，加快数字化发展，完善新型城镇化战略，推进以人为核心的新型城镇化，实施城市更新行动。由此可见，新型城市基础设施建设是推进新型城镇化和实施城市更新行动的重点任务之一，也是扩大内需、创新驱动、高质量发展的必然选择。

坚持以习近平新时代中国特色社会主义思想为指导，立足城市发展新阶段，贯彻新发展理念，构建新发展格局，全面贯彻落实党中央、国务院关于实施扩大内需战略、推进新型城镇化和加强新型基础设施建设的决策部署，深入实施创新驱动发展战略，把握全球新一轮信息技术变革趋势，通过运用大数据、云计算、区块链、人工智能等前沿技术，赋能城市建设、推动城市治理体系和治理能力现代化，适应城市发展新形势，加大统筹力度，以满足人民日益增长的美好生活需要为根本目的，以支撑城市更新行动为主线，持续提升科技创新能力，强化科技创新战略支撑作用，加快推进基于信息化、数字化、智能化的新型基础设施建设进程，以"新城建"对接"新基建"，提高城市承载能力和管理服务水平，引领城市转型升级，提升城市治理效能，促进城市高质量发展。

2. 加快推进新型城市基础设施建设，是做好"六稳"工作、落实"六保"任务，实施扩大内需战略的重要抓手

党的十九届五中全会提出，要形成强大国内市场，构建新发展格局；坚持扩大内需这个战略基点，加快培育完整内需体系，把实施扩大内需战略同深化供给侧结构性改革有机结合起来，以创新驱动、高质量供给引领和创造新需求；畅通国内大循环，促进国内国际双循环，全面促进消费，拓展投资空间；推动传统产业高端化、智能化、绿色化发展，推动互联网、大数据、人工智能等同各产业深度融合，构建系统完备、高效实用、智能绿色、安全可靠的现代化基础设施体系。

2021 年 12 月 8 日至 10 日召开的中央经济工作会议再次强调，2022 年经济工作要"稳字当头，稳中求进"，各级政府及其部门要担负起稳定宏观经济的责任。各方要积极推出有利于经济稳定的政策，政策发力适当靠前。坚持"六稳"稳得牢，"六保"

保得住。要实施好扩大内需战略，适度超前进行基础设施建设，持续激发市场主体活力 ①；要坚持扩大内需这个战略基点，大力发展数字经济，加大新型基础设施投资力度，实施城市更新行动。2022 年 3 月公布的《中共中央关于制定国民经济和社会发展第十四个五年规划和二〇三五年远景目标的建议》明确提出，适度超前布局国家重大科技基础设施，提高共享水平和使用效率。

城市是我国经济社会发展的重要引擎，也是当前做好"六稳"工作、落实"六保"任务以及实施扩大内需战略的主战场。新型城市基础设施建设为 5G、物联网、大数据、工业互联网等新一代信息技术提供了广阔的应用场景和创新空间。加快推进"新城建"可以充分释放城市发展巨大潜力，带动有效投资和消费，培育新的经济增长点，形成发展新动能。比如，我国城市供热管道近 40 万公里，天然气管道近 80 万公里，供水管道已经超过了 90 万公里，仅对一部分市政管网进行智能化升级和改造，就会产生大量有效投资。比如，我国城镇居民平均 75% 的时间在居住社区中度过，居住社区蕴含着巨大的消费潜力。建设智慧社区可以充分发挥物业服务企业拥有社区消费"最后一公里"的天然优势，大力发展线上线下社区服务业，建立完善社区消费体系，扩大以居住为核心的生活服务消费。加快推进新型城市基础设施建设，有利于充分释放我国城市发展的巨大潜力，迅速落地实施一批新型城市基础设施建设项目，带动有效投资，培育新的经济增长点，形成发展新动能，也有利于更好适应居民消费新趋势，激发居民消费潜力，建设强大国内大循环市场。

需要注意的是，各级政府及其部门要想方设法降低城市基础设施和准公共设施的用户成本。基础设施适度超前是必要的，但有些方面过度超前，有可能会抬高用户成本，或者形成不可持续的公共部门债务。互联网平台虽多是民企经营，但具有准公共性的特征，垄断带来用户高成本甚至市场进入障碍，这两个方面都要有所控制。目前中央提出"新基建"，其中包括发展 5G，但现有 5G 技术也不是完全成熟，数千亿级的投资已经布下，而且运营成本极高，找不到应用场景，今后消化成本是难题。这些成本要逐步降下来，不然会是国内大循环的堵塞点 ②。

3. 加快推进新型城市基础设施建设，是推动城市提质增效、促进城市转型发展与高质量发展的有效路径

我国经济发展已经进入由高速增长转向高质量发展的新阶段，传统的"大量建设、

---

① 在 2021 年 12 月 11 日召开的"2021-2022 中国经济年会"上，中央财经委员会办公室副主任韩文秀表示，2022 年经济工作要"稳字当头，稳中求进"。韩文秀表示，各方要积极推出有利于经济稳定的政策，慎重出台有收缩效应的政策，政策发力要适当靠前。提高政策的针对性、操作性、管用性，抵御经济下行压力，坚持"六稳"稳得牢，"六保"保得住。要实施好扩大内需战略，适度超前进行基础设施建设，持续激发市场主体活力，要提升制造业核心竞争力，坚持"房住不炒"的定位。
② 节选自楼继伟 2020 年 9 月 15 日在经济 50 人论坛研讨会上的发言。

大量消耗、大量排放"的城市开发建设方式已经不适应新阶段的发展要求。围绕推进新型城镇化的重大战略部署，立足稳增长、调结构、促改革、惠民生，坚持把发展经济着力点放在实体经济上，加快推进产业深度融合和新型城市基础设施建设，构建实体经济、科技创新、现代金融、人力资源等协同发展的现代产业体系，强化城市基础设施的支撑作用，拉动投资、促进消费、扩大就业，提升城市建设水平、运行效率和治理能力，推动经济结构调整和发展方式转变，切实提高城市发展质量。

在新型城市基础设施建设过程中，要继续深化投融资体制改革，充分发挥市场配置资源的决定性作用，强化规划的引领和控制作用，坚持"先规划、后建设"原则，切实提高规划的科学性、权威性和严肃性，严格依据国土空间规划要求，积极推进新型基础设施建设，形成高质量发展"新支撑"，利用信息技术推进传统基础设施智能化改造，带动经济转型升级。加快转变城市开发建设方式，整体提升城市建设水平和运行效率，着力提高城市综合承载能力，保障城市运行安全，改善城市人居生态环境，推动城市节能减排，促进城市转型和高质量发展。

4. 加快推进新型城市基础设施建设，是普及数字技术、发展数字经济的应有之义

从本质上讲，以信息化、数字化、智能化为核心的新型城市基础设施建设，是数字技术与传统城市基础设施建设融合发展的实践。当前数字经济发展进入以产业数字化为主体的新阶段，迫切需要融入城市基础设施建设等实体产业，为全社会提供高效便捷、成本可控的数字化服务，为城市经济转型发展注入新动力。

数字经济是以数据为关键生产要素、以现代信息网络为重要载体、以数字技术应用为主要特征的经济形态。发展数字经济是新一轮科技革命和产业变革的大势所趋，是推动我国高质量发展的重要途径，也是增强我国经济发展韧性的客观要求。目前，中国数字经济规模已位居世界前列，研发投入、专利数和市场占有率均名列前茅。2020 年中国数字经济规模达到 39.2 万亿元，占 GDP 比重达 38.6%，保持 9.7% 的高位增长速度，成为稳定经济增长的关键动力[①]。有机构初步估算，2021 年中国数字经济规模超过 45 万亿元人民币，占 GDP 比重超过 40%，数字经济在国民经济中的地位愈发突出。数字经济也成为世界各国应对新冠肺炎疫情冲击、加快经济社会转型的重要选择。发展数字经济，"要善于创造软环境，持续完善法治环境，适度超前进行基础设施建设，优化资源和服务供给，保护公平竞争，反对垄断[②]。"若能够把握后疫情时代数字经济发展新机遇，充分发挥新型城市基础设施建设的投资拉动和产业带

---

① 数据来自 2021 年 9 月发布的《中国互联网发展报告 2021》。
② 2021 年 9 月 6 日，2021 中国国际数字经济博览会在石家庄开幕，中共中央政治局委员、国务院副总理刘鹤以视频方式出席并致辞。谈到如何发展数字经济，刘鹤指出，要善于创造软环境，持续完善法治环境，适度超前进行基础设施建设，优化资源和服务供给，保护公平竞争，反对垄断。

动效应，我国将有望成为世界领先的数字经济强国。

有机构研究数据显示，到 2025 年，5G、特高压、城际高速铁路和城际轨道交通、充电桩、大数据中心、人工智能、工业互联网等七大领域新型基础设施建设直接投资将达 10 万亿元左右，带动投资累计或将超过 17 万亿元[①]。新型城市基础设施建设是稳投资、稳增长的重要抓手。适度超前是城市基础设施建设的本质特征。为了促进数字经济的发展，需要适度超前进行城市基础设施建设，重点支持数字技术向城市基础设施的融合发展，主要包括 CIM、BIM、人工智能基础设施、区块链基础设施，车联网、智慧城市大脑等。按照"十四五"规划关于发展数字经济以及推进数字产业化和产业数字化的要求[②]，加大新型城市基础设施投资力度，有利于疫情外部冲击之下稳增长与托底经济，也有利于深化数字经济技术优势、培育新的经济增长点。

5. 加快推进新型城市基础设施建设，是深化金融供给侧改革和盘活存量基础设施资产的有效路径

2022 年及今后一段时期，按照"十四五"规划的战略部署，政府及其有关部门将不断优化投资环境，拓展投资空间，改善投资结构，提高投资效率，保持投资合理增长，加快补齐基础设施、市政工程、公共安全、生态环保、公共卫生、防灾减灾、民生保障等领域短板，推进新型基础设施、新型城镇化、交通水利等重大工程建设，进一步激发民间投资积极性，鼓励民间资本参与"两新一重"等补短板项目建设，引导金融机构加大对民营企业信贷支持，落实中小微企业降成本政策，有效盘活基础设施存量资产，规范有序推进政府和社会资本合作（PPP），稳妥开展基础设施领域不动产投资信托基金（REITs）试点，形成存量资产和新增投资的良性循环。目前，以 5G 基站、数据中心、人工智能等为代表的新型基础设施建设已经成为投资的热点。由于新型城市基础设施投资具有建设周期长、资金需求量较大、投资回报相对稳定等特点，未来有望成为各类资本关注和投资的重点。

政府在新型城市基础设施建设投资领域的作用主要有三个方面：一是通过财政政策和货币政策等手段调控基础设施投资的方向和重点。二是通过立法对社会资本投资配置提供制度保障和实行反垄断管制。三是直接投资非盈利性基础设施建设，为社会资本投资创造良好的外部环境。2020 年 7 月，国家发展和改革委员会办公厅发布《关

---

① 2020 年 3 月 23 日，中国电子信息产业发展研究院（赛迪）发布了《"新基建"发展白皮书》（以下简称《白皮书》）。《白皮书》预计，到 2025 年，5G 基建、特高压、城际高速铁路和城市轨道交通、新能源汽车充电桩、大数据中心、人工智能、工业互联网等七大领域"新基建"直接投资将达 10 万亿元左右，带动投资累积或超 17 万亿元。

② 2020 年 10 月 29 日，十九届五中全会通过《中共中央关于制定国民经济和社会发展第十四个五年规划和二〇三五年远景目标的建议》提出，"发展数字经济，推进数字产业化和产业数字化，推动数字经济和实体经济深度融合，打造具有国际竞争力的数字产业集群。"

于做好基础设施领域不动产投资信托基金（REITs）试点项目申报工作的通知》（发改办投资〔2020〕586号），积极开展基础设施公募REITs试点工作。基础设施公募REITs属于境内创新型的金融产品，需要充分发挥原始权益人、基金持有人等市场各方参与者的作用，形成有效的协同制衡机制，建立和完善REITs的资产证券化税收规范体系，切实有效地提高基础设施运营管理水平和REITs的投资收益率。基础设施公募REITs试点，将重点聚焦基础设施领域，既包括交通、仓储物流、污染治理、市政工程等传统基础设施"补短板"项目，也包括智慧城市、智慧社区、智能建造、智能网联汽车协同发展等新型城市基础设施项目。

基础设施公募REITs产品的推出，将有助于进一步深化金融供给侧改革和可持续投融资生态体系的搭建，盘活各类经营性基础设施存量资产，既可为增量投资提供新的融资工具，又可降低政府和企业的财务风险，增强资本市场服务实体经济能力，成为社会资本投资新型基础设施的有效路径。采用公募方式公开发行标准化的REITs产品，提供了更高流动性，有利于吸引保险、社保以及养老金等各类长期权益资金，广泛地调动社会资本投资的积极性。同时，基础设施公募REITs产品，还有效提升企业再投资能力，降低企业杠杆率，实现轻资产运营，提高基础设施运营效率，助推项目收益和资产价值的增加，为社会资本退出提供了规范化渠道。

6.加快推进新型城市基础设施建设，是切实解决民生问题和满足人民美好生活需要的重要着力点

2019年8月19日至22日，习近平总书记在甘肃考察时强调，"城市是人民的，城市建设要贯彻以人民为中心的发展思想，让人民群众生活更幸福。金杯银杯不如群众口碑，群众说好才是真的好"。

2021年末，我国常住人口城镇化率超过60%。根据城市发展规律，我国已经进入城镇化发展的中后期，由大规模增量建设转为存量提质改造和增量结构调整并重，从"有没有"转向"好不好"。在过去几十年的发展过程中，城市建设注重速度和规模，城市规划建设管理相互脱节，基础设施和公共服务设施建设领域存在严重短板。推进新型城市基础设施建设，必须坚持以人民为中心，围绕民生需求布局，着力补齐基础设施和公共服务设施短板，提供更高品质的产品和服务，全方位提升城市品质、人居环境质量和城市竞争力，不断满足人民对美好生活的向往，让人民享受到更多城市发展的成果。

推进新型城市基础设施建设是提升城市建设水平和运行效率、实现城市科学治理、满足人民美好生活需要的重要途径。新型城市基础设施建设与百姓生活息息相关，应当遵循民生优先的原则，坚持先地下、后地上，优先加强供水、供气、供热、电力、通信、公共交通、物流配送、防灾避险等与民生密切相关的基础设施建设，以信息化、数字化、智能化为驱动，构建表达和管理城市的三维空间，奠定数字孪生城市基础底座，丰富数字孪生城市数据基础，赋能传统基础设施改造，集中力量解决群众最关心、最直接、最现实的利益问题，保障城市基础设施和公共服务设施供给，提高设施水平和服务质量，提升城市治理体系和治理能力，助力城市数字化转型，满足居民基本生活需求，不断增强人民群众获得感、幸福感、安全感。

二、新型城市基础设施建设工作进展

（一）新型城市基础设施建设总体进展情况

按照新型城市基础设施建设相关指导意见要求，经地方申请，住房和城乡建设部在 21 个城市开展了"新城建"综合试点，同时也在部分城市就一些专项任务开展了专项试点。从试点工作总体进展情况看，主要呈现出以下几个特点。

1. 秉持新发展理念

各试点城市坚定不移地全面贯彻新发展理念，不断深化对城市发展自身规律的认识，从构建以国内大循环为主体、国内国际双循环相互促进的新发展格局出发，转变城市发展方式，"按照资源环境承载能力合理确定城市规模和空间结构，统筹安排城市建设、产业发展、生态涵养、基础设施和公共服务。推行功能复合、立体开发、公交导向的集约紧凑型发展模式，统筹地上地下空间利用，增加绿化节点和公共开敞空间，新建住宅推广街区制"[①]，把实现更高质量、更有效率、更加公平、更可持续、更为安全的发展放在首要位置，将"新城建"作为扩内需补短板、增投资促消费、加快建设全国统一大市场的重要支点，充分发挥"新城建"对有效投资和消费的带动作用，按照"新城建"试点工作的总体要求，不断在实践中摸规律、找方向、寻路径，总结可复制、可推广的经验。比如，杭州市在试点过程中始终秉持新发展理念，探索多主体创新合作模式，充分调动各类主体积极性，构建促进各主体协同发展、互促互进的生态体系和市场环境。一是统筹安排财政资金，积极引导社会资金。保证政府性投入的稳定性和持续性。探索建立规范的投融资机制，通过特许经营、购买服务、产权激励等多种形式，引导社会力量、鼓励社会资本参与"新城建"项目，建立可持续发展机制。二是完善市场环境，促进各类主体的协同发展。"新城建"支撑主体众多，需要从数据开放平台、创新资源链接、技术研发应用等角度，构建能够促进各类主体

---

① 节选自《中华人民共和国国民经济和社会发展第十四个五年规划和 2035 年远景目标纲要》。

协同发展，培育面向政府—企业—公众生态体系。利用海量城市数据资产，政府端实现对城市的精准治理；企业端可以通过提升管理水平、转变运营思路和改善服务品质，实现对资源的优化配置；公众端可以通过审批服务便利化提升获得感和幸福感。三是加强引导科研投入。依托高等院校、科研机构、骨干企业的优势，通过产学研一体化工作，组织开展"新城建"理论技术的前沿研究，建立"新城建"人才体系，加快培育现代产业化工人队伍。

2. 坚持分类实施

推进新型城市基础设施建设，资金投入是关键。各试点城市不断创新完善"新城建"投融资机制，通过金融支持、政府和社会资本合作等多种形式，鼓励各类专业企业和社会资本积极参与"新城建"。一是在投资方面，城市信息模型（CIM）平台、城市运行管理服务平台等基础性、公益性项目由政府投资，社区商业服务、收费停车场等盈利性项目由社会资本投资，城镇供水、排水、供电、燃气、热力等市政基础设施的升级改造和智能化管理项目，可以由政府投资或者社会资本单独投资，也可以由政府和社会资本合作投资。二是在消费方面，凡是属于基本公共服务范畴的，由政府直接提供或者政府向第三方机构购买服务；凡是能够通过商业化路径解决的，鼓励引导物业服务企业搭建智慧物业管理服务平台，接入各类优质生活服务，将有效带动居民生活消费，充分发挥消费引领和传导效应，提升居民生活品质和幸福指数。

3. 遵循经济可行原则

在推进新型城市基础设施建设过程中，各试点城市非常重视要算清"经济账"，实现项目的可持续性，遵循经济可行原则。无论是政府投资还是社会资本投资，无论是投资型项目还是消费项目，都十分注重投入产出效益分析和消费带动力测算。即便是政府投资的公益性平台项目，也要从投资预算的角度进行预评估，既要量力而行、防止贪大求全，也要尽可能利用好现有数据平台资源、避免重复建设造成浪费。比如，杭州市在推进"新城建"试点工作中，与浙江省地下市政基础设施普查工作统筹对接、共享共用数据资源。目前，浙江省地下市政基础设施普查工作正在进行，杭州市城乡建设委员会积极与相关部门共同推进双方数据标准的衔接和统一，并发布相关普查标准和规范，开展高效统筹和数据成果共享共用。以杭州市临平区为例，该区最突出的地下隐患不是路面塌陷，而是城市内涝、污水管堵塞、井盖泵站监控等精细化管理问题。对此，临平区依托地下隐患智防系统的数据底座，接入管线、物联感知数据等，快速搭建"地下管网数字化生态系统"，为管线植入 IC 芯片形成"身份证"，打造基层管网养护闭环。在提高区域治理能力的同时，也丰富了市级系统的基础数据。

4. 探索行之有效的工作机制

"新城建"涉及面广、领域众多、任务繁杂，客观上需要统筹谋划、通力合作、协同推进。各试点城市在实践中逐步探索出一套有效推进"新城建"工作的体制机制。一是在"新城建"试点工作组织保障工作机制方面，从目前各试点城市工作方案来看，多数是由城市人民政府分管副市长担任"新城建"领导小组组长，也有由一把手市长甚至市委书记牵头任组长的。比如，成都市作为城市体检评估试点城市和"新城建"试点城市，牢牢把握"双试点"的先手和契机，充分依托已经建立的城市体检工作机制，成立了由市主要领导担任组长的"城市体检和新城建试点工作领导小组"，两项试点工作同研究、同部署，统筹协调、压实责任、一体推进；牵头部门有设在住房和城乡建设部门的，也有设在城市管理部门的，在非试点城市，也有可能由其他部门牵头的，比如设在大数据局。不管哪个部门牵头，都需要在实践中探索出一套符合实际且行之有效的工作推进机制，以更好地促进"新城建"工作。比如，南京市建立"1+1+N"的组织管理体系，"1"即成立南京市新型城市基础设施建设领导小组，加强顶层设计、系统规划和体制机制创新，以及试点工作的统筹、协调和管理。"+1"即建立专家咨询、创新研发团队，深入与中国联通的协作配合，为"新城建"提供技术和产品支撑，加大科研创新力度。"+N"即建立建设系统信息化联动协作团队，依托 24 项试点任务和大数据管理体系，将各专业部门、专业信息化团队进行串联，增强信息交互和工作联动，激发多部门、多专业合力和创新力。二是在探索"新城建"各项任务与城市信息模型（CIM）平台进行对接的工作机制方面，国家已经明确城市信息模型（CIM）平台建设由住房和城乡建设部牵头。一些城市因地制宜，由大数据等部门牵头城市信息模型（CIM）平台建设的，强调一定要按照国家统一的标准进行建设，力求实现全国各级平台的有效联网，以便更好地与相关工作任务对接，实现城市信息模型（CIM）平台在不同场景的实践应用。比如，福州市基于"城市大脑"统筹规划和大数据、时空信息、视频感知等共性能力平台的支撑下，重点开展"8+3"试点（8 个基础平台与应用场景建设、1 个区域化集成试点区、1 个基础平台重点应用试点区、1 个老城区综合应用示范区），助力打造数字中国示范城市和数字应用第一城，将福州市建成新型城市基础设施国内领先的城市，为打造城市一流竞争力提供有力技术支撑。比如，苏州市以"一平台六推进"的建设思路，创新工作机制，落实七项任务，加快城市有机更新，推动产业转型升级。三是在不同工作方案对接机制方面，各试点城市努力做到统筹兼顾、突出重点、先后有序。比如，成都市在《成都市国民经济和社会发展第十四个五年规划纲要》《成都市建筑业"十四五"规划》和《成都市城市建设"十四五"规划》等规划中统筹考虑"新城建"试点工作，将"新城建"作为成都市"高质量发展攻坚年"和"公园城市示范区建设"等全市中心工作的重要内容，纳入成渝地区双城经济圈和成德眉资同城化发展推进范围，纳入统筹城市长远发展和市民现实需求的幸福美好生活十大工程，并写入 2021 年市政府部门及管理单位常规目标体系考评内容；将"新城建"试点工作融入《成都市智慧城市建设行动方案（2020—2022）》《关于大力推进绿色建筑高质量发展助力建设高品质生活宜居地的实施意见》，结合 5G 城市建设、智慧城市建设、大运场馆建设、城市有机更新等多项实际工作，统合推进。先后出台《成都市新型城市基础设施建设试点工作推进方案》和《成都市新型城市基础设施建设试点方案》，建立了"双试点"统筹和推动项目集约集成的工作机制。按照"结合实际、分步实施、必选＋自选"的原则，确定了先期推进的 2 项必选任务、3 项自选任务，1 项自选任务拟在"十四五"中期推进，实现了试点工作良好开局。

5. 创新市场化运行模式

可持续推进"新城建"工作的关键是要处理好政府与市场的关系。在保障政府投入的基础上，加大金融机构支持力度，充分发挥市场在资源配置中的决定性作用，鼓励社会资金参与城市基础设施建设，进一步完善城市公用事业服务价格形成、调整和补偿机制，形成一批可复制、可推广的商业运行模式。比如，广州市创新商业模式，激活市场主体参与积极性，在市政基础设施和智慧社区改造等领域，探索社会资金参与模式，发挥国有企业在"新城建"中的引领作用，鼓励行业龙头企业带动中小企业特别是科技创新型企业以多种方式参与"新城建"。比如，成都市按照"政府引导、市场主导"的商业化运作模式，结合相关产业发展实际，加大市、区（市）县两级财政资金作为试点任务的基础性、引导性投入，多渠道统筹引入市场融资机制，通过发布城市机会清单、差异化实施试点、创新拓宽融资渠道、推进片区综合开发等多种举措，积极开展商业化探索，培育新型建设运营主体，积极推进"政府投入＋社会参与"模式，推动"新城建"试点任务应用，鼓励市场主体开展多种形式的建设运营和商业化应用，以充分释放城市发展潜力，培育新的经济增长点，形成发展新动能。以智能化市政设施改造为例，一些试点城市探索积累了不少有益经验。比如，绍兴市对城市供水管网进行节水智能化改造，降低供水管网漏损，同时用获得的节水效益来支付节水改造成本，管网漏损率连续多年控制在 5% 以下，既促进了资源节约利用，也有效平衡了运行成本，获得了经济收益。

6. 推进深度融合发展

推进"新城建"试点工作是一个促进融合发展的过程。一是推进 5G 技术与 AIoT（人工智能＋物联网）、MEC（移动边缘计算）、IOC（智能运营管理）等新技术与传统产业的深度融合发展。比如，杭州市结合"新城建"试点，梳理重要环节产业链图谱和产业导入机会，绘制"一框一链"产业链图谱，探索联动促进产业发展。以龙头企业为引领，鼓励与基础层、操作系统层、应用层等节点相关的云计算和大数据、虚拟现实、人工智能、物联网、位置信息服务、区块链等领域企业参与建设，推进产业集聚发展；通过适时举办"新城建"开发者大会、相关领域对接会、研讨会等多种形式，推进政产学研联动，着力形成咨询规划、基础设施建设、应用开发、运营维护等全流程标准化产品和服务，探索产建融合"杭州样本"。二是推进大数据、物联网、云计算等现代信息技术与城市管理服务的深度融合发展。比如，福州市将数字化手段延伸到城市管理的各领域、各环节，依托智慧城市平台，围绕产业发展和城市管理两条链，建设智慧社区、智慧停车、智慧灯杆、智慧工地、智慧供水等多个应用场景，让便捷、高效、安全的数字生活触手可及。三是推进新技术、新产业、新模式与城市治理的深度融合发展。比如，苏州市着力推动新技术、新产业、新模式与城市治理深度融合，推进一网通用、一网通办、一网统管。围绕城市管理、安全生产、生态环境、应急救援等领域，苏州工业园区统筹整合了20余类事项来源，结合视频、无人机、高空云眼、大数据分析研判、物联感知等能力建设，及时发现、处置市容环卫、占道经营等问题，识别烟火、非法入侵等安全隐患，有效提升了试点区域内风险感知能力、事件发现和处置效率。截至目前，试点区域的工单量提升了28%，工单处理时长比平均缩短了23%，全区日均工单超2700余条，城市治理水平得到有效提升。四是推进建筑行业与工业信息化行业等全产业链的深度融合发展。比如，近年来，住房和城乡建设部、工业和信息化部等各部委联合推进的 CIM 基础平台建设，旨在通过建立一个城市信息数据汇聚基础平台，实现城市海量多源异构数据融合，在城市基础地理信息的基础上，建立建筑物及基础设施等 BIM 和三维数字模型，表达和管理城市三维空间，以支撑城市规划建设、管理运行的数字化、立体化、精细化、智能化以及支撑智慧城市的建设和运行。五是推进车、路、网三大体系的深度融合发展。比如，广州市以琶洲车城网试点为载体，汇聚总体架构、功能、交互接口与数据需求，明确信息交互数据标准，促进车、路、网三大体系融合，探索全产业链利益分享机制，推动形成产学研用深度互动的车城网新生态。六是推进 CIM、BIM、车联网、智慧城市大脑等信息平台的深度融合发展。比如，成都市在"新城建 +"的实践中，以城市体检为导向，同步推进 CIM 平台与智慧城市大脑服务平台的数据资源融合互通共享。七是推进数字经济和实体经济的深度融合发展。比如，成都市在推动"新城建"发展过程中，城市基础设施得到数字化、网络化、智能化建设和更新改造，大数据、人工智能、前沿材料、智能装备等新科技、新智造、新服务和新消费等"串珠成链"，新的经济增长点也随之出现。比如，烟台市加快数字产业化发展，推动集成电路等关键领域创新突破，依托中国长城（烟台）自主创新示范基地，发展自主可控信息技术应用创新产品，提升系统和整机产品竞争力；依托睿创微纳、明石微纳等骨干企业，发展非制冷红外线成像传感器、微电机系统传感器等关键电子元器件；依托莱阳市海尔智慧厨电公司发展各类厨房用智能终端产品，带动一批相关配套企业落地；依托富士康等企业量产 8K 超高清电视、专业摄像机，打造国内有影响力 8K 产业发展高地和"5G+8K"应用先导区。八是推进绿色低碳行动与建筑工业化的深度融合发展。住房和城乡建设部大力推动智能建造与建筑工业化协同发展，积极发展装配式建筑，推广钢结构住宅，建设高品质绿色建筑，有效推动实现工程建设的高效益、高质量、低消耗、低排放。比如，成都市积极落实碳达峰、碳中和目标任务，出台《关于大力推进绿色建筑高质量发展助力建设高品质生活宜居地的实施意见》，明确 2021 年新建建筑装配率不低于40%，到 2025 年达到 80% 的目标；大力推动智能建造与建筑工业化协同发展，积极发展装配式建筑，推广钢结构住宅，建设高品质绿色建筑，有效推动实现工程建设的高效益、高质量、低消耗、低排放，为建筑工业化发展奠定了基础。

（二）试点城市工作开展具体情况

1. 打造 CIM 基础信息平台，构筑智慧城市数字底座

1）案例 1：苏州市推行"城市实时在线，治理永不下线"

结合"新城建"试点工作要求，苏州市在原有基础设施上汇集了各部门智能信息系统，建设了一个汇聚数字底座、四大智慧应用和移动办公助手的智慧城市运行平台，初步搭建形成数据服务"一个库"、指挥协调"一张网"、行业应用"一张图"、业务运行"一平台"城市综合管理服务体系框架，全时、全实、全事、全部门能够一体化综合监测。截至目前，已初步打通 31 个部门的 43 个系统、1.8 万路视频、1.5 万个物联数据。市民办事、违章处理等城市运行的方方面面，都能在指挥大屏上清楚地看到。基于实时动态数据自动发现、及时推送并闭环处置，实现了"城市实时在线，治理永不下线"。

2）案例 2：成都市建立常态化数据汇聚机制，升级 CIM 基础信息平台

一是建立了常态化数据汇聚机制。2018 年以来，成都市推进城市大脑建设，以数据大会战为抓手，大力推动各部门系统接入和数据汇聚。截至 2020 年底共接入部门和公共企事业单位系统 267 个、汇聚数据 753 类 57 亿条，建立了常态化数据汇聚机制，具备进一步推进城市各领域数据整合汇聚的基础。建成了全市统一的时空云平台和空间信息模型平台，形成覆盖主城区 420 平方公里实景三维数据模型和全域三维简模数据模型，汇聚市域道路等地理实体数据和 18 类地名地址兴趣点数据，具备较

好的二三维空间数据基础。二是全面推进城市信息模型（CIM）平台建设。平台采取市、区两级架构，以现有城市大脑及"规建管"平台建设成果为基础，开展分类数据汇聚，建设数据处理、数据关联分析等服务功能，以"大场景 GIS+ 小场景 BIM+ 实时状态 IoT"形式构建对城市的三维可视化表达。CIM 平台试点工作以五年为期，先小范围试点、后全面推进。目前已初步完成整体架构及系统功能模块设计；建成覆盖全市 14335 平方公里的白模、覆盖主要城区 420 平方公里的实景三维模型；项目试点进展迅速，成华区已启动区域 CIM 和全息物联感知体系建设；高新区开展 GIS 平台接入图层 70 个、完成白模 100 平方公里、精模 20 平方公里，正在开展南区 80 平方公里倾斜摄影工作，正在进行蜀都中心、ICON 中心等 6 栋写字楼的 BIM 模型建设；天府新区计划实现二维 ArcGIS、三维超图覆盖全区 157 平方公里，初步采集 90 平方公里，计划接入 IoT 感知线路 7 万路左右，建设 20 幢建筑物 BIM 模型。三是推进重点领域视频感知和物联感知体系建设。以平安城市、政法综治、智能交通、数字城管、应急管理等领域为重点，加强视频感知和物联感知体系建设，形成 16 万个点位的城市感知资源，具备较好的实时感知数据叠加利用基础。建成"多规合一"业务协同平台和全流程建审系统，具备以 CIM 平台为基础、以 BIM 技术应用为重点开展三维空间化"规建管"试点应用的基础。

3）案例 3：南京市建立城市建设基础数据库，构筑城市空间数字底座

一是构建城市基础设施电子身份体系。全面摸排并整合城市范围内水、电、气、通信、交通、地下管网等各类城市基础设施，建设城市基础设施电子身份认证和多维度空间编码标准。以城市信息模型和 CIM 平台为基础，在南京市城市基础设施的安全物联标识和物联监控的建设基础上，按照城市基础设施的空间位置、属性特征及时域特征进行统一的管理和组织，为城市基础设施统一的数据采集、数据入库、权属确定和电子身份编码，确保城市基础设施具有唯一的电子身份标识。建立城市基础设施数据动态更新机制，确保基础设施管理数据的实时性和可靠性。利用 CIM 技术实现统一的时空框架下对地面以上、地面及地下进行整体的 3D 可视化表达、管理、更新、查询与分析。通过城市基础设施电子身份体系的建设，改变城市各类基础设施重复建设、冗余管理、数据标准不一致、数据共享能力不足的情况，全面掌握城市基础设施的存量和运行情况，缩短数据的更新周期，提高信息的共享程度，进一步完善城市对基础设施和部件的管理能力和管理水平。二是建立城市建设基础数据库。初步探索并实现城市建设二三维时空的数据接入、存储和管理能力，实现海量数据存储。城市建设基础数据库包括南京市基础地理数据库、规划管理数据库、建设项目数据库、三维城市数据库、物联监测数据库、业务数据库等，主要包括矢量数据、影像数据、

三维模型、BIM 模型、业务数据、IoT 数据等类型，涵盖了从传统二维到三维，从宏观到微观，从室外到室内的城市空间基础数据结构。数据库具备城市建设基础数据全流程的数据管理能力，包括数据汇聚、编目加工、全生命周期管理等功能；具备数据服务能力，主要提供查询浏览、统计分析、数据抽取、数据裁剪输出等服务；具备纵向和横向数据共享交换能力，纵向为国家级、省级和区级数据库和平台提供数据发布服务，横向可为各委办局和业务部门的应用平台提供数据发布服务。三是构筑形成南京城市空间数字底座。坚持应用导向原则，制定南京市城市信息模型（CIM）数据资源目录，通过数据治理、数据建库和服务接入等多种方式，集成了全市域 6587 平方公里的地质资料和建筑简模、主城区 190 平方公里建筑精模、约 12 万公里现状综合管线、约 4000 万立方米地下空间等现状数据，汇聚集成了地理信息数据、规划管控数据、管理审批数据、工程建设项目数据、社会经济数据、城市管理和监测等共计 385 个数据图层，基本构建起了涵盖二三维一体、地上地表地下一体、室外室内一体、历史现状规划一体的南京城市空间数据底座。四是全面推进平台建设和应用。研究 CIM 平台内涵及机理，探索 CIM 平台建设和应用。基于城市建设基础数据库汇聚的城市二三维空间数据，运用并行计算、微服务、大数据、三维仿真等多种技术，研发并建设 CIM 基础平台。平台以二三维一体化为基础云平台框架，提供大规模三维场景的高性能显示及可视化，支持矢量数据、遥感数据、建筑信息模型（BIM）、地形信息、IoT 数据等多源多类型时空数据，在平台中进行统一的数据融合、数据编辑和处理，使其符合平台数据分析和展示的需求。CIM 平台功能包括三维时空数据处理、三维数据浏览、三维数据分析、三维场景配置等功能，重点是能够实现 BIM 数据加载、模型轻量化处理，并保留 BIM 数据中的语义信息，另外平台能够接入 IoT 数据，实现物联设备和监测数据在平台中的加载、存储和分析应用，支持二三维一体化、地上地下一体化、室内室外一体化。CIM 平台具备二次开发能力，提供应用快速搭建服务、地图应用模板配置服务和开发接口 SDK 服务。建成的 CIM 平台能够为城市各部门开展规划、建设等智能化应用提供有力支撑。在 CIM 平台建设取得阶段性成果后，将以平台和城市时空信息模型为基础，打造包括城市大脑、城市体检、智能建造、城市精细化治理、智慧交通、智慧社区 / 园区、智慧安防、智能制造、智慧水务、城市全生命周期管理、政务服务、建设项目审批报建等相关应用，实现平台＋应用的一体化解决方案。支持率先落地"应用场景开放"建设，提供新型实验空间和孵化平台。五是聚焦辅助决策，为智慧城市建设提供基础空间操作平台。聚焦辅助决策应用，按照"边研发、边验证，边试用、边推广"的思路，构建了南京 CIM 基础平台 V1.0，提供了场景操作、多角度视图、属性查看、日照模拟、剖切分析、模型消隐、坡度计算、视频融合等多种类的展示、分析和辅助分析功能，支持多源、异构海量数据和服务的统一管理和跨平台调用，为智慧城市提供了基础空间操作平台。依托 CIM 基础平台提供的智能化服务能力和强大数据支撑，能够充分发挥 CIM 在城市细节刻画、趋势推演、虚实融合互动等方面的特性，便于高质量拓展"CIM+"应用，为实现未来基于 CIM 数字孪生的智慧城市建设提供了坚实基础。

4）案例4：青岛市全面推进 CIM 基础平台建设，建立城市三维空间数据底座

一是整合资源、构建平台。通过信息资源整合提升，建设青岛市 CIM 基础平台。构建包括基础地理信息、建筑物和基础设施三维数字模型、标准化地址库等的 CIM 基础平台数据库。接入城市倾斜摄影模型、建筑信息模型（BIM）和地下空间三维模型，利用北斗城市卫星定位系统，建立青岛陆海统筹全时空基准下"空天地海全空间、人地房全要素、规建管全链条"城市三维空间数据底座。二是制定完善相关标准。根据国家、行业 CIM 基础平台相关标准，制定青岛 CIM 基础平台数据库标准体系，形成"1+6+N""新城建"试点青岛模式，即建设 1 个城市信息模型（CIM）基础平台，6 个"新城建"示范系列，N 个"CIM+"应用工程。三是推进"CIM+"平台应用。以 5G 和超级计算技术为支撑，充分发挥 CIM 基础平台在城市地址库管理、清洁能源、历史城区保护、城市体检、城市安全、智能建造、智慧市政、智慧园林、智慧水务、智慧社区、房屋清查、城市综合管理等领域的应用，组织认定一批行业内创新应用实验室和场景应用实验室，推进场景开放创新。构建丰富多元的"CIM+"应用体系，推进 CIM 基础平台与青岛市建设工程施工图设计文件数字化审图（监管抽查）系统的交互，支撑工程建设项目 BIM 报建及计算机辅助审批，并将数字化交付成果汇集至 CIM 基础平台和青岛市工程建设项目审批管理平台。推动城市各行业、各部门数据共享和业务协调，强化安全管控，逐步深化 CIM 基础平台在城市人口管理、政务服务、疫情防控、建筑物管理、应急管理、环境保护、重大项目管理以及智慧交通、智慧文旅、智慧医疗、智慧商业等领域的应用。

2. 拓展"CIM+"应用场景，推进智慧治理一体化

1）案例1：济南市开发"CIM+"应用场景，实现智慧治理应用

济南市围绕城市建设、交通、生态、应急等领域，开发"CIM+"应用场景，实现智慧治理一体化。比如，在"智慧住建"方面，对市域新建住宅，创新使用以 BIM（建筑信息模型）技术为核心的住宅使用说明书，便于商品住宅的信息查询、维护及质量问题反馈；对中心城区既有建筑，统一了工程建设项目编码、楼幢编码、房屋编码，努力达到以图管项目、以图管房和以房管人的效果，以人民为中心的发展思想得到了生动诠释。再如，在城市更新中，把天桥区作为试点，聚焦人本化、生态化、

数字化，以党建引领，重点围绕物业服务、水务、电力、燃气、交通和社区治理等内容，通过 BIM、GIS（地理信息系统）、IoT（物联网）等搭建数字孪生社区，加快社会治理现代化，为新时代省会城市建设助力赋能。

2）案例 2：苏州市推行智能服务 + 精细治理，让宜居苏州更智慧

一是违停执法智能化。以前苏州违章停车主要通过举报或者网格员巡查，属于被动式执法，在时间上相对滞后，出动的人力较多，违法处置也是采用贴单处置，执法手段比较刚性单一，治理效果并不理想。自推行"新城建"试点工作以来，通过数字化技术探索智慧城市治理，利用 AI 平台赋能城市摄像头，指挥系统根据画面能够自动识别违停车辆车牌号，直接进入非接触执法流程，短信及时通知车主挪车，同时向车主推送了附近的停车场位置信息。在规定时间内，如果该车主迟迟未响应，监控系统将自动留存视频凭证并生成罚单，纳入车主个人信用体系。所有环节都是系统自动操作，过程可跟踪、可监督、可追溯，提升了交通治理效率，节省了人力成本。二是蓝藻污染源治理精细化。蓝藻是苏州城市水体治理的一大隐患，蓝藻泛滥危害鱼类生存环境、破坏城市景观，甚至威胁居民饮水安全。苏州工业园区重视生态蓝藻治理，但传统人工巡查打捞的治理方式有着明显的滞后性，处置效率低。园区利用 AI、大数据、5G 技术结合无人机高空机动巡查优势，实现了蓝藻自动巡查、智能识别，变经验驱动为数据驱动和智慧驱动。自推行"新城建"试点工作以来，苏州市无人机在巡飞中利用 AI 算法识别定位蓝藻位置、获取蓝藻浓度和覆盖范围，自动生成工单，第一时间推送给市政服务集团，市政服务集团作为处置单位根据工单报告，精细配置打捞资源进行处置。同时相关处置结果和工单信息也会抄报环保、水务部门，实现多部门联动处置。苏州工业园区智慧城市运行平台上线以来，对 19 平方公里的城市水域平均每天飞行 12 次，实现了蓝藻聚集第一时间发现、打捞作业第一时间启动，在同等处置人力的情况下，效率提升 45% 以上，累计打捞藻水 3.6 万吨、分离藻泥 15.1 吨。如今苏州工业园区的水体污染源治理方式已经悄然发生变化，精细化、智能化的治理方式成为新的实践方向，问题早发现、早处置，以精细化的配置管理资源，提高治理效率，降低处置成本。三是"五位一体"的人工智能治理试点。苏州工业园区利用智慧城市运行平台的物联感知能力和智能分析能力，打造了覆盖"社区 + 商圈 + 学校 + 企业 + 水域"的人工智能治理试点区，试点了机器代替人力管理模式。

3）案例 3：成都市智慧问诊"城市病"，变身城市体检"新姿势"

2020 年 8 月，成都市成为首批"新城建"试点城市之一。在此之前，作为首批城市体检评估试点城市和城市体检样本城市，成都市以建设践行新发展理念的公园城市示范区为统领，统筹推进城市体检与城市发展的中心工作、重点工作深度融合已有

两年。围绕智慧城市建设，成都市建设了集"数据采集、校核更新、模型分析、评估预警"于一体的城市体检信息平台。该平台通过从"城市运行管理服务平台"上各部门的系统中抽取体检指标中的关联数据，汇聚至体检平台中的"城市体征功能模块"。通过与体检平台中"指标参考值功能模块"进行比对，自动计算形成体检结论，利用"城市信息模型（CIM）平台"承接数据，形成有时空点位表达的可视化界面进行展示。同步将体检平台嵌入"城市大脑"，为城市治理提供科学、系统的数据支撑，推动城市治理体系和治理能力向现代化、科学化、精细化、智能化迈进。目前，该平台已建成 9 个子专题，基于 GIS（地理信息系统）技术对全市"12+2"市辖区的相关体检情况进行分区域、数字化展示。未来，该平台还将与城市信息模型（CIM）、建筑信息模型（BIM）充分融合，深度挖掘"城市体检＋场景"应用。从粗放型管理模式向精细化管理模式跨越，是中国城市普遍面临的命题。进入高质量城市发展阶段以后，城市体检已成为推动城市精细化治理和城市发展质量提升的必要做法。按照"城市体检是推动建设没有'城市病'的城市、促进城市人居环境高质量发展的重要举措，也是推动'新城建'的基础性工作"的工作要求，成都市用好体检结果，"新城建"有的放矢。通过城市体检，发现问题、解决问题，不断提升城市治理水平，更好地满足人民对美好生活的向往。

4）案例 4：杭州市借助 CIM 基础平台数据，推行地下隐患智防场景建设

在推进"新城建"过程中，杭州市加强城市地下市政基础设施建设，运用数字孪生和城市信息模型技术，建设地下隐患智防系统，让地下隐患防治有了"透视眼"，以数字化手段化解开发与管理的矛盾。一是借助 CIM 基础平台数据，探明地下空间底数。利用杭州市城市信息模型（CIM）基础平台已有成果，增量开发、迭代升级，构建城市地下隐患智防"多跨场景"。注重静态数据和动态数据相结合，形成地下家底"一张图"，通过分析算法评估路面塌陷风险，分级分类指导防治工作，重塑城市地下市政设施建设管理的体制机制，解决地下隐患防治难题。二是根据隐患监测数据反馈，建立多部门协同处置机制。针对中高风险路段，制定结构化防治清单，建立不同风险因素和风险程度下"横向到边、纵向到底"的多部门协同处置流程。针对红色高风险区域，杭州市城乡建设委员会牵头开展处置工作。建设部门组织深基坑施工方案专家审查，对在建项目进行工程现状的安全评估，加密巡查监管频次，对严重隐患点位安装感应设备，指导落实隐患排除措施。城管部门对疏松区域加密观测频次，存在脱空、空洞隐患的及时消除。管线业主单位对管网进行结构性监测，定期跟踪。交警部门配合城管部门严格超限车辆通行管理等。如今各隐患监管和处置责任主体单位工作人员可通过浙江省政务办公统一入口浙政钉"数字杭州"已上线的隐患处置业务

管理系统，开展闭环处置情况填报、措施跟踪落实工作。三是升级路面塌陷防治研究，提升平台系统效能。杭州市通过数字化手段对地下隐患防治的实践，升级路面塌陷防治的科学研究，不断优化分析算法，迭代风险评估模型。同时，将数字化科研成果持续反馈用于实际防治工作的指导。随着平台系统开发和评估算法研究的持续推进，城市地下隐患智防应用体系初步完成当前数据覆盖区域内的系列空间专题库、主题图层及风险评估算法工具箱设置，能基于阶段性深化的综合评估分析模型，分析评估路面塌陷风险，同步生成路面塌陷风险图。基于评估分析后的结果，系统会将风险等级、风险因素与相关的处置预案推送给属地和处置责任主体。在目前发现隐患的试点区域已启动试运行闭环处置措施。浙政钉"数字杭州"已上线的城市地下隐患处置业务管理系统，基本实现了风险评估分析、评估结果推送、各单位监管和处置措施完成情况填报。四是可视化归集大规模数据，多部门数字化协同运用。杭州市通过"新城建+城市地下市政基础设施建设"，打造了地下隐患智防系统，目前主要有以下三个方面的收获：①大规模数据可视化归集的新实践。以城市信息模型（CIM）为基础，将地质、城市管线、地下空间等大量数据以地下隐患智防为牵引进行主题汇集。突出运用了 CIM 平台的直观可视化特征，将标准建设、数据汇集核校、数据运用同步考虑、一并实施，在数据归集过程中采用直观可视、实战应用对数据进行检查核校，是一次数据共建、共治、共享的新实践。②多部门数字化协同的新运用。地下隐患治理需要多部门协同处置，但在实践中存在职责边界不够清晰的问题。通过地下隐患智防系统的建设，出台地下隐患智防临时闭环措施，以 CIM 基础平台为基础，以浙政钉为载体，以数字化手段厘清因果、明确责任，在市域范围内实现市—区两级的住房和城乡建设、交警、城投等多个主体的多跨协同。③探索丰富完善城市地下市政基础设施建设管理的"1234"体系，主要包括：一个标准，即《地下设施风险评价标准》；二个平台，即地下市政基础设施综合管理信息平台、地下管廊综合管控平台；三个导则，即《地下设施数字化升级改造技术导则》《城市综合管廊分类及应用技术导则》《重点区域地下公共空间设计导则》；四个文件，即《地下管线工程施工许可证验收备案办理的指导意见》《城市地下废弃管线处置办法》《地下管线管廊综合管理平台动态更新管理办法》《杭州市城市地下管线建设管理条例》（修订），提升城市地下市政基础设施管理总体水平。五是探索形成基本工作思路，促进城市智能治理。通过地下隐患智防场景的建设，形成的"数据归集—指标计算—闭环处置"的基本工作思路，也是对数字孪生技术如何在城市治理中运用的有效探索。

5）案例 5：郑州市探索数字化审图改革，推动工程建设项目审批"一网通办"

郑州市积极推行让数据跑路、全程网办、项目审批"一网通办"。结合工程建设项目审批制度改革工作，全面推广数字化审图，审批系统达到"一网通办"四星标准。积极推进联合测绘，加速推进联合测绘系统平台上线运行，深入推进建设项目"多测合一"和测绘成果在线共享使用。经过反复协调对接，基本实现"一次委托、统一测绘、成果共享"。出台联合审图多项惠企政策，进一步简化受理条件、优化政府购买施工图审查服务流程，切实缩短了企业办理手续的时间跨度，全面实现了施工图审查网上办理，报建人员从跑多次到跑一次，现在已经一次也不跑，实现数据跑路、全程网办。

3. 以"新城建"对接"新基建"，打造全产业链体系

1）案例 1：济南市推行"产业赋能＋项目驱动"，打造"新城建"垂直产业生态

济南市通过以"新城建"对接"新基建"，推动产学研用的有效协同，建载体、抓项目、聚企业、强要素，打造形成"新城建"全产业链体系，力争到 2025 年"新城建"产业达到万亿元级规模。一是壮大产业集群。重点围绕智能建造、绿色建筑、装配式建筑、基础设施智能化改造 4 个发展方向，发挥龙头企业产业链"链主"作用，强化招商引资，培育壮大特色专业园区，推动产业集聚发展。比如，按照产业集群的模式打造 8 平方公里的绿色建筑国际产业园，通过建立研发中心、生产中心和服务中心，引入一些龙头企业和关联配套企业，形成协同高效的产业集群生态。二是拉长产业链条。全产业链开展设计、施工、培训、生产、运营等技术创新。向上发展科技研发，比如支持山东建筑大学与企业共建智能建造现代产业学院，在人才培养、产学研合作等方面实现优势互补、互利共赢。向下推行场景应用，比如黄河大道建设中，增设"5G＋北斗"高精度定位和监控系统，实现无人公交、无人出租车、无人环卫等场景。三是强化政策保障。制定了绿色建筑、智能建造等 6 大领域的扶持政策，从容积率奖励、信用加分、预售资金监管比例下调等多方面推动"新城建"快速发展。加快组建新动能金云股权投资基金，助力产业资本集聚。

2）案例 2：广州市优化 CIM 信息资源利用，发展城市智能汽车基础设施产业

一是优化 CIM 平台信息资源利用。目前，广州市已在 CIM 平台上构建起中新知识城南起步区、广州国际生物岛区块的试点区域现状城市三维信息模型，通过平台对接自动驾驶公交汽车、车联网系统、公交运营系统，提高公共交通车辆运营速度和道路资源利用率，对激光雷达、毫米波雷达、红绿灯信号机、交通标识标牌等车路协同设备进行高精度定位。广州国际生物岛智能网联自动驾驶示范区已开展融合建设，在CIM 平台接入生物岛网联汽车路测边缘计算单元数据及汽车运行实时视频数据，实现第一和第三视角网联汽车模拟行驶、路测设备预警及监控数据展示等功能；主要应用于网联汽车运行监管、安全预警，逐步探索行驶路径大数据分析、对接网联汽车实时数据，结合已实现的弱势行人检测预警等 6 个车路协同场景及 20 个自动驾驶类应

用场景。二是探索共建共享，提升建设成效。提出先行探索共建共享模式，鼓励广州国有企业参与投资建设。2019 年底，推动广州市城投集团等 6 家国有企业，共同组建广州市智慧城市投资运营有限公司，纳入市城投集团统一管理，实行市场化运营方式，积极参与和推进试点工作，按照短、中期目标分步实施，提升车联网及 CIM 产业经济实力。三是实现 CIM 平台与城市智慧汽车基础设施建设的有效对接。广州市深入开展智慧汽车基础设施试点与 CIM 平台建设的衔接研究，构建集车、路、建筑一体的城市基础数字化平台和城市操作系统，实现人、车、路、市政设施、建筑物的高速、高质、高效协同，开发各类面向政府、行业和市民的应用与服务，推动智慧城市动态和静态信息整合，探索智能汽车、车联网与城市 CIM 平台的联合应用，加强智慧汽车试点与 CIM 平台应用对接。四是加快半开放、开放路段自动驾驶测试验证。（1）加强政策指导。修订《广州市智能网联车辆道路测试指导意见》，制定《广州市智能网联汽车测试开放道路管理办法》《广州市智能网联汽车开放道路载客测试流程申请指引》《广州市智能网联汽车开放道路远程驾驶测试申请流程指引和监管要求》，相关政策保障道路测试工作。（2）推进道路测试。创新三级测试道路标准及远程测试等多类别测试方式，已许可全类别开放道路测试，鼓励企业开展多级别开放道路测试，成为首个认可其他城市智能网联汽车路测许可的城市。目前，智能网联汽车头部企业（百度、文远知行、小马智行）均集聚落户广州，共有八家测试企业在广州市分别开展道路测试、载客测试、远程测试及编队测试。（3）探索测试道路审批权限下放。将测试道路审批权由市事权下放黄埔、南沙等区，由区先行试点审批开放道路测试，开展区域化智能网联汽车道路测试及示范应用先行先试探索。五是以"新城建"为契机，深入推进试点建设。从协同发展智慧城市与智能网联汽车方面，打造智慧出行平台"车城网"，以支撑智能网联汽车应用和改善城市出行为切入点，建设城市道路、建筑、公共设施融合感知体系。同时正组织制定《基于 CIM 的车城网建设和运营标准》，以琶洲车城网试点为载体，汇总总体架构、功能、交互接口与数据需求，明确信息交互数据标准，促进车、路、网三大体系融合，探索全产业链利益分享机制，推动形成产学研用深度互动的车城网新生态。

3）案例 3：南京市打造建筑产业互联网，推广装配式建筑和绿色建筑

一是打造建筑产业互联网。充分发挥本地建筑产业、家装产业、家电产业和五金产业的集聚效应，打造建筑产业互联网平台，为建筑产业创造生态、社群及组织，提供建筑产业共享经济平台。把产业链中的各个相关环节进行重新排列或者重新组合，既横向整合产业链条中某一环节上多个企业，也纵向整合产业链上、中、下游环节的企业，破除组织边界，使得组织呈现为一种网状交融的液态化格局，"自由组

合、自由流动"，优化资源配置效率，精准匹配供需。加速建筑行业与物联网、人工智能、数字孪生、3D 打印、AR/VR 等先进技术的深度融合，通过"互联网 + 建筑"，构建建筑领域数字化新生态，实现生态重塑、价值重构、平台战略、标准引领，推进建筑领域由粗放化管理到精细化管理、由数字化向智能化升级。二是推广装配式建筑。（1）提高设计和建造智能化水平。按照系统集成思路，推行以建筑系统的模数化、标准化为基础，结构系统、机电系统和装修系统的一体化集成设计。（2）开展建筑师负责制试点，提升设计人员装配式建筑设计理论水平和全产业链统筹把握能力，发挥设计人员主导作用，为装配式建筑提供全过程指导。提倡装配式建筑在方案策划阶段进行专家论证和技术咨询，促进各参与主体形成协同合作机制。（3）推动医院、学校及保障性住房等政府投资项目为主的标准化设计。（4）推进 BIM 技术在装配式建筑规划、勘察、设计、生产、施工、装修、运行维护全过程的集成应用，建立适合 BIM 技术应用的装配式建筑工程管理模式，提升 BIM 技术在装配式建筑中的应用空间。（5）积极培育装配式建筑企业和生产基地。进一步培育一批技术先进、专业配套、管理规范的骨干企业和生产基地。大力发展装配式通用部品部件，引导部品部件生产企业科学配置产能，完善产品品种和规格，促进专业化、标准化、规模化、信息化生产。三是推广绿色建筑。积极推进绿色建材在装配式建筑中应用，推广绿色多功能复合材料，发展环保型木质复合、金属复合、优质化学建材及新型建筑陶瓷等绿色建材。装配式建筑要与绿色建筑、超低能耗建筑相结合，全面执行绿色建筑标准，在绿色建筑评价中逐步加大装配式建筑的权重，鼓励建设综合示范工程。加快推进江北新区绿色化改造，大力推进新材料科技园转型升级。支持申报建设绿色工厂和绿色园区。

4）案例 4：成都市实行车、路、网一体化建设，推动形成产学研用融合发展

一是构建智慧交通——CRTO 城运系统。为提升成都市道路通行效率和交通治理现代化水平，市政府领导班子多次进行专题研究，在借鉴先发城市先进经验基础上，结合成都市自身情况及相关信息化现状，目前已启动成都市道路交通城运系统（CRTO 一期）项目建设工作，通过技术与管理上的深度融合，打破信息壁垒，把城市运行的各类数据、系统实现有机集成，真正实现数据汇集、系统整合、功能融合，为跨部门、跨系统的联勤联动增效赋能，提升城市管理精细化水平。二是"聪明的车"——5G 智慧城智能驾驶。为拓荒无人驾驶产业，面向未来的智能网联汽车的商业运营探索，成都市联合百度（目前已入驻新川工业园区），将率先使用 5G—v2x 技术、卫星信息传输技术、自主泊车 + 无线充电等方案，在约 10 平方公里长 30 公里的城市开放道路开展智慧城市基础设施与智能网联汽车协同发展的改造，该示范场景道路等级多样，交通样式丰富，是车路协同及高级别自动驾驶试点的理想场地。项目建成后

将示范运营无人扫地车、无人售货车、无人公交车等。三是"智慧的路"——龙泉大运直联通道智能网联示范线。大运直联通道智能网联示范线是成都市首条自动驾驶汽车5G示范线,以成都大学为起点,以东安湖体育中心为终点,全线约13公里,建设内容包括5G网络覆盖、道路感知设备安装、交通设施升级、数据中心、5G场景应用等,可实现车路协同高级辅助驾驶和L4级别自动驾驶车辆运行测试。全线沿途有20个智慧公交站台,投入30辆智慧公交,部署20辆自动驾驶出租车(Robotaxi),面向市民提供开放的无人驾驶试乘体验,让市民出行更智能、更安全、更高效,提升公众出行服务水平和交通智能管理水平。推进智慧城市基础设施建设。现阶段正积极推动拟将成都市在建重大市政工程按城运系统(CRTO)标准纳入智慧城市道路建设范畴,结合目前已初步建成的大运会直连通道及配套路测基础设施、感知系统,进行平台对接、数据融合,推动全域成都道路智能化建设及智能网联汽车系统化发展。四是成立中德智能网联汽车测试场。2017年底,经工业和信息化部批复,中德合作智能网联汽车、车联网标准及测试验证试点示范四川检测检验中心项目正式落户成都经开区。项目占地1300余亩,总投资约14.2亿元,目前龙泉驿区政府正有条不紊地抓紧推进项目建设。项目建成后,拥有200余种测试场景、5大类(安全类、效率类、信息服务类、新能源应用类、通信和定位类)能力测试,可同时容纳1000多辆车辆测试,是目前国内测试场景最丰富,功能最完善的智能网联汽车、车联网封闭测试场。龙泉驿区为满足智能网联汽车在封闭测试场建成前的测试需求,已于2021年6月建成并启用了临时道路测试场,该测试场具备14类34个测试验证能力的临时封闭测试区,可以支撑成都市智能网联汽车道路测试及临时测试牌照发放。

4.绿色低碳、智慧先行,赋能城市治理

1)案例1:济南市抢抓新旧动能转换契机,打造智慧绿色品质新城

济南市抢抓"建设济南新旧动能转换起步区"这一重大发展机遇,将"新城建"作为落实国家部署要求的突破口,努力打造黄河流域乃至全国"新城建"的典范。一是建设智慧之城。顺应城市智能化发展趋势,采用"1+4+N"模式(1个CIM基础平台,规划一张蓝图、BIM+智能审查、绿色建设监管、绿色城市运营4个业务系统,N个应用场景),筹划搭建全域覆盖、全过程贯通的绿色数字城市平台,打造起步区数字化运行的"智慧大脑"。二是建设绿色之城。把绿色作为起步区发展的底色,成立黄河绿色研究院,布局绿建博览园等4个功能区和"绿色技术+绿色产业"全域一体化应用场景示范区,制定绿色生态建设标准规范,建立绿色建设产业招商需求清单,形成绿色发展引领"新城建"的有效路径,打造全国最大的绿色城市发展示范区。三是建设品质之城。把"新城建"作为提升城市品质的有力抓手,不断拓展延伸。比

如，以安置房、学生宿舍等建设为切入点，积极开展被动房建设试点。目前，在建被动式超低能耗项目 4 个，面积 6.5 万平方米。同时，以绿建产业园专家公寓项目为试点，打造碳中和社区、氢能社区。

2）案例 2：福州市创新水系智慧调度，实现绿色低碳节能目标

福州市创新建设全国首个城市级水系科学调度系统。该系统立足智慧城市大脑，运用大数据、物联网、人工智能等新一代信息技术，通过数字赋能减污降碳，推动山水城市建设，通过打造感知监测预警的"眼"和预测预报、调度决策的"脑"以及自动化控制的"手"，对城区 1000 多个库、湖、池、河、闸、站进行智慧、精准管控。这一系统在汛期发挥了重要作用。近四年来，福州市经历上百场短时强降雨和持续性降雨的考验，有了这一系统，城区库湖闸站实现联排联调、错峰调蓄；抢险队伍、应急设备网格化部署，快速消除城市路面积水；排水防涝应急处置效率提高 50%，库湖河调蓄效益提高 30%。而在非汛期，系统运用机器人对 2500 多公里管网建档排查，地下管网一体化运维监测体系实时感知、监控，实现管网"健康每一公里"，确保"污水不入河、河水不倒灌"。需要指出的是，该系统利用闽江潮汐、群闸联动，精准开展生态补水，让内河水位平均抬高 1.2 ~ 1.8 米，主要内河流速达到 0.2 米每秒以上，以自然潮汐能替代引水泵站，每年节约电费 2000 多万元，节约用电 3667 万千瓦时 / 年，相当于减少二氧化碳排放 2.9 万吨 / 年，有效实现了绿色低碳节能的目标。

3）案例 3：杭州市以数字化、智能化升级为动力，推动高品质绿色建筑建设

一是推动 BIM 技术和建筑工业化双向共促。强化建筑构件的标准化建设，建立建筑工业化基础构件标准库，通过构件标准库在设计阶段的应用，辅助开展建筑设计和方案造价。二是探索建立建筑工业化全程溯源管理。按照工业化建筑构件类别、规模、用途等，从规划、建设到运营，实现与各类建筑工业相关的数字化全生命周期溯源管理，形成统一完整的数字化档案，提升建筑设计、施工、运维的协同水平。三是推动高品质绿色建筑建设。结合绿色建材名录库的编制工作，推动绿色建材、物联感知产品在 BIM 设计中的应用，实现工程建设的高效益、低排放，降低建筑建成后的运维成本。

4）案例 4：广州推广建筑物用能智能化改造，实现绿色节能和资源集约发展

按照"新城建"试点工作要求，广州市创新电力节能综合改造新模式，实现绿色节能、资源集约发展。推动全市用电大户，包括政府机构、医院、学校、酒店、写字楼、商业综合体、交通枢纽（包括地铁、车站、机场等）、产业园区、片区及规模以上工业等，合理开展节能改造服务。通过社会资金投资节能改造项目，企业利用合同期内节省的电费获得收益回报，并在合同期内承担建筑物能耗运行监测控制的工作。

承担单位在 EMC（合同能源管理）、BOO（建设—拥有—经营）、BOT（投资建设运营转让）等既有模式基础之上，通过先进的智慧综合能源软硬件技术，实现节能以及建筑物的能耗运行远程智能化监测控制，能耗监测信息接入 CIM 基础平台。

5）案例 5：南京市搭建燃气管线智能化管理系统，建立风险预警制度

一是建立燃气管网数据采集系统。针对全站仪、RTK 等探测设备的测量模式和接口方式，提供对探测数据的直接获取，实现内外业一体化操作，降低内业整理工作带来的人工成本和时间成本。现场成图核对，及时发现问题，保障管网探测质量。手持机或平板直接与探测设备相连，实时获取探测到的坐标信息。将内业工作和外业工作紧密结合在一起，现场成图，实时校核，实现探测结果可视化。二是建立燃气管网地理信息系统。面向燃气企业的专业管理人员，提供地图显示、空间定位、查询统计、专业分析、专题展示等功能，支持爆管分析、断面分析、连通分析、管网检查等专业分析，辅助日常办公等功能，针对管网抢修、维修等业务，提供关阀搜索、设备预警等功能，为快速处理管网爆管及预防管网老化等问题提供专业的分析工具，有效降低事故发生率，减少事故不利影响。支持管网及其附属设施的空间位置、基本属性、多媒体资料等信息的快速查询，能够采用饼图、柱状图、折线图等直观数据模型统计管网资产，直观了解管网当前规模及分布。三是建立燃气管线智能化管理系统。根据数据分析研判开展风险预警。按照"新城建"试点工作要求，对燃气供应站、燃气管线进行智能化改造，安装燃气探测器、防爆声光报警装置和防爆风机，通过物联网技术，将燃气探测器检测到的气体浓度转化为信号，远程反馈至监测平台。搭建燃气管线智能化管理系统，并与 CIM 平台对接，实现燃气安全的智能化、可视化管理。整合GIS、SCADA 等数据，实现气量、设备、业务的集成展示与实时监控，支持异常预警。一旦出现燃气泄漏、可燃气体浓度超标等现象时，平台会自动发送报警信号并进行手机推送，在线监控人员便可以迅速通知相关责任单位和责任人及时做出处置。

5. 建设城市运行管理服务平台，实现城市管理事项"一网统管"

1）案例 1：上海市建立综合性城市管理数据库，提升了精细化管理水平

上海市大力建设城市运行管理服务平台，汇集了 1500 多万个城市部件、2.68 万公里地下管线、4000 多个建筑工地、1.4 万多个住宅小区、近 1.3 万幢玻璃幕墙建筑、27 万部电梯数据，形成了一个庞大的综合性城市管理数据库，实现了城市管理事项"一网统管"，有效提升了城市精细化管理水平，大大提高了为市民办事服务的效率。

2）案例 2：成都市推进城市运行"一屏观全域、一网管全程、一体防风险"

一是建设城市大脑。成都市结合"智慧蓉城"和"新城建"工作，推进城市运行管理服务平台建设，夯实云、网、数基础支撑，聚焦城市运行管理服务领域，构建智

慧应用场景，着力推进城市运行"一屏观全域、一网管全程、一体防风险"，推动形成全天候能在线监测、能分析预测、能应急指挥的城市运行管理服务体系。在城市运行管理服务平台上，集聚城市体征、监测预警、事件流转、指挥调度、监督评价等功能，打造疫情防控、交通管理、应急管理、智慧公安、生态环保、水务管理、智慧社区等重点领域智慧应用场景。通过强化大数据分析和叠加应用，为城市管理者提供更为强大的决策、控制和服务支撑，不断推动"高效处置一件事"，提升城市运行"一网统管"能力，为更好开展城市体检、建设没有"城市病"的城市提供有效路径。二是"一屏观""一网管""一体防"。城市运行管理服务平台以市、区两级城市大脑指挥运行体系、CIM 平台和城市运行各领域系统为基础，通过构建完善全时空感知、多维度监测的感知体系，实现对道路桥梁、市政设施等 10 个城市运行管理服务领域的实时感知，构建城市运行管理服务"一件事"高效处置应用场景,在"一屏观"的基础上实现"一网管""一体防"。三是按照五年为期、分阶段实施。目前已初步完成整体架构及系统功能模块设计，并已完成体检信息平台一期建设，实现部分指标的自动采集；聚焦城市管理、应急管理、公共安全等 11 项领域，初步梳理出 38 个跨部门"一件事"高效处置应用场景，打造 22 个并完成相关业务流程再造；确定了在天府新区、高新区、东部新区、成华区、郫都区、青白江区、彭州市等 7 个区（市）县先行试点，后期全面推广。

3）案例 3：郑州市初步建成"一屏观天下、一网管全城"的智慧城管体系

按照新型城市基础设施建设试点要求，郑州市以信息化、数字化、智能化为引领，打破条块分割、条线孤立的碎片化模式，结合郑州市一网统管平台，形成郑州市城市管理业务流程再造。智慧城管一期工程共涉及决策指挥平台、智慧停车、智慧市政、综合执法、物联网共享基站、智慧照明和基础平台 7 个领域、11 个子项目、77 子系统。利用物联网、大数据、云计算、人工智能等新技术，实现综合执法、智慧市政、智慧停车、共享基站等重点场景突破，在信息化管理、设施病态预判、智能分析、辅助决策等方面逐步完成智能化转型升级，使城市管理更智能、更精准、更高效，为民服务更细致、更周到。同时，城市运行管理服务平台搭建公众服务系统，初步形成"一屏观天下、一网管全城"的智慧城管体系，提升城市管理科学化、精细化、智能化服务水平，拓宽市民参与渠道，提升市民满意度，加快数字化城市管理向智慧城市管理的升级转型。

4）案例 4：杭州市强化工程项目治理，实施全生命周期智能化服务

一是实施工程项目全生命周期智能化服务。针对工程建设项目前期策划、全流程审批和事中事后监管等应用场景，提供业务协同、区域评估、并联审批、联合测绘、联合验收和信用监管等功能应用。二是实施工程项目 BIM 审查。全面融合工程项目

各类信息，在建设项目前期策划、施工图审查、联合验收等不同环节实现基于 BIM 模型的项目自动审查，推进三维地籍、土地立体化开发利用、工程建设项目 BIM 报建等应用试点。三是实施工程项目施工全程 BIM 组织。以规模以上政府投资类项目为试点，推广施工组织的 BIM 模型运用。借助 BIM 模型探索建立新型验收模式，提升竣工验收的准确性。

5）案例 5：广州市创新智慧灯杆投资建设运营新模式，提升城市治理能力

智慧灯杆是新型城市基础设施的重要建设内容，也是广州市实施智能化市政基础设施建设和改造的主要任务之一。由广州无线电集团成立专门二级公司"广州信投"，牵头负责全市智慧灯杆的投资、建设、运营，不占用财政资金。按照规划方案计划，到 2025 年，市中心区建成约 4.2 万杆智慧灯杆，全市建成约 8 万杆智慧灯杆，同时配套建成智慧灯杆统一管理平台 1 个，并推动智慧照明、智慧交通、智慧警务等一批智慧城市应用上杆。以智慧灯杆建设试点为契机，依托 5G 站位资源优势，加快其智慧城市业务板块布局，做强做大广州市智慧灯杆制造产业和配套设备制造产业，实现综合收益，为城市抢抓 5G 发展机遇、发展新经济打下扎实基础。

6. 推动居民社区智慧化管理，为居民营造舒适便捷的居住环境

1）案例 1：成都市探索打通"最后一公里"，让社区治理更有"智"感

成都市结合城市体检和"新城建"，进行综合分析评估，为城市建设发展"问诊把脉"，发现公共服务设施短板，及时运用智能化手段"打补丁"，使其得到完善和补充。社区是城市治理的"最后一公里"。成都高新区城市体检报告显示，该区公共服务水平有待提高，需要针对性提供精细化服务。2021 年 12 月，高新区锦城社区卫生服务中心正式揭牌，投入试运行，成为锦城社区综合体内的又一个服务品类。在锦城社区综合体养老项目"长者之家"，具有医、养、护等多重功能，提供智慧养老、社区食堂等多元服务，房间、活动区、康体训练区等一应俱全，无障碍设施全覆盖。锦城社区综合体集医疗、公共卫生、特色儿童服务、托育、养老、社区服务等资源为一体，服务周边 5 个社区 3.2 万常住居民，是高新区公共服务设施的有效补充。结合智慧社区建设，锦城社区综合体不仅打造社区智慧养老，还合理高效利用地下停车场资源，结合物联网等新技术，打造了智能化停车场，让社区治理更有效率、更有"智"感。

2）案例 2：郑州市积极开展"5G 智慧社区"试点，创新模式并复制推广

目前，郑州市智慧社区 4 级平台、9 大模块和 24 项场景应用已完成线上测试。基于"城市大脑"项目，搭建了无主管楼院信息系统，实现了对全市 4137 个无主管楼院、老旧小区的基础信息采集、群众意见征集、各类组织建设、治理成效评议等工

作的扁平化、智能化管理。郑州市智慧物业管理服务平台由物业管理子平台、政务服务子平台、公共服务子平台、生活服务子平台、可视化决策分析子平台等五个子平台构成，基本可满足相关部门要求，也可与其他平台进行对接。开展智慧物业落地小区调研工作，遴选有亮点、有特色、可借鉴、可复制的智慧物业小区，为试点落地和全面推广做好基础工作。目前已在惠济区新城街道办开元社区天伦物业采用"社区党建＋志愿者＋社区治理＋物业服务＋共建单位"模式落地"5G 智慧社区"试点。

3）案例 3：青岛市构建智慧物业服务平台，推动智慧物业线上线下融合发展

青岛市组织开展智慧物业线上线下融合发展试点。按照先试点探索、后全覆盖的模式，区分商品房、保障性住房和老旧小区等不同类型，结合城镇老旧小区改造、绿色社区创建、完整社区创建等工作，以点带面、分类推进，逐步推高物业服务智能化水平。一是构建智慧物业服务平台。加强政策引导，鼓励物业服务企业广泛运用 5G、互联网、物联网、云计算、大数据、区块链和人工智能等技术，建设智慧物业服务平台，对接 CIM 基础平台和城市运行管理服务平台，引入政务服务和公用事业服务数据资源，链接各类电子商务、科技、金融、快递等平台，打造多元化的物业管理、政务服务、公共服务和生活服务应用，构建高品质居住社区服务生态，为居民提供智慧物业服务。利用智慧物业服务平台加强对物业服务企业及从业人员的信用信息管理，规范物业服务企业经营行为。二是推进物业管理智能化。推动设施设备管理智能化，运用感知、识别等技术，全面记录水、电、气、热、安防、消防、电梯、水泵、照明、管线等设施设备运行数据，实现智能化运行维护、安全管理和节能增效。推动车辆管理智能化，加强车辆出入、通行、停放管理，增设无人值守设备，实现扫码缴费、无感支付，提高车辆通行效率；统筹车位资源，实现车位智能化管理，提高车位使用率；完善新能源车辆充电设施，实时监控充电桩等相关设备运行情况，保障车辆停放安全。促进社区安全管理智能化，推动智能安防系统建设，建立完善智慧安防小区，完善出入口智能化设施设备，为居民通行提供安全快捷服务；加强对高空抛物、私搭乱建、侵占绿地等危害公共安全和扰乱公共秩序的行为进行分析，及时报告有关部门，为居民营造安全居住环境。三是推动物业融合发展线上线下服务。鼓励物业服务企业依托智慧物业管理服务平台，发挥熟悉居民、服务半径短、响应速度快等优势，通过分析居民消费需求，对接各类电子服务平台，链接周边各类商业网点，为居民提供生活便利服务。促进"互联网＋政务服务"向居住社区延伸，打通服务群众的"最后一公里"。对接房屋网签备案、住房公积金、住房保障、城市管理、行政审批、公安等政务服务平台，为政务服务下沉到居住社区提供支撑。通过智慧物业管理服务平台调动居民参与居住社区事宜的积极性和主动性，建立"网

上议事厅",完善业主大会议事规则,畅通电子投票渠道,对重大事项进行表决。公开利用业主共有部位开展停车、广告、租赁等经营收支明细及住宅专项维修资金使用及结存情况,接受居民监督。

4)案例4:杭州市提升数据资源价值,构建智慧、绿色、共治的社区环境

一是形成智慧社区全域数据归集平台。建立基于CIM技术的社区底图,实现各个业务条线的数据和业务汇集,建立社区管理的智能化分析、辅助决策,实现社区安全管理的智能应用、指挥协同。实现小区、物业、街道、政府等多级多端互联互通,建立统筹、协调、响应及时的社区管理新模式。二是形成社区众创共治和民生服务系统。结合CIM平台系统营造未来邻里、教育、健康、创业、交通、低碳、建筑、服务和治理9大场景,助力社区治理"最后一公里",构建平安、温暖、绿色、健康于一体的社区服务体系,为居民提供安全、舒适、便利的智能化生活环境。三是建设智慧物业管理服务平台。强化CIM、城市运行管理服务平台及智慧物业管理服务平台的协作,打造物业管理、政务服务、公共服务和生活服务等场景应用,为居民提供智慧物业服务。

5)案例5:广州市构建基于CIM的智慧平台,探索多种模式进行智慧社区建设

一是起草制定智慧社区、园区技术指引。广州市牵头组织相关智慧城市建设代表企业起草制定《基于CIM的智慧社区建设、运营及评价技术指引》《基于CIM的智慧园区建设、运营及评价技术指引》。二是开展基于CIM的智慧社区平台建设。作为广州市"新城建"四大市级平台之一,基于CIM的智慧社区平台目前正由广州市住建局牵头开发。目前正在开发服务于智慧社区建设的广州市智慧物业管理服务平台,该智慧物业平台以《住房和城乡建设部等部门关于推动物业服务企业加快发展线上线下生活服务的意见》(建房〔2020〕99号)《住房和城乡建设部等部门关于加强和改进住宅物业管理工作的通知》(建房规〔2020〕10号)的工作要求为指引,借助互联网思维,利用5G、大数据、云计算、物联网、区块链、人工智能等科技手段与智能设备的有机结合,形成智慧的解决思路,搭建系统化、信息化、场景化的智慧物业管理服务平台,推动广州市智慧社区建设。三是开展基于CIM的智慧社区试点建设。坚持政府引导、社会参与、多方共赢的政策导向,充分激发市场活力,促进政策传导与需求主导的有机结合,探索多种模式进行智慧社区建设。"政府投资+社会投资"投资组合模式,代表项目为越秀区三眼井社区、盐运西社区,花都区新华街19号小区、新华教师新村、通安巷小区。财政资金进行保障性住房建设,以智慧社区标准进行社区建设和运营,代表项目为黄埔区瑞东花园小区。社会资本进行住宅小区开发,并进行社区的智慧运营,代表项目为越秀星汇园、合生创展珠江帝景·紫龙府。

三、新型城市基础设施建设发展趋势

（一）政策体系日益完善

在国家层面，国务院及其有关部门重在强化新型城市基础设施建设政策的顶层设计以及统筹推进实施。国务院和国务院办公厅先后出台了《国务院关于加强城市基础设施建设的意见》（国发〔2013〕36号）《国务院办公厅转发国家发展改革委等部门关于加快推进城镇环境基础设施建设指导意见的通知》（国办函〔2022〕7号）等，要求按照规划引领、民生优先、安全为重、机制创新、绿色优质的原则，围绕改善民生、保障城市安全、投资拉动效应明显的重点领域，加强城市道路交通基础设施建设，加大城市管网建设和改造力度，加快污水和垃圾处理设施建设，加强生态园林建设，加快城市基础设施转型升级，全面提高城镇环境基础设施供给质量和运行效率，推进环境基础设施一体化、智能化、绿色化发展，推动减污降碳协同增效，促进生态环境质量持续改善，助力实现碳达峰、碳中和目标，全面提升城市基础设施水平。住房和城乡建设部等有关部门先后出台了一系列有关"新城建"的指导性文件。比如，《住房和城乡建设部办公厅关于开展城市运行管理服务平台建设和联网工作的通知》（建办督函〔2020〕102号）、《住房和城乡建设部办公厅关于加快建设城市运行管理平台的通知》（建办督〔2020〕46号）、《城市运行管理服务平台建设指南》等，要求各省级住房和城乡建设、网信、科技、工业和信息化、人力资源社会保障、商务、银保监部门要会同有关部门建立协同机制，强化政策支持，指导督促各城市积极有序推进"新城建"。各城市要把"新城建"作为扩大有效投资和消费、促进城市高质量发展的重大举措，纳入城市国民经济和社会发展"十四五"规划，切实加强组织领导，注重整合利用已有信息基础设施和数据资源，整体谋划、系统推进、集约建设、信息共享，确保新型城市基础设施建设各项重点任务顺利实施。

在地方层面，试点城市根据工作部署和要求，结合当地实际情况，在完善新型城市基础设施建设政策体系方面作了一系列的探索。一是加强政策法规顶层设计。比如，青岛市制定了《青岛市CIM基础平台建设应用管理办法》，明确CIM基础平台的建设方式、运营模式、涉及政务数据开放共享的对象及边界，鼓励市场主体积极参与，赋能经济社会发展。二是科学制定实施方案。比如，成都市制定了《成都市城市运行管理服务平台建设试点方案》，主要包括工作目标、总体架构、主要任务、保障措施和任务分工等五部分内容。按照"统筹规划、试点先行、以点带面、迭代优化"建设思路，明确了以五年为期、分阶段实施的思路和"一年打基础、三年见成效、五年成体系"实施路径，分三个阶段实施，并分别以 2021 年、2023 年、2025 年形成了分阶段目标；总体架构按市级、区（市）县两级平台级联，明确以 CIM 平台重构智慧城市和城市大脑数字底座，并描述了 CIM 平台与"规建管"等现有系统的关系，与"CIM+"应用体系的关系，与国家和省级平台的关系等；主要任务从平台建设、数据汇聚、试点应用、标准规范、运维管理等方面明确了需要重点推进的工作。其中，基础平台建设将充分利用城市大脑、时空信息云平台、空间信息模型平台等现有成果进行融合升级，避免重复建设。试点应用包括规定动作和自选动作。规定动作主要是工程项目的报规报建试点，也是另一试点工作《成都市智能建造与建筑工业化协同发展》的内容。自选动作在市级以城市管理、安全监管为重点，在区级则以四川天府新区、成都东部新区、成都高新区、成华区等基础条件较好的区（市）县作为试点单位，以推动区级 CIM 平台建设，并在部分片区、部分领域、部分项目开展试点应用。同时成都市制定了《成都市城市信息模型平台建设试点实施方案》，建强基础平台，夯实智慧城市数字底座。比如，郑州市制定了《郑州市智慧物业管理服务平台建设工程实施方案》和《郑州市智慧物业管理服务平台建设试点工作方案》。三是规范行政审批事项。比如，南京市在"新城建"行政审批方面，积极鼓励试点，在项目立项、数据共享、数据安全等方面提供审批和要素保障，研究制定制度、办法和标准体系，为试点推广打好基础。四是明确年度任务安排。比如，成都市制定《城市运行管理服务平台建设试点 2021 年主要任务节点》，对市级平台采购需求方案编制、服务采购招标、平台框架设计、主体功能开发、系统集联测试、平台初验投用，以及各相关市级部门城市运行管理服务平台数据梳理汇聚、2021 年"一件事"高效处置应用场景主体功能开发、城市大脑能级提升等工作，逐项明确任务完成节点，确保住房和城乡建设部试点任务在成都有序推进。五是形成具有创新特色的总体设计成果。比如，南京市组织编制了《南京市运用建筑信息模型系统（BIM）进行工程建设项目审查审批和城市信息模型平台（CIM）建设试点工作方案》《南京 BIM/CIM 试点建设总体设计》，深入研究了 CIM 基础平台建设关键技术，明确 BIM/CIM 试点建设技术思路和实施路径，创新构建 BIM/CIM 试点概念模型和建设体系，从城市决策者、城市管理者和城市体验者等三个层面，提出了"决策一键达、治理一网通、服务一端享"建设思路和目标，明确 CIM 基础平台建设方向。

（二）治理能力不断提升

2018 年 11 月 6 日至 7 日，习近平总书记在上海考察时强调，"城市治理是国家治理体系和治理能力现代化的重要内容。一流城市要有一流治理，要注重在科学化、精细化、智能化上下功夫。既要善于运用现代科技手段实现智能化，又要通过绣花般的细心、耐心、巧心提高精细化水平，绣出城市的品质品牌。"

《"十四五"住房和城乡建设科技发展规划》提出，发展数字化、智能化技术是推动城市治理体系和治理能力现代化的重要支撑。进一步提升城市精细化管理水平，加强城市治理方式创新，迫切需要推进 5G、大数据、云计算、人工智能等新一代信息技术与住房和城乡建设领域的深度融合，加快推进基于数字化、网络化、智能化的新型城市基础设施建设，促进城市高质量发展[1]。

推进新型城市基础设施建设的关键是完善治理机制。住房和城乡建设部会同有关部门加强顶层设计，建立完善适应新型城市基础设施建设的政策体系和标准规范，组织开展试点示范，鼓励地方积极探索创新，及时形成可复制、可推广经验。各试点城市政府及有关部门适应新形势、新任务、新要求，紧紧抓住新一代信息技术创新应用的重要机遇，创新发展理念、体制机制和运行模式，提高城市规划、建设、管理的信息化和智能化水平，以创新驱动城市发展方式转变。

在完善新型城市基础设施建设治理机制方面，各试点城市作了一系列的探索。比如，成都市结合自身实际情况，在统筹机制、过程管理、数据整合、项目集成等方面探索形成富有特色的治理机制。一是建立"双试点"统筹机制。成都市作为"新城建"工作首批试点城市和城市体检样本城市，牢牢把握"双试点"的先手和契机，充分依托已经建立的城市体检工作机制，成立了由市主要领导担任组长的"城市体检"和"新城建"试点工作领导小组，成员单位涵盖 30 个市级部门、15 个区（市）县和电信成都分公司。两项试点工作同研究、同部署，统筹协调、压实责任、一体推进。二是建立全过程管理机制。按照"领导小组集中、市级部门协同、市区两级联动"模式，完成了"1+4"工作方案（总体方案 +4 项任务分项实施方案）编制，构建了立体的工作推进机制，以抓项目、促试点为核心，强化了试点任务规、建、管全过程跟踪管理。三是坚持"以数据整合为主线"，将"新城建"与城市建设各项工作统筹安排推动。提高互联网思维，充分运用"城市大脑""规建管"平台等已有信息基础设施和数据资源，进一步完善数据标准、接口标准、应用标准，加快推进 CIM 等基础平台建设。四是力求"项目集成"，推动试点工作集约高效。进一步突出统筹整合、实现精准发力，结合成都东部新区"未来之城"建设大胆开展试点，并在同一项目中实现试点内容集成，新增东部新区为试点区（市）县，在加快推动 4 项任务已启动工作的基础上，对试点内容进行了集约整合，推动实现同一项目多内容试点。比如，南京市在试点统

---

① 节选自 2022 年 3 月公布的《"十四五"住房和城乡建设科技发展规划》。

筹、项目运作、要素保障和监管评估等方面作了探索创新。一是加强顶层设计和统筹规划。避免重复投资建设和资源浪费。对"新城建"试点工作的建设资金、项目审批、共性应用进行统筹管理、协调和监管。二是坚持引入社会资本与市场化运作并重的原则。创新建设运营模式，形成多元化的新型城市基础设施建设资金保障体系。争取国家、江苏省对新型城市基础设施建设专项资金支持，争取各类试点、示范或配套项目，加快相关领域建设进度。优先支持公益性、准公益性的重点项目和部门间协同共享项目。加大引进社会资金，积极与金融机构、知名 IT 企业等合作，探索市场化运作的智慧城市建设运营模式，稳步推进政府购买服务等，形成政府引导、市场共同参与的智慧城市建设良好局面。三是强化要素保障。确保重点项目资源、资金、土地、环保、人才和技术等要素及时、高效配置，建立健全要素保障协调、考核和通报机制。四是完善监管评估。建立全流程项目管理工作机制，定期检查项目规划、建设方案、年度计划落实及项目建成应用情况，对项目建设的进度、质量、效果等进行评估考核，确保规划目标实现，尽早投入使用并发挥应有的效益。引入第三方机构对工程咨询、设计、监理、验收测试和成效评价等工程建设全过程实施质量跟踪。

（三）标准体系逐步构建

标准是经济社会发展的重要技术依据和准则。科学规范的标准体系，是促进新型城市基础设施建设健康发展的重要保障。推进"新城建"试点工作涉及多部门、多领域和多环节，承载着类型多样化、来源多元化的海量数据，是一项系统性和综合性都很强的工作。建立和统一"新城建"项目的规划、建设、运行标准和接口规范，迫切而必要。通过新型城市基础设施建设标准体系的构建和完善，有利于提高城市管网、排水防涝、消防、交通、污水和垃圾处理等基础设施的建设质量、运营标准和管理水平，消除安全隐患，增强城市防灾减灾能力，保障城市运行安全;有利于全面落实集约、智能、绿色、低碳等生态文明理念，优化节能建筑、绿色建筑等相关标准体系和规范，提高城市基础设施建设工业化水平，建立促进节能减排和污染防治，提升城市生态环境质量;也有利于把新型城市基础设施与传统城市基础设施同规划、同部署、同实施，实现城市物理空间与数字虚拟空间的融合，加快推进全域智能感知体系、新一代通信网络、城市计算能力、"城市大脑"等智能基础设施的标准建设，既避免重复建设导致经济结构失衡，又要补齐短板，提升发展质量效益，切实提升城市管理标准化、信息化、精细化水平。

在国家层面，住房和城乡建设部非常注重加强标准体系的顶层设计，以标准化引领"新城建"，已制定发布了《工程建设项目业务协同平台技术标准》CJJ/T 296—

2019、《城市运行管理服务平台技术标准》CJJ/T 312—2021、《城市运行管理服务平台数据标准》CJ/T 545—2021、《城市信息模型基础平台技术标准》CJJ/T 315—2022等一系列标准和规范。2021 年，全国智能建筑及居住区数字化标准化技术委员会组织开展了《新型城市基础设施建设标准体系研究》，拟通过梳理、归类新型城市基础设施建设要求及标准，在参照相关国家标准、行业规范基础上，理清新型城市基础设施建设已有的标准规范，找出下一步急需的标准规范，建立一套科学、实用、前瞻性强的新型城市基础设施建设标准体系，为全国新型城市基础设施建设提供指导。具体来讲，一是通过对现行及待编标准进行梳理，为新型城市基础设施建设相关标准的制修订提供重要依据。二是指导全国新型城市基础设施建设，提高新型城市基础设施建设的整体质量和水平。三是建立目标明确、全面成套、结构适当、划分清楚的新型城市基础设施建设标准体系，保证标准的适用性，避免不同部门编制标准之间的矛盾、重复或遗漏，以最小资源投入获取最大标准化效果。四是增强城市建设信息化顶层设计的科学性与合理性，为规范业务协同平台建设提供有力支撑，在一个城市信息模型（CIM）平台搭建不同场景的应用，实现全国各级平台的有效联网，达到数据共享、业务对接。五是结合目前新型城市基础设施建设发展现状及需求，梳理出下一步急需制定的标准体系目录。主要包括:《新型城市基础设施建设资源目录》《新型城市基础设施建设评价指标体系》《新型城市基础设施建设术语》《新型城市基础设施建设数据分类要求》《新型城市基础设施建设数据编码要求》《新型城市基础设施建设数据交换要求》《新型城市基础设施建设安全管理要求》《新型城市基础设施建设密码应用测评要求》《新型城市基础设施建设工程项目竣工交付要求》《新型城市基础设施建设工程项目资产运营要求》《新型城市基础设施建设城市信息模型（CIM）基础平台》《新型城市基础设施建设城市信息模型（CIM）数据》《新型城市基础设施建设城市信息模型（CIM）评价》《新型城市基础设施建设智慧社区评价》《新型城市基础设施建设市政基础设施智能化评价》《新型城市基础设施建设智慧城市与智能网联汽车评价》《新型城市基础设施建设智能化城市安全管理评价》《新型城市基础设施建设城市综合管理服务评价》《新型城市基础设施建设智能建造与建筑工业化评价》等。

在地方层面，各试点城市也正在积极推进"新城建"标准的起草与制定工作。比如，南京市坚持标准引领，建立成体系的 BIM/CIM 标准规范，围绕工程建设项目 BIM 规划报建审批和 CIM 基础平台构建与服务，构建了城市级 BIM 和 CIM 标准体系；在标准体系框架下形成标准体系清单和标准文件库，为 BIM/CIM 标准的策划、制定、发布、实施和监督提供依据，为 BIM/CIM 试点建设提供规范、指引和预测；同时基于标准体系建立部门间标准化工作协同推进工作机制，形成南京市 BIM/CIM 试点工作共同产出、共同发展、成果共享的良好氛围；结合应用需求，优先编制了《交付标准》《数据标准》《建筑功能分类和编码标准》等4项9类BIM规划报建标准及《数据治理与建库技术规程》《运行维护规范》等8项CIM标准的编制，并于2021年2月正式印发了其中3项7类BIM规划报建标准，为相关数据生产入库、平台系统研发、业务办理提供了标准依据；研究起草制定装配式建筑标准，形成一套包括设计、生产、施工、质量控制和验收等各个环节的标准体系；支持企业开展标准体系研究，制定企业标准、专用图集和技术手册，鼓励社会组织编制团体标准；强化设计、部品部件生产、建筑材料与工程建设标准之间的衔接，实现工程设计、生产和施工装配标准规范化，监督管理标准规范化。比如，杭州市起草制定了一套有关BIM团体组织标准、BIM团体组织、行业协会工作规程等保障"新城建"的技术标准体系。比如，重庆市提出了智能感知设备覆盖道路公里数、智慧社区综合信息服务平台城乡社区覆盖率、数字化建造试点工程项目数量、新开工建筑工业化和信息化融合项目占新建建筑比例占比等具体量化指标。比如，苏州市研究起草制定城市安全标准规范和评价细则，按照《国家安全发展示范城市评价细则（2019版）》《省级安全发展示范城市评价细则（2020版）》等相关标准，研究配套的办法、规范、建议清单等政策性文件，加强"新城建"运行管理平台与应急管理信息化等相关领域标准的衔接，构建以城市韧性为核心的城市安全运行评估监测指标体系，支持城市体检、城市基础设施建设和运行、房屋建筑施工和使用安全"综合评价"。比如，青岛市重点开展《青岛市CIM基础平台数据方案》《城市基础数据管理交换标准》等标准制定，着力打造技术标准创新基地，支撑青岛市"新城建"可持续发展。

需要指出的是，在"新城建"标准体系构建过程中，要始终坚持问题导向，发挥标准的引领和规范功能，围绕"新城建"的现实需求和政策导向，统筹兼顾基础设施规划建设运行与引导相关产业协同发展之间的关系。合理定位强制性标准与推荐性标准、基础通用标准与专用标准、政府标准与社团标准，协同推进国家、地方、团体标准之间的联动。及时总结吸纳"新城建"试点中的实践经验和技术创新，促进科技成果向标准转化。切实提高标准编制前瞻性、主动性和针对性，强化规划标准，推动科学布局，完善建设标准、提高工程质量安全，健全运行标准，提升治理能力，加强绿色低碳标准，推进生态文明建设。

（四）平台数据集约融合

在新型城市基础设施建设过程中，大量的数据汇集到不同的系统、部门、运营商的中心数据库中。由于现行体制和机制等诸多原因，导致海量数据分属于不同的系统、部门和运营商，彼此之间互联互通弱，信息协调效率低，从而形成一个个"数据孤岛"。

在推进"新城建"工作过程中，各试点城市非常重视强化科技支撑，积极组织开展科技攻关，加强全产业链协同创新，加快突破城市级海量数据处理及存储、多源传感信息融合感知、建筑机器人应用等一批自主创新关键技术。依托城市空间底图，建立统一的地名地址标准和数据库，打造城市运行空间底图，实现基础地理信息、建筑物模型、基础设施等各类城市治理要素的"一图汇聚"和动态呈现。将建筑信息模型（BIM）、地理信息系统（GIS）和物联网（IoT）等多项技术统一集成，构建城市三维空间数据底座，逐步推进 CIM 平台建设应用与 BIM 软件产业发展互促共进以及国家、省、市三级 CIM 基础平台体系的互联互通，从而带动相关产业基础能力提升。

集约融合发展是新型基础设施建设的主旋律，跨层级、跨地域、跨系统、跨部门、跨业务的协同服务已成为基本趋势，数据信任与数据安全将成为各方高度关注的一个共性问题。区块链所具有的去中介化、安全、透明、可追溯的特点，将为各方提供合作的可信基础，实现在一个安全信赖的环境下进行数据的互通、共享甚至是交易，很好地解决基础设施共建共享、数据资源加速整合、核心平台统筹应用等问题。

（五）发展方式绿色低碳

2020 年 4 月 10 日，习近平总书记在中央财经委员会第七次会议上强调指出，"增强中心城市和城市群等经济发展优势区域的经济和人口承载能力，这是符合客观规律的。同时，城市发展不能只考虑规模经济效益，必须把生态和安全放在更加突出的位置，统筹城市布局的经济需要、生活需要、生态需要、安全需要。要坚持以人民为中心的发展思想，坚持从社会全面进步和人的全面发展出发，在生态文明思想和总体国家安全观指导下制定城市发展规划，打造宜居城市、韧性城市、智能城市，建立高质量的城市生态系统和安全系统。"2020 年 11 月 12 日至 13 日，习近平总书记在江苏考察时再次强调，"建设人与自然和谐共生的现代化，必须把保护城市生态环境摆在更加突出的位置，科学合理规划城市的生产空间、生活空间、生态空间，处理好城市生产生活和生态环境保护的关系，既提高经济发展质量，又提高人民生活品质。"

2015 年中央城市工作会议明确提出，要控制城市开发强度，划定水体保护线、绿地系统线、基础设施建设控制线、历史文化保护线、永久基本农田和生态保护红线，防止"摊大饼"式扩张，推动形成绿色低碳的生产生活方式和城市建设运营模式。要坚持集约发展，树立"精明增长""紧凑城市"理念，科学划定城市开发边界，推动城市发展由外延扩张式向内涵提升式转变。城市交通、能源、给排水、供热、污水、垃圾处理等基础设施，要按照绿色循环低碳的理念进行规划建设。

2022 年 1 月 20 日召开的全国住房城乡建设工作会议明确要求，"落实碳达峰碳中和目标任务。出台城乡建设领域碳达峰实施方案，指导各试点城市制定细化方案，推动城乡建设绿色发展。研究建立城乡建设碳排放统计监测体系。构建绿色低碳城市、县城、社区、乡村考评指标体系，研究建立考核评价制度和方法。"[①]

《"十四五"住房和城乡建设科技发展规划》提出，发展绿色低碳技术是落实城乡建设领域碳达峰碳中和目标任务的重要途径。加快推进城乡建设绿色发展，迫切需要加强科技攻关，研发和推广绿色环保、节能减排、资源循环、安全韧性等技术，提升城乡建设绿色低碳发展质量，推动形成绿色生产方式和生活方式[②]。

在推进"新城建"工作过程中，各试点城市要坚持全面落实集约、智能、绿色、低碳等生态文明理念，以支撑城乡建设绿色发展和碳达峰碳中和为目标，聚焦能源系统优化、市政基础设施低碳运行、零碳建筑及零碳社区、城市生态空间增汇减碳等重点领域，从城市、社区、建筑等不同尺度、不同层次加强绿色低碳技术研发，以技术进步促进发展转型，形成绿色、低碳、循环的城乡发展方式和建设模式，提高城市基础设施建设工业化水平，优化节能建筑、绿色建筑发展环境，促进节能减排和污染防治，提升城市生态环境质量。一是梳理总结城乡绿色低碳发展理论与测评方法。研究城乡绿色低碳发展理论与实施路径，研究城乡碳排放监测、统计和核算方法，构建城市、街区和建筑等不同层次的低碳城市指标体系，开发情景预测仿真模型与工具。二是研发城市低碳能源系统技术。研究基于建筑用户负荷精准预测与多能互补的区域建筑能效提升技术，开展高效智能光伏建筑一体化利用、"光储直柔"新型建筑电力系统建设、建筑—城市—电网能源交互技术研究与应用，发展城市风电、地热、低品位余热等清洁能源高效利用技术。三是研发市政基础设施低碳运行技术。开展城乡供水、排水、燃气、热力、环卫、交通、园林绿化等基础设施建设运维全过程碳减排的基础理论、应用基础、技术路径、关键技术、设备产品研究，构建市政基础设施绿色低碳技术体系与标准体系。四是研发零碳建筑和零碳社区技术。研究零碳建筑、零碳社区技术体系及关键技术，开展高效自然通风、混合通风、自然采光、智能可调节围护结构关键技术与控制方法研究。研究零碳建筑环境与能耗后评估技术，开发零碳社区及城市能源系统优化分析工具。五是研发城市生态空间增汇减碳技术。开展城市绿地、湿地碳源碳汇机理研究，研发城市蓝绿空间固碳、控碳材料筛选及应用关键技术，研究蓝绿协同的城市开放空间增汇减碳技术和材料。六是研发绿色建造技术。开展全过程绿色低碳建造关键技术、建筑全寿命期垃圾减量化和资源化利用关键技术、城市低影

---

① 摘选自 2022 年 1 月 20 日全国住房和城乡建设工作会议。
② 摘选自 2022 年 3 月公布的《"十四五"住房和城乡建设科技发展规划》。

响开发设计施工关键技术、绿色建造前策划后评估技术、建造过程排放控制关键技术等的研究与应用。七是研发绿色低碳建材。构建适应高品质绿色建筑发展的新型绿色建材与产业化技术体系，研发高性能主体结构和围护结构材料、防水密封、装饰装修和隔声降噪材料、相变储能材料。八是推广适宜性外墙保温材料。构建绿色低碳外墙保温综合评价体系，研发适宜不同气候区的外墙保温产品和技术，研发保温结构装饰一体化外墙板技术及产品，推出高性能外墙保温体系的检测及评价方法[①]。

（六）应用场景异彩纷呈

在推进"新城建"工作过程中，各试点城市要加强城市基础设施智能化建设，促进大数据、物联网、云计算等现代信息技术与城市基础设施融合，强化设施运行管理、交通管理、环境管理、应急管理等数字化平台建设和功能整合，建设综合性平台数据库，积极发展民生服务智慧应用。

《"十四五"住房和城乡建设科技发展规划》提出，要进一步推进城市基础设施数字化、网络化、智能化技术应用。以建立绿色智能、安全可靠的新型城市基础设施为目标，推动 5G、大数据、云计算、人工智能等新一代信息技术在城市建设运行管理中的应用，开展基于城市信息模型（CIM）平台的智能化市政基础设施建设和改造、智慧城市与智能网联汽车协同发展、智慧社区、城市运行管理服务平台建设等关键技术和装备研究[①]。

在推进"新城建"工作过程中，各试点城市要秉持共建、共享、共治的理念，采集、汇聚、共享海量数据，增强数据处理与分析能力，聚焦智能化市政基础设施建设与改造、智能交通与车路协同、地下管线安全、智慧建造与建筑工业化、智慧社区、城市综合管理服务等领域，强化数据汇聚、系统集成和智能化场景开发应用，探寻城市更新、老旧小区改造、违建治理、防台防汛、智慧电梯、玻璃幕墙、深基坑、群租治理、渣土管理、修缮工程、历史建筑保护、建筑工地和物业小区疫情防控等应用场景的数字化解决方案。

---

① 摘选自 2022 年 3 月公布的《"十四五"住房和城乡建设科技发展规划》。

第二章 试点篇

一、广州：以 CIM 平台为支撑，"新城建"迈出坚实步伐

运用大数据、云计算、区块链、人工智能等前沿技术促进城市治理理念、模式创新，已成为推动城市治理体系和治理能力现代化的必要手段。面对新形势、新使命、新任务，作为第一批新型城市基础设施建设试点城市之一，广州市以推动城市高质量发展为主题，在加快形成新发展格局中主动担当、积极探索，建成了全国首个城市信息模型（CIM）基础平台，推动"新城建"产业与应用示范基地、车城网、智慧社区、智慧园区、智能化城市安全管理、智能建造等"新城建"试点示范项目建设，不断激活城市高质量发展密码。

截至 2022 年 9 月，广州市推动完成"新城建"项目 42 个，投资金额约 12.07 亿元；住建"新城建"项目 56 个，目前已完成投资额约 25.09 亿元，"新城建"试点工作迈出坚实步伐，实现了"十四五"良好开局。

1. 完善工作机制，夯实发展基础

目前，我国常住人口城镇化率已超过 60%，步入城镇化较快发展的中后期，城市发展也进入城市更新的重要时期。推动落实"新城建"需要在城市发展原有基础上纵向挖掘，将智能化技术要素、市民对城市治理的期待和需求融入其中。在推动落实"新城建"工作的过程中，相关立法、政策、标准等工作的推进将使得"新城建"工作更加规范化、标准化、精细化。

完善工作机制。在广州市 CIM 平台建设试点工作联席会议架构加挂"广州市新型城市基础设施建设试点工作联席会议"牌子，制定联席会议制度，广州市政府主要领导亲自挂帅，加强对全市"新城建"试点工作的统一领导。编制《广州市新型城市基础设施建设试点工作手册》，建立起全市各相关单位、各区"新城建"试点工作机制及沟通联络机制。建立广州市"新城建"试点配套项目库，加强对项目的指导、协调和支持，发挥项目带动发展作用。

构建支撑体系。将"新城建"试点工作任务纳入《广州市国民经济和社会发展第十四个五年规划和 2035 年远景目标纲要》，编制广州市"十四五"重点专项规划《广州市基于城市信息模型的智慧城建"十四五"规划》，为未来城市规划、建设和管理明确新方向与新思路。编制《广州市构建"链长制"推动建筑业和规划设计产业高

质量发展三年行动计划（2022—2024 年）》，加快构建"链长制"，推动"新城建"产业高质量发展。建立广州市"新城建"试点工作专家库，编制 3 部培训教材。编制并落实《广州市智慧城市基础设施与智能网联汽车协同发展试点工作方案》《广州市智慧城市建设综合改革试点实施方案》《关于在海珠区全域推进新型城市基础设施建设的专项实施方案》等多个重点领域专项方案。

搭建 CIM 平台。广州市大力推进 CIM 平台建设试点工作，建成发布全国首个CIM 基础平台——广州城市信息模型（CIM）基础平台，构建起广州市一张"三维数字底图"，为广州市城市运行管理中枢"穗智管"等提供有力支撑。编制 CIM 平台技术标准、CIM 数据标准等 11 项 CIM 基础平台配套标准，规划编制 16 项基于 CIM 基础平台的应用技术指引，智慧社区、园区等技术指引已编制完成。编制《关于推进基于城市信息模型基础平台拓展应用的工作方案》，全面拓展广州 CIM 平台在住建、规划、交通、水务、城管、园林、工信、应急、政务服务、公安等多个领域的应用场景。广州 CIM 平台关键技术及应用项目荣获国家 2021 年度华夏建筑科学技术奖一等奖。广州 CIM 基础平台加载城市级三维模型功能截图如图 2-1 所示。

图 2-1　广州 CIM 基础平台加载城市级三维模型功能截图

提供法治保障。颁布实施《广州市数字经济促进条例》，将数字基础设施、建筑业数字化、城市规划建设与管理数字化、社区数字化及城市治理数字化等方面相关政策上升为法律制度，为"新城建"发展提供法治保障。

2.落实重点项目,打造亮点示范

城市建设是一项系统性工程,作为智慧城市建设和数字经济发展的基础,"新城建"不仅关乎城市未来的发展质量、发展内涵,更关系到城市居民生活的切身体验。广州市强化试点示范带动,着力推进"新城建"示范项目建设。2022 年,广州市七大"新城建"任务 30 个子项目全面推进、多点绽放,第一批 5 个"新城建"试点示范项目初现雏形,第二批 14 个重点示范项目建设正谋划推进。

推进琶洲智慧园区、车城网及智能化城市安全管理综合示范项目建设,基于CIM 平台应用拓展需求探索相关融合应用示范场景。打造态势感知、运行监测、决策支撑的数字孪生智慧园区,提升园区服务品质和运营效率,拓展面向互联网等园区企业的应用场景。作为第一批智慧城市基础设施与智能网联汽车协同发展试点城市,广州市以琶洲为重要展示窗口,探索城市级车城网和智能化城市安全管理平台实现路径,培育商业模式,带动广州数字经济产业升级和配套产业发展。基于广州 CIM 平台的琶洲车城网平台如图 2-2 所示。

图 2-2 基于广州 CIM 平台的琶洲车城网平台

高标准谋划建设广州设计之都二期"新城建"产业与应用示范基地,打造部、省、市联合示范的国际领先、国内一流的"新城建"示范园区。充分发挥 CIM 平台的基础支撑作用,打造全国首个碳排放精细化管控园区及住房和城乡建设部碳达峰行动首个"绿色低碳开发项目"示范。建设全国首个智能建造与建筑工业化协同示范园区，形成智能建造产业基地，带动头部企业落地，推动建设行业向数字化、智能化、低碳化转型升级，形成可复制、可推广经验。

推进广州白云国际机场三期扩建工程安置区智能建造、缆线管廊"统建统管"及智慧社区示范项目建设，打造全生命周期 BIM 技术、智能建造技术及 CIM 技术应用示范标杆，通过整体统筹和技术创新，发挥规模优势，探索装配式建造成本在整体建设费用中平衡、不额外增加成本的实施路径，创新电力与通信缆线管廊统建统管模式，探索社会力量建设智慧社区新模式。

推进越秀区三眼井老旧小区智慧化改造示范项目建设，依托社会力量建设基于CIM 平台的老旧小区智慧社区应用示范，丰富社区服务供给，提升居民生活品质，引入便民服务产业为社区改造"输血"，形成"产业反哺，持续提升"的良性循环。广州市越秀区三眼井智慧社区建设与运营平台如图 2-3 所示。

图 2-3　广州市越秀区三眼井智慧社区建设与运营平台

推进南沙明珠科学园一期智慧园区示范项目建设，以期成为粤港澳大湾区国际科技创新中心重要支撑、综合性国家科学中心主要承载区，建设智能建造、智慧科研、智慧产业链、智慧运营的科研型智慧园区（图 2-4）。

3.谋划创新创优，提升发展效能

"新城建"是基于数字化、网络化、智能化的新型城市基础设施建设，对整体提升城市建设现代化水平和运行效率，转变城市发展方式，拉动有效投资和消费，不断满足人民对美好城市生活的向往具有重要意义。广州市通过推动国企合作参与共建、社会资金参与共改等模式，引导培育"新城建"产业集群，不断释放城市发展的巨大潜力。

培育"新城建"商业模式。支持市属国有企业投资建设车城网、智能化城市安全管理平台和智慧园区，引导本地优势企业以多种方式参与"新城建"试点任务，引入华润集团、北京愿景等社会力量参与智慧社区建设。

夯实"新城建"产业基础。成立广州建设行业智慧化产业联盟，为成员单位搭建交流平台。积极探索完善"新城建"投融资路径，依托广州市智慧城市投资运营有限公司就设立"新城建"产业基金进行探索。成立广州市"新城建"联合创新中心，强化产业人才培养，积极推进 CIM 智慧城市产教融合创新平台建设。

助推"新城建"产业集群。以产融结合促进广联达华南总部、中国电动汽车百人会华南总部、百度车城网（广州）智能科技有限公司等"新城建"产业链头部企业及优秀科创团队在广州人工智能和数字经济实验区、广州设计之都、南沙等地落户，促进建成"新城建"、智能建造技术创新研发平台和企业孵化基地。针对"新城建"产业发展进行专项研究，探索成立中国车城网研究院（广州）等机构。

创建"新城建"产业与应用示范基地。编制《广州市创建"新城建"产业与应用示范基地实施方案》，高标准谋划推进以广州设计之都二期及黄埔区新一代信息技术创新园为领建园区，拓展 4 个关联园区的建设，打造广州市"新城建"产业与应用示范基地"2+4"产业版图，大力发展 CIM 平台、建筑产业互联网、车城网、智能化城市安全管理平台、城市运行管理服务平台等五大平台经济和智能建造、智慧社区、智能化市政基础设施产业体系。

未来，广州市将持续强化 CIM 基础平台的支撑能力，不断拓展应用场景。聚焦重点领域、地区和项目，强化示范带动，全面推进"新城建"任务落地。高标准推进"新城建"产业与应用示范基地建设,强化"新城建"生态聚合和产业集聚,加快培育"新城建"产业链条，充分发挥"新城建"稳增长、扩内需、打造经济新增长点等方面的重要作用。

二、南京:"新城建"赋能现代化典范城市建设

"城,所以盛民也。"城市风貌日新月异,而人民情怀始终如一。城市是我国经济社会发展的重要引擎,也是扩大内需的主要战场,为 5G、物联网、大数据、工业互联网等新一代信息技术提供了广阔的应用场景和创新空间。通过对城市基础设施进行数字化、网络化、智能化建设和更新改造,不但能为城市提质增效、转型升级带来新机遇、新发展,也将加快转变城市开发建设方式、整体提升城市建设水平和运行效率,使城市治理更加智能化、智慧化,不断提高城市服务和管理精细化水平。

作为"新城建"第一批试点城市之一,南京市以"新城建"对接"新基建",引领新产业,促进新消费,加快推进基于数字化、网络化、智能化的新型城市基础设施建设,推动城市转型升级,实现城市现代化和高质量发展,为建设人民满意的社会主义现代化典范城市注入新动能。

1. CIM 平台助力城市发展

自 2020 年成为"新城建"试点以来,南京市先后将城市信息模型(CIM)平台建设纳入优化营商环境、美丽古都建设、数字经济发展等系列政策文件,进一步强调和细化了 CIM 试点建设与城市建设发展的互动联系,为建筑信息模型(BIM)和 CIM 技术融合推进审批程序和管理方式变革、探索建设智慧城市基础性平台奠定了坚实基础。

重视顶层设计,形成具有创新特色的总体设计成果。南京市组织编制《南京 BIM/CIM 试点建设总体设计》,深入研究了 CIM 基础平台建设关键技术,从城市决策者、城市管理者和城市体验者三个层面,提出了"决策一键达、治理一网通、服务一端享"建设思路和目标,为 CIM 基础平台建设指明方向。此外,坚持标准引领,围绕工程建设项目 BIM 规划报建审批和 CIM 基础平台构建与服务,构建了城市级 BIM 和 CIM 标准体系。结合应用需求,优先编制了《交付标准》《数据标准》《建筑功能分类和编码标准》等 4 项 9 类 BIM 规划报建标准及《数据分级分类标准》《数据建库规程》《运行维护规范》等 7 项 CIM 标准、为数据生产入库、共享应用、运行维护等提供了标准依据。

强化基础支撑,构筑形成南京城市空间数字底座。坚持应用导向的原则,制定南京市城市信息模型(CIM)数据资源目录,通过数据治理、数据建库和服务接入等多种方式,集成了全市域 6587 平方公里的建筑简模、主城区 190 平方公里建筑精模、约 4000 万方地下空间等现状数据,汇聚集成了地理信息数据、规划管控数据、管理

审批数据、工程建设项目数据、社会经济数据等共计 385 个数据图层，基本构建起了涵盖二三维一体、地上地表地下一体、室外室内一体、历史现状规划一体的南京城市空间数据底座。南京市城市信息模型（CIM）基础平台如图 2-4 所示。

图 2-4　南京市城市信息模型（CIM）基础平台

聚焦辅助决策，为智慧城市建设提供基础空间操作平台。聚焦辅助决策应用，按照"边研发、边验证，边试用、边推广"的思路，构建了南京 CIM 基础平台 V1.0，提供了场景操作、多角度视图、属性查看、日照模拟、剖切分析、模型消隐、坡度计算、视频融合等多种类的展示、分析和辅助分析功能，支持多源、异构海量数据和服务的统一管理和跨平台调用，为智慧城市提供了基础空间操作平台。依托 CIM 基础平台提供的智慧化服务能力和强大数据支撑，能够充分发挥 CIM 在城市细节刻画、趋势推演、虚实融合互动等方面的特性，便于高质量拓展 CIM 应用，为实现未来基于 CIM 数字孪生的智慧城市建设提供了坚实基础。

突出南京特色，有序开展"CIM+"示范应用。南京市开展了 CIM+"多规合一"和 CIM+"规划资源一体化政务服务"的建设，实现了"多规合一""立起来"的目标，并初步探索了 CIM+ 城市设计、CIM+ 历史文化名城保护等一批具体业务领域的 CIM+ 应用，研究了大数据、视频融合、建筑物分层分户等城市运行管理应用，验证了 CIM 平台智慧化服务能力和数据支撑能力，为城管、交通、安防、环保、应急等不同领域开展场景化、专业化的"CIM+"应用建设提供了便捷开放的构建路径。

2. 智慧市政凸显城市智慧

新一代信息技术快速发展，南京市充分利用云计算、物联网、大数据处理等技术，对市政设施及相关系统的各方面数据进行全方位的信息化处理和利用，对设施运行状况进行有效感知、监控和管理，不断凸显城市建设智慧。

智慧灯杆是智慧城市建设的"新型公共基础设施"。南京市积极推进"路灯杆—合并杆—5G 智慧杆"的研究及 5G 智慧杆基础设施建设，取得了一定的成效。在试点之初，南京市便确定了"信息路灯、智慧路灯、价值路灯"三步走发展战略，启动路灯管理信息化建设工作。截至目前，南京市建设完成了两个现代化信息系统，即城市照明信息化综合运营系统和单灯监控与调度系统，构建了数据互享传输的通道，形成了基于 5G 技术基础之上的智慧城市感知网络的雏形，信息化水平满足智慧杆基础设施建设对数据入口的要求，为智慧杆产业发展奠定了应用基础。南京市智慧灯杆建设如图 2-5 所示。

此前，存量设施改造也为智慧灯杆的场景应用提供了轻量化解决方案。以此为基础，南京市在部分地区进行智慧路灯试点建设，遵循现有的合并杆建设体系，实现了电力网、有线网、无线网"三网"贯通，推进涵盖 5G 小基站、公安视频、交通设施、环保监测等功能项目在内的集成建设。依托智慧路灯上各类智慧应用，通过视频图像分析等技术，南京市实现了智慧路灯在智慧照明、市政设施监测管理、环境监测、执法管理、信息发布等多场景应用，为公共安全、交通管理及城市精细化治理等各项城市治理工作提供了有利条件。围绕"十四五"发展目标，南京市还将逐步扩大智慧路灯基础设施布局，开放智慧路灯应用场景资源，构建系统完备、高效实用、智能绿色、安全可靠的"以灯载智"的信息化新型基础设施体系。

在智慧停车领域，南京市通过打造集

图 2-5　南京市智慧灯杆建设

交通精准调度、停车资源优化、市民智慧出行的"三位一体"智慧静态交通服务体系，构建以停车泊位为轴心，链接政府部门、企事业单位、停车场及市民的全南京市静态交通"智慧网络"，助力全市静态交通综合治理，有效盘活存量、合理规划增量，缓解"停车难"问题。

南京市智慧停车体系构建涵盖"一个中心、两个领域、三个子平台、四个核心应用功能、多种数据接入手段"。"一个中心"指南京市智慧停车大数据中心；"两个领域"指路内停车和路外停车；"三个子平台"包括南京市静态交通大数据管理平台、信用平台、共享平台；南京市智慧停车管理平台提供"四个核心应用功能"，包括可视化监管及决策支持功能、各层级的运营管理功能、市民的客户端服务功能以及停车场业主的服务功能；"多种数据接入手段"主要是指面对不同设备厂家、路内路外停车场（位）的不同现状、存量增量停车场的性质区分，采取灵活多样的数据采集手段和方法。

此外，南京市还积极推进新技术应用场景试点。以惠民便民的新基建为导向，以 5G 大数据人工智能前沿科技为支撑，以创新南京静态交通服务为丰线，针对不同的停车场景，通过推进智慧化改造试点，共享停车试点建设等满足多样化的停车需求，改善市民停车体验，提升城市治理精细化水平。

3. "南京经验"添彩城市品牌

科学推进新型城市基础设施建设是贯彻落实党中央、国务院关于实施扩大内需战略、加强新型基础设施和新型城镇化建设的决策部署的重要举措。在推进"新城建"的过程中，南京市运用现代科技手段逐步实现城市智慧化发展，提高精细化水平，绣出城市品牌，为"新城建"发展提供了"南京经验"。

融合发展，赋能创新。一方面，推动"新城建"与更多新技术的融合，让基础设施的更新迭代成为可能。将"新城建"与更多新技术有效融合，推动更多的创新技术形态、创新技术应用进步，为汽车工业、建筑产业、城市治理等发展打开新的空间。另一方面，加大"新城建"的实践推广，让创新成果的孵化新生成为可能。南京市结合城市建设应用领域的不同特点，研究符合建筑产业、城市治理发展需求的工程建设、运行管理、决策指挥等应用场景，让应用场景成为创新成果的测试论证和孵化转化平台，形成"创新—应用—再创新"的发展逻辑。同时，充分发挥南京市在产业生态、企业布局和基础设施等方面优势，吸引和培育设备制造、产业应用、建筑管理等方面企业，形成集群发展态势。

多措并举推动项目扎实落地。"新城建"试点工作需要构建强有力的组织管理体系，更需要全方位的实施保障体系。一方面，建立"1+1+N"的组织管理体系，"1"

即成立南京市新型城市基础设施建设领导小组，加强顶层设计、系统规划和体制机制创新，以及试点工作的统筹、协调和管理。"+1"即建立专家咨询、创新研发团队，深入与中国联通的协作配合，为"新城建"提供技术和产品支撑，加大科研创新力度。"+N"即建立系统信息化联动协作团队，依托 24 项试点任务和大数据管理体系，将各专业部门、专业信息化团队进行串联，增强信息交互和工作联动，激发多部门、多专业合力和创新力。另一方面，加强市区财政对"新城建"的支持，投入约 4.2 亿元，重点为城市智慧系统建设提供资金保障，同时坚持市场化运作，在智慧路灯建设、5G 基站建设、建筑部品部件基地建设等方面，引导约 6.9 亿元社会资金参与，聚合"新城建"的建设动能。同时，建立监管评估制度，加强项目进度、质量、效果等评估考核，以及工作目标责任考核，确保试点工作落地。

随着一批"新城建"项目在南京的实施与落地，新技术、新产业、新业态、新模式正在与城市建设管理深度融合，不断提升城市建设水平和运行效率，使城市治理更加智慧化，进一步彰显古都的魅力和活力。

三、重庆："新城建"让智慧名城更聪明

作为首批"新城建"试点城市之一，重庆市以大数据智能化应用创新为引领，围绕宜居城市、绿色城市、安全城市、智慧城市、人文城市建设，推动城市建设智慧化升级，整体提升城市建设水平和运行效率。

试点工作开展以来，重庆市印发实施《重庆市新型城市基础设施建设试点工作方案》，提出 6 项试点任务，38 个试点项目，总投资约 57 亿元。按照"项目化管理，清单化推进"工作要求，以两江四岸核心区、两江协同创新区等区域为重点，围绕工作机制、激励政策、技术标准、场景应用、运营管理等方面全面启动试点项目建设，加快形成可复制、可推广的做法经验。

1. 落地应用场景，推动城市数字化转型

5G、大数据、人工智能等技术不断创新和应用升级，持续推动"新城建"向纵深领域发展，并不断赋能不同行业的应用系统，支撑城市空间高效治理，拓展新型基础设施、社会经济、生态环境、城市管理等不同领域的创新性应用场景。

市政基础设施智能化建设与改造是新一代信息技术与城市发展融合的重要落脚点。在智能化市政基础设施建设和改造方面，重庆市成立城市建设全场景智慧感知工程研究中心，开展微机电系统（MEMS）传感器研发。重庆东站高铁新区投入 140 万元，开展智慧共同杆、结构健康监测等智慧道路建设前期研究。建立重庆市智慧排水指挥

中心，初步搭建中心城区排水防涝应急响应平台，形成排查成果校核及排水管网数据库，排查覆盖率达到城市建成区面积的 67%。建成重庆市城市管线综合服务"e 呼通"平台，推进建设市、区两级管廊运营监控信息管理平台。

自动驾驶、智慧泊车、精准公交……当前我国智能网联汽车发展逐渐转向多场景示范应用新阶段，测试示范加快拓展。作为智慧城市基础设施与智能网联汽车协同发展（以下简称"双智"）第二批试点城市之一，重庆市紧抓发展机遇，在两江四岸核心区、重庆高新区、两江协同创新区等地开展试点，并率先在两江协同创新区完成 11 公里 16 个点位的道路智能化改造，部署应用智能网联公交车、自动驾驶出租车（RoboTaxi）、智能网联微循环小巴、智能网联测试车共计 20 台，完成公交智能化改造 83 台。新能源汽车充换电综合服务站项目如图 2-6 所示。

图 2-6　新能源汽车充换电综合服务站项目

社区是社会治理的末梢，也是基层治理的重点。智慧社区作为"新城建"重点项目之一也在重庆蓬勃发展。到 2022 年，重庆市已建成智慧社区一体化管理服务平台，汇聚数据包括社区人口信息 3000 余万人、村（社区）基本信息 11286 条；社区养老服务设施 3788 个，已在 9776 个村（社区）投入使用，用户规模达 10 万人。此外，还发布了《智慧小区评价标准》，累计打造智慧小区 364 个，为 60 余万业主带来舒适、便捷的智慧化生活体验，带动 30 多个门类、200 余家智能终端企业发展。

2. 聚焦城市治理，推动城市智慧化发展

城市治理要在细微之处见成效。CIM 平台为城市治理科学化、精细化、智能化提供了有效解决途径。基于"新城建"发展契机，重庆市全面推进 CIM 平台建设，形成由重庆市大数据发展局、重庆市住房和城乡建设委员会、重庆市规划自然资源局联合牵头的 CIM 平台建设模式，同时还配套编制包括数据标准、交付标准、信息分类编码标准、应用标准等在内的 4 部 CIM 平台地方标准。

CIM 平台建设在重庆市不断加快。至今，两江四岸核心区完成 16 平方公里建筑建模、数据采集，数据总量达 5T。重庆东站高铁新区建成 CIM 平台一期，集成骨架道路、轨道管网等 3.47 平方公里基础数据。重庆东站智慧枢纽综合信息服务平台项目如图 2-7 所示。两江协同创新区部署 1 套三维可视化平台引擎，完成 6.8 平方公里地形地貌、城市建筑的三维建模。

图 2-7　重庆东站智慧枢纽综合信息服务平台项目

一座城市，三分在建，七分在管。在城市治理"一网统管"方面，重庆市推进城市综合管理服务平台建设，及时出台了《重庆市城市综合管理服务平台建设指南（试行）》，完成了城市管理行业计算、存储、安全云环境部署，搭建城市管理大数据平台，推进数据门户、智慧城管 APP、数据治理体系建设，加快打造试点业务应用场景，推动云计算、物联网、大数据、人工智能等信息技术与城市治理深度融合，建设城市运行管理服务平台，推动城市管理手段、管理模式、管理理念创新，系统提升了城市风险防控能力和精细化管理水平。

数字化不仅是信息处理方式的变革，也是城市治理模式的变革。从数字化到智能化再到智慧化，已经成为城市治理体系和治理能力现代化的必由之路。以 CIM 平台、市综合管理服务平台建设为契机，重庆市不断推动城市管理手段、管理模式、管理理念创新，提升城市精细化管理水平和智慧化水平。

3.产业落地，推动项目可持续发展

"坚持政府引导，市场主导"是重庆市推进"新城建"相关项目建设的工作原则之一。重庆市充分发挥政府在"新城建"项目实施中的统筹协调作用，充分整合市场资源，调动市场主体积极性，建立政府投入为引导、企业投入为主体的多元化投融资体系。

在推动智能建造与建筑工业化协同发展过程中，重庆市引进互联网头部企业发展建筑产业互联网，联合腾讯云打造全国首个建筑产业互联网平台——微瓴智能建造平台，会同紫光云发布天工建筑产业互联网平台，并在渝北试点建筑业企业上云。此外，还组建智能建造产业联盟，引导 10 多家本土领军企业开展企业数字化试点。通过谋划打造两江新区、重庆经开区等 6 个智能建造重点示范区，建成国家级装配式建筑产业基地 6 个、市级产业基地 29 个，带动智能施工设备、软件平台和大数据服务、智能感知与物联网技术、智能家居等关联产业快速发展。

重庆市还逐步推进"CIM+"应用在工程建设项目审批管理、城市体检、应急管理等重点领域，探索"CIM+"商业化应用，建立各方共赢的市场运作机制，创造 CIM 建设运维新模式，促进 CIM 产业化发展。

重庆市通过大力推进"新城建"项目落地开工，充分发挥政府有效投资引导带动作用，积极带动社会投资，培育一批"新城建"龙头企业，探索可持续发展模式，全力促进投资持续平稳增长。企业的深度参与推动"新城建"快速发展，其广阔的发展空间将让更多企业从中找到发展机遇。重庆市 6 个方面的 38 个"新城建"项目试点将拉动极为可观的社会投资。这些项目建成后将帮助城市吸引更多消费，催生出的财富"蛋糕"将超过千亿元。

"十四五"期间，重庆市还将从两方面加大资金投入：加大对"新城建"的市级财政资金支持力度，积极争取国家专项资金支持及各类试点、示范、配套项目；加大社会资本引入力度，探索政府投资与社会投资的合作机制，积极与相关企业、金融机构等开展合作，引导和鼓励社会资本参与"新城建"投资与运营，稳步推进政府购买服务，创新建设运营模式，形成多元化的"新城建"资金保障体系。

四、青岛：建设国产安全一体化 CIM 平台新模式

社会发展与科技进步推动着我国城市化进程不断演进，城市向着高质量、可持续的方向发展，但城市交通拥堵等"城市病"也随之显现，我国的城市化还有很大的进步空间。为应对各种各样的"城市病"，智慧城市建设如火如荼，从概念、规划方案到落地实现，呈现出百花齐放的局面。

随着深圳、南京、武汉等多个城市相继出台智慧城市相关建设方案，青岛市也在加紧步伐——"数字青岛建设摆在青岛发展全局中去考虑，作为当务之急举全市之力加快推进，建设更高水平的智慧城市。"这是青岛市把握新机遇、开启新征程的庄严宣告。

"加快新型智慧城市建设，打造城市综合管理服务平台、智能感知平台和数据中心，探索实现'一网统管'，提高城市精细化管理水平。"《青岛市国民经济和社会发展第十四个五年规划和二〇三五年远景目标的建议》为未来五年青岛市城市发展作出具体部署。在建设智慧城市、加快城市数字化转型的大趋势中，青岛，这颗黄海之滨的明珠，正在以全新的面貌迎接新一轮城市竞争。

1. 紧抓发展机遇，推动试点建设

2020 年 10 月，青岛市成为首批"新城建"试点城市之一。随着青岛市"十四五"战略规划铺开，青岛市发挥数字牵引作用，推动城市数字化转型，系统布局新型基础设施，构建泛在连接、高效协同、全域感知、智能融合的"网、云、端"数字设施，支撑城市数字化、网络化、智能化发展。

作为"新城建"七项重点任务之一，城市信息模型（CIM）平台被认为是实现"挖掘数据价值，形成科学决策"的重要路径。青岛市将 CIM 平台建设作为"新城建"工作首要任务，加快建设"山、海、城"一体化的 CIM 基础平台，在就业、教育、居住、交通、医疗、环境、养老、救困扶弱、文化体育、政务服务等多个基本民生领域和场景发挥作用，不断满足"全市一张数字底板"场景需要。

按照"新城建"试点城市工作要求、"数字青岛"工作要求等，青岛市住房和城

乡建设局构建"决策、协调、执行三级组织保障机制",成立市"新城建"试点工作领导小组,建立试点工作联席会议制度统筹推进,筹建青岛新城建研究院,聘请行业专家和团队形成专家智库,引进行业领军单位共同参与青岛市"新城建"体系建设,为"新城建"产业发展布局、政策标准制定、项目建设、产业准入、制度建设等方面提供决策支撑服务。

2. 搭建 CIM 平台,提升治理水平

围绕青岛建设全球海洋中心城市的目标,青岛市通过建设 CIM 基础平台、CIM 数据中心、"CIM+"示范应用等内容,青岛市不断推进 CIM 基础平台在全市数字化建设中的应用,推进城市空间数据有序治理,提升数字青岛应用水平。青岛市城市信息模型(CIM)基础平台如图 2-8 所示。

图 2-8 青岛市城市信息模型(CIM)基础平台

CIM 基础平台包括数据汇聚和治理平台、全息展示平台、CIM 数字中枢和运维管理中心四个部分,实现对 CIM 数据的管理,提供基础性、共性的有关功能和二次开发接口,向各部门、各领域应用输出服务能力,包括 GIS 基础服务、模型服务、仿真服务、数据接口服务、通用分析服务等,并开发统一的服务门户,展示平台的数据和服务目录,为各部门"CIM+"应用提供支撑。青岛市城市信息模型(CIM)基础平台(含通用分析服务)、数字中枢、开放平台、运维管理如图 2-9 ~图 2-12 所示。

图 2-9 青岛市城市信息模型（CIM）基础平台（含通用分析服务）

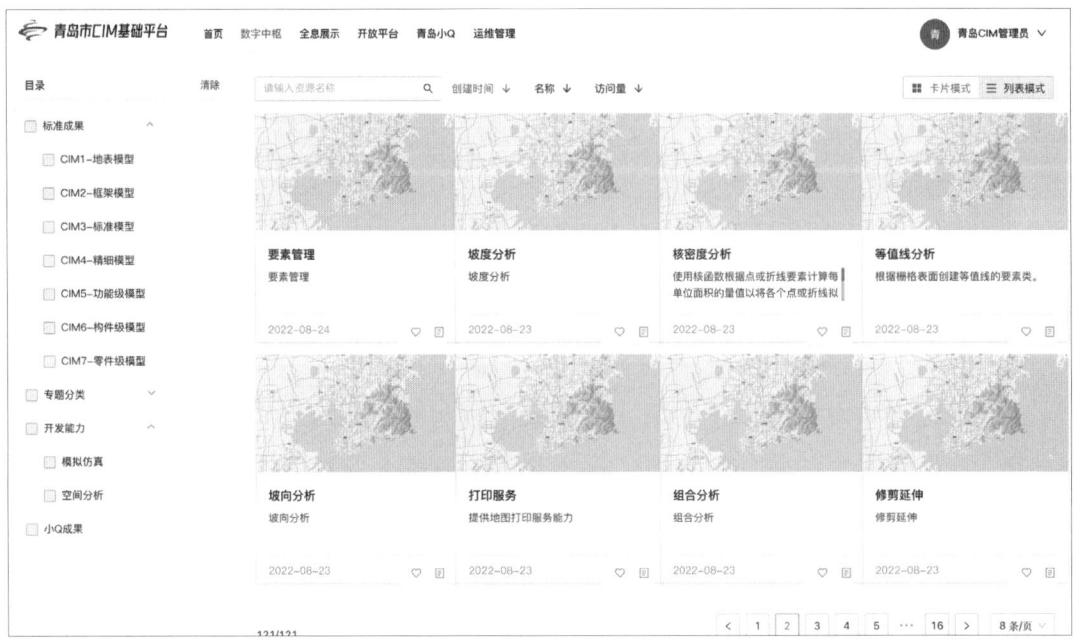

图 2-10 青岛市城市信息模型（CIM）基础平台数字中枢

图2-11 青岛市城市信息模型（CIM）基础平台开放平台

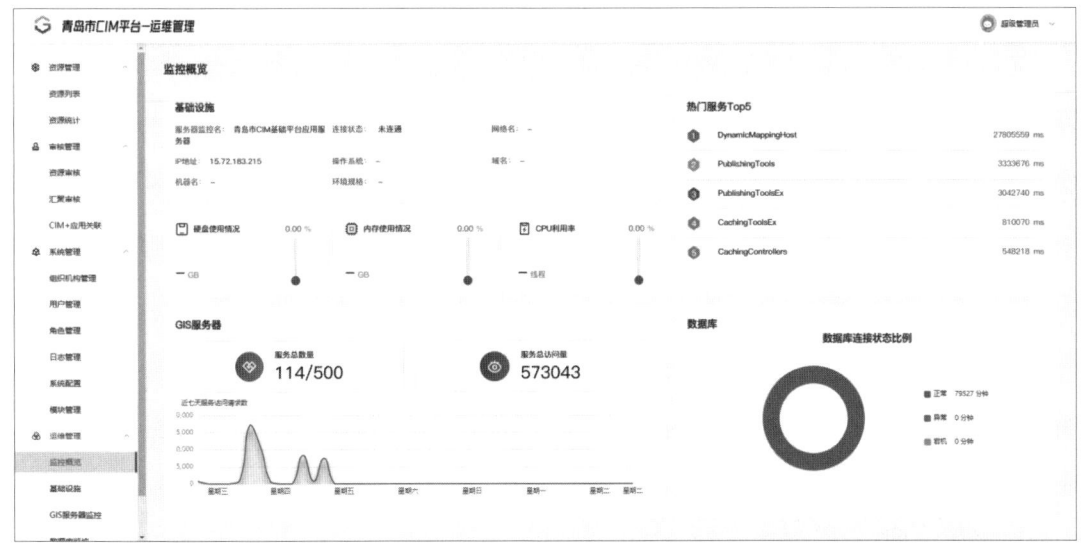

图2-12 青岛市城市信息模型（CIM）基础平台运维管理

CIM 数据中心对接青岛市城市云脑，调用智慧青岛时空大数据平台数据，集中接入海洋基底数据、工程项目建设数据和既有 CIM4-CIM6 数据、物联感知数据，建设青岛市基础设施地址库和城市空间单元，完成有关数据接口的对接、分级分类和数据存储。青岛市城市信息模型（CIM）基础平台数据中心如图 2-13 所示。

图 2-13　青岛市城市信息模型（CIM）基础平台数据中心

基于 CIM 基础平台提供的开发能力，服务于城市"规、建、管、运、服、检"等领域的全流程决策信息化、智能化、数字化和科学化。青岛市 CIM 基础平台根据国家、省基础平台的建设进度，与其建立对接，实现业务衔接和数据共享。本次"CIM+"示范主要应用场景为：智能数字施工图审查系统、城市更新系统、城市活力分析系统。

青岛市城市 CIM 基础平台建成后，将实现城市运行各环节数据有序汇集、直观展示和精准化关联，并与现有相关业务系统无缝衔接，掌控城市全局信息和空间运行态势，为城市规划、工程建设、公共管理、公共服务、城市治理、公共安全、应急指挥、交通运输等领域管理和运行提供支撑，推动城市"规、建、管、运、服、检"全流程决策信息化、智能化、数字化和科学化，对城市智慧化治理和科学化决策乃至整个城市的数字化进程具有重要作用。

3. 创新平台建设，贡献"青岛智慧"

作为智慧城市操作底板，CIM 基础平台将推动服务城市建设、能源、治理等多个城市管理场景，助力城市挖掘数据价值，推动城市治理和城市高质量发展。结合工作实际，青岛市建设安全、自主、可控的城市 CIM 基础平台，探索出"新城建"发展的"青岛模式"，贡献"青岛智慧"。

建立起城市 CIM 平台数据安全框架与规范体系。建立统一的城市数据底座，具有统一的基础地理信息数据和国土空间一张图底板。建立城市 CIM 数据统一安全标准和规范，包括《城市 CIM 数据分类分级指南》《城市 CIM 数据安全加工技术标准框架》《城市 CIM 平台密码应用规范》《城市 CIM 平台安全防护规范》等。

自主可控的基于统一模型构建的城市数据空间化成果一体化管理技术。分析现有的相关国标、省标、行标和项目基础性标准规范差异，确定所需的参照性规范，面向城市数据空间化标准的数据产品的采集、存储、整理、建库、更新、管理、共享、交换和应用，制定统一的数据模型，为青岛市三维城市数据空间化建设提供切实可操作的分类编码、关联规则，实现多类型空间数据资源的标准统一、互联互通与协同服务。在数据安全保障前提下，利用平台软硬件信息资源，结合青岛市的实际情况，充分运用现代科技和信息化手段，开展城市建设空间单元编码与数据引擎关键技术验证，探索海、陆、空、天、电全空间域、全要素的城市建（构）筑物与人口、经济、法人等多元数据融合解决方案，搭建超算环境下基本管理单元的城市"规、建、管、运、服、检"全生命周期一体化方案。

国内领先的 BIM 模型轻量化技术。使用自主研发 BIM 国产三维图形引擎技术，建设 BIM 审查平台，进一步为工程建设项目改革提质增效。最终使用统一公开数据格式对接 CIM 平台，实现建筑物、基础设施模型与地理信息技术的融合，建设智慧城市和数字青岛，提升城市精细化、智慧化管理水平。

国产化的核心技术，保证核心信息安全，建立建筑工程协同工作专业信息共享平台，集成多专业应用软件和管理系统，支撑装配式建筑、BIM 设计、BIM 报审等行业应用，为建筑企业提供更符合中国建筑规范和工作流程的 BIM 整体解决方案。

自主可控的国内首创海洋城市陆海统筹模式融合技术。针对青岛全球海洋中心城市建设需求，建立青岛海洋城市特色的陆海统筹 CIM 系统，实现海域信息与岸上信息的融合，提供海域水文气象、区域海洋本底、海洋生态、港口、航运、海上应急救援相关数据的整合。

依托超算提供区域高分辨率海洋模拟预报，整合周边海区地质、沉积物、海图等相关数据，配合陆上基础信息建立海洋基础数据服务。在生态保护方面，服务青岛海湾生态环境管理需求，整合青岛海域陆海统筹生态服务子系统，提供黄海浒苔、绿潮灾害实时监测预报、胶州湾海湾水动力生态耦合模拟等服务。

通过建设城市 CIM 基础平台，青岛市将实现基于统一模型的构建城市数据空间化、成果一体化管理体系；基于城市时空数据选取、清洗、比对，实现城市数据治理，提升城市数字化管理水平，实现城市高质量发展。

五、苏州："新城建"让千年古城彰显智慧

以"新城建"对接"新基建"，聚焦城市安全、社区建设、市政服务等民生领域，不断提升城市治理水平，增强人民群众的获得感、幸福感、安全感。

2020 年，苏州市成为首批"新城建"试点城市之一。2021 年，苏州市围绕"让城市更智慧，让生活更美好"的目标，以"一平台六推进"的建设思路，创新工作机制，落实七项任务，加快城市有机更新，推动产业转型升级，推动新技术、新产业、新模式与城市建设深度融合，奋力开创工作新局面。

1. 全面统筹，多管齐下

自"新城建"试点工作开展以来，苏州市已基本完成"新城建"顶层业务规划，结合总体要求不断加深完善新城建运行管理平台的总体设计，坚持以七个工作专班为统筹，明确任务，压实责任，全面推动并保证了各项试点任务的落地实施。

完成"新城建"（CIM）运行管理平台的框架搭建，持续统筹全市基础平台建设推进。各区（市）均结合本辖区的实际情况，严格按照"一平台六推进"的工作模式，以平台建设为基础，统筹各项任务推进。各地均以基础平台为核心任务，开展平台研究和建设工作。

大力开展项目全程 BIM 监管平台、装配式建筑、智慧工地示范片区等任务建设，推进智能建造与建筑工业化协同发展。昆山市已建成苏州市首个基于 BIM 技术的装配式建筑管理平台，加快推动 BIM 技术的全产业链应用和全生命周期管理。

以实现城市管理事项"一网统管"为目标，提升城市综合管理水平。张家港市以城市运行中心为核心，打造全国首个县级城市智能体，实现城市运行"一张网"。

以物联网、5G 等前沿技术为核心，推进智能化市政基础设施建设和改造。至今，苏州市已初步建成海绵城市建设监测系统、智慧管网平台和"智水苏州"平台等智能化系统，加强对智能化市政基础设施的管理。

大力推动智慧城市和智能网联汽车协同发展，打造具有国际影响力的车城网先导区。相城区发布了全省首个自动驾驶出租车产品，开启了国内路程最长的无人公交试乘体验，并率先发布了无人移动送餐车示范应用场景。

以筑牢城市安全底座为目标，开展城市安全建设。从房屋使用安全管理、安全应急管理、数字安全管理等多方面齐抓共管，提升城市安全性。目前，苏州市各区（市）均已建立应急管理平台，实现监督指挥、监测预警等重要环节的高度整合。苏州市应急管理综合应用平台如图 2-14 所示。

以百姓安居为目标，加快推进苏州市智慧住区建设试点工作。苏州编制了《苏州

市智慧住区建设试点工作方案》，以 22 个物业项目为试点，统筹推进智慧住区建设积极引入社会资本，积极探索 5G 生态建设，推进"翼安居"、One Zone 等智慧云台建设。

图 2-14 苏州市应急管理综合应用平台

2. 重点推进，智慧升级

自"新城建"各项任务在苏州市铺开，越来越多的应用场景不断落地，苏州市智慧城市建设不断加快，千年古城焕发出别样光彩。

苏州市以 BIM、GIS、物联网等技术为基础，整合市区地上空间、室内室外、历史现状、未来多维信息模型数据和感知数据，构建贯穿建设、运行、管理的苏州市"新城建"（CIM）运行管理平台（图 2-15）。平台以"一标准、一库、一平台、N 应用"为总体框架，积极建设市域全覆盖的城市数字底板，着力构建住建领域全方位、一体化的智慧应用体系，包含建立标准规范、基础库、基础平台、智慧应用四大工作内容。

依托新城建运行管理平台，苏州市探索数字建造、数字住房、数字乡村等住建领域的多场景应用，助力提升城市建设、管理效率。至今，苏州市已完成平台基础框架搭建，建成了基础平台五大服务（数据服务、接口服务、功能服务、计算存储服务、知识服务）、五大引擎（地址引擎、知识化引擎、业务流引擎、服务引擎、物联网引擎）及云服务系统，实现了对城市海量多源异构数据的统一汇聚管理，建成了以时空数据库、房屋基础库、BIM 数据中心、工程项目库为核心的数据底座。

图 2-15 苏州市"新城建"（CIM）运行管理平台

依托"新城建"运行管理平台建设，苏州市打造全覆盖的城市数字底板，建设智慧城市的基础支撑平台，实现数据互联互通、资源共享，推进数字产业化、产业数字化，打造数字城市，进一步助推住房和城乡建设事业高质量发展，助推城市高质量发展，为人民创造高品质生活。"协同发展智慧城市与智能网联汽车"也是"新城建"的重点任务之一，推进交通运输基础设施数字化，推动智慧道路建设，让聪明的车行驶在智慧的路上，已成为城市智慧交通的主要趋势和目标。苏州智能网联汽车科创园如图 2-16 所示。相城区、太仓市等多地正在探索智慧城市与智能网联汽车协同发展的新样式。相城区已经建成高等级智能网联道路超 60 公里，安装了 400 多套感知设备，打造了近 50 种车路协同应用场景，智能网联道路在区域内实现 5G 全覆盖。在太仓市，一方面，运营模式升级，按照统一技术标准集中建设相应的设备，由一家单位对基础设施进行统一集中管理，为不同的业务部门和单位提供相应的设备服务、数据服务、空间服务，提高资源的利用率和服务水平。另一方面，技术层面升级，围绕不同场景进行智能化建设，根据不同的路况因地制宜地叠加新的能力建设，做更全局的交通运输、城市管理等方面的感知。

3. 数字赋能，提质增效

"新城建"是城市建设撬动内需作用的重要支点，也是实现内循环的重要途径。2021 年 2 月，《苏州市开展新型城市基础设施建设试点工作方案》印发，其中"扩大内需，普惠民生"作为基本原则被明确。在推进"新城建"各重点项目过程中，苏州市牢牢把握"城市"这个扩大内需的主要战场，催生新的经济增长点，为经济发展、转型升

图 2-16　苏州智能网联汽车科创园

级提供强大内生动力，展现出良好的阶段性成效。

苏州市通过迅速实施一批"新城建"项目，推动新一代前沿技术应用创新与产业集聚，新科技、新智造、新服务和新消费等"串珠成链"，从而增加了有效投资，形成了发展新动能。通过构建智慧场景、发展智慧产业、应用智慧技术、建设智慧设施，苏州市协同推进数字产业化和产业数字化，加强数字经济、数字生活、数字政府建设，形成了具有产业支撑、智慧反哺的可持续产城协同发展模式。

通过发挥政府在"新城建"项目实施中的统筹协调作用，充分整合市场资源，调动市场主体积极性，建立政府投入为引导、企业投入为主体的多元化投融资体系。苏州市通过建立健全多元化、多渠道的"新城建"投入体系，充分发挥各级财政资金的引导和放大作用，支持优质"新城建"项目落地。同时，加强金融支持服务，积极推动"新城建"类企业通过资本市场融资，引导各类商业金融机构支持"新城建"建设。

面对数字经济发展的浪潮，借着"新城建"的东风，苏州市抢抓新机遇，推动产业经济向创新经济跃升，城市发展向数字化转型，坚持科技赋能，创新高效能治理，形成便捷智能的智慧城市，千年古城展现出科技的魅力。

六、杭州：数字赋能，城市更聪明更暖心

城市是人民实现美好生活愿望的重要依托。运用大数据、云计算、区块链、人

工智能等前沿技术推动城市管理手段、管理模式、管理理念创新，从数字化到智能化再到智慧化，让城市更聪明一些、更智慧一些，是推动城市治理体系和治理能力现代化的必由之路。作为"新城建"第一批试点城市之一，杭州市紧抓发展机遇探索创新，不断挖掘城市发展潜力，让城市更美丽，让生活更美好。

1. 探索城市发展"数字底座"

杭州市有序探索推进城市级 CIM 平台建设，并将其定位为全市城市规划、建设、运行、管理的统一指挥平台，并逐步建立数据共建共享机制、开展"CIM+"应用，为城市治理体系和治理能力现代化赋能。

杭州市通过 CIM 平台汇聚数据资源，实现城市各类二三维空间信息管理、空间赋能、业务协同，总体围绕"形""名""数""具"四个方面，进行平台基础能力建设。

形——构建物理空间数字形体。杭州市 CIM 平台已汇集 400 平方公里以上的倾斜摄影三维模型、全市域地表影像模型、主城区 1000 平方公里的白模数据，利用多源异构数据融合、模型轻量化、全空间可视化等技术手段，搭建底图统一、底数一致的三维空间数据底座，为物理空间数字化奠定基础。

名——赋予数字对象社会含义。杭州市 CIM 平台已汇集全市域 1000 万条以上的统一地址库数据，并基于统一的空间定位体系，将统一的地址信息与三维数据底座相融合，建立了一一对应的社会含义关联关系，为 CIM 平台作为空间数据底座承载其他管理数据提供基础。

数——关联空间对象多源数据。杭州市 CIM 平台已纳入工程建设、地下市政基础设施、住宅小区、建筑房屋、公共交通、亚运场馆、视频监控、物联感知等 16 大类 42 小类城市数据，并附着在数据底座上，形成工程建设项目一张图、地下市政基础设施一张图等。其中同一管理对象可关联多类数据，如同一楼幢整合了来源于不同部门的房屋基本信息、危房排查数据、建筑幕墙数据、住户数据等，实现数据有效整合，满足多跨协同的治理需求。

具——提供空间服务多元工具。杭州市 CIM 平台已整合丰富的功能开发接口、开发工具包，提供资源申请、Web 开发、各类 API 服务等功能，支撑各部门资源服务调用和应用场景开发，实现以 CIM 基础平台为底板的各类信息系统（平台）的融合共享和高效对接。

依托 CIM 平台基础功能和"三图层"应用框架，杭州市多部门联合快速搭建了视频监控管理、楼宇管理、城市地下隐患智防等若干案例示范。

以城市地下隐患智防为例，针对城市地下管线、地下通道、地下公共停车场等市政基础设施仍存在底数不清、统筹协调不够、运行管理不到位等问题，杭州市运用数字孪生和城市信息模型技术，建设地下隐患智防系统，加强对城市地下市政基础设施建设的统筹管理。杭州市城市地下隐患智防系统如图 2-17 所示。

图 2-17　杭州市城市地下隐患智防系统

该应用基于 CIM 平台的基础空间底座、地质数据、基坑数据等，汇集各类与地下隐患相关的动静态数据，形成地下家底一张图；建立综合风险分析模型和算法，计算路面安全指数，并利用 CIM 平台基础能力标识出高、中、低风险区域，直观展示为路面塌陷风险一张图；针对不同风险，建立监管处置措施清单，自动生成预案并推送至相关部门完成处置。作为基于 CIM 平台快速开发的典型应用，地下隐患智防应用在业务方面系统重塑了路面塌陷防治机制、实现功能闭环，同时，收集的地下管线等数据又回流到 CIM 平台，服务于城市地下空间管理等各类应用场景，实现城市数据资源共建、共享、共用。

2. 推动城市治理"一网统管"

作为城市运行管理服务平台建设试点城市，杭州市以浙江省"数字化改革"为契机，围绕提升城市治理能力和治理体系现代化水平的目标，打造城市运行管理服务平台，推动城市运行管理"一网统管"。

聚焦指挥协调，构建综合指挥体系。建立"平战结合"的工作机制。"平时"以"数字城管"为基础，围绕城市的"四化"开展城市长效管理，实现"第一时间发现、第一时间处置和第一时间解决"，并加快推进数字城管覆盖面积、涵盖内容和参与单位等维度的"横向、纵向"发展，加速形成全市数字城管运行标准"一体化"。"战时"则依托城市管理综合指挥平台，形成市区协同、部门协作、政企联动的指挥体系，一旦发生紧急事件，可以通过"一部手机"快速启动应急响应，通过城管数字集群、融合通信、移动视频等提供支撑，线上指挥各个部门第一时间处置突发事件，基本实现了指令"秒"级到达，处置"分"级实施，结果"时"级反馈。

聚焦智能监管，拓展行业应用场景。深化市政设施、市容景观、环卫固废、综合执法等行业应用。在城市运行管理服务平台中集成应用，提升行业智能化管理水平——搭建城市级停车系统，实现全市停车资源的统一接入、动态发布和综合利用，打造全市"一个停车场"，杭州市城市运行管理服务平台停车管理系统如图2-18所示；面对户外电子屏容易受到非法插播、网络攻击等安全问题，用"一个机顶盒"实现后台统一管控，打造全市"一个画面"；通过智慧照明信息系统，实现景观灯集中启闭，实现路灯照明增亮降耗，提升照明工程品质、效率和运行管理水平，打造全市"一把闸刀"；搭建生活垃圾分类管理服务平台，实现对全市域可回收物、有害垃圾、易腐垃圾、其他垃圾等分类垃圾的"全链条、全流程、全方位"监管；搭建打造工程渣土监管服务平台，实现渣土交易透明化，提升市场营商环境，同时实现渣土从出土、运输、消纳的全流程监管；建设"非现场执法应用"，试点建设桥梁动态称重系统，能够对各种正常行驶车辆动态称重和抓拍，为超限车辆非现场执法提供了技术支撑。

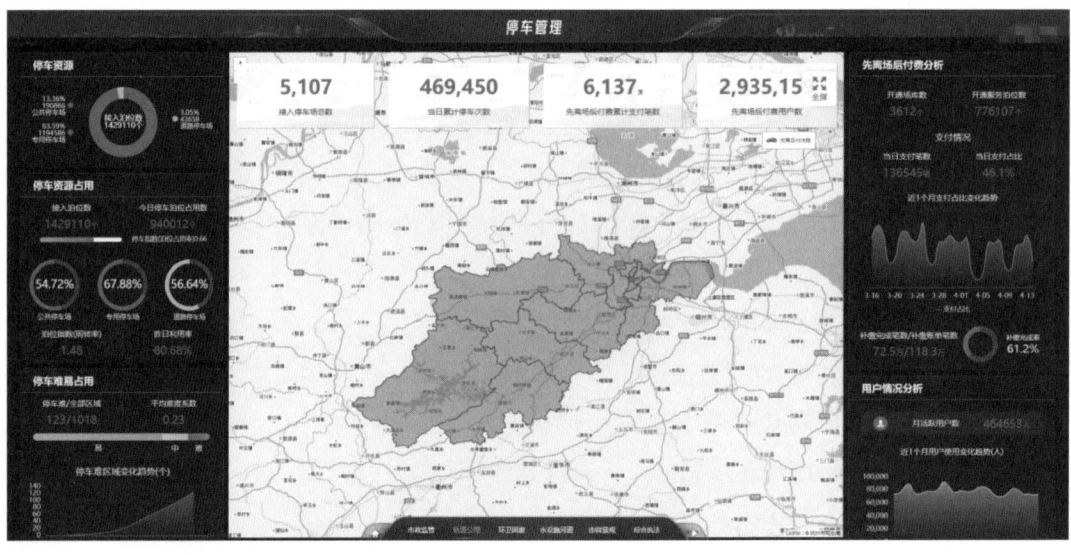

图 2-18 杭州市城市运行管理服务平台停车管理系统

聚焦实时监测，助推城市安全运行。初步构建了涵盖地下、地面、立面、空中等多层面立体化的智能监管体系，逐步建成涵盖"触觉、视觉、嗅觉、味觉"多方位的城市管理神经感觉系统：在隧道监管方面，推进火灾、积水、照明、气体等实时监测；在河道监管方面，实现城市河道水位、水质的实时监测和闸泵站的智能化管理；在市容景观方面，实现路灯单灯控制和广告牌坠落自动监测。

聚焦共治共享，提升公众服务体验。紧扣市民关注的热难点问题，丰富便民服务应用，形成平台统一、渠道多样的城市管理公众服务体系，打造了"贴心城管"应用和城市治理有奖举报平台。杭州市城市运行管理服务平台运行以来，协同指挥各部门开展联动处置，并依法开展执法查处，形成了"监管＋执法"闭环，城市安全运行和应急指挥水平大幅提升。

3. 助力民生服务提质增效

社区是城市的基本单元，是与人民群众生活息息相关的基础保障。在省、市、区三级联动推进下，杭州市智慧社区已从试点创建进入全面铺开新阶段，共同富裕现代化基本单元创建的阶段性成果正在逐步显现，极大地提升了社区的智慧化水平和数据资源价值，为居民提供安全、舒适、便利的智慧化生活环境。

全方位提升社区智慧化水平。杭州市城乡建设委员会结合数字社会应用落地要求，根据省级《未来社区创建指标体系》《未来社区验收办法》和《未来社区数字化建设指引》，制定出台《杭州市城镇未来社区验收办法（试行）》和《杭州市未来社区数字化建设指南（1.0版）》，全面明确"1N93"的数字化建设框架，并在方案评审、项目验收中督促落实，实现优质公共服务全域覆盖、全民共享。按照"问策于民、低本高效、融合运营"的原则，在充分整合CIM数据的基础上，在社区空间尺度范围内建设社区智慧服务平台，构建智能感知系统，贯通城市大脑，承接多跨场景应用精准落地，连通服务应用商城，实现应用全生命周期管理。

形成全覆盖的梯度创建格局。2021年杭州市共开展122个未来社区项目创建，其中省级试点11个，省级创建点22个，市级创建点89个（含38个未来乡村），项目总数全省领先，形成了"省级试点、省级创建点、市级创建点"三级梯度创建格局和"创建类型、创建地域"两个全覆盖。到2023年底前，计划在全市191个街道（乡镇），每个街道（乡镇）至少创建成功一个市级未来社区项目，实现智慧社区全域覆盖。杭州市瓜山未来社区如图2-19所示。

推动智慧养老建设。未来健康场景是智慧社区的核心场景之一，与养老息息相关，根据九大场景建设要求，对未来健康的具体要求主要有以下二级指标。一是15分钟步行圈内配置智慧化社区卫生服务站（智慧健康站），或智慧化社区卫生服务中心；

图 2-19 杭州市瓜山未来社区

建立居民电子健康档案，完善家庭医生签约服务。二是推广社区健康管理 O2O 模式，个人或家庭终端与区域智慧健康平台数据互联；提供营养膳食指导等个性化健康管理服务。三是辖区的社区卫生服务中心与三级医院合作合营建立医联体，提供远程诊疗、双向转诊等服务；社区卫生服务中心（站）能提供康复、护理等医养结合服务，提供中医保健服务。四是鼓励发展社会办全科诊所、智能医务室、Medical mall（医疗商场）等。至今，杭州市智慧社区均建成了各种形式的智慧医疗场景，为老年人健康提供了有效的智慧医疗保障。

随着《完整居住社区建设指南》《关于深入推进智慧社区建设的意见》等发布，杭州市将继续发挥数字赋能优势，建设全域平台，实现治理、服务双向提升。同时，将聚焦"一老一小"，加强 5—10—15 分钟生活圈建设，为居民提供优质、共享的公共基础服务设施，打造育儿友好型和老年友好型社区，充分提升人民群众的获得感、幸福感、安全感和认同感。

七、成都：以"新城建"赋能高品质公园城市建设

城市是人类居住生活的重要场所，城市建设关乎百姓生活方方面面，它就像一个"有机生命体"，有着和人一样的"经络、脉搏、肌理"。当前，我国已经步入城镇

化较快发展的中后期，部分城市"城市病"问题日益严峻。随着 5G、大数据、人工智能等新一代信息技术加速发展，运用新技术手段感测、分析、整合城市运行核心系统的各项关键信息，利用更多活化数据进行最小管理单元的管理探索，有助于缓解"城市病"，提高城镇化质量，实现精细化和动态管理，提高市民生活质量。

1. "新城建"怎么做？重点任务稳步推进

2020 年 8 月，住房和城乡建设部等 7 部门发布指导意见，推动新型城市基础设施建设。作为"新城建"首批试点城市之一，成都市将"新城建"作为整体提升城市建设水平和运行效率、满足人民美好生活需要的重要途径，让城市有机生命体更加健康、人民生活更加幸福。

成都市牢牢把握"城市体检"和"新城建"双试点的先手和契机，建立"双试点统筹"工作机制，坚持"以整合为主线"，将"新城建"试点与城市建设各项工作统筹安排，推动试点工作集约高效。城市信息模型（CIM）平台、包含城市体检平台在内的城市运行管理服务平台、以建筑信息模型（BIM）技术应用为核心的智能建造与建筑工业化协同发展、智慧城市基础设施与智能网联汽车协同发展 4 项试点任务顺利启动，智慧物业被纳入"新城建"试点支持，"新城建"工作涵盖了城市建设的全类别、全生命周期。四川天府新区、成都高新区、成都东部新区等区确定了项目先行先试。中德智能网联汽车试验基地如图 2-20 所示。

图 2-20　中德智能网联汽车试验基地

CIM 广泛融合了新一代信息技术，在推动城市治理和实现城市高质量发展方面日益发挥重要作用。成都市对照《城市信息模型（CIM）基础平台技术导则》，按照"1+2+3+4+5+8+N"框架推动平台建设应用。通过建设 1 个功能齐全的 CIM 基础平台，汇聚治理二维三维 2 类时空资源数据，综合运用 BIM、地理信息系统（GIS）、物联网（IoT）3 类主要技术，推进落实搭建全功能平台、汇聚时空数据、建立时空联系、优化应用支撑 4 项具体工作，实现检索浏览、数据转换、统计分析、更新维护、服务支撑 5 类基本功能，先期重点支撑智慧大运、疫情防控、交通管理、应急管理、智慧公安、生态环保、水务管理、智慧社区 8 大领域智慧应用场景建设，持续支撑打造 N 个领域应用，逐步构建起三维数字空间的城市信息有机综合体，为超大城市敏捷治理、科学治理提供支撑。目前，CIM 基础平台搭建已基本完成，并于 2022 年 4 月 20 日上线试运行。

围绕城市运行"一网统管"，成都市推进城市运行管理服务平台，夯实云、网、数基础支撑，建设完善网络理政中心（城市大脑），聚焦城市运行管理服务领域，构建智慧应用场景，着力推进城市运行"一屏观全域、一网管全程、一体防风险"，初步形成全天候能在线监测、能分析预测、能应急指挥的城市运行管理服务体系。目前，城市运行管理服务平台初步完成整体架构及系统功能模块设计，并已完成体检信息平台一期建设，市级城运平台完成 132 项数据上屏，完善重大活动保障、节假日、防汛防涝等场景设计，23 个区（市）县已完成城运大屏及配套工作站设备的安装调试；全市 261 个街镇工作站均已安装到位。智慧蓉城运行管理平台完成从 TOCC 环境向超算（城运云）正式环境迁移。三级平台持续开展功能、性能测试和安全检查工作。

推进以建筑信息模型技术应用为核心的智能建造与建筑工业化协同发展，协同发展智慧城市基础设施与智能网联汽车，推进智慧物业管理服务平台建设，持续丰富数字孪生城市数据基础，提升超大城市治理体系和治理能力，助力城市数字化转型。截至目前，建筑工程结构 BIM 设计数字化云平台（EasyBIM-S）在天府新区独角兽岛启动区项目的应用等 11 项典型案例入选住房和城乡建设部智能建造新技术新产品创新服务典型案例（第一批）；建立基于 BIM 的标准化部品部件库等 3 项经验做法被纳入住房和城乡建设部《智能建造与新型建筑工业化协同发展可复制经验做法清单》进行推广；智慧城市基础设施和智能网联汽车协同发展被住房和城乡建设部、工业和信息化部纳入专项试点范畴；城市运行管理服务平台、城市信息模型平台被成都市委、市政府作为超大城市治理重要手段、基础底座，成为"智慧蓉城"建设的重要内容。成都市东安湖体育场 BIM 技术应用如图 2-21 所示。

图 2-21　成都市东安湖体育场 BIM 技术应用

2."城市病"怎么办？城市体检"问诊把脉"

成都市不仅是"新城建"试点城市，同时还是国家首批城市体检评估试点城市和城市体检样本城市。成都市以建设践行新发展理念的公园城市示范区为统领，统筹推进城市体检与城市发展的中心工作、重点工作深度融合已有两年。

成都市将城市体检与"新城建"试点 2 项工作有机结合、统筹推进，有效衔接城市体检信息平台（以下简称"体检平台"）与"新城建"重点任务之一的城市运行管理服务平台，充分发挥城市运行管理服务平台在汇聚共享城市运行管理服务数据资源、实现跨部门高效处置应用方面的优势，积极推动建立常态化的体检数据采集机制。

城市运行管理服务平台集聚城市体征、监测预警、事件流转、指挥调度、监督评价等功能，打造疫情防控、交通管理、应急管理、智慧公安、生态环保、水务管理、智慧社区等重点领域智慧应用场景，通过强化大数据分析和叠加应用，为城市管理者提供更为强大的决策、控制和服务支撑，不断推动"高效处置一件事"，提升城市运行"一网统管"能力，为更好开展城市体检、建设没有"城市病"的城市提供有效路径。

在城市运行管理服务平台基础上，成都市建设了集数据采集、校核更新、模型分析、评估预警于一体的城市体检信息平台。该平台通过从城市运行管理服务平台上各部门的系统中抽取体检指标中的关联数据，汇聚至体检平台中的城市体征功能模块。通过与体检平台中指标参考值功能模块进行比对，自动计算形成体检结论，利用

CIM 平台承接数据，形成有时空点位表达的可视化界面进行展示。同步将体检平台嵌入"城市大脑"，为城市治理提供科学、系统的数据支撑，推动城市治理体系和治理能力向现代化、科学化、精细化、智能化迈进。目前，该平台已建成 9 个子专题，基于 GIS（地理信息系统）技术对全市"12+2"市辖区的相关体检情况进行分区域、数字化展示。未来，该平台还将与 CIM、BIM 充分融合，深度挖掘"城市体检＋场景"应用。

经过 3000 年历史变迁，如今的成都市早已晋升为"超大城市"。结合城市体检和"新城建"，成都市开展城市体检并进行综合分析评估，为城市建设发展"问诊把脉"，并充分运用人工智能、大数据等新一代信息技术，提高实时感知发现问题、快速有效处置问题的能力，提升城市治理科学化、精细化、智能化水平。

3."新图景"怎么绘？"智慧蓉城"赋能发展

成都市充分利用智能化、智慧化手段推进城市治理体系现代化，加速构筑超大城市治理体系现代化的新图景，探索超大城市转型发展的新路径。

运用大数据、云计算、区块链、人工智能等前沿技术推动城市管理手段、管理模式、管理理念创新，从数字化到智能化再到智慧化，让城市更聪明一些、更智慧一些。2022 年 3 月 16 日，《成都建设践行新发展理念的公园城市示范区总体方案》（以下简称《总体方案》）正式发布，明确成都市的发展定位之一是城市治理现代化的示范区，提出"构筑智慧化治理新图景"，具体包括"建设'城市数据大脑'""推行城市运行一网统管""推行政务服务一网通办""推行公共服务一网通享""推行社会诉求一键回应"等，这些正是打造城市治理现代化示范区的具体抓手，也是"智慧蓉城"建设的核心使命。

如何建好公园城市的"最强大脑"？成都市印发《智慧蓉城运行管理平台建设实施方案》（以下简称《实施方案》），明确"6+8+N"工作任务。即建设 6 类共享性基础平台和支撑体系，主要包括智慧蓉城运行管理平台、城市运行数字体征体系、市域物联感知体系、数据资源体系、"城市一张图"共享性基础平台，以及算力算法、安全保障、标准规范等一整套基础支撑体系。"8+N"即打造 8 大重点领域智慧应用场景，拓展深化 N 个智慧应用场景，以智慧大运、疫情防控、交通管理、应急管理、智慧公安、生态环保、水务管理、智慧社区等当前急需完善的 8 大领域为重点，不断完善公共管理、公共服务、公共安全体系，推进提升一网统管、一网通办、一网通享、一键回应能力。

《实施方案》紧扣《总体方案》要求，把推进城市运行一网统管作为当前智慧蓉城建设的牛鼻子工程，以建设城市运行管理的应用中枢、指挥平台和赋能载体为重点，加快构建一网统管工作的"四梁八柱"，同步推动一网通办、一网通享、一键回应等应用场景体系建设，倒逼线下流程再造和线上系统完善，推动治理手段、治理模式、治理理念创新，不断提升超大城市敏捷治理、科学治理水平。作为智慧蓉城建设的一部分，推行城市运行一网统管是顺应"城市管理应该像绣花一样精细"要求而进行的创新探索，其核心是构建跨部门、跨层级、跨区域的制度机制，推动数据联通、服务联接、治理联动，实现统筹安排、分而治之。其目标是"管"，重点是协同联动，手段是"统"。通过"统"推动实现城市运行从"九龙治水"向整体智治转变，避免多"管"齐下、重复乱"管"。

成都市继续坚持以城市体检为路径、以"新城建"为抓手，推动建设创新、开放、绿色、宜居、共享、智慧、善治、安全城市，聚焦唱好"双城记"、建强"都市圈"、建好"示范区"、提质"幸福城"等中心工作，不断提升城市治理体系和治理能力现代化水平，让新发展理念惠泽广大市民群众，承载起人民群众对美好生活的新向往。

八、济南：落实试点任务，推动产业发展

2020年10月，济南市成为"新城建"试点城市之一。2021年1月，济南市人民政府办公厅印发《济南市加快推进新型城市基础设施建设试点及产业链发展实施方案》，创新性地将"新城建"试点任务与"新城建"产业链工作相融合，明确开展"新城建"4项试点任务，即推进CIM平台建设、推动智能建造与建筑工业化协同发展、加快智慧物业建设、构建城市运行管理服务平台。同步培育4条"新城建"产业链，即绿色建筑产业链、装配式建筑产业链、智能建造产业链、市政基础设施智慧化改造产业链。近两年来，济南市稳步推进重点任务建设，不断推动产业发展，创新打造"新城建"济南经验。

1. 以"智慧住建"为抓手，让城市建设更具实效

信息技术创新日新月异，城市发展向数字化、网络化、智能化快速推进，国家治理体系和治理能力现代化水平也随之提升。济南市依托"智慧住建"平台，不断提升建筑行业信息化水平，为"新城建"建设提供助力。济南市智慧住建一张图如图 2-22 所示。

标准先行。针对与智慧住建项目相适应的国家标准尚不完善、地方标准缺失等问题，编写了《工程建设项目及房屋管理数据标准》《济南市城市自然数字模型分类与编码规则》两项标准，统一了工程建设项目编码、楼幢编码、房屋编码，实现了数据采集、存储、交互、应用的标准化、规范化。

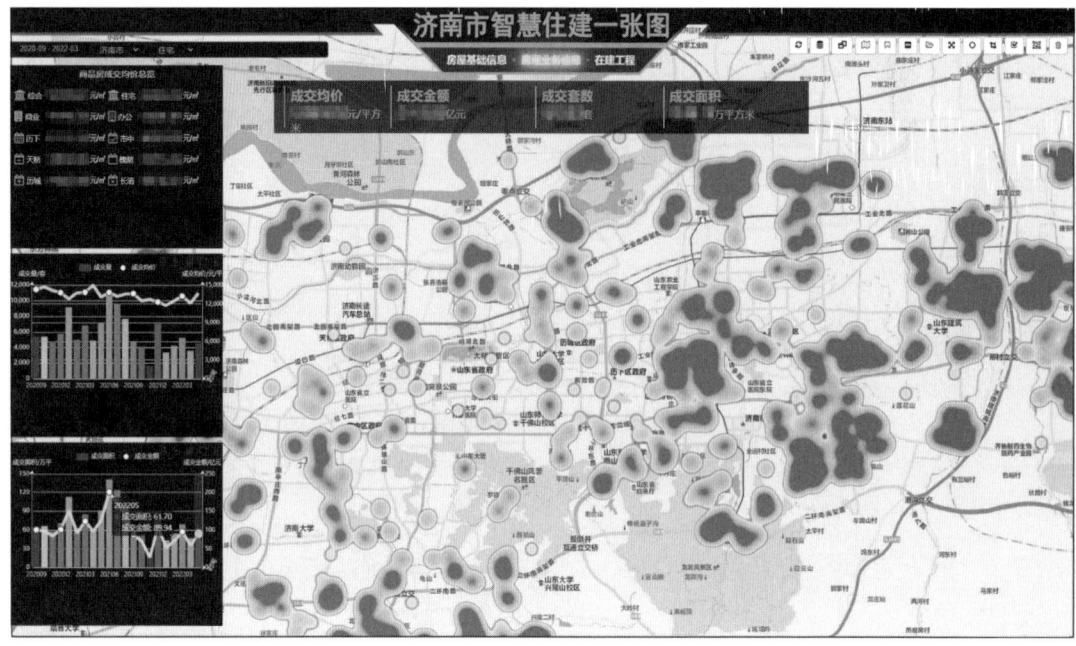

图 2-22　济南市智慧住建一张图

数据联通。夯实城市房屋全生命周期"数字底座"对全市行政区范围内所有在建工程和市中区、历下区、槐荫区、天桥区、历城区、长清区的房屋底层数据现状进行普查，完成全市 2500 余个在建工程项目及市内六区 130 余万房屋面积调查工作，整合住房和城乡建设业务各系统 13 类数据 1.2 亿余条，实现了各项数据的统一汇集和地图管理，夯实了城市房屋全生命周期"数字底座"。通过数据整理，"数字底座"与商品房网签和存量房网签系统建立实时数据关联，已经实现 1600 余个房地产项目、350 余万项商品房网签数据及 120 余万项存量房网签数据落图管理。通过房屋普查数据和老旧小区楼幢专项摸排，"数字底座"汇集了全市 15033 幢老旧楼幢的基础数据，并将历年老旧小区改造楼幢、改造内容、加装电梯情况等全部落图管理，精细到幢和单元。济南市智慧住建智慧物业管理服务平台如图 2-23 所示。

技术创新。打造"住建一张图"管理系统，充分利用 GIS、物联网等技术，将住房和城乡建设系统的管理数据和空间数据相结合，在"住建一张图"上展示立项、土地、规划、图审、施工、质量安全、房产测绘、房产交易、物业、住房保障、房屋安全普查、征地拆迁、城市更新、老旧小区改造、电梯加装等项目全链条信息，实现了管理网格化，打造了"智慧住建一张图"。依托"智慧住建一张图"，济南市实现了施工企业资质、信用、业绩、人员实名制以及项目全生命周期各类数据的有效互通互联；搭建了城市房屋建筑违法建设和违法违规审批专项清查填报系统。此外，针对房屋抗

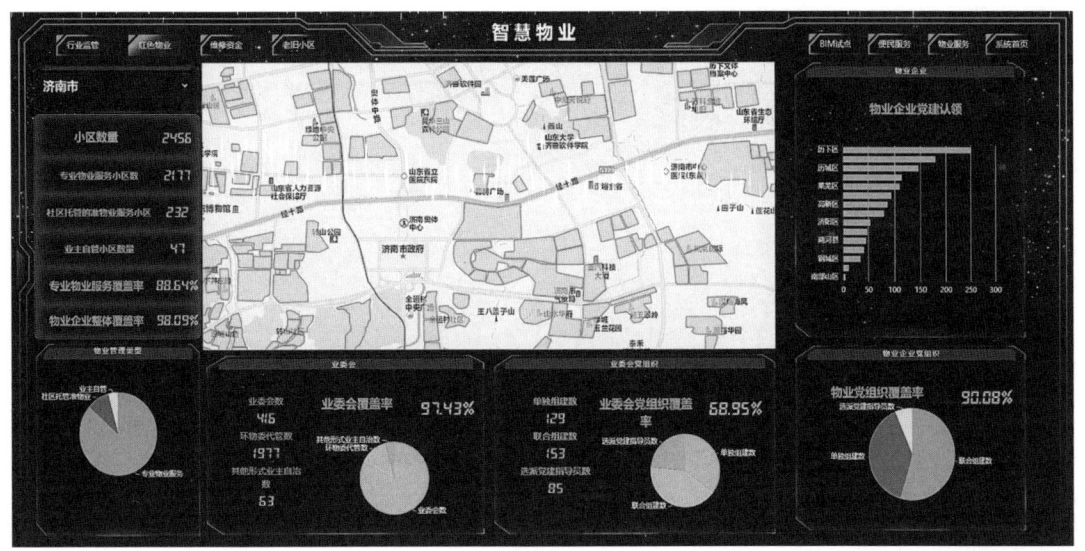

图 2-23　济南市智慧住建智慧物业管理服务平台

震性能普查及自然灾害风险排查工作，搭建了既有房屋建筑抗震性能管理平台，可以快速筛查住宅、大型公建、学校和医院等建筑物建成年代；利用在建工程建设项目落图成果，对接建筑工地系统各类数据，实现了全市 2500 余个工程建设项目扬尘监测、视频监控全部落图。

2. 以 CIM 平台为底座，让城市治理更具智慧

全面推进城市信息模型（CIM）平台建设是"新城建"重点任务之一。济南市以数字孪生城市为目标，以数字化、网络化、智能化为主攻方向，打造济南市 CIM 基础平台。目前，济南市 CIM 平台（一期）基本建成，并编制了标准规范体系，搭建了时空基础、资源调查等五大基础数据库，集成了全市域三维地形、实景三维、全市建筑体块等数据信息。基本形成了"1111+3"的成果体系，即一套门户系统、一套技术标准体系、一个城市信息模型数据库、一个服务中台和三大业务体系，实现数字赋能。济南市城市信息模型（CIM）基础平台如图 2-24 所示。

以 CIM 平台为底座，济南市推动智能建造协同管理、智慧物业管理、城市运行管理等"CIM+"应用平台建设，统一数据标准，加强平台之间互联互通、共建共享，推进智慧治理一体化。以"智慧住建"为例，济南市对市域新建住宅，创新使用以 BIM 技术为核心的住宅使用说明书，便于商品住宅的信息查询、维护及质量问题反馈；对中心城区既有建筑，统一了工程建设项目编码、楼幢编码、房屋编码，努力达到以图管项目、以图管房和以房管人的效果。在城市更新中，把天桥区作为试点，聚焦人本化、生态化、数字化，以党建引领，重点围绕物业服务、水务、电力、燃气、

图 2-24 济南市城市信息模型（CIM）基础平台

交通和社区治理等内容，通过 BIM、GIS（地理信息系统）、IoT（物联网）等搭建数字孪生社区，为新时代现代化强省会城市建设助力赋能。济南市着力推动智能建造与建筑工业化协同发展，深化应用自主可控 BIM 技术，大力推广装配式建筑，全力建设"BIM+物联网"装配式建筑监管平台，有效提升装配式建筑项目全过程监管手段。

实施智能化市政基础设施建设和改造是"新城建"另一项重点任务之一。济南市构建全市地下市政基础设施大数据中心，建立设施危险源及风险隐患管理台账，建立集设施数据管理、建设监管和运行监测为一体的城市地下市政基础设施平台，实现了地下市政基础设施数字化、智能化管理。围绕城市地下市政基础设施现状、建设及安全运行管理的需求，济南市以 CIM 技术为核心，汇集市政基础设施多源异构数据，基于数字底座打造城市地下市政基础设施综合管理信息平台，实现城市地下基础设施二三维一体化管理，为城市的规划、建设、运行、管理提供权威、统一的地下市政基础设施底图。

济南市城市运行管理服务平台按照"一云、一网、一脑、一库、一中心、N 应用"的总体架构，应用互联网、大数据、人工智能、AI 分析等技术，集感知、分析、服务、指挥、监察等功能于一体，建立纵向对接国家、省级平台，横向整合、共享城市管理相关部门信息系统，汇聚共享数据资源，全链条贯通区县、街道（镇）、社区级管理，构建智能监管应用场景，构建"上下贯通、左右衔接、协同联动、全市一体、高度集成"的城市运行管理服务平台，增强城市管理工作的实时监测、动态分析、统筹协调、指挥调度和综合评价能力，提高城市运行效率，增加市民群众的安全感、幸福感、满意度，提升城市科学化、精细化、智慧化管理水平。

3. 以产业发展为驱动，让城市发展更具活力

"新城建"涉及一个强大的产业链条，通过项目实施，带动新产业集聚，催生新业态形成、促进新消费提升。济南市依托"新城建"产业链建设，培育一批设计、施工、构件生产、智能制造、咨询、科研和培训等优质企业，带动产业链上下游企业协同发展，打造"新城建"全产业链体系。

定目标，绘制《济南新城建产业链全景图》和各子产业链图谱，印发《济南新城建产业研究报告》，科学指导"新城建"产业链发展。优政策，通过制定绿色建筑、智能建造等6大领域的扶持政策，从容积率奖励、信用加分、预售资金监管比例下调等多方面推动"新城建"快速发展。建载体，以济南新旧动能转换起步区绿色建设产业园为领建园区，以钢城区绿色钢结构装配式建筑产业基地、历城区济南智能传感器产业园为关联园区，积极创建"新城建"产业与应用示范基地。聚企业，认定"新城建"优质企业，协调有关部门提供定制服务，提升"新城建"产业链集聚力和吸引力；组建"新城建"产业链科创联盟，成立BIM产业联盟、黄河流域绿色装配式建筑城市联盟、黄河流域智能建造产教融合发展联盟，搭建企业交流平台。

抓项目，在重点工程、保障性住房等民生工程中，大力构建"CIM+"应用场景，支持全产业链开展设计、施工、培训、生产、运营等技术创新。强要素，筹建"新城建"产业基金，支持优质企业发展和重点项目建设。重招引，成功引进江河未来城、东方雨虹绿色建材生产基地等"新城建"产业链重点项目，谋划产业链上下游精准招商，推动产业链补链、强链、延链。比如，山东省肿瘤防治研究院技术创新与临床转化平台工程建造全过程应用了BIM技术，通过建造方案BIM模拟深化、足尺试块验证、机电管线预制装配式模块吊装等措施，融合BIM+三维激光扫描、BIM+3D打印等技术，在质子维护楼厚达4.6m、钢筋密集的防辐射混凝土内成功预埋布设2万余米各类机电管线，为项目成功运行奠定了基础。

未来，济南市将继续突出重点、塑造特色，高标准、高质量持续推进试点各项工作，不断探索智慧之城、绿色之城、品质之城建设，努力成为黄河流域乃至全国"新城建"典范，以城市建设的转型升级为新时代现代化强省会城市建设增势赋能，为推动城市治理体系和治理能力现代化蹚出路子。

第三章　专题篇

一、城市信息模型（CIM）平台建设总体研究

城市信息模型（CIM）是在建筑信息模型（BIM）基础上，向城市级进化拓展而来的数字平台与技术，也是城市三维数字空间信息有机综合体。城市信息模型（CIM）平台建设，旨在连接城市信息相关要素，整合城市空间信息模型数据及城市运行感知数据，夯实智慧城市数字底座，打造全覆盖、相互联通的城市智能感知系统和智慧城市基础操作平台，推进 CIM 平台在城市体检、城市安全、智能建造、智慧市政、智慧交通、智慧社区、城市综合管理服务以及政务服务、公共卫生等领域深化应用，促进城市发展新格局构建、城市规划建设管理模式变革以及新型智慧城市高质量发展。

（一）发展现状

1. 国家、省、城市三级 CIM 平台架构体系初步确立

CIM 平台是智慧城市的数字底座，支撑城市规划、建设、管理与运营。CIM 基础平台按等级分为国家级、省级和市级平台，三级平台应实现网络联通、数据共享和业务协同。国家级、省级和市级平台应建立协同工作机制和运行管理机制。国家级、省级和市级平台纵向之间及与同级政务系统横向之间应建立衔接关系，构成国家—省—市三级架构体系。国家级、省级、市级平台衔接关系如图 3-1 所示。

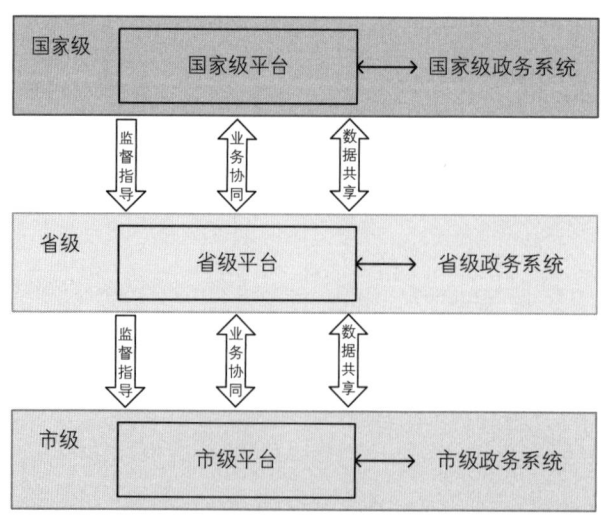

图 3-1　国家级、省级、市级平台衔接关系

具体包括以下内容：（1）监督指导：宜支撑监测监督、通报发布、应急管理与指导等应用；（2）业务协同：宜支撑专项行动、重点任务落实和情况通报等应用；（3）数据共享：国家级、省级、市级平台应与同级政务系统进行数据共享，实现跨平台的数据共享。

2. CIM 平台架构体系类型丰富多元

1）国家级和省级 CIM 平台总体架构体系

国家级 CIM 平台和省级 CIM 平台的总体架构图如图 3-2 所示。

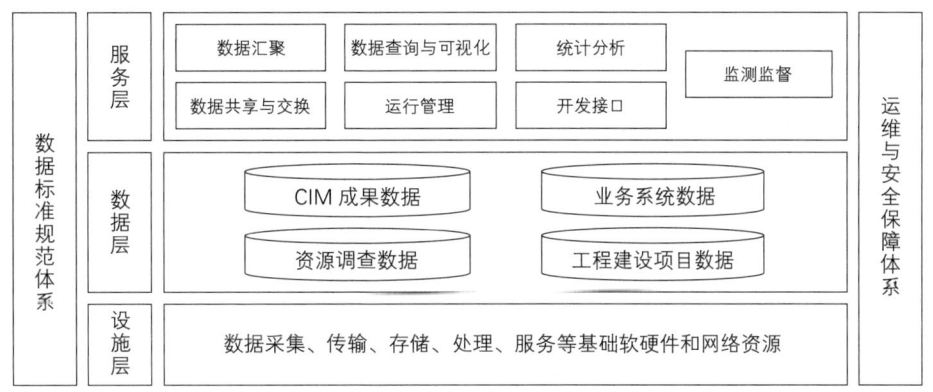

图 3-2　国家级 CIM 平台和省级 CIM 平台的总体架构图

国家级 CIM 平台和省级 CIM 平台在各架构层的具体内容如下：

（1）设施层：主要为数据采集、传输、存储、处理、服务等基础软硬件和网络资源；

（2）数据层：包括 CIM 成果数据、业务系统数据、资源调查数据和工程建设项目数据；

（3）服务层：包括数据汇聚、数据查询与可视化、统计分析、数据共享与交换、监测监督、运行管理和开发接口等功能。具体如下：

①数据汇聚：应提供数据获取、数据清洗、数据融合和数据资源编目等功能，应实现上下级平台、同级平台之间的数据共享和信息协同；

②数据查询与可视化：应提供地名地址查询、空间查询、关键字查询、模糊查询、组合条件查询、要素查询、模型查询、模型元素查询、关联查询、多维度多指标统计、查询统计和结果输出等查询功能，以及模型加载、集成展示、图文关联展示、分级缩放、可视化渲染、图形变换和场景管理等可视化功能；

③统计分析：应提供对 CIM 数据进行多维统计分析的功能，包括从时间、空间、指标等维度定义统计分析模型，以报表和图表等形式进行可视化展示及结果导出等功能；

④数据共享与交换：应提供跨部门数据共享与交换、跨部门联审业务等功能，其中数据交换应提供 CIM 数据交换参数设置、数据检查、交换监控、消息通知等功能，数据共享应提供服务浏览、服务查询、服务订阅和数据服务上传下载等功能；

⑤监测监督：应具备对下级平台远程监测监督的功能，应支持对下级平台的无缝调入，支持对下级平台运行机制、运行状况的监测监督；

⑥运行管理：应提供组织机构管理、角色管理、用户管理、统一认证、平台监控和日志管理等功能；

⑦开发接口：宜提供开发接口（API）和软件开发工具包（SDK），开发接口宜包括资源访问类、地图类、事件类、控件类、数据交换类、数据分析类和平台管理类。

2）市级 CIM 平台总体架构体系

市级 CIM 平台的总体架构图如图 3-3 所示。

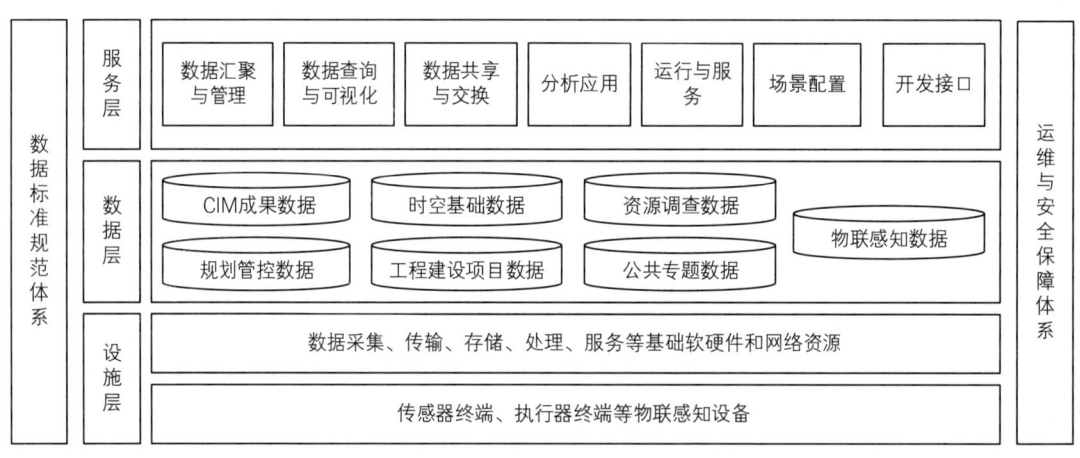

图 3-3 市级 CIM 平台的总体架构图

市级 CIM 平台在各架构层的具体内容如下：

（1）设施层：除了数据采集、传输、存储、处理、服务等基础软硬件和网络资源，还有传感器终端、执行器终端等物联感知设备；

（2）数据层：包括 CIM 成果数据、时空基础数据、资源调查数据、工程建设项目数据、规划管控数据、公共专题数据、物联感知数据；

（3）服务层：包括数据汇聚与管理、场景配置、数据查询与可视化、数据共享与交换、分析应用、运行与服务、开发接口等功能，具体如下：

①数据汇聚与管理：应提供数据汇聚、数据管理、数据交换，宜具备二维、三维 GIS 数据、建筑信息模型、物联感知数据和其他三维模型数据汇聚的能力，实现模型

检查入库、碰撞检测、版本管理、模型轻量化、模型抽取、模型比对与差异分析等功能，以及资源目录管理、元数据管理、数据清洗、数据转换、数据导入导出、数据更新、专题制图、数据备份与恢复等功能；

②场景配置：应针对不同场景提供不同模型、图形等组合，实现场景配置功能；

③数据查询与可视化：应提供地名地址查询、空间查询、关键字查询、模糊查询、组合条件查询、要素查询、模型查询、模型元素查询、关联查询、多维度多指标统计、查询统计和结果输出等查询功能，以及模型加载、集成展示、图文关联展示、分级缩放、平移、旋转、飞行、定位、批注、剖切、几何量算、体块比对、卷帘比对、多屏比对、透明度设置和模型细度设置、可视化渲染、图形变换、场景管理、相机设置、灯光设置、特效处理和交互操作等可视化交互功能；

④数据共享与交换：应提供跨部门数据共享与汇聚、跨部门联审业务等功能，其中数据交换应提供 CIM 数据交换参数设置、数据检查、交换监控、消息通知等功能，数据共享应提供服务浏览、服务查询、服务订阅和数据服务上传下载等功能；

⑤分析应用：应提供缓冲区分析、叠加分析、空间拓扑分析、通视分析、视廊分析、天际线分析、绿地率分析和日照分析等功能；

⑥运行与服务：应提供组织机构管理、角色管理、用户管理、统一认证、平台监控和日志管理等功能，以及 CIM 数据服务、功能和接口的注册、授权、注销等，同时宜具备 CIM 服务发布、服务聚合、服务代理、服务启动停止、服务调用、服务监控、访问控制和负载均衡等能力；

⑦开发接口：应提供开发接口（API）和软件开发工具包（SDK），以及对应的开发指南或示例等说明文档，开发接口宜采用网络应用程序接口或软件开发工具包等形式，包括资源访问类、项目类、地图类、三维模型类、BIM 类、控件类、数据交换类、事件类、实时感知类、数据分析类、模拟推演类和平台管理类等类别。

3）国家级、省级和市级 CIM 平台架构体系对比分析

通过对比国家级、省级和市级 CIM 平台的架构体系，可以看出其设施层、数据层和服务层三个方面都有一定的不同之处，如表 3-1 所示。

国家级、省级和市级 CIM 平台架构体系的对比 表 3-1

架构层	相同点	不同点	
		国家级、省级	市级
设施层	信息化基础软硬件和网络资源		需提供传感器终端、执行器终端等物联感知设备

续表

架构层	相同点	不同点	
		国家级、省级	市级
数据层	CIM 成果数据 资源调查数据 工程建设项目数据	业务系统数据	时空基础数据 规划管控数据 公共专题数据 物联感知数据
服务层	数据汇聚 数据查询与可视化 数据共享与交换 开发接口：资源访问类、地图类、事件类、控件类、数据交换类、数据分析类和平台管理类	统计分析 监测监督 运行管理	数据汇聚与管理：包括物联感知数据和二三维数据的汇聚，以及模型检查入库、版本管理、数据更新等管理功能 数据查询与可视化：包括飞行、定位、批注、特效处理等可视化交互等功能 场景配置 分析应用 运行与服务 开发接口：项目类、三维模型类、BIM 类、实时感知类、模拟推演类等

由此可看出，在设施层方面，国家级、省级和市级 CIM 平台都需提供信息化基础软硬件和网络资源，但市级 CIM 平台还需提供物联感知设备；在数据层方面，国家级、省级和市级 CIM 平台有一部分相同的基础数据，也有很多不同的数据，其中市级 CIM 平台数据类型的范围相比国家级、省级较大；在服务层方面，国家级、省级和市级 CIM 平台有很多相同的数据汇聚、管理、展示基础服务，也有很多对应其应用特点的服务，其中市级 CIM 平台服务的涉及范围相比国家级、省级也较大，且在相同服务功能方面市级 CIM 平台涉及的内容也要更多。

3. "CIM+" 平台应用场景更加广泛

根据 CIM 平台的应用场景，可将平台的架构体系分为城市社区类和产业园区类。由于 CIM 的应用场景更加具体，架构可添加一层即应用层。

1）CIM+ 城市社区平台架构体系

城市社区平台的重点在于建立未来社区，提高社区综合治理能力。基于社区 CIM 平台，完成区域城市日常综合治理和城市精细化管理，覆盖社区公共设施、市政、道路，满足政府服务、社区物业管理和居民生活需要。城市社区 CIM 平台的总体架构图，如图 3-4 所示。

城市社区 CIM 平台在各架构层的具体内容如下：

（1）设施层：包括信息化基础设施、物联网平台、视频管理平台、大数据分析平台、移动服务平台等信息化支撑资源，以及摄像机、道闸、门禁、智能卡、公共广播、

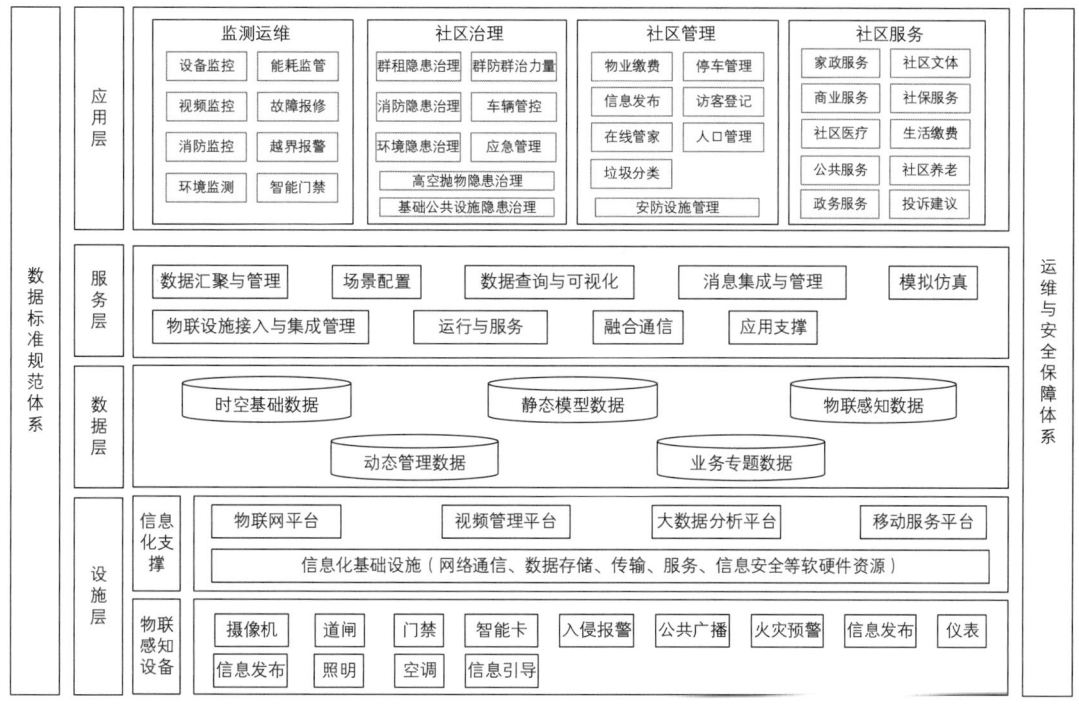

图 3-4　城市社区 CIM 平台总体架构图

照明、停车场等物联感知设备；

（2）数据层：包括时空基础数据、静态模型数据、物联感知数据、动态管理数据、业务专题数据五大类数据；

（3）服务层：包括数据汇聚与管理、场景配置、数据查询与可视化、消息集成与管理、模拟仿真、物联设施接入与集成管理、运行与服务、融合通信和应用支撑等功能；

（4）应用层：包括监测运维、社区治理、社区管理和社区服务。

2）CIM+产业园区平台架构体系

产业园区 CIM 平台的重点在于建立创新园区，实现数字"全要素"、业务"一张图"、管理"全融合"、物联"全感知"的智慧园区。基于园区 CIM 平台，以人工智能和数字经济区数字底板集成载体的方式，建设包含地上建筑物、市政设施和地铁、地下管线等全信息模型，同时将经济、人口、企业、审批等信息与建筑三维单体模型做挂接，实现信息的三维全集，统筹园区整体全面系统的应用，打造闭环的业务一体化整合应用，优化园的资源配置能力、管控能力与执行能力，实现安防、设施及其状态管理、能源管理和生态环境监测等综合保障力量的统一部署和动态协调调度，结合物联网传感技术实现物联环境可视，为绿色建筑提供有效检测数据呈现，对异常设备进行灵活管控，辅助业务侧完成人性化服务，提高园区的服务品质。产业园区 CIM 平台的总体架构图，如图 3-5 所示。

图 3-5　产业园区 CIM 平台总体架构图

产业园区 CIM 平台在各架构层的具体内容如下：

（1）设施层：包括信息化基础设施、政务物联网平台、视频管理平台、政务专网、无线局域网、宽带物联网、信息化支撑资源，以及摄像机、道闸、门禁、RFID、入侵报警、对讲、火灾预警、环境监测、仪表、读卡器、无线 AP、照明、二维码、信息引导设施等物联感知设备；

（2）数据层：包括时空基础数据、信息模型数据、物联感知数据、动态管理数据、市政市容数据、安防数据、生态环境数据、资产数据、能效数据；

（3）服务层：包括数据汇聚与管理、场景配置、数据查询与可视化、消息集成与管理、模拟仿真、物联设施接入与集成管理、运行与服务、辅助分析、音视频调度及信息发布、系统管理和 API 服务管理等功能；

（4）应用层：包括安防治理、设施及状态管理、能源管理及生态环境监测。

3）不同应用场景平台架构体系对比

通过对比城市社区和产业园区 CIM 平台的架构体系，可以看出其设施层、数据层、服务层和应用层四个方面都有一定的不同之处，如表 3-2 所示。

城市社区和产业园区 CIM 平台架构体系的对比　　　　表 3-2

架构层	相同点	不同点	
		城市社区	产业园区
设施层	信息化支撑和物联感知设备	物联感知设备：社区的基本设备 信息化支撑资源：包括物联网平台、移动服务平台等社区平台基础	物联感知设备：园区的基本设备 信息化支撑资源：包括政务物联网平台、政务专网等园区平台基础
数据层	时空基础数据 物联感知数据 动态管理数据	静态模型数据 业务专题数据	信息模型数据 市政市容数据 安防数据 生态管理数据 资产数据 能效数据
服务层	数据汇聚与管理 场景配置 数据查询与可视化 消息集成与管理 模拟仿真 运行与服务 物联设施接入与集成管理	融合通信 应用支撑	辅助分析 音视频调度及信息发布 API 服务管理
应用层		监测运维 社区治理 社区管理 社区服务	安防治理 设施及状态管理 能源管理 生态环境监测

由此可看出，在设施层方面，城市社区和产业园区 CIM 平台都需提供信息化支撑和物联感知设备，但具体的设施则根据城市社区和产业园区的特点有所不同；在数据层方面，城市社区和产业园区 CIM 平台有一部分相同的基础数据，也有很多不同的数据，城市社区与产业园区相比，在数据范围、体量和数据标准等方面有一定的差异性；在服务层方面，城市社区和产业园区 CIM 平台有很多相同的数据汇聚、管理、展示基础服务，也有很多对应其应用特点的服务，其中产业园区服务的涉及范围相比城市社区也较大；在应用层方面，城市社区和产业园区 CIM 平台有属于各自的应用功能，也体现了 CIM 应用场景的不同。

4. 不同城市 CIM 平台建设各具特点

1）不同城市 CIM 平台建设依需求不同而各具特点

（1）广州市 CIM 平台：架构较为完善充分，层级更加具体

广州市的 CIM 平台架构图，如图 3-6 所示。

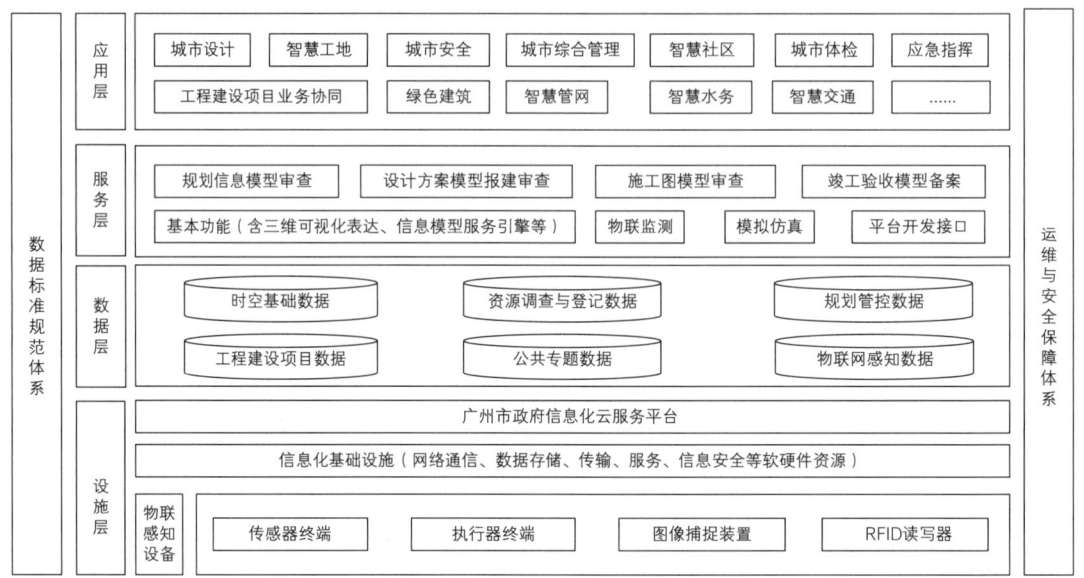

图 3-6　广州市 CIM 平台架构图

（2）济南市 CIM 平台：架构应用层比较倾向政务等功能的完善

济南市的 CIM 平台架构图，如图 3-7 所示。

（3）杭州市 CIM 平台：更加注重数字化和信息化的深度

杭州市的 CIM 平台架构图，如图 3-8 所示。

（4）西部区域城市平台架构体系

西部区域代表城市如西安、成都、重庆等。以成都为例，由于西部的特殊地形和战略发展政策，其架构可能会考虑城市的产业结构。成都市的 CIM 平台架构图如图 3-9 所示。

2）不同城市 CIM 平台架构体系的对比分析

通过对比不同城市 CIM 平台的架构体系，可以看出其设施层、数据层、服务层和应用层四个方面都有一定的不同之处。

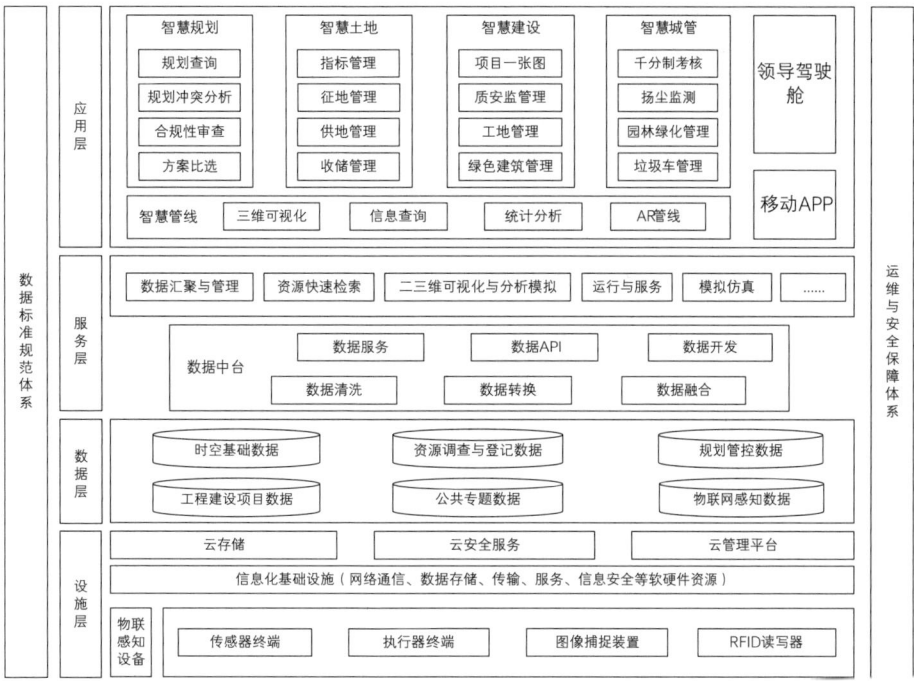

图 3-7 济南市 CIM 平台架构图

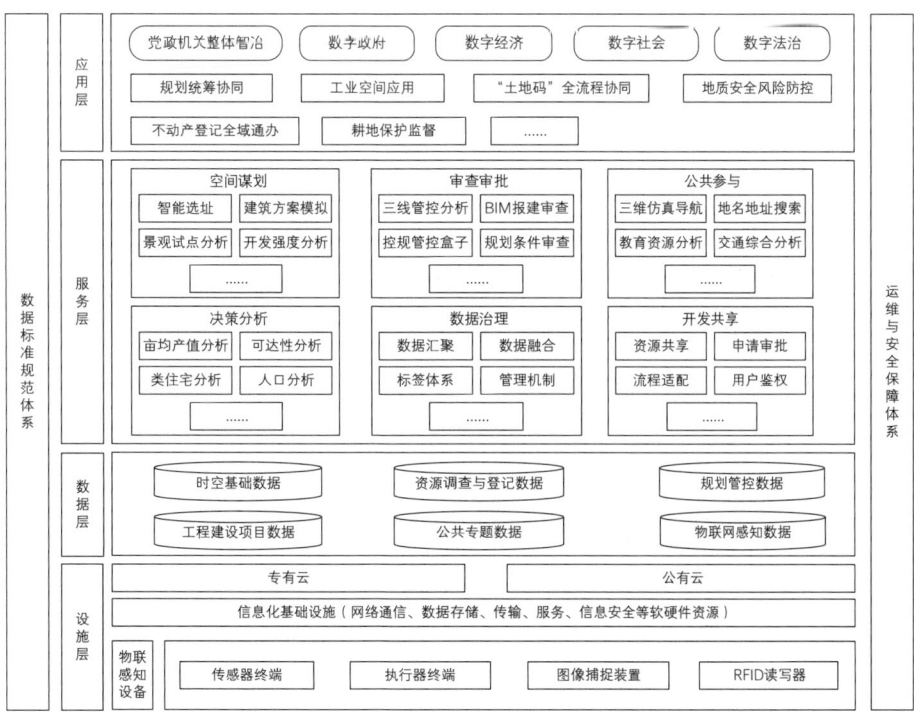

图 3-8 杭州市 CIM 平台架构图

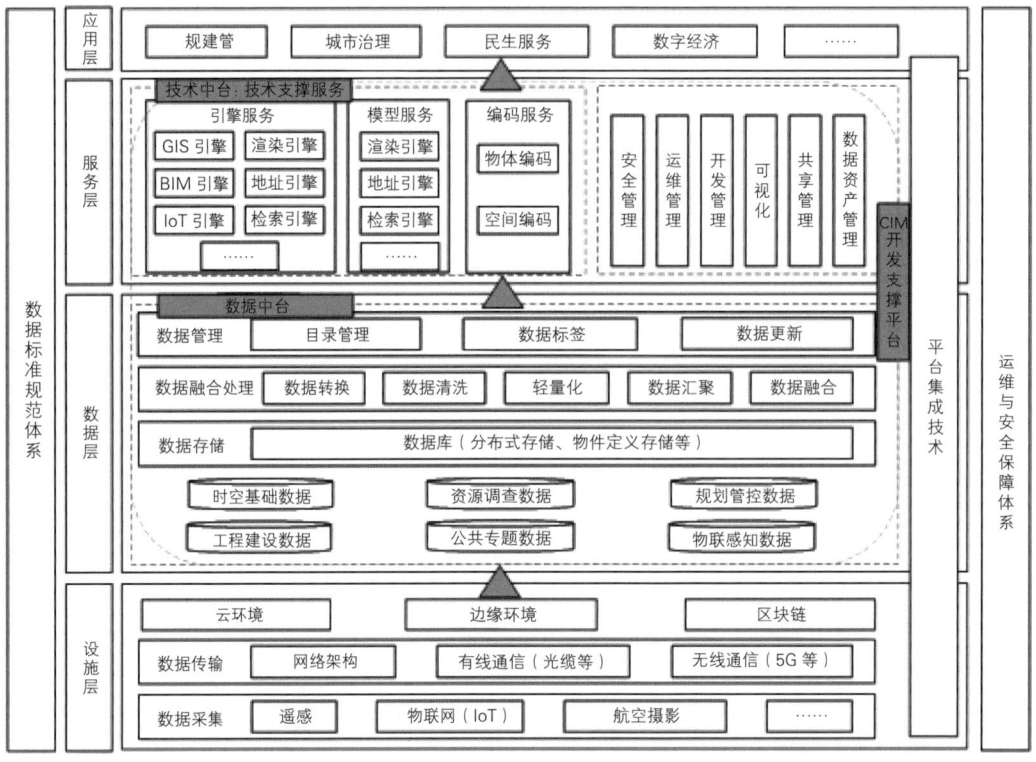

图 3-9　成都市 CIM 平台架构图

由此可看出，各城市架构体系在设施层方面和数据层方面没有大的差异，主要的差异集中在服务层和应用层方面，其表现符合对应区域和城市的特点。

5. CIM 平台数据标准体系日臻完善

1）统筹推进国家标准与地方标准

（1）国家标准

2020 年 7 月，住房和城乡建设部、工业和信息化部、中央网信办发布关于《开展城市信息模型（CIM）基础平台建设的指导意见》（建科〔2020〕59 号），强调了构建基础数据库、统一平台和数据标准的必要性。

2020 年 9 月，住房和城乡建设部发布《城市信息模型（CIM）基础平台技术导则》，对 CIM 数据资源体系进行了分类、分级以及编码要求；2021 年 6 月，发布《城市信息模型（CIM）基础平台技术导则》（修订版），指明 CIM 数据资源体系建设的内容。

2021 年 4 月，住房和城乡建设部连续发布《城市信息模型平台建设用地规划管理数据标准（征求意见稿）》《城市信息模型平台建设工程规划报批数据标准（征求意见稿）》《城市信息模型平台施工图审查数据标准（征求意见稿）》《城市信息模型基础平台技术标准（征求意见稿）》《城市信息模型数据加工技术标准（征求意见稿）》《城市信息模型平台竣工验收备案数据标准（征求意见稿）》《城市信息模型应用统一标准（征求意见稿）》，从基础平台、用地规划、工程规划、施工图审查、竣工验收、模型数据加工、应用 7 个方面加快 CIM 平台建设、支撑施工图 BIM 高效设计与智能审查、支撑工程建设项目审批提质增效和跨部门的共享应用。

2022 年 2 月，住房和城乡建设部发布《城市信息模型基础平台技术标准》CJJ/T 315—2022，明确了国家级、省级、市级平台数据库的建设内容，自 2022 年 6 月 1 日起实施。

（2）地方标准

2018 年 11 月，根据《住房和城乡建设部关于开展运用建筑信息模型系统进行工程建设项目审查审批和城市信息模型平台建设试点工作的函》，北京城市副中心、广州、南京、厦门、雄安新区一同被列为运用 BIM 系统和 CIM 平台建设的试点。

近年来各试点城市陆续发布 CIM 建设标准，推动当地 CIM 平台建设进展。比如，2019 年广州市发布《关于进一步加快广州市建筑信息模型（BIM）应用的通知》和《广州城市信息模型（CIM）平台建设试点方案》，进一步加快广州市 BIM 应用推广，为 CIM 平台应用夯实基础；2021 辽宁省住房和城乡建设厅发布《辽宁省城市信息模型（CIM）数据标准》和《辽宁省城市信息模型（CIM）基础平台建设运维标准》，指导辽宁省 CIM 平台建设；2022 年湖南省住房和城乡建设厅发布《湖南省城市信息模型基础数据标准》和《湖南省城市信息模型平台建设运维规范》，指导湖南省城市信息模型（CIM）基础平台的建设；2022 年成都市编制《成都市城市信息模型（CIM）标准化白皮书》，旨在摸清成都市 CIM 标准化现状与问题，提出"十四五"期间成都市 CIM 标准体系建设的思路、推进路线图和工作建议，期望其充分发挥成都市地方特色，形成成都市地方化、特色化 CIM 标准体系，推动成都市数字化建设。

2）CIM 平台数据标准

CIM 平台数据标准体系，本质上是城市信息模型表达、处理、应用、服务等进行一致行动的约定，主要包括数据资源内容、数据资源加工、数据资源存储、数据资源共享交换与服务、数据资源更新等。各类 CIM 平台数据标准的发布，进一步推动国家级、省级、市级 CIM 平台的标准化建设进程。

（1）数据资源内容标准

城市信息模型宜划分为 7 级，CIM1 级模型为地表模型，CIM2 级模型为框架模型，CIM3 级模型为标准模型，CIM4 级模型为精细模型，CIM5 级模型为功能模型，CIM6 级模型为构件模型，CIM7 级模型为零件模型。城市信息模型分级规定，如表 3-3 所示。

城市信息模型分级规定　　　　　　　　　　　　　　　表 3-3

级别	名称	模型主要内容	模型特征	数据源精细度
CIM1 级	地表模型	地形、行政区、居民区、交通干线、大型水系等	DEM 和 DOM 叠加实体对象的基本轮廓或三维符号	相当于小于 1∶10000 比例尺地形图数据
CIM2 级	框架模型	地形、行政区、建筑、交通线路、水系、地质、植被等	实体三维框架，包含实体标识与分类等基本信息	相当于 1∶5000～1∶10000 比例尺地形图数据
CIM3 级	标准模型	地形、建筑、交通设施、水系、植被、场地、管线管廊等	实体三维框架及空间	相当于 1∶500～1∶2000 比例尺地形图数据
CIM4 级	精细模型	地形、建筑外观及建筑分层分户、交通设施、水系、植被、场地、市政设施、管线管廊、地下空间、城市部件等	实体三维框架、内外表面细节，包含模型单元的身份描述、项目信息、组织角色等信息	相当于大于 1∶500 地形图数据，以及 G1 级别的 BIM 数据
CIM5 级	功能模型	建筑、交通设施、场地、市政设施、管线管廊、场地、地下空间等要素及其主要功能分区	满足空间占位、功能分区等需求的几何精度，包含和补充上级信息，增加实体系统关系、组成及材质、性能或属性等信息	G2，N1～N2
CIM6 级	构件模型	建筑、交通设施、场地、市政设施、地下空间等要素的主要构件	满足精细识别需求的几何精度（构件级），宜包含和补充上级信息，增加生产信息、安装信息	G3，N2～N3
CIM7 级	零件模型	建筑、交通设施、场地、市政设施、地下空间等要素的主要零件	满足高精度渲染展示、产品管理等高精度识别需求的几何精度（零件级），宜包含和补充上级信息，增加竣工信息	G4，N3～N4

注：建筑信息模型（BIM）LOD1.0～LOD4.0 数据内容及精度参见《建筑信息模型设计交付标准》GB/T 51301—2018。

CIM 数据应无缝集成二维空间信息、三维模型等实现二三维一体化，宜符合《公共服务电子地图瓦片数据规范》GB/T 35634—2017 和《建筑信息模型设计交付标准》GB/T 51301—2018 的规定，将电子地图瓦片数据分级从 20 级扩展至 24 级，应采用金字塔式分级管理，以实现 CIM 无缝集成二维地理信息、三维模型等二三维一体化。CIM 分级及模型参数如表 3-4 所示。

CIM14～21 级可侧重三维表达地形、水利、建筑、交通设施、管线管廊、场地、地下空间、植被及其他要素表面，其精细度应参照《城市三维建模技术规范》CJ/T 157—2017。

CIM21～24 级的精细度应符合《建筑信息模型设计交付标准》GB/T 51301—2018 中 BIM 精细度一致。

城市信息模型宜按照要素、应用行业、采集方式、成果形式、时态、城市建设运营管理阶段、工程建设专业领域等角度进行信息分类。CIM 信息分类如表 3-5 所示。

CIM 分级及模型参数 　　　　表 3-4

模型参数 ＼ 模型级别	CIM1 级	CIM2 级	CIM3 级	CIM4 级	CIM5 级	CIM6 级	CIM7 级
要素构成	承载省域、城市群主要信息的空间对象	承载市域主要信息的空间对象	承载城市主要信息的空间对象	承载城市建设专业领域信息的空间对象	承载城市公共功能系统信息的空间对象	承载城市设施设备运维信息的空间对象	承载精细表达城市状态的空间对象
表达精度	满足区域要素粗略识别需求	满足市域空间占位粗略识别需求	满足城市主要对象真实感识别需求	满足建设专业领域细节识别需求	满足公共功能系统细节识别需求	满足设施设备构件细节识别需求	满足城市动态细节高精度识别需求
位置精度	最高相当于 1：50000 比例尺地形图的几何位置精度	相当于 1：5000～1：25000 比例尺地形图的几何位置精度	相当于 1：500～1：2000 比例尺地形图的几何位置精度	绝对精度优于 1：500 比例尺地形图的位置精度，相对精度优于 20 厘米	绝对精度优于 1：500 比例尺地形图位置精度，相对精度优于 10 厘米	绝对精度优于 1：500 比例尺地形图位置精度，相对精度优于 10 厘米	绝对精度优于 1：500 比例尺地形图位置精度，相对精度优于 1 厘米
属性信息深度	满足查询定位需求	满足分类统计需求	满足分类统计需求	满足城市建设专业领域管理需求	满足城市公共功能系统管理需求	满足城市设施设备运维管理需求	满足城市动态感知和管理需求
关系信息深度	连接关系	连接关系	连接关系	连接关系、组成关系	连接关系、组成关系、控制关系	连接关系、组成关系、控制关系	连接关系、组成关系、控制关系

CIM 信息分类 　　　　表 3-5

序号	分类名称	类目	备注
1	按要素分	定位基础	参考《基础地理信息要素分类与代码》GB/T 13923—2006
		水系	
		居民地及设施	
		交通	
		管线	
		境界与政区	
		地形地貌	
		植被与土质	
		其他	
2	按应用行业分	城乡建设	应用 CIM 的行业
		交通与物流	
		能源	
		水利	
		风景园林	

续表

序号	分类名称	类目	备注
2	按应用行业分	自然资源	应用 CIM 的行业
		生态环境	
		卫生医疗	
		城市综合管理	
		工业和信息化	
		其他	
3	按采集方式分	遥感	CIM 数据采集建模方式
		航空摄影	
		测绘	
		勘察	
		地图矢量化	
		人工建模	
		其他方式	
4	按成果形式分	矢量	CIM 成果形式
		栅格	
		表面三维模型	
		实体三维模型	
		建筑信息模型	
		电子文档资料	
		结构化数据	
		其他	
5	按时态分	规划	三个时态的 CIM
		现状	
		历史	
6	按城市建设运营管理阶段分	立项用地规划阶段	六个阶段涉及的 CIM
		工程建设许可阶段	
		施工许可阶段	
		竣工验收阶段	
		运营与维护阶段	
		改造或拆除阶段	
7	按工程建设专业领域分	勘测专业	可运用平台数据专业细分，详见《建筑信息模型分类和编码标准》GB/T 51269—2017 附录 A.0.9
		规划专业	
		设计专业	
		建设专业	
		运营维护专业	
		项目管理专业	
		城市管理专业	
		其他专业	

城市信息模型数据构成可按照国家级和省级、市级来划分。

国家级和省级平台数据应包括 CIM 成果、资源调查、业务系统、工程建设项目等数据，详情如表 3-6 所示。

国家级和省级平台数据 表 3-6

门类	大类	中类	类型	约束	备注
CIM 成果数据	CIM1 级模型	—	信息模型	M	源自市级平台
	CIM2 级模型	—	信息模型	M	源自市级平台
	CIM3 级模型	—	信息模型	C	源自市级平台
资源调查数据	房屋普查	房屋建筑	矢量	C	
		照片附件	电子文档	C	
	市政设施普查	道路设施	矢量	C	
		桥梁设施	矢量	C	
		供水设施	矢量	C	
		照片附件	电子文档	C	
业务系统数据	建筑行业企业 / 人员资质审批	企业基本信息	结构化数据	C	
		人员基本信息	结构化数据	C	
		不同资质的企业数	结构化数据	O	
		不同资质的人员数	结构化数据	O	
	房地产市场监管	房地产项目信息	矢量	C	
		房源基本信息	结构化数据	C	
		房地产企业信息	结构化数据	O	
		中介服务机构信息以及人员信息	结构化数据	O	
	工程勘察设计统计信息	资质管理信息	结构化数据	C	
		注册管理信息	结构化数据	C	
	大型公建能耗管理	建筑	结构化数据	C	
		空调	结构化数据	C	
		办公设备	结构化数据	C	
		电梯扶梯	结构化数据	C	
		照明	结构化数据	C	
工程建设项目数据	立项用地规划许可数据	策划项目信息（未选址）	结构化数据	C	源自市级平台
		协同计划项目（已选址）	矢量	C	源自市级平台
		项目红线	矢量	C	源自市级平台
		立项用地规划信息	结构化数据	C	源自市级平台

续表

门类	大类	中类	类型	约束	备注
工程建设项目数据	立项用地规划许可数据	证照信息	结构化数据	C	源自市级平台
		批文、证照扫描件	电子文档	C	源自市级平台
	建设工程规划许可数据	设计方案信息模型	信息模型	C	源自市级平台
		报建与审批信息	结构化数据	C	源自市级平台
		证照信息	结构化数据	C	源自市级平台
		批文、证照扫描件	电子文档	C	源自市级平台
	施工许可数据	施工图信息模型	信息模型	C	源自市级平台
		施工图审查信息	结构化数据	C	源自市级平台
		证照信息	结构化数据	C	源自市级平台
		批文、证照扫描件	电子文档	C	源自市级平台
	竣工验收数据	竣工验收信息模型	信息模型	C	源自市级平台
		竣工验收备案信息	结构化数据	C	源自市级平台
		验收资料扫描件	电子文档	C	源自市级平台

注：M 为必选，C 为条件具备时必选，O 为可选。

市级平台数据应包括 CIM 成果数据、时空基础数据、资源调查数据、规划管控数据、工程建设项目数据、公共专题数据和物联感知数据，详情如表 3-7 所示。

市级平台数据 表 3-7

门类	大类	中类	类型	约束
CIM 成果数据	CIM1 级模型	—	信息模型	M
	CIM2 级模型	—	信息模型	M
	CIM3 级模型	—	信息模型	M
	CIM4 级模型	—	信息模型	C
	CIM5 级模型	—	信息模型	C
	CIM6 级模型	—	信息模型	C
	CIM7 级模型	—	信息模型	C
时空基础数据	行政区	国家行政区	矢量	C
		省级行政区	矢量	C
		地级行政区	矢量	M
		县级行政区	矢量	C
		乡级行政区	矢量	C
		其他行政区	矢量	C

续表

门类	大类	中类	类型	约束
时空基础数据	测绘遥感数据	数字正射影像图	栅格	C
		可量测实景影像	栅格	C
		倾斜摄影	栅格	C
	三维模型	数字高程模型	栅格	M
		水利三维模型	信息模型	C
		建筑三维模型	信息模型	M
		交通三维模型	信息模型	C
		管线管廊三维模型	信息模型	C
		植被三维模型	信息模型	C
		其他三维模型	信息模型	O
资源调查数据	国土调查	土地要素	矢量	C
	地质调查	基础地质	矢量	C
		地质环境	矢量	C
		地质灾害	矢量	C
		工程地质	矢量	O
	耕地资源	永久基本农田	矢量	C
		耕地后备资源	矢量	C
	水资源	水系水文	矢量	C
		水利工程	矢量	C
		防汛抗旱	矢量	C
		水资源调查	矢量	C
	房屋普查	房屋建筑	矢量	C
		照片附件	电子文档	C
	市政设施普查	道路设施	矢量	C
		桥梁设施	矢量	C
		供水排水设施	矢量	C
		照片附件	电子文档	C
规划管控数据	开发评价	资源环境承载能力和国土空间开发适宜性评价	矢量	M
	重要控制线	生态保护红线／永久基本农田／城镇开发边界	矢量	M
	国土空间规划	总体规划	矢量	C
		详细规划	矢量	C
		专项规划	矢量	C

门类	大类	中类	类型	约束
工程建设项目数据	立项用地规划许可数据	未选址策划项目信息	结构化数据	C
		已选址协同计划项目	矢量	C
		项目红线	矢量	M
		立项用地规划信息	结构化数据	M
		证照信息	结构化数据	C
		批文、证照扫描件	电子文档	C
	建设工程规划许可数据	设计方案信息模型	信息模型	M
		报建与审批信息	结构化数据	M
		证照信息	结构化数据	C
		批文、证照扫描件	电子文档	C
	施工许可数据	施工图信息模型	信息模型	M
		施工图审查信息	结构化数据	C
		证照信息	结构化数据	C
		批文、证照扫描件	电子文档	C
	竣工验收数据	竣工验收信息模型	信息模型	M
		竣工验收备案信息	结构化数据	C
		验收资料扫描件	电子文档	C
公共专题数据	社会数据	就业和失业登记	结构化数据	C
		人员和单位社保	结构化数据	C
	法人数据	机关	结构化数据	C
		事业单位	结构化数据	C
		企业	结构化数据	C
		社团	结构化数据	C
	人口数据	人口基本信息	结构化数据	C
		人口统计信息	结构化数据	C
	兴趣点数据	引用现行国家标准《地理信息兴趣点分类与编码》GB/T 35648—2017	矢量	O
	地名地址数据	地名	矢量	C
		地址	矢量	C
	宏观经济数据	–	结构化数据	C
物联感知数据	建筑监测数据	设备运行检测		C
		能耗监测		O

续表

门类	大类	中类	类型	约束
物联感知数据	市政设施监测数据	按城市道路、桥梁、城市轨道交通、供水、排水、燃气、热力、园林、绿化、环境卫生、道路照明、工业垃圾、医疗垃圾、生活垃圾处理设备等设施及附属设施分类		C
	气象监测数据	雨量监测		O
		气温监测		O
		气压监测		O
		相对湿度监测		O
		其他		O
	交通监测数据	交通技术监控信息		O
		交通技术监控照片或视频		O
		电子监控信息		O
	生态环境监测数据	河湖水质监测		O
	城市安防数据	土壤检测		O
		大气监测		O
		治安监控视频		C
		三防监测数据		C
		其他		C

注：M 为必选，C 为条件具备时必选，O 为可选。

（2）数据资源加工标准

城市信息模型数据加工分为数据准备、模型加工、模型轻量化、质量检查四个环节。①数据准备环节：收集整理用于加工城市信息模型的相关数据源，包括基础地理、摄影测量、工程制图、手工建模等二三维电子数据。②模型加工环节：通过对数据源进行格式转换、位置配准、要素抽取、概括综合、补充建模、对象编码等加工处理，得到各级标准化的 CIM 模型。③模型轻量化环节：对 CIM 模型进行多细节层级数据组织及渲染组织，以提高各类显示终端的大规模 CIM 模型渲染效果与运行性能。④质量检查环节：对新建、更新的各级 CIM 模型数据和轻量化成果进行阶段性检查和验收。

（3）数据资源存储标准

各级平台的各类 CIM 数据应按照一定的内容和格式组织，生成相应元数据和资源目录。城市信息模型数据应存入各级平台的数据库集中储存、管理。CIM 数据资源入库应包括数据预处理、数据检查、数据入库和入库后处理等步骤。对于二三维空间数据，应采用开放式、标准化的数据格式组织入库，为保证数据传输和可视化表达的高性能，三维模型应将二三维空间数据加工处理建立多层次 LOD；为保证数据统计分析和模拟仿真的高性能，宜同时保存一套相应的实体数据，其中传统二维数据、三维模型数据可依据现行标准数据格式组织入库，BIM 数据宜建立模型构件库，并保留构件参数化与结构信息，宜采用数据库方式存储。

数据预处理要对入库前成果数据进行坐标转换、数据格式转换或属性项对接转换等处理。

数据检查应包括完整性、规范性和一致性检查，应符合如下规定：①二维要素应检查几何精度、坐标系和拓扑关系，应检查其属性数据和几何图形一致性、完整性等内容；②三维模型应检查包括数据目录、贴图、坐标系、偏移值等完整性和模型对象划分、名称设置、贴图大小和格式等规范性；③ BIM 数据应检查模型精确度、准确性、完整性和图模一致性，规范模型命名、拆分、计量单位、颜色、材质表达等。

入库的方式有很多，如人工输入、批量或自动入库等方式，但任何方式均需要记录数据入库日志。矢量和栅格数据宜采用分区、分层或分幅的方式入库，表面三维模型和实体三维模型宜采用分区或分块的方式入库，建筑信息模型宜采用分专业或分块的方式入库，其他相关数据宜采用分幅或分要素的方式入库。

（4）数据资源共享交换与服务标准

①数据资源共享交换

国家级平台和省级平台应支持跨部门数据共享与交换，国家级平台和省级平台跨部门数据共享应支持跨部门间联审业务，实现跨部门间业务协同。

CIM 数据共享应包含前置交换、在线共享或离线拷贝三种方式。前置交换应提供 CIM 数据交换参数设置、数据检查、交换监控、消息通知等功能，在线共享应提供服务浏览、服务查询、服务订阅和数据上传下载等功能，离线拷贝可通过移动介质拷贝共享数据。国家级和省级 CIM 数据共享交换如表 3-8 所示。

国家级和省级 CIM 数据共享交换 表 3-8

序号	一级名称	二级名称	共享与交换方式	共享与交换频次
1	CIM 成果数据	CIM1 级、CIM2 级模型成果数据和重点城市 CIM3 级模型成果数据	在线共享、前置交换或离线拷贝	实时共享，按需交换
2	资源调查数据	房屋普查和市政设施普查数据	在线共享	按需共享

续表

序号	一级名称	二级名称	共享与交换方式	共享与交换频次
3	业务系统数据	建筑行业企业/人员资质审批、房地产市场监管、工程勘察设计统计信息、大型公建能耗管理	在线共享或离线拷贝	实时共享，按需交换
4	工程建设项目数据	立项用地规划许可数据、建设工程规划许可数据、施工许可数据、竣工验收数据	在线共享或前置交换	实时共享，按需交换

市级平台应支持跨部门数据共享功能。市级跨部门数据共享应支持部门间 CIM 数据共享与汇聚。市级平台跨部门数据共享应支持跨部门间联审业务，实现跨部门间业务协同。

CIM 数据共享应包含前置交换、在线共享或离线拷贝三种方式。前置交换应提供 CIM 数据交换参数设置、数据检查、交换监控、消息通知等功能。在线共享应提供服务浏览、服务查询、服务订阅和数据上传下载等功能。离线拷贝可通过移动介质拷贝共享数据。市级 CIM 数据共享交换如表 3-9 所示。

市级 CIM 数据共享交换 表 3-9

序号	一级名称	二级名称	共享与交换方式	共享与交换频次
1	CIM 成果数据	CIM1 级～7 级模型成果数据	在线共享、前置交换或离线拷贝	实时共享，按需交换
2	时空基础数据	行政区	在线共享、前置交换或离线拷贝	实时共享，按需交换
		测绘遥感数据	在线共享、前置交换或离线拷贝	实时共享
		三维模型	在线共享、前置交换或离线拷贝	实时共享，按需交换
		测绘遥感数据	在线共享、前置交换或离线拷贝	实时共享，按需交换
3	资源调查与登记数据	国土调查、地质调查、耕地资源、水资源、房屋普查和市政设施普查数据	在线共享	按需共享
4	规划管控数据	开发评价、重要控制线、国土空间规划数据	在线共享或离线拷贝	实时共享，按需交换
5	工程建设项目数据	立项用地规划许可数据、建设工程规划许可数据、施工许可数据、竣工验收数据	在线共享或前置交换	实时共享，按需交换
6	公共专题数据	社会数据、法人数据、人口数据、兴趣点数据、地名地址数据和宏观经济数据	在线共享或前置交换	实时共享，按需交换
7	物联感知数据	建筑、市政设施、气象、交通、生态环境等监测数据和城市安防数据	在线共享或前置交换	实时共享，按需交换

② CIM 数据服务

遵循统一的数据互操作规范将 CIM 数据的各类信息提供给访问者。CIM 数据服务规格如表 3-10 所示。

CIM 数据服务规格 表 3-10

一级名称	二级名称	数据类型	服务规格
时空基础数据	行政区	矢量数据	WMS、WMTS、WFS
	测绘遥感数据	切片数据	WMS、WMTS
	数字高程模型	数字高程模型	WMS、WMTS、WCS 或 I3S.3D Tiles.S3M
	水利三维模型、建筑三维模型、交通三维模型、管线管廊三维模型、场地三维模型、地下空间三维模型、植被三维模型	三维数据	I3S、3D Tiles、S3M
	数字正射影像图	影像数据	WMS、WMTS、WCS
	倾斜摄影数据和点云数据	影像数据或三维数据	WMS、WMTS、WCS 或 I3S.3D Tiles.S3M
	可量测实景影像	影像数据	实景地图服务
资源调查数据	国土调查、地质调查、耕地资源、水资源、房屋普查和市政设施普查数据	矢量数据	WMS、WMTS、WFS
规划管控数据	开发评价、重要控制线、国土空间规划、专项规划、已有相关规划	矢量数据	WMS、WMTS、WFS
工程建设项目数据	工程规划报建 BIM、施工图 BIM、竣工验收 BIM	三维数据	I3S、3D Tiles、S3M
公共专题数据	社会数据、宏观经济数据	关联行政区的结构化数据	WMS、WMTS、WFS
	法人数据、人口数据	关联位置或行政区的结构化数据	WMS、WMTS、WFS
	兴趣点数据	矢量数据	WMS、WMTS、WFS
	地名地址数据	矢量数据	WFS-G
	社会化大数据	关联到坐标或位置的数据	WMS、WMTS、WFS
物联感知数据	建筑空间	三维数据	I3S、3D Tiles、S3M
	气象、交通、生态环境、水安全监测数据	关联行政区的结构化数据	WMS、WMTS、WFS
	城市安防数据	关联到坐标或城市部件	WMS、WMTS、WFS

（5）数据资源更新标准

CIM 数据库更新的方式可采用要素更新、专题更新、局部更新和整体更新。更新数据的坐标系统和高程基准应与原有数据的坐标系统和高程基准相同，精度应不低于原有数据精度。数据更新时，数据组织应符合原有数据分类编码和数据结构要求，应保证新旧数据之间的正确接边和要素之间的拓扑关系。几何数据和属性数据应同步更新，并应保持相互之间的关联，数据更新后应同步更新数据库索引及元数据。

3）CIM 平台安全标准

城市信息模型面临复杂的网络安全风险，安全类标准是保障城市信息模型运营、应用的安全性和可靠性的重要基础。安全类标准总体包括数据安全与隐私保护、技术与平台安全、信息安全管理、基础安全防护、服务安全 5 个子类标准。城市信息模型（CIM）安全类标准如图 3-10 所示。

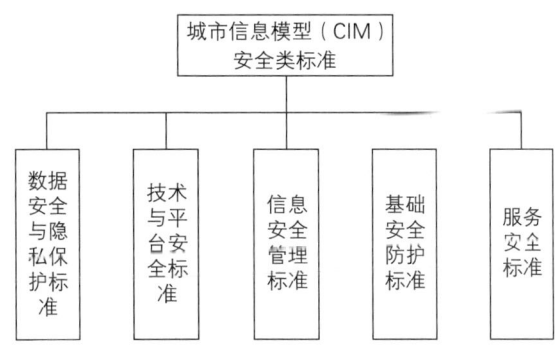

图 3-10 城市信息模型（CIM）安全类标准

数据安全与隐私保护标准：主要用于规范城市信息模型涉及的个人信息数据、重要数据、国家安全数据等的采集、传输、使用、管理、评估等方面的安全要求。

技术与平台安全标准：主要用于规范城市信息模型依托的技术与平台的安全防护、测试评价、信息备份、恢复等。

信息安全管理标准：主要用于规范城市信息模型信息安全全生命周期管理活动中的安全等级保护、安全管理、信息共享、风险管理等。

基础安全防护标准：主要用于规范城市信息模型安全体系框架、信息安全保障等，用于确保城市信息模型技术应用安全。

服务安全标准：主要针对城市信息模型服务过程中所涉及的角色、产品、活动等要素，用于规范服务提供的基本安全、安全监管、服务安全能力、服务交易安全要求与评估等。

城市信息模型（CIM）安全类标准明细表，如表 3-11 所示。

城市信息模型（CIM）安全类标准明细表 表 3-11

序号	一级分类	编号	标准名称	状态
1	数据安全与隐私保护	GB/T 29765—2021	信息安全技术 数据备份与恢复产品技术要求与测试评价方法	已发布
2		GB/T 35273—2020	信息安全技术 个人信息安全规范	已发布
3		GB/T 37988—2019	信息安全技术 数据安全能力成熟度模型	已发布
4		GB/T 37973—2019	信息安全技术 大数据安全管理指南	已发布
6		GB/T 41807—2022	信息安全技术 声纹识别数据安全要求	已发布
7		GB/T 41819—2022	信息安全技术 人脸识别数据安全要求	已发布
8		GB/T 42012—2022	信息安全技术 即时通信服务数据安全要求	已发布
9	技术与平台安全	GB/T 29765—2021	信息安全技术 数据备份与恢复产品技术要求与测过评价方法	已发布
10		GB/T 40652—2021	信息安全技术 恶意软件事件预防和处理指南	已发布
11		GB/T 39680—2020	信息安全技术 服务器安全技术要求和测评准则	已发布
12		GB/T 39720—2020	信息安全技术 移动智能终端安全技术要求及测试评价方法	已发布
13		GB/T 30284—2020	信息安全技术 移动通信智能终端操作系统安全技术要求	已发布
14		GB/T 20281—2020	信息安全技术 防火墙安全技术要求和测试评价方法	已发布
15		GB/T 38674—2020	信息安全技术 应用软件安全编程指南	已发布
16	信息安全管理	GB/T 22240—2020	信息安全技术 网络安全等级保护定级指南	已发布
17		GB/T 25058—2019	信息安全技术 网络安全等级保护实施指南	已发布
18		GB/T 22239—2019	信息安全技术 网络安全等级保护基本要求	已发布
19		GB/T 25070—2019	信息安全技术 网络安全等级保护安全设计技术要求	已发布
20		GB/T 28448—2019	信息安全技术 网络安全等级保护测评要求	已发布
21		GB/T 28449—2018	信息安全技术 网络安全等级保护测评过程指南	已发布
22		GB/T 30279—2020	信息安全技术 网络安全漏洞分类分级指南	已发布
23		GB/T 30276—2020	信息安全技术 网络安全漏洞管理规范	已发布
24	基础安全防护	GB/T 37971—2019	信息安全技术 智慧城市安全体系框架	已发布
25		GB/Z 38649—2020	信息安全技术 智慧城市建设信息安全保障指南	已发布
26	服务安全	GB/T 37972—2019	信息安全技术 云计算服务运行监管框架	已发布
27		GB/T 37932—2019	信息安全技术 数据交易服务安全要求	已发布

4）CIM 平台运维保障类标准

城市信息模型（CIM）运维保障类标准包括运维保障、数据运营、平台运营、应用运营、运营管理 5 个子类标准，分类详情如图 3-11 所示。

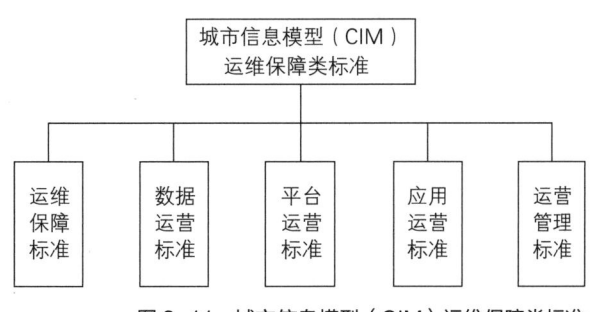

图 3-11　城市信息模型（CIM）运维保障类标准

一是运维保障标准，主要用于规范城市信息模型运维保障、运维体系、运维要求，保障城市信息模型各组成部分正常稳定运行。二是数据运营标准，主要用于规范多源异构数据资源向数据资产转换，明确数据更新维护要求，提供资产检索、血缘追溯、数据流通、资产价值评价，提升数据资产的共享能力与应用价值。三是平台运营标准，主要包含云运营、平台运营。云运营标准主要用于规范资源规划、云服务规划、云服务类型与质量、上云支持等，保障应用在云上的业务连续性，实现云服务价值的变现，提升云服务的使用效率与效益。平台运营标准主要用于规范平台能力的服务化、应用之间数据和业务流程的流转、平台持续优化和改进，确保平台可用及效率最优，保障上层业务系统高效稳定运行。四是应用运营标准，主要用于规范用户运营、应用评估服务、应用持续改进、赋能推广等，提升用户体验，释放城市信息模型的效能。五是运营管理标准，主要用于规范运营组织、运营流程，保障城市信息模型有序运转、建设价值持续实现。

（二）存在问题

1. 各试点城市推进 CIM 平台建设工作进展不平衡

有的城市推进试点工作积极性较高、进展顺利，有的城市在推进试点工作方面还比较被动、持观望态度或者创新意识不强；有的城市在利用外脑、发挥专家学者的参谋咨询作用还有待进一步提高；有的城市在注重系统推进、调动各方力量、引入市场机制、形成工作合力以及统筹协调、综合施策等方面的探索还不够；有的省级相关部门还需要进一步加大对试点城市的指导督促力度，统筹加快推进试点工作，积极推动各试点城市将 CIM 平台建设工作融合到城市发展的各项事业当中，以期整体提升城市建设水平和运行效率。

2. 个别城市对 CIM 平台建设的理解上有偏差、执行中有误区

个别城市对 CIM 平台建设重要性的认识存在概念化、简单化和政绩化倾向，对于技术复杂性认识不足，将新设备简单等同于新技术，将数字化和信息化简单等同于智能化。CIM 平台不是一个全新的概念，也不是从零开始的工程，个别城市还存在单打独斗、重起炉灶的现象，对现有信息平台和数据资源的整合利用不够。下一步，在推进相关领域的数字化的同时，要注重利用和整合现有系统资源、数据资源，特别是要用好现有城市建设领域已具备的信息化基础，进一步加大基于 CIM 平台整合各个信息平台的工作力度，综合 BIM、GIS 技术打造形成一个坚实的 CIM 平台三维数字底座，避免重复建设。据统计，目前我国 90% 地级及以上城市都建成了数字化城市管理平台，可以此为基础进行智能化升级改造，拓展更多应用场景，打造城市运行管理服务平台。

3. 部分城市存在超越发展阶段或者过度超前建设的现象

一些地方在城市感知、数据汇聚、数据治理以及应用体系建设等领域缺乏长时间和系统化的积累，对于推进 CIM 平台的城市差异性把握不够精准，所拟定的 CIM 平台建设方案一定程度上超越了当地经济发展水平和阶段，建设目标过高或者过于超前，资金、技术、人才等保障机制尚未完全建立，存在急于求成或者急于出政绩等倾向性问题。CIM 平台的建设有一个夯实基础的过程，当前各试点城市 CIM 基础平台的建设虽取得一定进展，但仍在探索阶段，需要总结试点城市的先进经验，坚决避免脱离城市实际和发展阶段的"大干快上"和运动式建设。

4. "信息孤岛"问题尚未有效解决，数据汇聚融合机制有待完善

一些地方在 CIM 基础平台建设方面基础薄弱，网络安全综合防控能力不足，部门各自为政的行业壁垒尚未打通，数据汇聚机制尚未建立，数据融合等关键技术尚未突破，CIM 平台建设缺乏顶层设计或者平台架构设计整体性不够，三维数字底座尚未形成，与 CIM 基础平台建设相配套的应用场景搭建进展缓慢，尚未形成"CIM+"应用体系并赋能新型智慧城市建设。

5. 急于求成、盲目跟风，"重应用、轻底层"问题突出

一些地方对 CIM 平台的工作基础性理解不够客观，存在急于求成的情绪以及一哄而上、盲目跟风、大幅冒进等突出问题，"重应用、轻底层"的现象比较突出。在城市数字底座尚未形成以及 CIM 平台基础数据尚未实现共建共享的情况下，急于推行基于 CIM 平台的实践应用。从中长期来看，底层、中层和平台的缺失必然造成业务协同障碍，将会重蹈"信息孤岛"、各自为政和重复建设的覆辙，背离了推进 CIM 基础平台建设的意义和初衷。

6. 对推进 CIM 平台建设的协同性重视不够，缺少跨界开放之势

CIM 平台建设涉及多行业、多部门、多领域，关键是要加大统筹协调和协同推进的力度。由于受行业和部门等传统利益格局的影响，业界对 CIM 平台建设的具体问题还存在一定分歧。在传统城市建设管理领域，全面熟悉城建工作和信息化工作的人才相对短缺，造成对城镇化、信息化认识上不深、不细，存在"两层皮"现象，亟待尽快打通信息化和城市建设管理的知识体系通道，交叉融合、相向发力。目前国内外对于 CIM 的探索还处于起步阶段，有关投资、招标、科研以及技术管理等领域的体制机制还不能更好地适应政府、企业和机构的深度合作要求，产学研用亟待进一步深度结合，相关技术研发和攻关需要集中政府、企业、科研机构多方面力量共同参与，形成发展合力。CIM 平台建设面临迭代升级的问题，相关技术人员和管理人员需要深化学习技术发展、制度生成的过程，需要多方长期通力合作。CIM 建设是一项探索性工作，需要跨界开发合作和管理机制融合创新。

（三）未来方向

1. 国家、省、城市三级 CIM 平台逐步实现互联互通

住房和城乡建设部及时深入总结试点城市先进经验和主要做法，在全国各级城市全面统筹推进 CIM 平台建设，打造国家智慧城市基础平台体系，完善平台内部架构，助推形成国家、省、城市三级 CIM 平台体系，加快推进数据汇聚、推进产学研用。地方政府根据当地发展阶段实际需求，将进一步加强 CIM 基础平台的对接和应用，推动技术创新、制度创新，做好省、城市 CIM 平台与国家 CIM 平台的技术统筹和标准对接工作，逐步实现三级平台互联互通，推动"CIM+"应用建设，不断提升城市数字化、信息化、智能化水平，通过 CIM 平台建设促进城镇化、信息化两化融合，提高城市治理体系和治理能力现代化。

2. CIM 平台与 BIM 软件实现系统兼容、协同发展

从技术维度看，CIM 将物理城市映射到数字空间，构建城市级 CPS（物理信息系统）也就是数字孪生城市，BIM 解析单体建筑，GIS 标注空间位置，IoT 与 5G 配合实现城市部件的全面感知互联[1]。从某种意义上讲，CIM 是对 BIM 的延展、扩容和升级。CIM 本质上是将 BIM 的客体从建筑物（Building）扩大到了城市（City），涵

---

[1]　天津智慧城市研究院院长于良先生的观点。

盖城市规划、城市设计、基础设施和市政设施等全领域，将模型的规模从单个建筑扩展到建筑群、非建筑物乃至整个城市[①]。CIM 技术涉及物联网（IoT）、GIS、BIM 及其集成技术。CIM 技术的核心是多源异构数据的实时融通与协同，只有从标准的角度实现软件层面的系统兼容，才可以建设形成一个可视化的信息存储、提取、更新、修改、交流的 CIM 平台，这也是智慧城市治理的技术需求。

3. 数字城市和物理城市同步规划和建设

城市是典型的具有时空特征的综合场景。CIM 平台是对城市人文要素、地理要素、社会要素等综合场景的数字化表达，是对城市场景空间分布、演化机制、相互作用的动态表达，也是对城市要素全方位、多模式、三维图景的可视化表达。夯实平台数据基础，构建包括基础地理信息、建筑物和基础设施三维模型、标准化地址库等的 CIM 平台基础数据库并逐步更新完善，增加数据和模型种类，提高数据和模型精度，形成城市三维空间数据底座，推动数字城市和物理城市同步规划和建设，实现孪生数字城市目标。

4. 供需对接，迭代升级，以需定建，以用促建

按照因地制宜的原则，围绕城市规划建设管理的实际需要，不断完善 CIM 平台的体系设计。以需定建，构建 CIM 平台基础数据库，提供规划信息模型审查、设计信息模型报建审查、施工图信息模型审查和竣工信息模型备案等 BIM 汇集能力，丰富模型种类，提升数据质量和模型精度，形成城市三维空间数据底座。不断探索 CIM 基础平台建设应用的新模式、新方法和新路径，从"要我建"到"我要建"，在统筹好统一与分层、分级之间关系的基础上，深化供需对接，提升产业供给能力，以 CIM 平台迭代升级促进产业协同发展和城市治理现代化。

5. 自主可控，标准统一，平台融合，数据共享

推动自主可控的 CIM 软件技术的研发和应用，重点研发 CIM 数据处理、转换、集成、融合等功能软件和关键技术，CIM 数据库引擎软件和关键技术，CIM 服务引擎、服务管理软件和前端应用引擎及关键技术。CIM 基础平台建设，遵循统一规划、统一标准、资源共享、安全可靠的原则。在自主可控的基础上，构建 CIM 基础数据库，完善技术标准、数据标准、应用标准，推进 CIM 基础平台与各信息平台的融合与数据共享，实现不同层次、不同尺度、不同时间维度的城市信息聚合，通过对城市中各类信息进行提取、聚合，形成更"智慧"的信息模型。

[①] 香港科技大学 Jack C. P. Cheng 等在 CIM 技术的综述文章中就将 CIM 定义为："BIM 技术在非构筑物类设施项目中的应用"。

6. 丰富多元的"CIM+"应用体系将带动产业基础能力提升

全面推进 CIM 平台在城市规划、建设和管理等领域的应用，充分发挥 CIM 平台的基础支撑作用，利用 CIM 技术促进城市信息模型的共享更新、跨部门的业务协同，在城市体检、城市安全、智能建造、智慧市政、智慧社区、城市综合管理服务以及政务服务、公共卫生、智慧交通等领域深化应用。对接 CIM 平台，加快推进工程建设项目审批三维电子报建，进一步完善工程建设项目审批管理系统，加快实现全程网办便捷化、审批服务智能化，提高审批效率，确保工程建设项目快速落地。通过 CIM 的广泛应用，带动自主可控技术应用和相关产业发展，提升城市精细化、智能化管理水平，实现城市运行"一网统管"、政务服务"一网通办"。比如，南京市深化工程建设项目审批制度改革，全面提高政府投资项目审批效率。建设工程建设项目审批管理平台，在 CIM 基础平台建设基础上，利用 BIM 技术，采用自主通用的数据格式，结合规划审批业务流程，实现经济技术指标的自动化审查，通过 BIM 模型为业务决策提供精准的数据支撑。平台重点研发辅助智能化审查审批系统功能，系统具备建设项目和方案的管理、方案的审查和方案模型编辑、建设工程规划条件查询、建设项目与规划冲突检测、建设项目空间智能分析、审批信息查询等基础功能。南京市重点建设项目中，在 BIM 施工图报建审查和竣工备案模型搭建、参数设置、信息录入、数据质检、数据导出、智能化审查、竣工验收备案管理等关键技术环节开展试点应用和技术验证。

（四）实践案例

1. 广州 CIM 平台建设情况

根据住房和城乡建设部部署，广州市作为首批试点城市之一，率先开展 CIM 平台建设试点工作。广州市高度重视，成立了 CIM 试点工作联席会议，制定了专项工作方案，并将 CIM 试点工作纳入深化改革"四个出新出彩"重要举措和重点工作任务进行统筹，由市领导亲自挂帅，市住房和城乡建设局、规划和自然资源局、政务服务和数据管理局牵头，全市 21 个市直部门和大型国企共同参与，高标准、高质量推进试点工作。如今，广州市已构建起 CIM 基础平台，建立了城市级 CIM 平台标准体系，构建起广州市三维现状模型，形成全市"一张三维底图"；初步实现了工程建设项目审批四个阶段的三维数字化辅助报审；政府管理部门间数据共享水平进一步提升，向部级平台建设提供了广州市城乡规划、历史文化名城保护等 20 大项 35 小项的数据；智能建造发展势头良好，为"新城建"工作夯实了基础。

1）构建 CIM 平台建设标准体系，推进数据汇聚融合

一是建立标准体系，夯实建设基础。以"立足实际，适度超前，发挥标准引领作用"的编制原则，构建平台建设、规划报批、施工图审查及竣工验收备案四大类 CIM 标准体系，编制 CIM 平台技术标准、CIM 数据标准等 11 项配套标准指南，明确了 CIM 基础平台建设定位、平台架构、功能和运维要求，对城市 CIM 数据分级、分类与编码、组成与结构、入库更新与共享应用等进行规定，细化 BIM 模型汇交细度、数据内容及结构，为 CIM 基础平台开发建设及平台的应用扩展，打下坚实基础。二是强化平台功能，推进数据汇聚。持续加强平台功能建设，围绕 CIM 数据引擎、数据管理子系统、模拟与分析子系统、数据集成网关等 9 个主要功能模块进行开发，实现数据模型轻量化入库管理，具备海量数据的高效渲染、模拟仿真、数据分析、物联监测等能力，支撑城市级数据精细化应用。同时，CIM 基础平台提供数据服务和二次开发接口，支持向全市各委局办开放数据服务和定制业务应用场景，满足城市规划、建设、管理、运行等"新城建"业务应用需要。加强全市现有数据信息汇聚，CIM 平台集成了智慧广州时空信息云平台、"多规合一"管理平台、"四标四实"、工程建设项目联合审批等多个来源、多种格式的数据，并大力推动新建项目 BIM 入库。结合城市现状开展三维建模，构建起全市域 7434 平方公里建筑白模、550 平方公里城市重点区域现状精细三维模型，继续开展 750 平方公里城市现状精细建模工作，不断完善全市"一张三维底图"。三是制定数据目录，完善共享机制。研究制定《广州市城市信息模型（CIM）平台信息共享目录》和《广州市 CIM 基础平台推广应用指南》，推动时空基础数据、资源调查数据、规划管控数据、工程建设项目数据、公共专题数据、物联网感知数据、其他专题数据 7 大类共 1467 个图层的数据资源共建共享，支撑 CIM 平台应用场景开发建设。探索示范区建设，"广州新中轴线——琶洲核心区" 50 平方公里连片区域示范区实现了用地、规划、建设、验收登记四个阶段 5 万多个业务案件的审批数据关联、挂接，实现一库管理、一屏展示。

2）深化工程建设项目审批制度改革，提高智能化行政审批效率

一是在规划审查阶段，开发智能审批工具，运用计算机辅助合规性审查，实现了容积率、建筑密度等 12 项规划指标自动提取和计算机辅助生成"规划条件"，减少了人为计核误差和人工复核时间。二是在建筑设计方案审查阶段，全面梳理各类审查指标，划分为机审指标、机审辅助指标和人审指标。开发智能审批工具，推动二三维电子报批，全链条覆盖设计自检、建筑规划指标一键提取、表单数据自动化填报、指标审核。推进建筑工程分类管理，针对中小型建筑和产业区块内的工业建筑实施"机审＋告知承诺制"，减少了第三方技术审查 1 个环节，办理时限相应减少了 5 个工作日。

三是在施工图审查阶段，开发广州市房屋建筑工程施工三维（BIM）电子辅助审查系统，通过对建筑、结构等相关专业，以及消防、人防、节能等专项相关标准条文进行筛选、拆解及计算机语言转译，实现对247条国家规范标准条文的计算机辅助审查，支持自动生成审查报告，进一步提升审查效率和审查质量。四是在竣工验收阶段，以华南理工大学国际校区为试点，开展基于CIM的施工质量安全管理和竣工图数字化备案系统建设工作，推动三维建筑模型与工程质量验收、测绘验收、消防验收、人防验收等信息挂接，实现施工质量安全监督、联合测绘、消防验收、人防验收等环节的信息共享，辅助三维数字化竣工验收备案。

3）构建CIM平台应用体系，提升城市精细化管理水平

一是汇聚全市数据，强化分析研判能力。通过CIM平台，加强对生态宜居、城市特色、交通便捷、生活舒适、安全韧性、多元包容、城市活力7大类41项指标数据的汇聚和综合评估，实现城市体检"数据全面、指标科学、评估精准"的目标；搭建移动端广州市重大项目管理与监测系统，实现对重大项目的全生命周期监测和智能化管理，汇聚1600多个"攻城拔寨"重点项目进展情况；基于CIM三维底图，构建广州城市运行管理中枢（"穗智管"）建设主题应用板块，逐步实现城市更新、智慧工地、住建重点项目统筹、房地产市场监测、消防审验的综合分析、展示和辅助决策功能；基于CIM基础平台，构建智慧会议调研系统，实现一图看广州、一点通全市、一线连上下等功能，全面提升统筹规划、智慧研判、综合协调、智慧调度、实时督办的管理创新水平。二是融合物联技术，实现远程监督管理。基于CIM平台实现全市1516个在建房屋工程的智能化监管，对施工现场的起重机械、深基坑、高支模等重大危险源远程监控，对扬尘、噪声等环境指标实时监测，对工地现场进行视频监控、远程连线等多方式巡检，对工地人员、材料、执法、巡检进行线上管理；持续推进全市既有玻璃幕墙项目、各级危房项目的基础信息集成，探索智慧幕墙监管、危房自动化安全监测；结合猎德污水处理系统示范区建设，推动基于CIM平台智慧水务应用，加强业务数据采集及共享，探索开发排水三维模拟、河流水位监测、城市内涝预警等功能。三是推动试点建设，积累综合应用经验。在人工智能与数字经济试验区、大源村（城中村）、瑞东花园（住宅小区）等不同类型区域开展试点建设，探索基础数据协同联动技术路径，建设包含地上建筑物、交通设施、市政设施和地铁、地下管线等全信息模型，在企业管理、人口调查、网格化管理、违法建设治理、环境卫生治理、社区服务等方面探索CIM平台综合应用。

4）以CIM平台培育市场，推动行业转型升级，促进智慧城建产业发展

一是广州市城市信息模型（CIM）平台建设试点工作联席会议办公室印发《关于

进一步加快推进我市建筑信息模型（BIM）应用的通知》（穗建 CIM〔2019〕3 号），推动 BIM 应用推广，为 CIM 平台建设夯实基础。二是以装配式建筑、智能建造为重点，开展"BIM/CIM 技术应用产业研究"，助推产业升级，动能转换。三是将广州市基于 CIM 的智慧城建"十四五"规划列入广州市"十四五"重点专项规划，全面布局全市 CIM 平台建设应用。四是结合 CIM 平台建设，推动城市智慧汽车基础设施和机制建设试点工作，充分发挥南沙、黄埔等区汽车产业领域的经验和优势，助推智慧汽车产业发展。五是推动组建广州市智慧城市投资运营有限公司和广州建设行业智能化产业联盟，探索市场主体参与的商业新模式，带动全市智慧城市上下游产业发展。

5）积极推进"新城建"工作，助力城市建设提质增效，带动城市新发展

自 2020 年 10 月被正式确定为住房和城乡建设部"新城建"试点城市以来，广州市高度重视，迅速组织力量攻坚，深入学习研究新型城市基础设施建设的相关指导文件，结合《广州市加快推进数字新基建发展三年行动计划（2020—2022 年）》（穗府办〔2020〕8 号）等相关文件精神，制定发布了《关于加快推进广州市新型城市基础设施建设的实施方案》（穗府办函〔2020〕99 号），明确了全面推进 CIM 平台建设、智能化市政基础设施建设和改造等 7 大类共 30 项子任务，征集项目 100 余个，涵盖全市多个部门、多种投资模式，以"新城建"对接"新基建"，为城市提质增效、转型升级带来了新机遇、新发展。

2. 杭州 CIM 基础平台建设情况

杭州市根据住房和城乡建设部对"新城建"试点工作任务的指示要求及自身相关工作的基础条件，制定了《杭州市新型城市基础设施建设试点工作方案》，将"建设城市信息模型（CIM）平台，构建包括基础地理信息、建筑物和基础设施三维模型、标准化地址库等的 CIM 平台基础数据库"作为重点工作任务之一。

1）科学分解工作目标，分阶段推进 CIM 平台建设

一是近期工作目标。基本建设完成城市信息模型（CIM）平台，初步制定发布 CIM 数据标准。开展部分 BIM 模型的入库工作，探索构建不同建设时期的建筑物入库模式。探索项目审批的 BIM 报建工作。明确包括城市综合管理服务、智能化城市安全运行管理、智慧社区建设等基于 CIM 的应用，并探索建立主题数据汇集模式。探索 CIM 数据的共享及发布机制。二是中期工作目标（2023 年底）。城市信息模型（CIM）平台稳定运行，基本完成建成区范围内的地理信息、建筑物与市政基础设施的基础数据库。杭州市 CIM 标准规范基本完备。全市建设项目实现 BIM 审批，部分重点建设项目实施 BIM 监管。部分城市综合管理服务、智能化城市安全运行管理平台、智慧社区建设场景应用基本成熟。CIM 数据的共享及发布机制基本建立，部分

社会企业投资建设的 CIM 应用场景投入市场应用。三是"十四五"时期工作目标（到 2025 年）。基于"新城建"CIM 基础数据的城市运行管理、城市综合管理、城市安全管理及未来智慧社区等方面的场景大量应用，城市开发建设管理方式有效转型提升。构建以政府为引导，科研机构、投资机构、城市运营机构多方参与的 CIM 运营生态。以"新城建"CIM 为基础进行的数据整理、挖掘、应用，逐步形成了完整的"新城建"标准体系和政策体系。

2）建设城市级 CIM 平台，形成城市数字治理"杭州样本"

杭州市政府工作报告提出，建设"全国数字治理第一城"，深化"城市大脑"建设，全面推进数字政府建设，形成城市数字治理的"杭州样本"。作为城市大脑空间底座的 CIM 平台，依托杭州城市大脑时空数据融合的能力，可动态汇聚人口、交通、产业等社会管理数据，生成动态变化的虚拟数字城市，具体工作内容包括：一是 CIM 数据标准建设工作。探索制定行业、地方 CIM 相关标准。编制 CIM 数据库标准，面向城市规划、建设和管理等多领域的数据分类分级、采集建库、更新与共享应用的技术标准，用于指导规划和自然资源、城市建设、市政管理等部门，按统一的标准更新、共享和协同应用城市公共的二维数据和三维数据。实现与国家级、省级 CIM 基础平台互联互通。二是 CIM 数据基础平台建设。建立杭州市 CIM 数据基础平台，搭建和汇集城市三维数字底座，优先推进工程建设项目审批 BIM 报建、施工图审查、竣工验收备案等"CIM+"应用的先行试点，构建城市智慧治理应用场景，为智慧城市信息采集、更新、管理和维护提供平台支撑。实现与省级平台包括投资项目在线审批监管平台 3.0、浙江省勘察设计行业四库一平台、浙江省建筑市场监管与诚信信息系统、浙江省施工图"多审合一"系统、浙江省工程建设全过程数字化管理系统、浙江省国土空间基础信息平台等，市级平台包括杭州市亲清数字平台、杭州市地理信息公开平台等，内部平台包括杭州市工程建设项目审批管理系统、杭州市施工图审查管理系统、杭州市智慧工地系统等的对接，实现城市信息的共享交换。三是 CIM 基础数据信息模型建设。建立包含基础地理信息、建筑物 BIM 和基础设施三维模型、标准化地址库和实景三维模型数据库。梳理整合二维基础数据，实现二、三维数据融合，完成统一建库。以 CIM 平台为基础，以重点区域如云城、钱江新城二期、三江汇，重点项目如西站、亚运村项目为试点，探索三维数据收集及展示工作，覆盖多种发展阶段、多种展现模式的区域及项目。建立完善数据采集、入库、更新及管理机制。四是 CIM 的共享和发布工作。基于 CIM 标准体系、交换共享协议和运行安全维护机制，集成"多规合一""工程项目审批"等现有系统资源，建立 CIM 数据发布与共享模块，实现城市多层次信息共享和业务协同办公，促进城市规划、建设、管理和公共服务精准化、智能化和便捷化，为智慧城管、智慧应急、智慧社区等提供数据支撑。

3）深化工程建设领域 BIM 运用，推进工程项目全生命周期智能化服务

根据"放管服"改革精神，结合杭州 BIM 技术在工程项目设计和建设领域广泛应用的基础，改革全流程的工程建设项目审批制度，构建科学、便捷、高效的工程建设项目审批和管理标准，实现基于 BIM 的工程建设项目智能审批，积极探索符合杭州实际、体现杭州特色的工程建设项目审批制度改革道路。一是实施工程项目全生命周期智能化服务。针对工程建设项目前期策划、全流程审批和事中事后监管等应用场景，提供"多规合一"业务协同、区域评估、并联审批、联合测绘、多图联审、联合验收和信用监管等功能应用，全面提升营商环境。二是实施工程项目 BIM 审查。以 BIM 模型为载体，全面融合工程项目各类信息。在建设项目前期策划—设计审查—施工图审查—联合验收—产权登记等不同环节实现基于 BIM 模型的项目自动审查，优先推进三维地籍、土地立体化开发利用、工程建设项目 BIM 报建等先行应用试点，构建城市智慧治理应用场景。在前期策划阶段，促进在土地立体化开发利用过程中的合理选址、合理避让和综合利用；在设计审查阶段，提供在线质量自检和设计条件自检工具，提升设计方案审批效率；在产权登记阶段，对土地立体化管理制度、政策、技术标准、信息平台、数据库等方面进行探索，以三维方式设定立体建设用地使用权。三是实施工程项目施工全程 BIM 组织。以规模以上政府投资类项目为试点，在全市推广施工组织的 BIM 模型运用，同时结合摄像头监控数据生成现场生产 BIM 实时更新模型，提升政府质量安全监管效率。利用 BIM 模型标准化、信息化特征，大力推动装配式建筑，加大绿色建材应用力度，提升建筑品质。借助 BIM 模型建立"统一平台、信息共享、集中验收、限时办结、统一确认"的验收模式，协助验收及测绘，并将测绘数据实时反馈回模型，提升竣工验收的准确性。

3. 南京 CIM 平台建设情况

自 2018 年 11 月承接住房和城乡建设部有关运用建筑信息模型（BIM）系统进行工程建设项目审查审批、城市信息模型（CIM）平台建设试点任务和 2020 年"新城建"试点任务以来，南京市委、市政府高度重视，先后将 BIM 系统和 CIM 平台建设纳入优化营商环境、美丽古都建设、数字经济发展等系列政策文件。至今，南京市工程建设项目 BIM 规划报建智能审查审批系统和城市信息模型（CIM）基础平台已完成了预定建设任务，相关成果已正式上线运行。

1）重视 BIM/CIM 顶层设计，形成具有创新特色的总体设计成果

根据《南京市运用建筑信息模型系统（BIM）进行工程建设项目审查审批和城市信息模型平台（CIM）建设试点工作方案》的要求，南京市组织编制了《南京 BIM/

CIM 试点建设总体设计》，深入研究了 CIM 基础平台建设关键技术，明确了全市 BIM/CIM 试点建设技术思路和实施路径，创新构建了南京市 BIM/CIM 试点概念模型和建设体系，从城市决策者、城市管理者和城市体验者三个层面，提出了"决策一键达、治理一网通、服务一端享"建设思路和目标，为 CIM 基础平台建设指明方向。总体设计成果于 2020 年 10 月通过同济大学吴志强院士领衔的专家组验收，获住房和城乡建设部考察组高度肯定。

2）坚持标准引领，构建 BIM/CIM 标准规范体系

围绕工程建设项目 BIM 规划报建审批和 CIM 基础平台构建与服务，构建了城市级 BIM 和 CIM 标准体系。在标准体系框架下形成标准体系清单和标准文件库，为 BIM/CIM 标准的策划、制定、发布、实施和监督提供依据，为 BIM/CIM 试点建设提供规范、指引和预测。同时，基于标准体系建立部门间标准化工作协同推进工作机制，形成南京市 BIM/CIM 试点工作共同产出、共同发展、成果共享的良好氛围。结合应用需求，优先编制了《交付标准》《数据标准》《建筑功能分类和编码标准》等 4 项 9 类 BIM 规划报建标准及《数据治理与建库技术规程》《运行维护规范》等 8 项 CIM 标准的编制，并于 2021 年 2 月正式印发了其中 3 项 7 类 BIM 规划报建标准，为相关数据生产入库、平台系统研发、业务办理提供了标准依据。

3）强化基础支撑，构筑城市空间数字底座

坚持应用导向的原则，制定了南京市城市信息模型（CIM）数据资源目录，通过数据治理、数据建库和服务接入等多种方式，集成了全市域 6587 平方公里的地质资料和建筑简模、主城区 190 平方公里建筑精模、约 12 万公里现状综合管线现状数据，汇聚集成了地理信息数据、规划管控数据、管理审批数据、工程建设项目数据、社会经济数据、城市管理和监测数据等共计 385 个数据图层，基本构建起了涵盖二三维一体、地上地表地下一体、室外室内一体、历史现状规划一体的南京城市空间数据底座。

4）聚焦辅助决策，为智慧城市建设提供基础空间操作平台

聚焦辅助决策应用，按照"边研发、边验证，边试用、边推广"的思路，构建了南京 CIM 基础平台 V1.0，提供了场景操作、多角度视图、属性查看、日照模拟、剖切分析、模型消隐、坡度计算、视频融合等多种类的展示、分析和辅助分析功能，支持多源、异构海量数据和服务的统一管理和跨平台调用，为智慧城市提供了基础空间操作平台。依托 CIM 基础平台提供的智能化服务能力和强大数据支撑，能够充分发挥 CIM 在城市细节刻画、趋势推演、虚实融合互动等方面的特性，便于高质量拓展"CIM+"应用，为实现未来基于 CIM 数字孪生的智慧城市建设提供了坚实基础。

5）突出南京特色，有序开展"CIM+"示范应用

该市开展了 CIM+"多规合一"和 CIM+"规划资源一体化政务服务"的建设，实现了"多规合一""立起来"的目标，并初步探索了 CIM+ 城市设计、CIM+ 历史文化名城保护等一批面向规划、资源管理具体业务领域的"CIM+"应用。研究了大数据、视频融合、建筑物分层分户等城市运行管理应用，验证了 CIM 平台智能化服务能力和数据支撑能力，为城管、交通、安防、环保、应急等不同领域开展场景化、专业化的"CIM+"应用建设提供了便捷开放的构建路径。同时，开展了 CIM+ 高效三维不动产登记应用探索，完成了三维不动产权籍表达模型建模方法研究，制定了城乡一体化房地不动产权籍表达标准，完成试点区域 213 栋建筑（图纸面积 273 万平方米）的三维单体建模和房屋产权建模工作，构建了二三维一体化展示原型系统，实现了三维宗地、楼幢、户不动产信息的成果管理、关联查询、展示与统计分析等应用，打通了 BIM/CIM 技术应用从"规划、建设、验收"向不动产确权登记的全生命周期管理延伸。

4. 成都 CIM 平台建设情况

成都市作为首批"新城建"试点城市，按照"结合实际、分步实施、必选＋自选"的原则，确定了先期推进 2 项必选任务和 3 项自选任务，拟在"十四五"中期推进 1 项自选任务。2 项必选任务是"城市信息模型（CIM）平台建设、城市运行管理服务平台建设"；3 项自选任务是"智能建造与建筑工业化协同发展、协同发展智慧城市基础设施与智能网联汽车、智慧物业管理服务平台建设"；拟在"十四五"中期推进的自选任务是"智能化市政基础设施建设和改造"。

1）制定试点实施方案，明确 CIM 平台建设定位

成都市高度重视"新城建"试点工作，成立了由市政府主要领导为组长的领导小组，加强统筹协调，组织有关部门对城市信息模型（CIM）平台建设应用进行专题研究学习，指示"成都作为打造公园城市示范区，在城市信息化建设上应有新突破，有利于超大城市的智慧管理、安全运行、提升城市信息化水平"。明确由成都市政务服务管理和网络理政办公室（以下简称成都市网络理政办）牵头制定《成都市城市信息模型平台建设试点实施方案》，建强基础平台，夯实智慧城市数字底座。

2）整合利用现有智慧城市建设成果，科学推进 CIM 平台建设

成都市在 CIM 平台建设过程中，对现有资源进行强力整合，充分运用城市大脑、时空信息云平台、空间信息模型平台、"规建管"平台等已有信息基础设施和数据资源进行融合升级，进一步完善数据标准、接口标准、应用标准，科学推进 CIM 平台数据汇聚，避免重复建设。2018 年以来，成都市推进城市大脑建设，以数据大会战

为抓手，大力推动各部门系统接入和数据汇聚，截至 2020 年底共接入部门和公共企事业单位系统 267 个、汇聚数据 753 类 57 亿条，建立了常态化数据汇聚机制，具备进一步推进城市各领域数据整合汇聚的基础。建成了全市统一的时空云平台和空间信息模型平台，形成覆盖主城区 420 平方公里实景三维数据模型和全域三维简模数据模型，汇聚市域道路等地理实体数据和 18 类地名地址兴趣点数据，具备较好的二三维空间数据基础。以平安城市、政法综治、智能交通、数字城管、应急管理等领域为重点，加强视频感知和物联感知体系建设，形成 16 万个点位的城市感知资源，具备较好的实时感知数据叠加利用基础。建成"多规合一"业务协同平台和全流程建审系统，具备以 CIM 平台为基础、以 BIM 技术应用为重点开展三维空间化"规建管"试点应用的基础。

3）摸清 CIM 平台所需数据和支撑系统底数，确立重点工作任务

《成都市城市信息模型平台建设试点实施方案》明确了以五年为期、分阶段实施思路和"一年打基础、三年见成效、五年成体系"实施路径。总体架构按市级、区（市）县两级平台级联，以 CIM 平台重构智慧城市和城市大脑数字底座，并明确了 CIM 平台与"规建管"等现有系统的关系、与"CIM+"应用体系的关系、与国家和省级平台的关系，确立了平台建设、数据汇聚、试点应用、标准规范、运维管理等方面工作任务。

4）摸清 CIM 平台数据底数和需求，细化试点工作方案

结合"新城建"试点相关工作安排，成都市网络理政办成立工作专班，对照新型城市基础设施建设相关指导文件和试点城市相关要求等，广泛调研先行试点城市试点经验，摸清 CIM 平台所需数据和支撑系统底数，形成了工作思路。经广泛研讨和征求意见，从 CIM 平台技术架构、业务逻辑、与现有系统的对接融合关系等方面进行研究，并从工作目标、主要任务、时间节点安排、支持政策和保障措施等方面梳理形成了试点方案。

5）推进数据汇聚，完善数据服务功能，确保数据安全

成都市 CIM 平台采取市、区两级架构，以现有城市大脑、时空信息云平台、空间信息模型平台、"规建管"平台建设成果为基础，开展分类数据汇聚，对部分分散在不同部门的数据进行了重新划分，在附表中进行了详细分工，实现任务有认领、工作推进不打折。建设数据处理、数据关联分析等服务功能，以"大场景 GIS+ 小场景 BIM+ 实时状态 IoT"形式构建对城市的三维可视化表达。CIM 平台试点工作以五年为期，先小范围试点、后全面推进。目前已初步完成整体架构及系统功能模块设计；建成覆盖全市 14335 平方公里的白模、覆盖主要城区 420 平方公里的实景三维模型；

项目试点进展迅速，成华区已启动区域 CIM 和全息物联感知体系建设；高新区开展 GIS 平台接入图层 70 个、完成白模 100 平方公里、精模 20 平方公里，正在开展南区 80 平方公里倾斜摄影工作，正在进行蜀都中心、ICON 中心等 6 栋写字楼的 BIM 模型建设；天府新区计划实现二维 ArcGIS，初步采集 90 平方公里，计划接入 IoT 感知线路 7 万路左右，建设 20 幢建筑物 BIM 模型。同时，采用区块链技术对 CIM 数据的流向进行跟踪溯源，确保数据提供方放心、数据使用方有据、数据安全有保障。

5. 雄安 CIM 基础平台建设情况

自 2017 年 7 月起，雄安开始 CIM 平台实践探索，其核心是坚持数字城市与现实城市同步规划、同步建设，适度超前布局智能基础设施，推动全域智能化应用服务实时可控，建立健全大数据资产管理体系，打造全球领先的数字城市。建立城市智能治理体系，完善智能城市运营体制机制，打造全覆盖的数字化标识体系，构建汇聚城市数据和统筹管理运营的智能城市信息管理中枢。

根据《雄安新区智能城市专项规划》的要求，雄安新区将会建设"一中心、四平台"的智能城市运行基础设施。具体包括：超算云中心、CIM 平台、块数据平台、物联网统一开放平台及视频一张网平台。其中 CIM 平台、块数据平台、物联网统一开放平台作为雄安数字孪生城市的基础性支撑平台，同生共长、耦合驱动，为各类智能应用提供运营土壤。

雄安 CIM 平台的建设坚持落实创新、协调、绿色、开放和共享的五大理念。一是全面创新雄安数字空间的科学体系，运用大数据、人工智能、云计算等新兴技术，重建数字空间规划、建设以及管理的体系，建立科学的决策机制。二是全面协调雄安数字城市和现实城市的共生，在制度和技术上实现实时互通，打造虚实一体化的未来城市典范。三是全面挖掘雄安数字资源和技术价值，利用平台网络推动多方位、多行业、多层次的绿色发展，营建社会、经济、环境的多维综合绿色体系。四是全面开放平台智慧汇聚的应用，汇聚全球智慧和人才，开拓新兴产业，推动公众参与，共同营造数字雄安新时代。五是全面共享雄安数字知识创意生活，借助平台推动全方位的共享经济，让人民具有获得感和幸福感。

雄安 CIM 平台是践行"同步规划建设数字雄安，努力打造智能新区"的重要工程，将充分发挥开放性、共享性、兼容性三大特性，围绕"1+N"（1 个 CIM 平台，N 个业务系统）总体架构，通过 GIS+BIM+IoT 等技术手段，实现物理空间数字化，映射现实雄安各类信息数据，建立起三维城市空间模型和城市时空信息的有机综合体，为"数字孪生城市"建设奠定扎实基础。具体来讲，数字雄安 CIM 平台包括：南拒马河 CIM 平台、字府河 CIM 平台、容东 CIM 协同平台和交通枢纽 CIM 平台。

1）雄安 CIM 平台强调全周期，以"时间"为核心集成创新

雄安 CIM 平台遵循国土空间生长周期的客观规律，以数字技术对空间管理赋能增效，监测与展示雄安新区空间成长建设的全过程。根据现实城市成长的"现状评估—总体规划—控详规划—方案设计—施工监管—竣工验收"六个阶段，实现城市全生命周期信息化和城市审批管理全流程数字化，推动数字城市数据汇聚和逐步成长，以现状运营（BIM0）—总规（BIM1）—控制性规划（BIM2）—建筑设计（BIM3）—施工（BIM4）—竣工验收（BIM5）共同构建数据积累、迭代的闭合流程，记录雄安的过去、现在与未来。

雄安 CIM 平台依托城市建设行政审批流程，动态跟踪影响城市建设与运营的关键节点，依据不同阶段的更新数据，自动生成半年或者一年的咨询报告和体检报告，动态反馈城市建造与运行阶段的问题和矛盾，辅助城市管理部门自检与沟通，确保城市管理者实时掌握城市运行效率，从全局到部件多方位地把握雄安发展脉搏。

2）雄安 CIM 平台强调全要素，以"空间"为坐标的方法创新

雄安 CIM 平台汇集地上地下空间数据和动态信息，建立空间编码体系，促进数字城市全时空要素管理。以雄安实体空间为载体，纳入地质、自然地理、地理信息、市政管线、建筑模型等城市建设信息，完成雄安地上地下全息数字模型，统筹立体时空数据资产。转变城市开发与管理的传统思维，创新地下空间的共构模式，强化地上、地下空间资源的可视化管理，促进国土空间资源的立体化、综合化利用。推动雄安地上和地下双空间价值的倍增发展，探索无限延伸、无限活力、无限幸福的时空数字交易模式。

以"空间"为城市数据交换、共享和融合的基本 ID，构建统一空间编码作为空间唯一身份证，以映射城市的数字空间和实体空间的对应关系，覆盖城市—组团—社区—邻里—街坊—街块—地块—建筑—构件等不同空间粒度，以位置—单元—属性将不同层次、不同维度、不同粒度的数据进行融合后协调处理，从空间和时间的维度对城市进行全方位、全生命周期的数字化描述，支撑城市精细化管理需求，并通过 AI 技术，让数据发挥价值，让城市更加智慧。

3）雄安 CIM 平台强调全贯通，以"算法"为动力的应用创新

以数字化的方式，打破城市建设中的不同行业、不同规则和不同数据的边界，实现协同式的全贯通治理模式。平台协同规划、市政、建筑、勘测等多领域专家全面梳理行业知识图谱、技术应用、发展趋势等内容，以数字化技术为桥梁整合地质勘测、自然地理、市政交通、城市规划、建筑设计等多个类型的数据和信息，理顺从现状走向未来城市的全产业链条，建构全局敏捷联动和反馈的新机制，创新一体化迭代的管理和产业体系。

以区域—组团—用地—建筑等实体空间为单元，搭建跨行业的城市规则库，实现多专业打通与指标传递。构建生态环境、水环境、能源、土地、交通等多方面的城市模型库。完善全联动、多维度的数据决策体系，在规划管理上不断进行迭代。利用 IoT 等新型信息技术对多维指标动态监测与管理，并建立预警体系，加强对指标传递与落实的管控力度。

4）雄安 CIM 平台强调全透明，以"联动"为原则的治理创新

平台建立多规合一、多管合一体系，并最大限度地实现城市建设信息的共享与协同，有效促进城市建设项目的稳步推进。平台构建协调一致的"一张蓝图"，统筹地上、地下各类空间资源科学合理、集约高效利用。建立全流程、全要素的多规合一分类体系，细化并整合每个阶段的多专业规则，搭建不同尺度的指标传导原则，实现城市管控要求的层层传递与落实。建立全局联动、敏捷迭代的智能决策规则库，根据不同阶段的城市建设需求，为规划设计方和建设方提供全专业的数据指标与管控要求。

重点解决多方审查、项目审批、监管城市建设等问题，推进多部门管理流程与制度的统一，线上支持多部门联审、多专家论证，不断完善城市各部门之间的多管合一机制，加强多部门的协调与沟通，更好地服务于雄安城市整体发展需求。

基于国产自主安全体系，探索城市规划、建设、管理应用级数据和平台的全开放试点，开创老百姓看得见、看得懂、看得清的可视化系统和城市管理运营 APP，便于市民在任意时间、任意地点对城市运营管理的相关信息查询与建议反馈，实现管理者与城市居民的零距离交流。为市民提供一卡通式服务以及自动化定制个性界面，满足不同人群对平台的需求，实现平台千人千面，完全镜像并赋能现实城市的运营。

5）雄安 CIM 平台强调全开放，以"共享"为理念的原始创新

以共享为基础，以数据开放、规划开放、产业开放为目标，以安全为底线，搭建原始创新能力。以 XDB 开放数据格式实现"大场景 3DGIS 数据 + 小场景 BIM 数据 + 微观物联网 IoT 数据"等多源数据的有机融合，保证了各专业交付成果中统一的名称标记、统一的数据标记、统一的单位、统一的坐标体系，实现了多软件共享格式、多领域公开应用，全面提升平台的灵活度、适用性和安全性。

统一各行业数据格式，涵盖规划、地质、建筑、市政、城市园林、城市家具等多领域，创造性地实现了以政府管控目标为界限、以政府管控指标为范围的覆盖城市建设全领域、贯穿城市运营全流程、横跨多个软件的公开格式（交换格式），解决了城市建设流程中多维度、多领域建设数据与信息集合后的数据交互难题。在目前各行业应用端软件核心引擎基本为外国持有的情况下，基于这套完全自主的数据标准（数据格式）

可以从根本上确保平台数据集合的安全问题。

依托以实景建设的虚拟数字镜像城市，将雄安规划设计方案进行全景展示并开放数据平台，积极鼓励全世界公众和专业人士参与雄安建设以汇聚全球智慧，推出规划设计发展的全新模式，开辟全球城镇化的新时代。

雄安新区 CIM 平台建设于 2018 年 11 月纳入住房和城乡建设部"运用建筑信息模型（BIM）进行工程项目审查审批和城市信息模型（CIM）平台建设"试点，其一期于 2020 年 11 月通过终验评审。来自住房和城乡建设部、交通运输部、国家信息中心、中国电子技术标准化研究院、清华大学的专家对平台建设给予高度评价，认为雄安新区 CIM 平台针对城市全生命周期的"规、建、管、养、用、维"六个阶段，在国内率先提出了贯穿数字城市与现实世界映射生长的建设理念与方式；自主构建了以 XDB 为代表的一整套数据标准体系；实现了从核心引擎到上层应用的完全国产化，技术自主可控。在国内 BIM/CIM 领域实现了全链条应用突破，具有领先性与示范性。平台各系统运行稳定可靠，将助力雄安数字孪生城市进一步完善提升。

二、智能化市政基础设施建设和改造总体研究

（一）发展现状

1. 建立完善推进智能化市政基础设施建设和改造的长效机制

各试点城市组织有关部门和单位，建立目标责任体系，构建技术支撑体系，健全工作保障体系，加强协作，形成合力，不断完善长效管理机制。比如，海宁市围绕"三大提升、六项内容"，制定出台《海宁市智能燃气设施建设试点工作方案》，组建海宁市智能燃气设施建设试点工作领导小组，制定工作计划任务，完善工作机制，抓实推进各项工作任务。一是建立目标责任体系。海宁市委、市政府高度重视智能燃气设施建设试点工作，组建由市政府分管领导任组长，市住房和城乡建设局、发改局、经信局、财政局、自然资源和规划局、应急管理局、综合执法局、城投集团等为成员单位的智能燃气设施建设试点工作领导小组，负责试点工作整体筹划和宏观把控。领导小组下设办公室，办公室设在市住房和城乡建设局，根据工作方案，细化试点内容，将试点工作分为建设智能燃气综合管理平台等 6 项 15 个子项工作任务，有条不紊推进各项工作，实现燃气企业智能化调度系统、管网智能化运行系统等开发完成并上线运行，完成试点各项工作任务。二是构建技术支撑体系。制定了《撬装式液化石油气瓶装供应站建设与管理规范》，编制完成了《小餐饮用户瓶装液化石油气管道供应安装技术规程》《瓶装液化石油气自助换瓶终端》，拟定了《瓶装液化石油气

配送车辆上路标准》，为试点工作推进提供有力技术支撑。邀请行业内专家教授、燃气企业技术骨干等组成专家工作组，定期召开联席会议，专门负责研究、指导和审定智慧燃气设施建设试点工作，确保试点工作科学、合理、高效。三是健全工作保障体系。海宁市政府把试点工作列入 2021 年度全市重点工作，从政府、企业层面加大资金投入，编制完成了《海宁市燃气专项规划》，组织开展了海宁市特许经营评估工作，启动编制《智慧燃气综合管理平台方案》，建立进度督查、月度例会、联席会议等工作机制，先后组织实地考察了绍兴燃气产业公司等 7 家燃气企业，深入了解燃气领域中关于智慧燃气建设和运行现状。

2. 深入开展市政基础设施普查，全面掌握现状底数

根据工作要求，各试点城市从当地实际出发制定总体方案，明确相关部门职责分工，健全工作机制，负责组织开展市政基础设施普查，摸清设施种类、构成、规模等情况。充分运用前期已开展的地下管线普查等工作成果，梳理设施产权归属、建设年代、结构形式等基本情况，积极运用调查、探测等手段摸清设施功能属性、位置关系、运行安全状况等信息，掌握设施周边水文、地质等外部环境，建立设施危险源及风险隐患管理台账。设施普查要遵循相关技术规程，普查成果按规定集中统一管理。比如，青岛市对全市供水、排水、燃气、热力等基础设施开展普查，建立基础数据动态更新和维护机制，构建市政基础设施物联网，实现市政基础设施运行数据的全面感知和自动采集，为开展市政基础设施智能化建设和改造提供了决策依据。

3. 推进市政基础设施智能化管理平台建设，实现精细化管理

各试点城市在对市政基础设施全面普查的基础上，建立基于 CIM 平台的市政基础设施智能化管理平台，对运行数据进行实时监测、模拟仿真和大数据分析，实现对管网漏损、防洪排涝、燃气安全等及时预警和应急处置，实现设施信息的共建共享，满足设施规划建设、运行服务、应急防灾等工作需要，促进资源节约利用，保障市政基础设施安全运行。已经建立市政基础设施智能化管理平台的城市人民政府，通过采用统一数据标准，消除信息孤岛，积极推动市政基础设施智能化管理平台与 CIM 基础平台深度融合，与国土空间基础信息平台充分衔接，扩展完善实时监控、模拟仿真、事故预警等功能，建立平台信息动态更新机制，提高信息完整性、真实性和准确性，促进城市"生命线"高效协同管理，逐步实现对市政基础设施管理精细化、智能化、科学化。比如，杭州市面向城市规划、城市建设、城市治理的不同部门、不同群体实现市政基础设施数字化连接和管理，提供多样化平台应用技术支撑。一是实现对市政基础设施三维全息建模。针对重点单位等实现精细化建模，面向规划、城建、交通、消防等单位，提供应用服务界面。基于一套全息展示应用平台，实现日常管理和应急处置的数字化协同。二是打造全连接的城市数字化基础设施管理平台。实现全市管线管网数据化、管网在线监控、运行管理智能化和全生命周期可追溯等功能。在现有的信息化基础设施之上，对城市主要的建筑、道路、园区等实现物联网设备和网络覆盖，将物联网实时动态数据与 CIM 数据结合，构建多维城市数据模型，实现所有数字化连接设备上行数据采集的在线管理功能，下行控制指令下发的远程调度功能。

4. 制定行动计划，明确智能化市政设施建设和改造的任务

各试点城市制定智能化市政基础设施建设和改造行动计划，对市政基础设施进行升级改造和智能化管理，进一步提高市政基础设施运行效率和安全性能。具体来讲，一是对城镇供水、排水、供电、燃气、热力、灯杆、照明、井盖等市政基础设施进行智能化改造。二是完善智慧海绵城市系统。三是加快推进智慧管网设施信息化建设。四是结合城市体检组织开展市政基础设施运行效率评估。五是监测感知安全隐患，保障设施安全运行。

5. 建立健全协调机制，加快推进智能化市政基础设施建设和改造

各试点城市建立健全市政基础设施建设协调机制，推动相关部门沟通共享建设计划、工程实施、运行维护等方面信息，切实加强工程质量管理；地下管线工程应按照先深后浅的原则，合理安排施工顺序和工期，施工中严格做好对已有设施的保护措施，严禁分散无序施工；地铁等大型地下工程施工要全面排查周边环境，做好施工区域内管线监测和防护，避免施工扰动等对管线造成破坏；科学制定城市地下市政基础设施的年度建设计划，强化工程质量安全要求，争取地下管线工程与地面道路工程同步实施，力争各类地下管线工程一次敷设到位。

6. 以人工智能与检测数据为依托，提升运行管理效率和事故监测预警能力

各试点城市运用 5G、物联网、人工智能、大数据、云计算等技术，提升地下市政基础设施数字化、信息化、智能化水平，搭建供水、排水、燃气、热力等设施感知网络，建设地面塌陷隐患监测感知系统，实时掌握设施运行状况，实现对地下市政基础设施的安全监测与预警；充分挖掘利用数据资源，提高设施运行效率和服务水平，辅助优化设施规划建设管理，提升运行管理效率和事故监测预警能力。比如，南京市强化地下管网智能化管理，以雨水、污水、供水、燃气、路灯、通信、供电等市政管线的运行安全为目标，加强城市地下管线普查，基于数字孪生技术和既有地下管理数据共享研究建立基础信息系统，融合智能监测终端和物联网通信技术，建立实时感知的运行检测系统和决策辅助能力，实现数字化感知、智能化预警和智能化修复能力。基于 RFID、GPS 等技术，建立管线精确定位管理系统，通过对地下管线的标识可实现对地下管线进行精确定位，并可查询管线具体信息（精度、维度、埋设深度、类型、

基本信息等），用于支撑日常管线维护、施工、管理等工作；借助先进的传感设备和检测设备，建立管线状态传感系统，对温度、压力、腐蚀程度、阀门状态、运转状况进行实时监测。

7. 排查治理安全隐患，健全风险防控机制

各试点城市将消除城市地下市政基础设施安全隐患作为市政基础设施补短板的重要任务，完善政策制度，明确质量安全要求，加大项目和资金保障力度，优化消除隐患工程施工审批流程；对普查发现的安全隐患，明确整改责任单位，制定限期整改计划；对已废弃或"无主"的设施及时进行处置；严格落实设施权属单位隐患排查治理责任，确保市政基础设施安全运行。比如，南京市加快管线预警报警系统建设，通过对管网系统基本数据的掌握以及管网实时状态信息的采集，系统可对管网系统运行状态评估，通过与预设的管网安全运行模型进行比对分析，对处于临界状态管网进行及时预警，防患事故于未然；同时系统对已发生的危险事故可通过多种方式进行报警，以降低事故损失。比如，青岛市建立基于 CIM 基础平台的市政基础设施智能化管理平台，对运行数据进行实时检测、模拟仿真和大数据分析，构建水力分析、管网调度、漏损预警、内涝监测预警、水质监测预警、管网健康诊断、热力、电力需求预测等模型，接入城市运行管理服务平台，促进资源集约应用，保障市政基础设施高效安全运行。

（二）存在问题

市政基础设施建设是城市安全有序运行的重要基础，是城市高质量发展的重要内容。目前，我国市政基础设施建设运行总体平稳，能够基本满足城市快速发展需要，但城市地下管线、地下通道、地下公共停车场以及人防工程等市政基础设施仍存在底数不清、统筹协调不够、运行管理不到位、标准不统一、管理粗放以及突发事件和安全事故频发等问题。

1. 现状底数不清，供给不足，质量不高

由于多年以来缺乏全面有效的普查和统计，城市基础设施的种类、构成、规模、产权归属、建设年代、结构形式、功能属性、位置关系、运行安全状况等基本信息，要么不掌握，要么只是个别部门掌握但未能实现信息共享。与高质量发展要求和经济社会发展需求相比，市政基础设施的供给仍显不足，区域和行业之间发展不平衡、设施老化、运行效率较低、综合承载能力弱、安全隐患多、事故频发等问题突出。

2. 信息化建设滞后，建设和运行标准不统一

不同种类的市政基础设施产权单位大多建立了各类信息化标准规范，但由于标

准不一、平台各异，直接导致各系统平台之间交互性不强，兼容性和开放性受到制约，信息难以共建共享，降低了数据使用效率，影响系统平台使用效果，通过基础数据进行综合分析和科学决策存在困难，难以形成流畅的智能化管理流程。地下空间信息与地下市政基础设施信息没有形成有效对接，直接影响投资决策和建设运行效能。

3. 在规划建设管理一体化方面存在短板，智能化治理水平不高

部分城市对于智慧城市的治理仍停留在理念或者技术层面，"重地上轻地下"、"重建设轻管理"，智能化市政基础设施规划、建设、管理一体化方面存在短板，缺少系统的理论指导和技术保障，市政基础设施信息化建设滞后，投资、土地、金融、税收方面的支持力度不够。传统的老旧市政基础设施改造难度大，政府责任与市政基础设施权属单位责任需要进一步明确。

4. 缺少应对突发事件的快速响应机制

部分城市尚未建立以 5G、人工智能、GIS、物联网、动态模拟、在线监测等技术为支撑的突发事件快速响应系统，信息化在处置突发事件中的作用发挥有限，在市政基础设施运行管理方面还不能实现全面感知、互联互通、智能决策、主动服务。

5. 精细化管理水平不高

市政基础设施行业主管部门与发展改革部门、生态环境部门、价格主管部门缺少联动协同，不能及时准确反映投资指数、环境容量以及成本变化情况，难以满足"互联网 +"时代管理精细化、动态化、科学化的需求。

（三）未来方向

1. 五年目标任务，分为"两步走"

到 2023 年底前，基本完成设施普查，摸清底数，掌握存在的隐患风险点并限期消除，地级及以上城市建立和完善综合管理信息平台。到 2025 年底前，基本实现综合管理信息平台全覆盖，城市地下市政基础设施建设协调机制更加健全，城市地下市政基础设施建设效率明显提高，安全隐患及事故明显减少，城市安全韧性显著提升[①]。

2. 构建"系统思维、整体推进、综合治理，精准施策"的治理模式

坚持系统思维，将城市作为有机生命体，加强城市地下空间利用和市政基础设施建设的统筹，实现地下设施与地面设施协同建设、整体推进，地下设施之间竖向分层布局、横向紧密衔接，以设施普查数据为依托，科学决策，精准施策，不断提升市政基础设施智能化治理能力。

---

① 节选自《住房和城乡建设部关于加强城市地下市政基础设施建设的指导意见》（建城〔2020〕111 号）。

3. 基于 CIM 的市政基础设施智能化管理平台技术研究有望实现重大突破

基于 CIM 的市政基础设施智能化管理平台技术研究，主要包括：城镇供水、排水管网病害识别技术，管网运行健康评估技术及产品，黑臭水体监测评估与修复治理技术，城市燃气高效利用与节能减排关键技术，高效热泵供热技术和可再生能源供热技术，综合交通枢纽高效便捷换乘技术，市政基础设施安全运行监测监管、大数据分析和模拟仿真技术。未来上述技术研究将有望实现重大突破。

4. 加强设施体系化建设，有效避免重复建设和空间资源浪费

各试点城市在积极推进市政基础设施智能化建设和改造的基础上，统筹各方力量协同发力，加强市政基础设施体系化建设，不断提升设施效率和服务水平；增强城市防洪排涝能力，建设海绵城市、韧性城市，补齐排水防涝设施短板，因地制宜推进雨污分流管网改造和建设，综合治理城市水环境；合理布局干线、支线和缆线管廊有机衔接的管廊系统，有序推进综合管廊系统建设；加强城市轨道交通规划建设管理，引导优化城市空间结构布局，缓解城市交通拥堵；完善城市管道燃气、集中供热、供水等管网建设，降低城市公共供水管网漏损率，促进能源和水资源节约集约利用，减少环境污染。

5. 地下管网与地下空间统筹建设和综合利用成为可能

根据城市地下空间实际状况和未来发展需要，立足市政基础设施高效安全运行和空间集约利用，合理部署各类设施的空间和规模，推进城市地下空间和市政基础设施一体化建设，"构建集污水、垃圾、固废、危废、医废处理处置设施和监测监管能力于一体的环境基础设施体系"[①]，推广地下空间分层使用，提高地下空间使用效率。城市地下管线、地下综合管廊、地下通道、地下公共停车场、地下人防设施等专项规划的编制和实施要有效衔接，明确房屋建筑附属地下工程对地下空间利用的底线要求，严禁违规占用城市地下市政基础设施建设空间；结合地下管网与地下空间智能化管理，加强地下综合管廊规划建设，提高地下空间综合开发利用水平，逐步形成地下管网和地下空间的一体化规划、建设和管理。

6. 以常态化巡查检测发现潜在隐患，以规范化运营养护确保设施安全

一是加快运用新技术对城市基础设施进行升级改造，建立基于各种传感器和物联网的智能化管理平台，通过智能化感知设施建设，实现对运行数据的全面感知和自动采集以及对设施进行常态化巡查和实时监测，切实提高市政基础设施运行效率和安全性能。二是落实设施安全管理要求，完善设施运营养护制度，压实地下市政基础设

---

① 节选自《中华人民共和国国民经济和社会发展第十四个五年规划和 2035 年远景目标纲要》。

施权属单位主体责任、政府属地责任和有关行业部门监管责任,建立健全责任考核和责任追究制度。设施权属单位要加强设施运行维护管理,不断完善管理制度,落实人员、资金等保障措施,严格执行设施运行安全相关技术规程,确保设施安全稳定运行;规范设施权属单位的运营养护工作,建立完善设施运营养护资金投入机制,合理制定供水、供热等公用事业价格,保障设施运营正常资金;定期开展检查、巡查、检测、维护,对发现的安全隐患及时进行处理,防止设施带病运行;健全设施运营应急抢险制度,迅速高效依规处置突发事件,确保作业人员安全。

(四)实践案例

1. 南京市智能化市政基础设施建设和改造

1)打造智慧水务信息系统

打造智慧水务信息系统,充分利用物联网、自动控制等先进技术,实现对水务信息资源进行全时空、全要素、全态势监测,形成强大的水务感知网,实现智慧感知;充分利用大数据、云计算、人工智能等技术,对传统水务的全领域进行智能化管理,切实提高水务建设和管理效能,实现智慧管理。对供水管网进行智能化改造,配套压力传感器、水位传感器、水质传感器、电磁流量计及各类智能仪表、无线终端等终端监测设备,对管网系统进行实时监测与数据采集,并将物联网设备(水位传感器)与CIM平台进行数据对接。以管网GIS、管廊BIM数据为基础,搭建智慧管网大数据平台,对采集到的数据进行图形化、可视化处理与展示,对水压、水量、水质进行实时监测及分层管理,结合水量预测模型、水质预测模型,模拟不同的管网监测应用场景,有效实现设备管理、水质监测、流量管控、供水调度、数据管理与分析、爆管预警等功能,实现管网漏损早预警、早处理,降低管网事故风险,提高异常处理效率,保障持续供水。

2)推动供电扩容建设和管线智能化管理

基于CIM平台,开展数字孪生变电站建设,建设三维变电站模型,直观展示变电站内的设备,同时融入变电站运行中的动态信息,随时查看设备状态、关键状态量、遥信遥测数据以及环境数据等信息。在设备出现异常情况时实现"双向互动""循环复诊",利用人工智能分析等核心技术,对动态数据以及历史数据进行研判分析,实时诊断、分析和告知设备的健康状态以及异常发展趋势,输出差异化、精细化的检修策略,由预防性检修转向预测性检修。孪生站模型内可显示全部作业人员工种、作业内容、位置等信息,做到现场所有工作实时监控、主动提醒、及时防御、可追溯。将站外排管、电缆、架空线等设备进行三维可视化,实现各类设施的全要素数字化再现,电力能源设施、地下管线的三维建模,从规划建设、运维管理到客户服务的全过程智能化管理。

3）实现燃气管线智能化管理

对燃气供应站、燃气管线进行智能化改造，安装燃气探测器、防爆声光报警装置和防爆风机，通过物联网技术，将燃气探测器检测到的气体浓度转化为信号，远程反馈至监测平台。搭建燃气管线智能化管理系统，并与 CIM 平台对接，实现燃气安全的智能化、可视化管理。一是燃气管网数据采集系统。针对全站仪、RTK 等探测设备的测量模式和接口方式，提供对探测数据的直接获取，实现内外业一体化操作，降低内业整理工作带来的人工成本和时间成本。现场成图核对，及时发现问题，保障管网探测质量。手持机或平板直接与探测设备相连，实时获取探测到的坐标信息。将内业工作和外业工作紧密结合在一起，现场成图，实时校核，实现探测结果可视化。二是燃气管网地理信息系统。面向燃气企业的专业管理人员，提供地图显示、空间定位、查询统计、专业分析、专题展示等功能，支持爆管分析、断面分析、连通分析、管网检查等专业分析，辅助日常办公等功能，针对管网抢修、维修等业务，提供关阀搜索、设备预警等功能，为快速处理管网爆管及预防管网老化等问题提供专业的分析工具，有效降低事故发生率，减少事故不利影响。支持管网及其附属设施的空间位置、基本属性、多媒体资料等信息的快速查询，能够采用饼图、柱状图、折线图等直观数据模型统计管网资产，直观了解管网当前规模及分布。三是风险预警系统。整合GIS、SCADA 等数据，实现气量、设备、业务的集成展示与实时监控，支持异常预警。一旦出现燃气泄漏、可燃气体浓度超标等现象时，平台会自动发送报警信号并进行手机推送，在线监控人员便可以迅速通知相关责任单位和责任人及时做出处置。

4）推进充电基础设施建设

以城市道路、社区为基点，建立充电桩（站）及其运营管理体系。面向新能源汽车、电动自行车等补充建设充电基础设施，提升服务能力；实现充电桩（站）的基础信息、运营等数据应用服务一体化，以充电桩运营（监控）中心为平台，在充电桩监管到运营业务开展的基础上，以服务的方式为各政府部门、车主、新能源汽车厂商及 4S 店提供信息资源综合服务。充电桩运营管理体系建设内容包括对分散在市区内充电设施的资产（设备）管理、计量计费、支付结算、统计分析、运行管理、用户管理、客户服务、集中监测等，为电动汽车充电服务网络的运营管理提供支撑，保证电动汽车充电运营高效有序，实现运营智能化、规范化管理。

5）实施路灯灯杆智能化改造和建设

面向安防、环保、交通、通信、市政等行业，建设多杆合一的智慧灯杆及其运营管理体系。智慧灯杆要以灯杆为载体，将照明控制、视频监控、语音广播、报警求助、环境监测、绿色充电、信息发布、广告互动、车位监测、井盖监测等功能集于一体,达到"多杆合一、一杆多用"的效果,为景区、机场、社区、校园、园区、道路、商街等多种应用场景提供服务。多功能智慧灯杆系统由杆子系统、供电和防雷子系统、通信子系统和多功能智慧灯杆管理平台组成。挂载设备支持各类应用功能:如照明/灯控设备、视频采集设备、基站设备、环境气象监测设备、无线电监测设备、信息发布设备、交通标志和一键呼叫设备等。

6)开展通信基站站位资源建设

通信基站包括宏基站、微基站、直放站和室内分布系统及其相关配套设施,包括但不限于通信铁塔、收发信天(馈)线、管(杆)线路、用于维系通信设备正常运转的通信机房、空调、蓄电池、开关电源、不间断电源(UPS)、太阳能电池板、油机、变压器、接地铜排、消防设备、安防设备、动力环境设备等附属配套设施。通信基站站位资源建设应符合国土空间规划的要求,积极推进5G网络,以共建共享为原则,将基站站位资源建设规划同市政、园区、旅游景区和重点项目等规划同步开展。统筹安排空间布局和建设时序,推动公用移动通信网络的发展。同时,要按照美观、高效、节约的原则,采用小型化、景观化、绿色化建站方案,实现5G基站、数据监测、视频监控、WiFi覆盖、路灯照明、充电桩、电子围栏、泊车电子收费等资源整合,优先推进"一杆多用",确保基站与周边环境相协调。

7)完善智慧海绵城市系统

扎实推进海绵城市建设,严格落实综合径流系数、年径流总量控制率、面源污染削减率、下凹式绿地率、透水铺装率、雨水利用率等海绵城市建设控制指标。完善智慧监测设备、设施和管理系统,形成智慧海绵城市系统,提升城市生态系统功能,更好地适应环境变化和应对自然灾害。

2. 南京城建基础设施信息管理与应用平台的建设

南京城建基础设施信息管理与应用平台作为新型城市基础设施信息化建设体系中的重要内容之一,形成了城建、园林、交通、城管共建共享的基础设施数据运行与更新模式,实现了全域、全口径城建设施的精细化管理;建立基于统计模型和信息系统的城建基础设施多维数据统计方法,为年度城建计划、维护计划的编制与资金安排提供科学的数据支撑;通过构建城市体检指标数据库和开发集"综合查询、模型分析、评估预警"于一体的城市体检系统,为精准把脉"城市病"、治理"城市病"提供有效辅助决策。

1)国内首个围绕交通、园林、城管、公用4个行业的城建基础设施大规模在线管理与发布平台

持续多年的南京市城建基础设施普查与更新工作,形成了丰富的城建基础设施

数据，涉及交通、园林、城管、公用 4 个行业共计 116 类城建基础设施，2000 余万地理要素。平台围绕城建基础设施普查成果数据，基于地理信息服务及在线电子地图等技术，依托现有的资源，建设城建基础设施地理信息服务系统，并通过成果发布门户、地图数据在线展示和空间服务共享，满足各行业主管部门对城建基础设施地理信息的数据及应用需求，实现对城建基础设施数据在线管理，改变了传统单一应用系统数据管理模式，提升了城建基础设施信息化管理水平。

同时，平台依托"智慧南京"建设，充分利用了"智慧南京"的软硬件及网络支撑环境，并结合城建基础设施管理的内容和特点，通过创建平台级服务支持，成为可扩展的 GIS 数据管理平台。平台不仅容纳了基础地理数据与城建基础设施普查成果数据，且集成了本行业已有专题应用系统。通过平台的地图数据在线展示和空间服务共享，能够定制出满足各行业的基础数据和行业数据，包括图形与属性数据。且为行业专题管理信息系统提供一定的接口来支持各行业专题管理的需求，从一定程度上避免了 GIS 专题应用系统建设的重复投资，既缩短了专题应用系统的建设周期，又体现了本项目平台建设的集成性和扩展性，为各行业专题应用系统的快速构建提供一致稳定的基本框架与可靠的数据来源，进而丰富和增强了本项目平台建设应用性，实现了城建基础设施分布式协同更新与管理。城建 GIS 数据管理平台如图 3-12 所示。

图 3-12　城建 GIS 数据管理平台

2）为年度城建计划、维护计划的编制与资金安排提供科学的数据支撑

通过本项目实施，依托城建数据统计分析系统，精准掌控城建设施明细及统计指标，为合理安排维护资金、服务年度城建计划与维护计划的编制提供科学数据支撑。在此基础上，实现城建数据统计工作"从人工到智能"的快速转变，切实提高统计工作的效率和准确率，为全面开展指标数据调查填报提供信息化平台支撑。

在城建基础设施数据库基础上，建立面向用户的灵活提取信息的方法体系是本次项目建设的目的之一。综合统计不同于数据挖掘，数据挖掘面对的数据领域相对较复杂，其中的规律性较弱，在数据挖掘中需要挖掘其中的规律以及数据之间的关系。数据挖掘增加了挖掘后的数据的不确定性，数据的准确度与挖掘方法有很大的关系。城建基础设施综合统计面向的数据领域是规范的城建数据，规范的数据结构保证了综合统计的精度。在综合统计过程中采用数据挖掘的方法，建立综合统计的元数据描述以及多视角的综合统计方法，最终达到综合统计的目的。

城建基础设施普查的数据，最终要满足设施量统计的需要。对于一些固定的数据统计需求，可以通过设计数据报表的形式，以固定的格式展示普查的数据。而对于有些灵活的需求，则需要通过一种所见即所得的快速统计方法进行统计。以普查的数据为基础，结合行业的管理信息，设计出灵活的数据多维度提取模式。在提取模式中，普查的数据分成普查指标体系、行业对象体系和统计方式体系，三类体系相互影响，核心是普查的对象。指标体系，该体系是对统计指标的规范化约束，用以确定统计指标所依赖的关键字。在指标体系下，首先，依据规范的数据结构来确定统计指标，然后根据该统计指标所属表结构的其他约束字段来确立统计指标的分类依据以及关键字，例如人行道的面积指标，按照材质关键字统计。行业对象体系，以普查对象为基础，从行业与对象的关系角度描述信息表，通过该体系确定行业、对象、指标的关系。统计方式体系，依据行业需求和普查对象属性数据的具体情况，普查对象数据指标的统计方式主要是按照行政区域、道路、河道等方式进行统计。

3）依托平台构建城市治理指标数据库、开发城市体检信息系统，为治理"城市病"提供有效辅助决策

建立政府、企业、居民三方"自上而下"和"自下而上"的无缝对接信息平台，以及实现数据采集、数据交换、系统分析、动态模拟和预警等一体化的城市体检信息平台，为城市体检评估工作提供科学诊断、复查治理、预警决策等服务，从而提高城市体检工作的科学性、时效性，提升城市人居环境治理的技术支撑能力。以智慧南京时空大数据平台为基础，建立城市三维空间模型和城市信息模型的有机综合体，实现城市的动态可视化监测；形成"指标管理、数据采集、综合展示、体检评估"全过程

的智能化模式;建立城市体检信息系统,并与智慧南京时空大数据平台进行深入对接,互联互通,实现信息共享和互补,对城市运行进行监测;建立城市体检诊断分析系统,通过纵向时间对比和横向城市间对比,反映城市发展的运行态势和与其他城市的差异;建立智能化辅助决策分析系统,对不同指标的影响因素差异进行分析,直观展示城市问题所在,根据不同维度,深入评估社区和街道的完整性,挖掘细颗粒空间层面的具体问题;建立城市体检报告生成系统,根据动态监测、体检信息整合、诊断分析和辅助决策分析,最终结果以"体检报告"形式形成城市体检结果。

4)整合资源,强化统筹,共建共享,综合利用

在系统内各行业主管部门信息系统建设已有成果基础上,整合数据资源,强化综合利用,建立相应的数据库和管理平台,更好地服务于宏观决策和统筹管理。南京城建基础设施信息管理与应用平台基于南京市统一的云计算环境,按照资源共享的原则建设和应用。通过最大限度地共享行业内部信息资源,实现资源优化配置,信息互联互通,处理按需协同,促进信息基础设施和应用系统效能最大化,挖掘已有成果的效益,充分发挥投资效益。此外,通过主动对接各部门既有的系统平台,实现数据层面的共享;通过端口的开放,实时查询各部门既有系统的数据信息。各部门、各区共同负责数据的更新维护,满足城市日常管理的需要,实现高效互联,协同管理。按照全市"一盘棋"的要求,协同共建、共同维护、成果共享,从而推动城市治理数字化转型。南京城建基础设施信息管理与应用平台如图 3-13 所示。

图 3-13 南京城建基础设施信息管理与应用平台

3. 南京市智能化路灯设施建设与改造

作为智慧城市建设的"新型公共基础设施"，优秀的点位、广泛的分布，让智慧路灯成为 5G 基站的良好载体。合理布局的城市智慧路灯网络，可以为智慧城市大脑实时提供海量城市运行数据，是构建数字孪生城市的基础。5G 的加速建设提高了对路灯的需求和关注，推动了智慧路灯的建设。南京作为 5G 试点城市之一，各部门均按照政府要求全力加快推进 5G 的建设部署。南京市城市管理局路灯处积极推进"路灯杆—合并杆—5G 智慧杆"的研究及 5G 智慧杆基础设施建设，取得了一定的成果。

1）创新引领承载灯杆智能化应用的"南京范本"

一是信息化改革为智慧杆建设奠定应用基础。在智慧城市试点之初，南京市便确定了"信息路灯、智慧路灯、价值路灯"三步走发展战略，启动路灯管理信息化建设工作。此前已建设完成了两个现代化信息系统，即城市照明信息化综合运营系统和单灯监控与调度系统，构建起了数据互享传输的通道，形成了基于 5G 技术基础之上的智慧城市感知网络的雏形；路灯设施信息化水平位于全国前列，满足了智慧杆基础设施建设对数据入口的要求，为智慧杆产业发展奠定了应用基础。二是照明设施规模化运维为智慧杆建设运营夯实管理基础。南京市城市管理局路灯处在全国率先完成了一张网、一个闸、一套运维管理体系的路灯设施管养大一统格局。在设施建成区、城市核心区、主要功能板块基本实现了地上载体、地下能源管网全覆盖，设施总量达 130 万盏，覆盖区域约 1350 平方公里，消除了区域之间的壁垒和掣肘，覆盖地域及设施总量位居全国之最。同时，通过信息化手段在运维体系的普及，打造了低成本、高耐受、高品质、高效能的智慧路灯运维管养体系，为形成统一标准和稳定运维夯实了基础。三是合并杆建设规模和地下管网布设成果实现国内先发优势。合并杆作为智慧杆的基础版本，是路灯智能化的先决条件。2016 年南京市开始启动智慧共同杆建设，五年来市路灯处共实施综合杆件建设项目 323 个，总地理长度约 600 公里，新建改造杆件数量 3.3 万杆，综合杆件数量 1 万余杆，新建规模在全国处于领先地位。同时，随着城市建设的推进，市路灯处用极低的成本部署了城市体量的通信路由及管道资源。现有预留管道 350 公里地理长度，按照每年约 150 公里地理长度的推进速度，预计三年左右时间，可以基本实现南京市主要道路的全覆盖。前期建设工作满足了智慧杆基础设施系统对安装介质、能源网络、传输通道的要求，为智慧杆产业发展提供了实现载体。

2）存量设施改造为 5G 通信和场景应用提供轻量化解决方案

目前，南京市城市管理局路灯处已在部分地区进行智慧路灯试点建设，遵循现有的合并杆建设体系，实现了电力网、有线网、无线网"三网"贯通，推进涵盖 5G 小基站、公安视频、交通设施、环保监测等功能项目在内的集成建设。

　　"存量改造"相对"增量新建"更被业内关注，因为存量设施所属区域内人员活跃度高，并且具备实际应用场景，但存量设施因现有的路灯体系难以直接提供稳定的供电保障和可靠的通信路由，需要改造赋能才能满足应用加载需求。对此，南京市城市管理局路灯处下属未来城市公司开发出了拥有独家专利的单灯控制器、储能设备、直流供电设施、一体化机柜、物联传感设备、智能门锁、智慧感知平台等具有自主知识产权的软硬件产品，从能源保障、节能减排、设施挂载、市政设施管理、运维降本增效等方面，推进智慧城市建设最快捷、最经济、最高效落地运营。南京市智能化路灯设施如图 3-14 所示。

　　南京市青奥示范区的建设成功验证了存量设施改造的可行性，实现了智慧城市应用最便捷、最集约落地，形成了在国内具有引领性的"南京模式"。南京市青奥示范区的建设如图 3-15 所示。

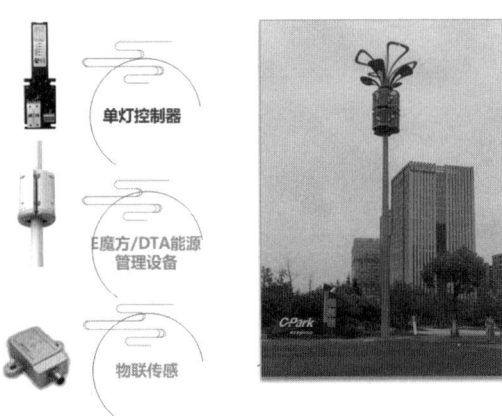
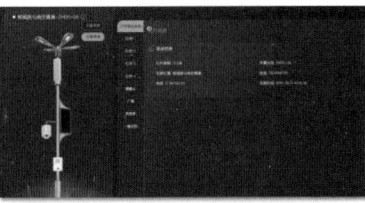
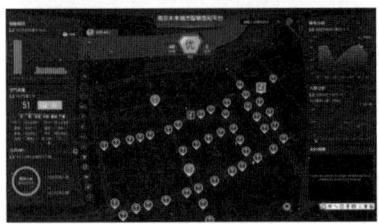

图 3-14　南京市智能化路灯设施

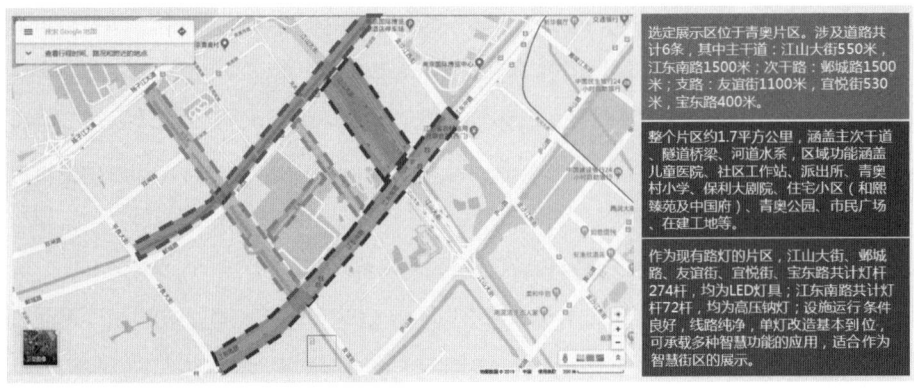

图 3-15　南京市青奥示范区的建设

基于存量改造的创新作法，让智慧路灯可以高效迅速地满足 5G 基站部署，运营商将路灯基站作为最重要的基础站点形态之一，在规划站址时就把"5G+智慧路灯"作为优先考虑的建设方式，形成了一整套完整的站址规划建设流程，以及实际改造的创新工法。

3）面向场景，南京市路灯智慧应用成果初现

"智慧路灯"可以为接入室外空间的海量物联网设施提供泛在的感知体系、统一的数据端口、可靠的能源网络、安全的加载介质，从而更好地支撑各类应用场景落地。依托智慧路灯的各类智慧应用，通过视频图像分析等技术，可以很好地服务公共安全、交通管理及城市精细化治理等各项城市治理工作。

一是智慧照明。智慧路灯采用 LED 灯具，同时安装单灯控制器，可实现照明灯具的远程精准启闭，并根据时间、人流调节亮度，大幅节省电力，满足道路照明多样化的控制需求，还可实现实时监控、自动告警等功能。此前，南京市城市管理局路灯处在全市范围内已安装投运单灯控制器约 3 万套，建立了智能化的工单派发系统，在国内开创性地形成了基于精准派单体系的"滴滴修灯"模式，修灯效能提升 30% 以上。二是市政设施监测管理。通过传感器、物联感应云平台及视频监控，可对井盖、垃圾桶等市政设施进行监测管理，识别井盖异动或丢失、垃圾桶满溢等情况，完成设施状态监控和异常情况上报。三是环境监测。通过挂载环境监测传感器，实时监测环境，收集大气气压、温湿度、SO_2、PM2.5、CO、NO、噪声等数据，评价城市不同功能区的空气质量状况和变化趋势，为城市治理提供科学依据。四是助力执法管理。可通过视频监控，对沿街摊贩、渣土车行驶、道路挖掘等城市执法管理中的难点、痛点，进行识别侦测并告警，通过信息屏、广播等进行提示，并反馈管理方处理。五是交通管理。可通过视频监控，对闯红灯、逆行、违停、非机动车驶入机动车道等交通违法行为进行监测、告警、取证，对车辆拥堵进行疏导，还可辅助车辆网、智慧停车管理等应用功能的实现。六是公共安全管理。可通过视频监控、一键报警器等设备，利用人脸识别、车牌识别、行为识别等技术，打造全域电子围栏，识别危险因素，实现智慧安防。七是信息发布。通过 LED 信息屏、智能广播，建立灯杆上的信息发布平台，可进行天气信息、文明宣传、商家广告、停车等信息发布，同时可根据突发事件，对外输送应急广播，疏导交通，辅助城市管理。

继夫子庙大石坝街项目后，南京市城市管理局路灯处还先后完成了夫子庙琵琶街、青龙地铁小镇、浦口公园、羊山湖公园、光华路、白下高新等一批具有代表性、挑战性的项目，实现智能安防、人脸识别、智能消防、智能垃圾桶、智能井盖等智慧功能一体化部署，并可实现无人机巡查、无人清扫车、智慧停车系统等基于智慧路灯

平台管理系统的智能应用。

2020 年 8 月 30 日，南京市城市管理局路灯处研发的哨卡式智慧路灯机器人作为南京市首批"四新"应用场景之一发布，并在青奥片区进行试点建设，初步形成了交通事故告警、行人闯红灯预警、机动车道非法占用告警、非指定区域违停告警、行人横穿马路预警、电动车不带头盔提示等应用场景，服务城市交通安全治理工作。

试点项目在应用场景较为丰富的喵喵街及河西大街、江东南路的部分路口，建设了 17 杆路灯机器人。通过人工智能技术的赋能，形成了杆上设备的联动，杆与杆之间的联动，部分实现替代人工的作用。每一根金属的灯杆，就像一个智能的辅警，并且可以实现多根灯杆的连续接力追踪，这样的多杆联动，在国内也是首创，真正实现了"智能（部分）替代了人"。当路灯机器人通过视频监控感知到有行人进入喵喵街，会联动挂载于路灯上的信息屏出现欢迎界面，音响也会播放欢迎音效。当出现行人横穿马路或闯红灯、非机动车行驶到机动车道、机动车在违停区域停车等情况时，路灯机器人也会通过前端小脑联动信息屏和音响发出告警。发生盲道占用、窨井盖缺失或位移等情况，路灯还能及时感知，并通过后台派单至相关管理部门进行现场处理。

南京市在建设 5G+ 智慧路灯方面，具备基础好、进阶快、积累厚、路径优、应用穿透深的优势，能够凭借低投入在短时间内实现智慧杆生态体系敷设，助力 5G 智慧城市建设。围绕"十四五"发展目标，南京市城市管理局路灯处将逐步扩大智慧路灯基础设施布局，开放智慧路灯应用场景资源，构建系统完备、高效实用、智能绿色、安全可靠的"以灯载智"的信息化新型基础设施体系。

4. 苏州市智能化市政基础设施建设和改造

1）实施市政基础设施底数普查

针对全市市政基础设施进行全面普查，摸清底数，全面掌握市政基础设施的位置、材质、建设年代及现状等基本情况，并分门别类对普查数据进行综合分析，形成权威报告。编制市政基础设施智能化建设和改造项目清单，明确智能化建设和改造任务，组织制定建改行动计划。

2）提升市政基础设施智能化建设水平

针对道路桥梁、城市轨道交通、地下管廊、供水、燃气、热力、公共停车场、充电等基础设施进行智能化建造和改造；推进基于物联网、5G、大数据等 ICT 技术的排水智能化建设、精细化管理，逐步建成覆盖全流程、全系统的智慧排水系统，实现智能监管、智能调度、智能生产，构建可持续的城市排水防涝系统；逐步推进智慧灯杆建设，实现对市政基础设施运行数据的全面感知和自动采集。鼓励市场主体深度参与基础设施的智能化改造，充分利用市场手段，发挥市场力量，拓宽资金来源，创新投融资方式，有效调动社会资本的参与积极性。

3）加强智能化市政基础设施管理

建设市政基础设施智能化管理系统，集成设备的实时监控数据、报警信息、联动控制信息等动态数据，实现基础设施运行数据的实时监测。针对基础设施的生命周期、结构信息、养护信息以及运行信息进行深度挖掘、关联分析与预测分析，建立基础设施管养模型。实现对管网漏损、防洪排涝、燃气安全等的及时预警和应急处置，促进能源节约利用，保障市政基础设施安全运行。

5. 绍兴市智能化供水设施建设与改造

近年来，绍兴市委、市政府高度重视供水智能化工作，注重顶层设计，从法律、政策等多方面为智能化供水设施建设和改造保驾护航。绍兴市综合行政执法局作为主管部门，多管齐下，"五大抓手"有效夯实供水管理质量和效率。绍兴市以市公用事业集团有限公司为首的供水制水企业，大力推进供水管理从人工走向智能化建设管理，管理模式转型升级，实现了管理精细化，以多年实践总结出"绍兴模式"，走向全国。

1）政府高度重视，明确责任主体，健全保障体系

一是绍兴市委、市政府高度重视智能燃气设施建设试点工作，市长做出批示指示，分管副市长多次组织研究项目推进。绍兴市领导和市综合行政执法局部署相关工作要求，绍兴市公用事业集团有限公司组建试点项目工作小组并明确责任分工，下设项目总体组和设施智能更新、物联感知、智能应用、供水大脑、安全保障和人才培训 6 个专题组。二是绍兴市政府通过完善试点项目工作机制，明确市综合行政执法局为试点项目主管部门，主要负责按照住房和城乡建设部和市政府有关工作部署，对试点项目落地进行监督指导，牵头组织绍兴市相关部门协调解决试点项目在建设过程中遇到的问题。绍兴市公用事业集团有限公司为试点项目主体建设企业，主要负责项目方案、项目立项、项目招标、项目建设、资金保障和成果总结推广等。此前绍兴市综合行政执法局和绍兴市公用事业集团有限公司已经完成《绍兴市区供水智能化建设试点工作方案》的征求意见和编制工作，并已上报住房和城乡建设部试点办。三是绍兴市政府将试点工作列入 2021 年度全市重点工作，从政府层面加大资金投入，总投入约 1.35 亿元，由市级财政全额保障；组织绍兴市公用事业集团有限公司编制《绍兴市区供水智能化建设试点项目建议书》，并同步展开项目设计、招标工作。

2）制定总体规划，高效有序推进

一是城市供水设施智能更新。试点项目利用供水管网风险评估模型和智能感知设备构建供水管道智能评估体系，结合供水 GIS 系统和 CIM 系统主动发现城市供水

设施安全风险，对供水管网和减压阀实施智能化更新、改造和管理，提升管网运行安全性。二是城市供水感知体系建设。试点项目建立供水全流程感知体系，建设管网压力、流量、二次供水、水表等智能监测系统。同时加强 SG、NB-IoT 等新一代物联通信技术应用，加强噪声监测、管道内置检测，推进温感、风感、位移等新型智能化监测设备的广泛应用，持续提升供水系统运行管理的动态感知能力。三是城市供水智能应用。城市供水智能应用打造智慧管理工具和核心支撑软件，先行建设智慧运营系统、智慧服务系统和智慧管控系统，以及通信网络、物联网平台和数据仓库等。四是城市供水大脑建设。城市供水大脑是城市供水系统的数字化载体，先行构建城市供水信息模型平台、城市供水漏损控制平台、城市供水风险管控平台；城市供水大脑作为供水智能化建设与智慧城市运管的中枢平台，实现智慧城市信息共享。五是城市供水安全体系建设。试点项目依托物联感知数据和智能化应用系统，从城市供水水质、压力、智能监控以及供水应急安全等多方面建设城市供水安全保障体系，不断提升城市供水安全保障能力。六是人才培训。试点项目通过试点人才培训中心建设和漏控公共实训基地建设，加强专业人才队伍的建设与培养，建立一支技术精、懂业务的复合型人才团队，培养多批次供水专业实操性技能人才。

3）强化安全措施注重员工培训

一是做好"守护者"，完善分区控漏。充分发挥分区思维，采用分区计量方式，2020 年发现突发性漏点 20 处，挽回经济损失 1520.75 万元；发现趋势性漏点 148 处，挽回经济损失 891 万元。结合分区预警模式，2020 年通过预警仪检出漏点 85 处，挽回经济损失 495 万元，实现全年无爆管。建立分区控压的调度管理模式，做到管网压力"高峰不低，低峰不高"（其中冬季夜间压力控制在 0.23 ~ 0.25MPa，日间压力控制在 0.25 ~ 0.27MPa）。二是当好"先行官"，控漏走向安全。针对老旧管网开展科学调度、人工检漏、人工巡视、视频监控等多种管控手段，减少或避免自然爆管、水质异常、水压不足等供水异常事件的发生。积极推进管网改造，目前 DN100 以上的管材比中，球墨铸铁占 98.66%，淘汰了镀锌管，提升了管网运行安全和水质安全。对已经明确的重污染企业实现了物理隔离、远程监控报警，形成了用户沟通机制，降低了水质污染的概率，增强了预防水质污染的管控手段，实现水质多级监控和管理，水质化验合格率 99.9% 以上。三是装好"助推器"，推动行业发展。开展实训基地建设和人才培养，成立国内首个供水管网漏损控制实训基地。2020 年漏损控制实训基地完成《管网漏损控制技术应用手册导则》编制、6 项行业课题编写、3 项行业漏控标准修订和 1 项课题调研等。基地打造"线上直播＋线下实训"相结合的培训模式，持续赋能行业节水。2020 年线上完成 7 期全国市长研修学院课程录制，2 期面向全国住房和城乡建设系统的漏损控制与合同节水课程输出，23 期线上直播培训；线下完成 16 期 85 家供水企业 500 余名学员的实训工作。

下一步，绍兴市在智能化供水设施建设与改造方面将继续做好以下六个方面的工作。一是城市供水设施智能更新。针对老旧管网改造，进行施工设计和预算编制等，开展配套智能井盖、管标、远控阀门、形变监测、位移监测等仪表、设施的选型、采购；重点开展水温、风力、风向仪表的预算、采购和现场踏勘，进行抗冰冻智能化管控系统和管道健康度评估的需求调研、原型设计。二是城市供水感知体系建设。配合管网改造和水质监控的布点规划，对智能水表、渗透预警仪、压力计、流量计等进行规划设计、预算编制、设备采购，与供水智能化系统的需求调研和原型设计进行数据共享。三是城市供水智能化应用。与管网安全、水质安全、物联网设施进行需求确认，开展供水智能化系统的需求分析、原型设计和系统开发，探讨业务模式的迭代更新，包括多模型联动的智能化管理、漏控预警管理等。四是城市供水大脑建设。绍兴市综合行政执法局已具备智慧城管平台和公用监管服务平台，未来将以绍兴市大数据局作为数据集成、共享的中间平台提供单位，实现供水数据与城市管理数据交互，探讨共享数据的类型、交互方式、关联单位、应用场景。五是城市供水安全体系建设。围绕城市供水安全体系，先行建设水质运行安全管理内容，对在线水质仪表、防倒流设备进行规划设计、可行性分析、预算编制、选型招标、设备采购，探讨水质监测的建、管、用、析管理模式。六是人才培训。在漏损控制实训基地的基础上，从试点项目的建设和推广需求出发，探讨基地的定位、布局、资金保障、师资、教材、管理、监督等问题，制定新基地建设计划和人才培养方案。

6. 海宁市智能化燃气设施建设与改造

海宁市是全国智能燃气设施建设县级试点之一。海宁市委、市政府高度重视智能燃气设施建设，不断提高燃气设施现代化、智能化水平，全力推进智能燃气设施试点城市建设，全面落实智能燃气设施建设各项任务，在智能物联表的推广使用、智慧厨房建设、装配式供应站建设等方面成效显著，多个领域已形成可复制、可推广的经验。

1）强化标准，推进瓶装燃气设施"五重防护"改造

海宁市强化瓶装燃气运输、供应、使用环节的安全管控，制定出台了供应站建设、小餐饮单位用气环境、配送车辆等的技术标准。2020 年完成了全市镇级瓶装燃气供应标准化建设。全市共建成装配式一级供应站 7 个，二级供应站 19 个，自助换瓶终端 2 个，切实提升了瓶装燃气供应站硬件设施水平。开展全市小餐饮企业瓶装供气"五重防护"改造，即实现瓶装燃气硬管化、管件连接丝口化、漏气检查便捷化、

燃具连接可靠化、报警切断自动化。先行在市区四个街道进行试点，以社区为单位，对市区的小餐饮单位瓶装燃气用户进行了统一改造。

2）智能防控，"智能系统"全面上线运行

SCADA 系统、GIS 系统、智慧运营系统、工程数字化系统及智能安全帽系统、物联网系统（工商）、新奥 E 城 E 家安检系统（2.0）等系统都已上线并运行。这些系统的主要功能包括：一是可实时监控新欣门站、张店储配站的流量、压力和温度等变化情况，33 个高中压调压柜的压力变化情况。二是通过第三方施工的上报，总体了解对管网附近的施工情况。从施工开始到施工结束，全程管理、保障燃气管网的安全，能够做到工程建设的项目可视化，施工单位上报视频资料，现场管理员、监理人员及时进行审核，确保工程每个环节都有依有据。三是可以实时监测工商客户的用气量、压力等用气情况，出现异常及时作出反应。

3）便民务实，全面推广智能物联燃气表

智能物联燃气表主要实现三大功能：一是网上实时缴费功能，可以通过微信、支付宝、浙里办、ECEJ 网上营业厅等渠道进行充值缴费，不需要再跑营业厅充值。二是远程用气数据查看，通过网上平台能查看燃气单价、日用气量、累计使用量及表内余额，可实时关注用户使用情况，还可远程开关阀门。三是安全防护更强，具有异常报警功能，如余额不足、高温、低电量，会进行预警并切断阀门进行自我保护。现已投入使用智能物联燃气表 35000 余块，占全市用户 30%，为市民燃气缴费和业务办理带来更多便利。

下一步，海宁市将根据试点工作计划，继续加大新型城镇燃气基础设施投资，全力提升燃气使用环境，牢固构建燃气安全"防护墙"，扎实推进完成全市智能燃气设施建设试点工作。一是强化工作举措，把握实施进度。制定工程建设计划，根据天然气和液化气场站、输配管网和供应体系、管道和瓶装燃气用户设施的现有条件，结合后续工程建设计划，制定分区域、分类别、分时段的新建、改造计划，做到试点类型的全覆盖；制定软件开发计划，按总架构、分系统、子模块的层级，制定软件开发、测试、上线计划。二是不断深化提升，树立行业标杆。通过实施全市小餐饮企业瓶装供气"五重防护"改造、撬装式瓶装供应站推广建设、自助式换瓶终端试点建设、液化气钢瓶全寿命期信息管理等，树立瓶装燃气行业创新管理标杆企业；通过提升 SCADA 系统、GIS 系统，开发荷源网储一体的智能调度系统，加强扩展安全运营系统，打造安全贴心的用户服务系统，普及物联网表系统，树立管道燃气行业的设施智能、管理高效、服务满意的标杆企业；借助物联网和 5G 技术，将燃气集成灶与燃气表阀相结合，并利用燃气浓度、锅体温度、水槽水位、人体移动等感知技术、云菜谱 APP，打造舒适、安全、智能的厨房环境，树立集成式智慧厨具标杆企业。三是及时归纳总结，不断巩固提高。制定行业标准。将试点智能化系统方案编制、软件开发、瓶装燃气管道化供应、自助换瓶终端等工作中的工程经验、管理经验、技术方案提炼后，制定一系列智能燃气地方标准和行业标准；出台相关政策。对于试点工作中碰到的建设资金落实、执行建设标准、工程建设协调等方面的问题，适时出台相关配套政策；展示试点成果。试点过程中及完成后，开设专门的场所，进行实体样品展示和图片、视频、文稿、多媒体演示等方式进行宣传，供其他企业参观、学习。四是突出项目效应，带动产业发展。强化燃气装备产业发展。智能燃气试点建设中，涉及一系列燃气相关智能装备的开发和推广，如装配式瓶装供应站、智能换瓶终端、多重报警的一体化报警器、升级版调压柜（带计量和切断）、智能化阀门井（带压力、泄漏、阀位远传功能）、物联网表、燃气安全帽系统，带动相关的制造产业；强化燃气信息产业发展。智能燃气管理平台涉及总划体系统架构、SCADA 系统、GIS系统、智能调度系统、安全管理系统等软件的开发、提升，以及硬件装备的升级、扩容，带动信息产业发展；强化燃气厨具产业发展。智慧厨房将燃气灶具、供气设施、厨电、厨卫等有机结合，提升系统的安全性和舒适性。以智慧厨房带动燃气厨具厨房的升级改造。

三、智慧城市与智能网联汽车协同发展总体研究

2020 年 11 月 25 日，《住房和城乡建设部办公厅 工业和信息化部办公厅关于组织开展智慧城市基础设施与智能网联汽车协同发展试点工作的通知》（建办城函〔2020〕594 号）提出，为深入贯彻落实党的十九届五中全会精神，坚持创新驱动发展，加快推进新型城镇化，加快建设汽车强国，推动形成智慧城市基础设施与智能网联汽车协同发展、相互促进的良好局面，将组织开展智慧城市基础设施与智能网联汽车协同发展试点工作，并明确了试点内容和试点申报程序及要求。

2021 年 4 月 28 日，《住房和城乡建设部 工业和信息化部关于确定智慧城市基础设施与智能网联汽车协同发展第一批试点城市的通知》（建城函〔2021〕51 号）提出，按照《住房和城乡建设部办公厅 工业和信息化部办公厅关于组织开展智慧城市基础设施与智能网联汽车协同发展试点工作的通知》（建办城函〔2020〕594 号）有关工作安排，在各城市申报和省级主管部门审核的基础上，经组织专家评审和实地调研，确定北京、上海、广州、武汉、长沙、无锡 6 个城市为智慧城市基础设施与智能网联汽车协同发展第一批试点城市。

2021 年 12 月 1 日，《住房和城乡建设部 工业和信息化部关于确定智慧城市基础设施与智能网联汽车协同发展第二批试点城市的通知》（建城函〔2021〕114 号）提出，按照有关工作安排，在各城市自愿申报的基础上，经组织专家评审和实地调研，住房和城乡建设部、工业和信息化部研究确定重庆、深圳、厦门、南京、济南、成都、合肥、沧州、芜湖、淄博 10 个城市为智慧城市基础设施与智能网联汽车协同发展第二批试点城市。

遵照党和国家的部署要求，各试点城市以加强智慧城市基础设施建设、实现不同等级智能网联汽车在特定场景下的示范应用为目标，坚持需求引领、市场主导、政府引导、循序建设、车路协同的原则，加快推进智慧城市基础设施与智能网联汽车协同发展试点，重点围绕智能化基础设施建设和改造、智慧出行平台"车城网"、智能网联汽车多场景应用、产业升级和经济发展、技术标准体系、城市治理能力等方面探索积累了一批可复制、可推广的发展模式和发展经验，取得了积极成效。

（一）发展现状

1. 加快智能化基础设施建设和改造

建设智能化基础设施以支撑自动驾驶、智能交通、智慧城市等多种应用为导向，在城市基础设施领域推广应用先进感知技术，加快推进基础设施智能化终端感知设备建设，实现对基础设施运行数据的全面感知和自动采集，推动市政信息、道路信息、交通信息、车辆信息等多源信息融合互通，让越来越多"聪明"的车跑在越来越智能的道路上，把电动汽车、智能汽车的发展与智慧城市的发展和建设融合起来，促进城市基础设施数字化、信息化、智能化。

一是加快智能化城市道路的建设和改造。以支撑智能网联汽车应用和改善城市出行为切入点，加快布设城市道路、建筑、公共设施融合感知体系，对车道线、交通标识、护栏等进行数字化改造，与智能网联汽车实现互联互通，提升车路协同水平，推动智慧城市与智能网联汽车协同发展。近来，一些试点城市在部分道路两侧建设了 5G 网络，安装了摄像头、雷达等感知设备和计算设备，提供北斗定位和高精地图服务，支持不同等级的自动驾驶汽车的测试示范，同时也支持非自动驾驶车辆的智能化出行。比如，杭州市加快建设智能路网基础设施，大力发展以车路协同为核心的智能路网技术，部署智能路网试点改造工程，实现交通道路通信设施、视频监控设施、交通信号、交通标识标线智能互联，具备路网全域感知能力，满足复杂的车路协同需要。在试点基础上，应用推广一批成熟的智能路网技术和产品，积极开展智能路网改造，建成一批互联网道路。比如，重庆市加快布局车路协同建设，两江新区正在建设全国

第四个、西部第一个国家级车联网先导区，已在礼嘉部署云控平台、智能交通信号灯、自动驾驶巴士等，并在 9 个路口布局了鱼眼摄像机、激光雷达等路侧设备，并开放体验；在龙盛进行了约 11 公里道路的智能化部署，安装 59 个摄像头、33 个激光雷达、38 个毫米波雷达等，实现智能网联公交车、出租车、环卫车等累计 15 台车应用；在永川区，由招商车研和百度等联手共建的西部自动驾驶开放测试与示范运营基地，已对 30 个路口进行智能化改造；在高新区投运全国首条自动驾驶接驳线路，线路长 5.4 公里，建设了智慧公交站、智慧斑马线、智慧匝道、智慧十字路口等，安排了 2 辆自动驾驶车。比如，武汉市已完成 100 多公里的城市道路智能化改造，德清县完成了 80 多公里的道路改造。同时，一些试点城市积极探索，将 5G 通信、物联网、云计算、智能地图等作为城市基础设施加以支持和布局，打破信息孤岛和数据分隔，建设综合性的城市管理数据库，促进基础设施的互联互通，发展民生服务智慧应用，提升城市治理和服务水平。

二是加强充电基础设施部署。电动汽车充电基础设施是推动智慧城市与智能网联汽车协同发展的基本保障。加强城市电动汽车充电设施的规划建设，是适应汽车革命、完善城市新型基础设施、方便居民生活的重要举措。电动汽车充电基础设施包括充电桩、充电站、换电站等。2014 年和 2015 年，国务院办公厅分别印发《关于加快新能源汽车推广应用的指导意见》和《关于加快电动汽车充电基础设施建设的指导意见》，要求完善相关工程建设标准，切实落实充电设施建设要求。加快城市停车场和居民小区停车位充电设施建设，解决新能源汽车充电难的问题，是推动城市高质量发展的重要工作。2016 年 8 月，住房和城乡建设部会同有关部门印发《关于进一步完善城市停车场规划建设及用地政策的通知》（建城〔2016〕193 号），明确提出停车设施专项规划编制应符合充电设施建设相关要求，不符合规划与不满足配建标准、充电基础设施和有关工程建设标准的，不得通过规划核实。2017 年 8 月，住房和城乡建设部与交通运输部共同印发《关于促进小微型客车租赁健康发展的指导意见》（交运发〔2017〕110 号），鼓励各试点城市按照新能源汽车发展有关政策在充电基础设施布局和建设方面给予扶持。2020 年 8 月，住房和城乡建设部等 13 个部门联合印发《关于开展城市居住社区建设补短板行动的意见》（建科规〔2020〕7 号），要求新建居住社区停车位 100% 建设充电设施或者预留建设安装条件，因地制宜补齐既有居住社区充电设施等建设短板。2021 年 4 月，住房和城乡建设部等 16 部门发布的《关于加快发展数字家庭 提高居住品质的指导意见》建标〔2021〕8 号强化数字家庭工程设施建设，鼓励建设智能停车、智能快递柜、智能充电桩、智能健身、智能灯杆、智能垃圾箱等公共配套设施，提升智能化服务水平。2021 年 5 月，住房和城乡建设部等

15 部门《关于加强县城绿色低碳建设的意见》建标〔2021〕45 号中要求推广综合智能能源服务，加强配电网、储能、电动汽车充电桩等能源基础设施建设。近年来，住房和城乡建设部认真贯彻落实《国务院办公厅关于全面推进城镇老旧小区改造工作的指导意见》（国办发〔2020〕23 号），指导各试点城市将改造或建设小区及周边汽车充电设施作为城镇老旧小区改造内容，完善改造标准和支持政策；贯彻落实《国务院办公厅关于以新业态新模式引领新型消费加快发展的意见》（国办发〔2020〕32 号），结合城市信息模型（CIM）基础平台和新型城市基础设施建设，大力推动车联网和充电桩（站）布局应用；指导 59 个城市开展 2021 年城市体检，将"完整居住社区覆盖率""社区低碳能源设施覆盖率"列入城市体检指标体系，督促指导这些城市及时发现和补齐充电站（桩）、换电站等充电设施建设短板；指导各试点城市加强物业服务企业管理，要求物业服务企业在获知业主安装需求后，及时告知安装充电桩的前提条件和注意事项，对符合消防等相关标准、征得利害关系人同意的，应当支持并提供必要的协助；指导各试点城市抓紧制定完善相关规划，重点推进新建住宅和老旧住宅小区、单位既有停车场和公共服务领域等方面的充电设施建设，推动形成布局合理、适度超前、智能高效的充电设施体系。各试点城市结合老旧小区改造、城市更新等工作，大力推进充电设施进小区、进单位、进公共停车场。据了解，目前，我国形成了全球最大规模的充换电网络，构建了"十纵十横两环"高速公路快充网。截至 2021 年底，公共充电桩共有 114.7 万台，其中直流快充桩有 47 万台、交流充电桩有 67.7 万台，加上私人桩，合计 261 万台充电桩。各试点城市积极推动电动车智能化管理与运营，因地制宜构建基于车城融合的电动车共享体系，建设完善充换电设施，鼓励电力、电信、电动车生产企业等参与投资运营，特来电、国家电网、星星充电、云快充等一批充电基础设施的企业脱颖而出。下一步的工作重点是，协同推进充电基础设施建设，着力破解小区、高速公路充电难的问题。

三是布局智能汽车开放测试环境。比如，北京市结合北京市高级别自动示范区的建设，以北京经济开发区为支点推进"双智"试点建设。北京市在 2021 年统筹"车—路—云—网—图"等资源进行融合试验，在经开区建设了全球首个网联云控式高级别自动驾驶示范区，并已经完成 1.0 阶段总长 12.1 公里"城市道路 +10 公里高速道路"的智能网联基础设施建设，创新国内首个"多杆合一、多感合一、多箱合一"的智能网联标准化路口建设方案；示范区 2.0 阶段建设，围绕经开区核心区 60 平方公里，共计 305 个路口实现智能网联道路基础设施全覆盖，为高级别自动驾驶测试车辆和网联化量产车辆提供车路云一体化技术研发与功能验证场景——此前已完成基础建设和设备安装，正在进行联调联试和功能优化；打造了支持高级别自动驾驶车辆的城市级工程试验平台，以智能网联汽车产业发展为切入点，协同推进智慧城市基础设施布局；以亦庄新城全域为主体，加上若干条高速公路的物理区域，建设国内首个智能网联汽车政策先行区，并通过出台相关先行先试政策文件，实现了自动驾驶测试车辆早晚高峰测试、异地测试结果互认、无人驾驶配送车上路、无人出租车商业化运营、高速公路道路测试等多项突破。从整体看，北京市已经搭建形成了完整的"场—路—区"三级自动驾驶开放测试环境，通过多个自动驾驶测试试验场，可复现京津冀地区 85% 城市、90% 高速公路、80% 乡村道路交通场景；累计发放智能网联测试牌照 225 张，其中乘用车测试号牌 120 张，无人配送车车身编码 86 张，高速公路测试号牌 4 张，无人化道路测试号牌 15 张，北京市高级别自动示范区参与企业自动驾驶测试里程超过 324 万公里，占全市 70% 以上。北京市将在 2022 年年内开启 3.0 阶段的建设，持续推动各类自动驾驶商业化场景落地。比如，上海市以自动驾驶建设为核心，大力推广城市数字化转型，并实行智慧城市、智能交通、智能网联汽车与智慧能源深度融合一体化的战略，推广多元化应用示范工作；上海市嘉定区智能网联汽车正从测试向示范应用、商业化运营的目标迈进；上海市 300 多公里开放测试道路将在 2022 年底全域开放；批准相关企业无人驾驶卡车公开道路测试牌照，并在上海市临港区正式投入测试。比如，宁波市主要依托吉利汽车研究院，在杭州湾新区试点，对周边道路、基础设施进行了智能化的改造，搭建了车路数据管理平台，初步建成了智能网联汽车开放道路的测试环境。比如，广州市在城市核心区的广州塔周边主干道开放自动驾驶测试，批准 5G 远程驾驶测试，认可其他地区智能网联汽车道路测试许可；同时，广州市建立健全相关的政策标准与建设体系等。截至 2021 年 12 月，广州市已累计开放自动驾驶测试道路 135 条，共 253.114 公里。

2. 打造智慧出行平台"车城网"

一是以 CIM 平台为基础，打造"车城网"平台。目前，试点城市大多已经建成了 CIM 平台。以 CIM 平台为基础，结合国家新型基础设施建设，以智能网联汽车应用为切入点和驱动力，充分运用 5G 网络和北斗系统等，集城市道路设施、市政设施、通信设施、感知设施、车辆、地理信息、出行数据等城市动态数据与静态数据于一体，建设标准统一、逻辑协同、开源开放、支撑多类应用的"车城网"平台，实现全面感知和车城互联。比如，重庆市建设统一的 CIM 平台，搭载交通、市政、道路、安防、社区等多方面数据，在此基础上搭建车路协同子平台，汇集与"双智"协同发展相关的数据信息，再传递给路上车辆，辅助其决策。根据《重庆市新型城市基础设施建设试点工作方案渝府办发〔2021〕140 号》，重庆将依托 CIM 平台，率先在两江新区建设车路协同一体化运营与管理中心。比如，南京市着力打造智慧出行平台"车城网"，依托交通管理综合信息平台搭建交通出行数据库平台，联通市级、区级、街镇、社区四级节点，自上而下进行市域级"车城网"顶层设计和建设。另外，自下而上推动各类交通信息资源向市域级"车城网"平台汇交，将公交、地铁、出租、共享单车等多个交通运营商的调度信息数据汇聚整合、统筹管理，横向对接互联网应用，形成一个双向横纵结合的调度系统，实现分级汇聚、分级治理，更好地辅助对城市交通的管理和服务。利用系统能发现城市交通中的堵点、换乘的盲点、交通资源的薄覆盖地带，可通过全域信号配时优化服务，加强信号配时协调联动，优化服务水平，进一步提高公交分担率，促进城市绿色出行；建设多元交通信息感知控制系统，试点行人过街感应控制，逐步推行信号灯单点自适应控制和线路、区域协调控制，实现路网交通均衡，缓解城市交通拥堵，提升民众出行服务品质。比如，厦门市具有优良的通信基础，数字化公交建设和车路协同应用起步较早，技术与应用的融合具有长期的落地实施经验。厦门市在本次"双智"试点过程中将重点聚焦 BRT 公交应用广域覆盖展开示范项目建设。此前 5G 智能网联车路协同系统已在厦门市 BRT 系统内逐步规模化推进。5G 智能网联车路协同项目中的车与车、车与路、车与站台等之间形成一个物联网系统，达到"人机共驾"状态。下一步，厦门市公交计划建立统一车联网数据中心和智能运营中心（IOC），将车路协同示范平台与专业平台进行链接，给车主提供精准的智能推送服务，从而形成商用车全场景智慧综合服务平台。比如，青岛市充分运用 5G 网络和北斗系统，建设城市通信网、车联网、位置网、能源网等新型网络设施。以 CIM 基础平台为依托，汇集城市道路、交通、汽车、公共设施、市政设施、地理信息等动态和静态数据，建设标准统一、逻辑协调、开放共享的"车城网"平台，实现城市交通安全可靠、精准到达、方便快捷。

二是建立和完善"车城网"平台建设技术导则。在试点的基础上，住房和城乡建设部建立和完善车城网平台建设技术导则，进一步打破数据孤岛，促进城市基础设施和感知设备的多元融合，推进 CIM 平台、车城网平台及智能汽车操作系统协同研发、数据共享和互联互通。

三是充分发挥"车城网"平台监测、管理和服务功能。从平台应用上看，基于车城网平台，可以对车辆进行实时动态监测和管理，对城市交通进行优化，为城市精细化治理提供更强大的支撑，助推市场化运营。比如，淄博市在试点过程中重点开展探索危化品运输车辆监管模式。比如，2013 年无锡市入选住房和城乡建设部首批智慧城市试点城市，2019 年无锡市获批工信部评选的全国首个国家级车联网先导区，2021 年再次入选"双智"试点城市。无锡市以车联网建设运营平台公司为主体，在全国率先发行车联网新基建专项债，打造"四网一中心三平台"，支撑城市级应用示范项目建设，围绕车联网串联起商业、停车、餐饮等交通目的地服务，以及保险、汽修等市场，实现车联网建设运营从政府支持到市场化运营的可持续发展。

3. 推动智能网联汽车多场景应用

一是积极开展示范应用。在有条件区域建设智能网联汽车测试与示范环境，有序开放城市道路，提供多样化测试和应用场景，探索开展智能网联公交、环卫、物流、出租车、自行车等示范应用，积极推动探索商业化运营。比如，北京市率先开放自动驾驶车辆商业化试点，在示范区部署了150余辆自动驾驶出租车，运营范围覆盖亦庄的核心区域。比如，杭州市为了丰富智能网联示范应用，依托 CIM 平台，结合中国品牌汽车自动驾驶的研发，建设车联网一体化平台。聚合智能网联汽车、智能道路、城市建筑等多源数据，丰富城市公交、景区游览、特种作业、物流运输等典型场景应用。选择示范区内城市道路区域，铺建全覆盖的视频监测点位，综合分析路面交通微观动态和宏观趋势，实现信号灯配时优化、车速引导、拥堵提醒等效率类应用，开展低速作业车辆（环卫车等）自动驾驶引导、智慧公交等综合协调示范应用。比如，长沙市 2020 年 9 月获批建设国家级车联网先导区，开始进行车路协同的相关建设。目前，国家智能网联汽车（长沙）测试区打造了丰富的封闭测试场景，包括高速模拟测试区、城市模拟测试区、乡村模拟测试区、越野模拟测试区、7×24 自动驾驶无人化测试场等，能够开展智能网联汽车研发测试、功能场景认证测试等服务。另一方面，Apollo 自动驾驶出租车在长沙开放运营，支持群众预约试乘；自动驾驶物流公司赢彻科技获得长沙市颁发的自动驾驶物流重卡测试牌照。比如，莆田市依托旅游胜地湄洲岛，修建自动驾驶观光体验线路，自动驾驶观光小巴进行示范运营，通过一年多的建设，全岛实现了 5G 全覆盖，建成了电动公交、分时租赁、公共自行车于一体的绿色出行体系，在建筑上装配了光伏发电等分布式能源，岛上的无人驾驶示范项目已经成为新的旅游体验点。

二是不断拓展应用场景。支持 5G、自动驾驶、车路协同、人工智能等新技术、新产业在城市开展多场景应用。依托"车城网"平台，聚合智能网联汽车、智能道路、城市建筑等多类城市数据，支撑智能交通、智能停车、城市管理等多项应用，重点推动智能网联汽车在城市公交、景区游览、特种作业、物流运输等多场景应用，满足多样化智能交通运输需求。比如，自 2019 年以来，武汉市逐步建成了基于开放标准的车路协同体系、基于联合创新实验室群的科研体系以及支撑商业运营的应用体系三大体系，初步实现了车路协同和车城融合发展；目前，武汉市完成了 106 公里道路的智能化改造，并向智能网联汽车、自动驾驶汽车开放，全面覆盖 5G 信号、高精度地图、北斗高精度定位网等智能基础设施，具备 L4 级自动驾驶测试运行条件；当前，武汉市已有 241 辆智能公交、53 辆东风领航自动驾驶汽车、41 辆景区自动驾驶汽车实时运行。比如，莆田市在湄洲岛投放无人清扫车；福州市、泉州市运用新技术规范管理互联网租赁电动自行车；有的城市还开展了自主代客泊车示范应用和互联网租赁电动自行车试点。

三是充分发挥示范区引领作用。工业和信息化部试点建设有特色的示范区，积极推动高度自动驾驶技术 L3 及以上在特定场景和限定区域率先应用。目前，全国已累计授牌的示范区有 16 家，国家级智能网联示范车的先导区有 4 家。开放测试道路里程超过 5000 公里，安全测试里程超过 1000 万公里。比如，北京经济技术开发区把聪明的车、智慧的路、精确的图、实时的云和可靠的网五位一体组合起来。比如，无锡市借助公安部道路交通管理科学研究所，依托车联网先导区建设，已经实现示范区的车联网规模覆盖。

4. 推动产业升级与经济发展

一是扩大投资消费。对城市基础设施进行数字化、网络化、智能化建设和改造以及打造智慧出行平台"车城网"，有利于培育新的经济增长点，促进新技术与新产业深度融合，发挥城市建设撬动内需的重要支点作用，充分释放我国城市发展的巨大潜力，推动构建新发展格局。据了解，各试点城市在"双智"建设的投资均超过亿元，并拉动了以智能网联汽车为载体的信息消费、出行消费。比如，北京市已完成了亦庄核心区 60 平方公里、305 个路口的数字化改造，投资超过 2 亿元人民币；广州市规划建设了智慧灯杆 8000 多根，项目总投资规模接近 6 亿元人民币；武汉市依托城市智能基础设施开展车城网的平台建设，服务智慧出行应用，项目总投资超过 3 亿元人民币。比如，杭州市完善智慧出行服务体系建设，强化智慧出行云服务能力，大力发展出行综合信息服务产业，提高出行效率，加强信息监控环境建设，提升市民高效便捷、安全出行的获得感。完善智慧出行服务体系，试点新一代出行服务模式，培育面向未来的智能交通出行新业态。比如，成都市通过"政府、市场双投入"的方式，在加大市、区两级财政资金投入的同时，积极引入百度等龙头企业参与，投资规模不断扩大。针对智能网联汽车产业链目标企业，成都市充分发挥政府投资和国有平台公司带动作用，吸引面向未来智慧城市、自动驾驶业务的新兴领军研究机构、生产制造商、运营主体，促进平台集成、应用软件开发、移动通信服务、位置信息服务、第三方大数据公司，以及保险公司、广告商、风险投资商等生态企业集聚，抢占智能网联汽车产业新模式的发展先机，培育产业经济的增量市场，推动汽车产业上档升级，形成智慧城市建设运营和智能网联汽车产业生态圈的可持续发展。

二是助推产业升级。智慧城市与智能网联汽车的协同发展试点是一项系统工程，涉及城市交通基础设施的建设和改造、智能网联汽车的技术研发和推广应用以及包含大数据运营、人工智能、信息消费等在内的新产业发展，直接带动了当地产业升级和经济发展。据了解，各试点城市通过打造聪明的车、智能的路、智慧的城，为相关产业链的上下游企业提供了新的机会，带动智能基础设施、通信设备、软件服务、大数据中心等相关产业的高质量发展，为各个城市特色主导产业发挥集聚效应提供了市场契机。比如，广州市自获批双智试点以来，聚焦车路一体化发展，重点建设琶洲车城网、黄埔智慧交通"新基建"、番禺车联网等示范项目。汽车产业作为广州市的三大支柱产业之一，截至 2020 年，广州市的汽车产量在全国位居第一。在"双智"背景下，广州市在传统汽车企业、交通企业向数字化、网联化、自动化转型的过程中，聚焦车路协同发展，重点加快应用场景建设，推进自动驾驶网约车、BRT 公交车路协同优化、高速路口车联网快速通行、V2X 协同驾驶交通优化等场景建设。比如，合肥市在"双智"试点过程中，以结合产业需求，对工业园区进行智慧化改造。合肥市作为汽车产业重镇和人工智能产业发展高地，将新能源汽车暨智能网联汽车产业列为重点产业，建成了滨湖国家森林公园"5G-V2X 智慧公园"，可以在此体验到全方位一体化智能网联创新应用生态。在城市智能网联测试区，还建成了"无人驾驶体验中心"作为智能网联生态中的重要应用实验场景。

三是促进城市经济社会高质量发展。当前，随着经济社会的高速发展，汽车已普及到家庭，成为城市生产和生活不可分割的一部分。在城市和汽车都在进行数字化、信息化、智能化转型的大背景下，重塑汽车和城市的关系，需要最大限度地寻找二者的交集，即智慧城市与智能网联汽车协同发展。城市规划建设管理必须充分考虑汽车发展的趋势及对城市的影响，促进转变城市开发建设方式，提升城市的承载力和管理服务水平。同时需要更加广泛而深刻地利用数字化、信息化、智能化的技术来解决汽车加速普及所带来的交通拥堵、空气污染、停车难等"城市病"问题，使城市更健康、更安全、更宜居，推动城市高质量发展。比如，南京市建设新一代智能公共交通系统。随着经济的快速发展、人口的急剧增长，城市的交通压力越来越大，完善公共交通，提供优质服务，使居民出行更加舒适、方便、快捷，吸引更多的人选择公共交通出行方式，可以缓解城市交通压力，是建设资源节约型、环境友好型社会和实现可持续发展的重要途径。智能公交系统，采用交通共同体模式（TC），将 5G、人工智能、云计算、大数据、物联网、GIS 等新型技术集成应用于公共交通系统，建立公交智能化调度系统、公共交通信息服务系统、公交电子收费系统等，实现公共交通调度、运营、管理的信息化、现代化和智能化。智能公交系统建设具体包含以下两项：

专项数据库建设，分别为公交企业、市交通运输局行业公共交通数据资源建立数据资源库；应用支撑平台和应用系统建设。应用支撑平台可使用智慧城市云平台的能力，应用系统建设主要包括：公交企业运营管理信息化建设，包括运营调度子系统、车辆安全监控子系统等；公交行业智能化监管平台建设，包括公交行业管理系统、公交综合监控与应急指挥调度系统、公交行业决策分析系统等应用系统；乘客出行信息服务系统建设，包括公交网站改造、出行 APP 信息服务系统、公交始发场站、公交站台电子信息显示屏。通过新一代智能公共交通系统，提升地面公共交通系统的信息化水平，保障地面公交的准时性和可靠性。提高全市公交车集群调度的比例，在区域层面实现公交线路和车辆智能调度和管理，减少线路间客流不均、车辆间隔时间差异较大等问题。

5. 建立和完善技术标准体系

一是建立健全相关标准体系。建立完善智能网联汽车与智慧城市基础设施技术标准体系，协同开展城市道路设施、交通管理设施与智能网联汽车信息交互接口等标准规范制定，引导和规范城市内车路协同基础设施建设，支撑城市道路与车联信息交互、协同与智能管理。推动出台智能网联汽车在城市开展测试示范、商业运营的相关法律法规。

二是制定完善相关技术规定。在电动汽车充电换电站设计防火方面，现行国家标准《电动汽车充电站设计规范》GB 50966—2014 对采用整车充电模式的充电站消防给水和灭火设施进行了规定。例如，强制要求电动汽车充电站内的建筑物满足耐火等级低于二级、体积大于 3000m³ 且火灾危险性为非戊类的，充电站应设置消防给水系统；要求充电站建筑物和室外充电设施应配置灭火器。现行国家标准《电动汽车电池更换站设计规范》GB/T 51077—2015 对电动汽车电池更换站的消防进行了规定。例如，明确了电池更换站建（构）筑物的火灾危险性分类和耐火等级；明确了电池更换站建筑室内外的消防给水系统和站内火灾探测报警系统的配置要求。在停车场（库）充电设施防火方面，现行国家标准《车库建筑设计规范》JGJ 100—2015 对车库内的火灾自动报警装置、消防控制室和其他电气设备的设置等进行了规定。现行国家标准《汽车库、修车库、停车场设计防火规范》GB 50067—2014 对汽车库、修车库、停车场防火设计进行了规定，主要内容包括耐火等级、防火分隔、消防给水和灭火设施等方面的技术要求。现行国家标准《电动汽车分散充电设施工程技术标准》GB/T 51313—2018 对居住区、公共停车场、单位停车库、道路内停车位等分布式、离散型的充电设施建设进行了规定，单独设置了消防章节，对分散式充电设施的消防进行了规定。在完善新建住宅、公建配套停车场用电负荷方面，由于电动汽车电池容量不同，充电技术、充电方式和充电时间不同，难以预测充电设施需求的用电负荷。

但在《民用建筑电气设计标准》GB 51348—2019 修订中拟增加电动汽车交流充电桩供电电源的电压、电压质量及额定电流等基本要求，并明确单台充电桩和多台充电桩的用电总容量、功率因数、效率和系数等要求；《电动汽车分散充电设施工程技术标准》GB/T 51313—2018 对分散式充电桩的电源配置、供电线路以及电能质量进行规定。下一步，住房和城乡建设部将继续深入推进城镇老旧小区改造、城市居住社区补短板行动、城市更新和新型城市基础设施的建设和城市体检工作，指导各试点城市因地制宜完善居住社区充电设施建设，并指导各试点城市督促物业服务企业积极支持、配合居民区安装充电桩。

三是重点加强特定领域标准化建设。2014 年以来，住房和城乡建设部重点加强充电设施建设标准规范的制定和完善。比如，《电动汽车充电站设计规范》GB 50966—2014 对采用整车充电模式的设施建设进行规定；《电动汽车电池更换站设计规范》GB/T 51077—2015 对电动汽车电池换电站的建设进行规定；2015 年 9 月印发的《关于加强城市电动汽车充电设施规划建设工作的通知》（建规〔2015〕199 号）、《城市停车设施建设指南》建城〔2015〕142 号和《城市停车设施规划导则》建规〔2015〕129 号分别针对新城新区、新建居民小区、老旧小区等领域提出配套建设充电设施的指导意见，明确新建住宅配建停车位应 100% 预留充电设施安装条件，鼓励已建住宅小区、公共停车场等可结合旧区改造、停车位改建、道路改建等方式实施建设充电设施；对停车困难小区，要求近期可结合路内临时停车泊位建设分时共享充电位；2016 年 8 月，住房和城乡建设部会同有关部门印发《关于进一步完善城市停车场规划建设及用地政策的通知》（建城〔2016〕193 号），明确停车设施专项规划编制应符合充电设施建设的相关要求，不符合规划以及不满足配建标准、充电基础设施和有关工程建设标准的，不得通过规划核实的政策；《城市停车规划规范》GB/T 51149—2016 对规范停车场配建充电设施建设要求进行规定；《电动汽车分散充电设施工程技术标准》GB/T 51313—2018 对居住区、公共停车场、单位停车库、道路内停车位等分布式、离散型充电设施建设进行规定；《城市居住区规划设计标准》GB 50180—2018 和《完整居住社区建设标准（试行）》，要求新建居住区配建机动车停车位，应具备充电基础设施安装条件。

6. 提升城市治理能力

一是促进城市治理智能化。"双智"试点为城市的规划、建设、管理提供了数字化样板。试点城市通过建设车城网平台，以数字化平台为载体，广泛连接城市道路、交通、汽车、市政设施等多个要素，汇聚多维度、多层次的城市运行管理服务动静态数据，一网通览、一网统管，实现了对基础设施、环境治理、城市交通、公共服务、防灾应急等方面的智慧化管理。比如，无锡市整合全市物联感知设备资源，推动道路、桥梁、灯杆、井盖等基础设施网联化、智能化改造，构建全市的物联感知体系，使城市管理部门能够及时发现和处置城市运行的安全问题。比如，泉州市从本地城市治理的实际需要出发，在试点探索运用信息化的技术手段管理电动两轮车，现在已经可以智能分析判断电动两轮车超速、闯红灯、违规行驶等违章违规行为，在很大程度上规范了城市交通秩序、减少了交通事故。

二是有效解决"城市病"。随着智慧交通、智能公交、无人配送和自动驾驶出租车等应用的测试和落地推广，有效缓解了传统汽车给城市带来的交通拥堵、安全事故、环境污染、停车难等突出问题，显著改善了人居环境，让人民群众在城市中的生活更方便、更舒心、更美好。比如，北京市市民可以体验商业化运营的自动驾驶出租车。比如，沧州市依托沧州经济开发区智能网联产业，已累计开放智能网联汽车测试道路636.9 公里，实现 215 个运营站点的开放，安全载客（试运营）超过 3 万人次；今后将重点突出"全城域开放、商业化应用、全民共享"的专项特色，融合大运河、港口等丰富场景，加大智能化道路建设，推进智能化路网的商业应用，有效缓解交通堵塞和环境污染问题。

三是改善群众出行。"双智"试点通过实现"人—车—路—云—图—网"的高效协同，为切实解决城市交通拥堵提供了新思路，提高了交通运行的效率和安全性，也带给市民更为便利的出行体验。比如，长沙市对 2000 多台公交车实施智能化、网联化升级以后，对应的居民出行时间平均缩短了 13.3%，高峰时段的准点率达到了80%，有效提升了人民群众的出行效率。

（二）存在问题

1. 城市、车企、供应商需要加强对接衔接

从试点情况来看，车企要提供更多、更细的需求，使建成的智能化道路能更好运营起来。同时，设备供应商要加大研发力度，大幅度降低设备成本，从而降低智能道路建设的成本。试点城市、车企、运营商的对接，研究出台试点智能城市道路建设指南，进一步明确车与路在智能发展的功能分工。

2. 现有技术安全性有待进一步提高

现有技术路径下的自动驾驶是通过传感器感知环境和道路情况，通过无线网络和卫星进行信号传输，通过计算机分析、决策，由执行机构执行决策，依赖高精地图和精准定位来实现安全行驶。上述要素的精确性和稳定性直接决定了自动驾驶的安全性。一是传感器在特殊情况下的感知迟缓或者错误将直接影响到自动驾驶车辆的安全。

比如，在雨雪冰冻天气等恶劣气候条件下的自动驾驶就会受到安全威胁；雾、雾霾、沙尘暴和强光等将会给自动驾驶带来视觉困扰；冷热极端天气或者大气环境污染等将直接或者间接引起车辆硬件损坏，进而产生不可预测的影响。二是片区停电、信号盲区、信号干扰、电子欺骗、黑客攻击、电磁干扰、电磁攻击、设备故障等都会对通信信号和无线网络信息传输的持续稳定性产生巨大影响，这样的安全隐患是客观存在的。三是计算机的学习、算力、算法、AI决策以及地图精度和移动定位准确性等核心技术还有待取得实质性的突破和进展。

3. 充电基础设施规划建设任务紧迫

当前，我国电动汽车已经进入快速推广应用时期，截至2021年底，全国新能源汽车保有量达784万辆，其中纯电动汽车保有量640万辆，充电基础设施供给严重不足与电动汽车快速增长之间的矛盾进一步加剧。一是充电基础设施建设涉及城市规划、建设用地、建筑物及配电网改造、居住地安装条件、投资运营模式等方面，在实施过程中涉及多个主管部门和相关企业，利益主体多，推进难度大。在社会停车场所建设充电基础设施，面对众多分散的利益主体，协调难度大。在私人乘用车领域，大量停车位不固定的用户不具备安装条件；对于具备安装条件的用户，存在业主委员会不支持和物业服务企业不配合的现象。此外，由于充电基础设施还涉及公共电网、用户侧电力设施、道路管线等改造，也增加了建设难度。二是电动汽车产业的动力电池及充电等关键技术发展日新月异，不同技术方案对应的充电需求存在较大差异，增加了充电基础设施建设与管理的难度，加大了投资运营风险，影响了社会资本参与的积极性。三是充电服务的商业模式仍在探索中，部分城市公交、出租等特定领域实行的燃油对价、峰谷电价、充电服务费等措施仍不具备成熟的推广条件，在面向社会公众的公共充电服务领域，充电服务企业还正在探索有效的盈利模式。四是充电基础设施设备接口技术标准、不同品牌电动汽车与不同厂商充电基础设施的兼容性标准、充电基础设施相关工程建设标准以及充电基础设施与充电服务平台的通信协议、结算体系等标准都亟需完善。五是城市政府在规划、用地、金融、财税等方面的配套支持政策有待进一步加强。

4. 传统车企与互联网公司需要加强融合

目前，传统车企、互联网公司都在各自擅长的领域做自己的优势产品，但具体的技术方案和创新路径仍在探索之中，还没有各自形成一套成熟的模式和完整的产业链。智能网联汽车的发展，将倒逼汽车行业从垂直封闭产业链转型为开放的无边界生态产业链、车企从制造商转型为出行服务商，但这样的变革过程需要一定的时间。传统车企、互联网公司都已意识到，两者之间的竞争不再是平行竞争，而是融合竞争，只有合作融合创新才有出路。但互联网公司不会满足于只用软件系统来影响汽车产业，传统车企也不会甘心在产业变革中沦为产业链下游的代工厂。在相互融合的过程中，传统车企只有在整车设备方面对互联网企业开放，才能换得技术支持和资金支持；反之，互联网公司独立投入到整车设备制造中，又需要快速弥补制造业经验不足、渠道和供应链缺乏等自身缺陷。上述问题在短时间内是不可能彻底解决的，其本质是一个汽车产业变革大潮中守成者与崛起者的行业主导权之争问题。

5. 统一标准建设任重道远

一是在车路协同方面，要尽快建立包括高速公路、普通公路、城市化道路、农村公路在内的道路智能化分级国家标准，推进路侧单元、交通信号灯、道路标线标识标志的智能化标准在全国实现统一。2020 年 12 月中国智能交通产业联盟发布《智慧高速公路车 路协同系统框架及要求》（T/ITS 0140—2020），把智慧高速公路分成四级；2021 年 6 月清华大学与百度联合发布《面向自动驾驶的车路协同关键技术与展望（2021）》白皮书，将道路智能化水平分为六级。下一步，需要尽快把公路的智能化标准确定下来，按照统一的标准进行规划建设管理。二是从"一城一标"着手，推进16 个试点城市间相关标准的共建互认、持续完善，成熟后向全国推广标准成果。三是中国是 3GPP 国际组织的成员，在蜂窝通信即远程通信的技术标准解决之后，要重点解决端对端进程的直接通信技术标准问题。美国无疑采用 DSRC/802.11p，我们拥有的 DSRC、CAT1 和 NBIOT 等技术，都是国际电联认可的近程通信标准，需要尽快确定。

6. 面临的新情况、新问题亟待解决

一是电动汽车在低温适应性、续航能力、质量安全等方面还需要技术创新，电动化与智能化、网联化的融合发展还需要持续深化。二是受疫情、核心技术和原材料"卡脖子"等影响，关键原材料、零部件供应、动力电池原材料大幅涨价，充换电服务保障能力等问题需要高度关注。三是单边主义、贸易保护主义抬头，汽车芯片供应趋紧，保持供应链畅通、优化产业链布局、稳定运行等方面问题都需要认真研究解决。

（三）未来方向

1. 智能网联汽车发展对城市智能基础设施建设提出更高要求

一是探索城市智能基础设施建设新路径。随着汽车加速朝着智能化、网联化、电动化、共享化、绿色化方向发展，对于城市建筑、道路、设施等数字化、信息化、智能化的要求也越来越高，汽车比以往任何时候都更加需要新型城市基础设施的支撑和保障。智能网联汽车的快速发展，要求用"更智能的路"支持"更聪明的车"。新一代通信技术、人工智能、物联网等先进技术将进一步融入未来城市基础设施建设和改造。智能路侧感知设备、边缘计算设备、高精度定位的全覆盖以及道路交通的全息感知与融合计算将成为发展趋势。随着技术的进步以及城市道路智能化建设标准的出台，城市基础设施建设和改造的成本将会大幅下降，智能化应用规模也将不断扩大，直至得到普及。

二是汽车智能化是社会发展和市民出行的必然需求。汽车智能化发展是世界汽车产业发展的主流方向。随着科技发展进步和生态文明建设进程推进，汽车产业发展和城市基础设施建设都将更加关注城市市民的出行需求，将汽车智能化需求融入城市数字化管理平台建设，更有利于推进城市基础设施建设数字化、信息化、智能化。城市居民对电动化、智能化、网联化、绿色化、共享化出行需求的变化，必将带来一场深刻的汽车革命，"新城建"与正在发生的汽车革命将进一步有机结合、相互促进、协同发展。

三是智能化城市基础设施建设和改造将成为城市更新的重要内容。汽车产业的电动化、智能化、网联化、绿色化、共享化，将引领城市转型发展并重塑城市形态。推动智能城市基础设施与智能网联汽车协同发展，是新形势下推动汽车产业发展和城市转型发展的重要路径。智能网联汽车产业发展需要基于数字化、网络化、智能化的城市基础设施，这也将成为城市更新的重要内容。

2. 推动协同发展体制机制创新

一是试点示范协同。深化智慧城市基础设施与智能网联汽车协同发展试点，强化试点示范协同，深入推进智能化基础设施建设和智能网联汽车测试示范工作，加强智能化基础设施和"车城网"平台协同建设，布局智能汽车开放测试环境，开展智能公交、智能停车、智能物流等领域的示范运用，提供更加多元化建设模式和多样化应用场景；指导试点城市统筹规划建设城市智能基础设施感知体系，明晰车、路、城等各自的功能定位和职责分工，开展智能公交、无人配送、智能环卫、智慧泊车以及城市道路积水预警、城市灾害预警、地下空间监测等示范应用，促进车城互联互通。

二是政策标准协同。做好政策、法规、标准协同，将试点经验成果上升为政策制度，固化成技术标准，推动地方立法先行先试探索，为智慧城市建设和智能网联汽车行业发展提供有力支撑。

三是基础设施建设协同。智慧城市的建设和发展需要以智能网联汽车发展为切入点和驱动力，支持智能汽车、数据平台以及 5G 通信、智能道路、城市地图等基础设施协同建设，通过合理规划和优化发展城市基础设施改善出行服务，提高城市的运行效率。

四是产业发展协同。政府主要负责智能基础设施、数据中心和智慧城市建设管理平台的建设，其他可实现盈利的场景化应用则更多依靠市场力量。坚持"单车智能＋网联赋能"的战略定位，加强产业发展协同，协同推进智能化、网联化技术并行发展，加快统筹智慧城市和智能网联汽车的发展，在基础设施、城市平台、应用场景等方面实现最大化的产业协同。

五是技术创新与安全发展协同。强化关键技术创新协同，鼓励芯片和汽车企业加快技术研发和协同创新，加强产业链、供应链协作，发挥龙头企业引领作用，强化产业链上下游供需衔接，保障产业稳定运行；完善平台建设技术标准，打通车城网平台与城市 CIM 平台的基础应用，实现城市动态数据和静态数据的融合，打造智慧城市的操作系统，推进车城数据的互联互通。在技术创新的同时，还要开展软件升级备案管理，提升动力电池热失控报警和安全防护水平，高度重视数据安全、网络安全、软件安全等问题，加强数据分级分类管理，加大安全监管力度，完善风险研判和预警处置机制，逐步建立覆盖研发、设计、制造、使用等流程的数据安全管理体系，有效保障数据和网络安全，实现创新发展与安全发展的协同。

六是商业模式协同。智能化基础设施建设需要发挥好政府的政策引导支持作用，让市场在资源配置过程中发挥决定性作用，为企业和用户搭建创新平台，创新鼓励多主体参与建设和运营体制机制，探索形成智能汽车与智慧城市协同发展的商业模式，加速规模化商用进程。比如，武汉市政府与专业机构共同统筹规划，基于"智能汽车与智慧城市协同发展联盟"，引入了 20 余家企业联合建设智能汽车基础设施。比如，广州市推动城投集团、市地铁集团、市建筑集团等国有企业共同组建广州市智慧城市投资运营有限公司，积极参与试点建设。

3. 统筹优化智能网联汽车产业布局

统筹优化产业布局是市场经济规律和智能网联汽车产业高质量发展的客观要求。智能网联汽车是未来汽车产业发展的战略制高点。2020 年 L2 智能网联乘用车的市场渗透率达到 15%，未来还需要从关键技术创新、基础设施建设、标准法规完善、场景应用拓展、商业模式探索等方面协同发力，加快形成产业竞争优势，统筹优化产业发展环境。

一是优化投资布局。坚持全国一盘棋，进一步完善投融资体制，鼓励社会资本参与智能基础设施的建设和运行，严格执行汽车产业投资管理规定，加强统筹投资布局，坚决遏制盲目投资和重复建设，依法依规查处未批先建、批零建整、边批边建等违规行为，规范整车企业兼并重组，大力推动落后企业和无效产能退出，构建布局合理、发展有序、运行高效的产业格局。

二是优化区域布局。按照主体集中、区域集聚的原则，引导产业向发展基础好、产能利用充分的地区和主体聚集，重点在长三角、珠三角、京津冀、成渝等区域打造具有国际竞争力的产业集群。

三是优化产能布局。鼓励引导重点地区制定产业发展规划，依托现有产能，发展智能网联汽车，现有产能达到合理规模之前，不再新增产能布点，整车企业要突出重点布局，确保项目建设规范有序。引导产业链上下游企业强化协作、共同发展，推动关键原材料价格回归理性。加强锂、镍、钴等资源保障体系建设，持续抓好保供稳价，加快构建开发采购并举，国内国际互济的多元化保供体系。

4. 探索多场景应用与商业化运营路径

一是拓展应用场景。城市是新一代信息通信、人工智能、智能网联汽车等新技术最大和最重要的应用场景。各试点城市加快新型信息网联化道路基础设施建设，推进"车路网云图"一体化发展，不断探索智能网联汽车和智能交通的应用场景，通过试点为智能汽车技术提供展示、测试、示范的环境，为技术创新和商业化推广奠定良好的市场环境。比如，宁波市通过在杭州湾新区实施智能化基础设施体系试点，搭建形成半开放和全开放的自动驾驶环境；泉州市选择在城东万安片区试点建设智慧公交网络和电动自行车出行管理；莆田市在旅游胜地湄洲岛开展智能汽车和智能出行的运营示范，逐步打造全域零排放和智能网联的智慧岛。

二是探索商业化运营新模式。各试点城市坚持改造与新建相结合，充分利用已有的城市部件和设备，建设可重复使用、可兼容共享、可迭代更新的城市智能基础设施，同时结合城市的产业基础和需求，搭建更多应用场景，在更多的应用领域试验，尝试商业化运营的路径，推进城市更新改造和满足市民便捷出行的需求。

5. 政策支持体系更加完善，标准体系更加统一

一是强化政策顶层设计。按照党中央、国务院的决策部署，住房和城乡建设部、工业和信息化部、国家发展改革委、交通运输部等有关部门持续强化顶层设计，不断优化科技创新、产业布局、税收优惠、推广应用、充换电基础设施建设等配套政策，构建促进产业发展长效机制，全面提升智能网联汽车产业和城市基础设施智能化建设的高质量协同发展。比如，国家有关部门正在研究修订《道路交通安全法》有关自动驾驶的规定，研究新能源汽车购置税优惠等支持政策，科学编制实施城市综合交通体系规划和城市基础设施建设规划，统筹协调城市空间用地布局与交通体系，明确城市道路交通体系的建设目标、实施规模和空间布局，组织编制汽车产业绿色低碳发展路线图，加强与国际碳排放和碳足迹管理政策的协调，为行业和企业发展提供政策指导。比如，深圳市重点聚焦政策法则先行先试，依托经济特区优势，结合地方特色和产业

基础，围绕标准体系、政策环境、基础设施、平台体系、差异化示范区建设五大方面开展试点工作，建设"智慧的路"，部署"聪明的车"，加快新技术的规模化商用进程。

二是健全统一标准体系。核心技术的不断创新、测试应用的有序推进和产业发展的需求，将共同推动标准体系日益完善以及标准之间的衔接统一。比如，在工业和信息化部的支持下，雄安专门成立了汽车标委会、通信标委会、智能运输系统标委会、全国道路交通标委会四个标准化委员会，建立标准协商协同机制，推动标准之间的对接和协同，达成共识和合力。同时，重点组织制定和修订智能化城市基础设施建设标准，快速干线交通、生活性集散交通和绿色慢行交通这城市三大交通系统建设、监测和评估的标准，以及城市道路基础设施的智能感知工业技术标准，适应城市高质量发展的需要。

6. 关键核心技术有望取得突破性进展

创新是汽车产业发展的第一动力。政府、汽车企业、科研机构要共同把握数字化、网络化、智能化融合发展的契机，推动合作研究、资源共享和技术创新突破，加强重点领域的技术攻关，探索汽车与城市协同发展的最佳路径，围绕电动化、智能化发展方向和关键环节，加大科技创新的力度，加快技术研发和协同创新，积极推动新材料、新工艺、新技术的应用和迭代更新，努力通过技术创新，持续降低智能网联汽车生产成本和智能基础设施建设成本，着力提升产业核心竞争力，推动城市高质量发展。

一是加强低碳化和数字化关键技术攻关。据了解，住房和城乡建设部将围绕城市转型和高质量发展的需要，推动建设一批城乡建设科技创新中心和创新实验室，加快包括智慧城市基础设施与智能网联汽车协同发展技术在内的一系列低碳化和数字化关键技术攻关，促进科技成果在城市加快转化和应用。

二是重点强化芯片技术突破。继续做好汽车芯片保供，加强制造业创新中心建设，发挥龙头企业作用，促进大中小企业融通创新，加快车规级芯片、车用操作系统等关键技术攻关和产业化。

三是注重整车集成技术创新。加强新能源汽车和智能网联汽车关键系统部件和基础共性技术研发，提高新能源汽车和智能网联汽车整车综合性能，更好满足消费需求。

四是加大新型电池技术创新力度。巩固锂离子电池技术和产业优势，加快发展钠离子、无钴、固态电池、燃料电池等新型电池技术，促进电池技术和材料多元化，建设完善动力电池回收利用体系，有效缓解稀有金属、稀缺金属资源供给矛盾。

五是探索充换电结合的技术创新方向。积极探索车电分离、充换电结合、电池灵活配置等新模式，打造产业融合发展的创新生态，以创新为动力，持续提高产业发展水平。

六是促进技术成果转化和落地。通过试点为车载设备、路侧设备、5G 技术、汽车操作系统、人工智能等新型技术提供实践运用机会，特别是要为无人驾驶汽车操作系统、车路协同等技术提供大量实景测试，加快成熟技术转化和落地进程。

7. 跨行业深度融合发展成为趋势

智能网联汽车涉及 5G 技术、人工智能、路侧设备、感知系统、车载装备等，从技术角度讲，实质上已经成为一个大型的移动智能终端。智能网联汽车已将车企、软件公司、芯片公司、互联网公司等聚拢在一个开放合作、互融共生的产业生态圈之中，同时，信息通信技术企业、基础设施建设企业、交通运输企业、智慧城市发展企业、平台企业等都将在智能网联汽车发展中发挥独特的作用。跨界合作和融合发展将成为未来智能网联汽车产业发展的基本趋势。

8. 开放合作基础上的产业国际化水平不断提升

从 2022 年开始，我国已全面取消汽车领域外商投资限制。汽车产业对外开放水平将不断提高，全球企业有望深度参与中国新能源汽车的发展，融入中国市场和产业链、供应链体系。一是支持汽车合资企业按照市场化、法治化原则履行合资合作约定，保持企业平稳运行和健康发展，有效保障合资各方的利益。二是鼓励中外企业创新合作模式，深化合作内涵，共创新能源汽车品牌，合作开拓全球市场，实现更高水平的开放合作和互利共赢。三是鼓励中国新能源汽车和零部件企业提升国际化水平，增强品牌影响力，融入国际供应链体系，为全球新能源汽车发展贡献中国力量。

（四）实践案例

1. 北京经开区：车城融合发展打造智慧城市新标杆

智慧城市建设既是一个技术问题，也是一个理念问题，治理体系和治理能力现代化呼唤更宽广的视野、更前沿的技术，赋能城市高质量发展。

城市是我国社会经济发展的重要引擎，为物联网、大数据等新一代信息技术提供了广阔的应用场景和创新空间。随着我国城镇化进入中后期发展阶段，城市不仅为智能网联汽车提供了丰富的应用场景，也为智能网联汽车的发展提供了巨大的市场前景。不仅如此，智能网联汽车是智慧城市的基本单元，智慧城市的建设和发展也需要以智能网联汽车发展作为切入点，通过合理规划和优化城市基础设施，改善出行服务，提高城市运行效率。

1）紧抓发展新机遇，助力打造"北京样板"

2019 年 9 月，《交通强国建设纲要》印发，提出到 2035 年基本建成交通强国。2020 年以来，"新城建"工作在多个试点城市开展，智慧城市与智能网联汽车协同发展，进程加速。住房和城乡建设部联合工业和信息化部先后确定第一批、第二批智慧城市基础设施与智能网联汽车协同发展（以下简称"双智"）试点城市，智慧城市与智能网联汽车协同发展迈向一个新阶段。

作为"双智"的第一批试点城市，北京市立足新发展阶段，紧抓"两区"（国家服务业扩大开放综合示范区和自由贸易试验区）建设契机，结合北京市高级别自动驾驶示范区（以下简称"示范区"）建设，以经开区为起点，积极推进试点工作。

作为示范区和北京市智能网联汽车政策先行区、经开区先行先试，通过机制体制创新，发挥政策引领支撑作用，为推动双智相关工作的落地奠定了良好基础。

基于示范区建设，经开区成立了以政府、学界、产业界、投资人等各方面紧密结合的组织形态，共同推动智能网联汽车发展；发布"V伙伴"计划，支持企业开展商业运营服务，进行技术创新探索。基于政策先行区，经开区率先对低速无人车实现路权分配；正式开放无人化测试场景，并正式实施无人化道路测试管理实施细则。经开区建设示范区采取"小步快走、迭代完善"的方式，按照1.0阶段（试验环境搭建）、2.0阶段（小规模部署）、3.0阶段（规模部署和场景拓展）、4.0阶段（推广和场景优化）的步骤层层推进。

自2020年10月以来，在经开区政策引领、资源支持、生态构建、产业扶持的基础上，百度通过参与打造"聪明的车，智慧的路，实时的云，可靠的网，精确的图"，赋能经开区城市发展向智慧化、数字化演进，致力于打造可复制、可推广双智试点的"北京样板"。

2）技术场景双落地，持续赋能车路协同

在经开区核心区60平方公里的无人化开放区域中，百度萝卜快跑"方向盘后无人"自动驾驶车辆正在有序行驶，"科技改变生活"每天都在这里上演如图3-16所示。

图 3-16　百度 Apollo 自动驾驶车道路测试

当前，1.0 和 2.0 阶段建设的成果已经发布。1.0 和 2.0 阶段，重点验证了"车路云"自动驾驶技术的安全性，同时围绕自动驾驶商业化落地、应用场景开放、数据安全监管等方面探索出一系列政策和经验，为 3.0 阶段建设打下了坚实基础。

基础设施建设方面，经开区已建成具备智慧 + 感知的主要路口 329 个，安装自动驾驶设备 9303 个。路口交通实现了物理空间和数字空间的同步运行和调度。在出行密集区，经开区主导建了 300 多个无人化推荐上车点支持常态化付费示范运营，提升了服务水平，让市民出行更便捷。

依托经开区智能网联等新型城市基础设施建设，百度打造的 AIR 智能道路系统率先实现交通管理与车路协同设备复用。相关负责人表示，道路交叉口的交通环境复杂，通过 AIR 智能道路系统超视距的协同感知，能在更高位置、更广范围将信息实时传递到车端，让自动驾驶车辆在通过交叉口或出现异常情况的路段能提前测算，顺畅通过，从而大幅减少城市道路拥堵，使出行更高效。

相较于传统的智能交通解决方案，AIR 智能道路系统更具技术与成本优势，是"既面向未来，又兼容当下"的下一代智能交通解决方案。基于 AIR 智能道路系统部署，能够精准识别交通路口信号控制及交通组织问题，持续优化改进，提升交通效率；能及时发现路口交通事故、交通拥堵事件，并实时回传指挥中心及时处置，缩短事件处置时间，降低事件影响范围，提升管理能力；市民可以通过百度地图、度小镜等智能终端获取红绿灯状态、路口交通事件等信息，体验网联化服务，在经开区畅通出行。

3）实践探索见成效，推动建设智慧城市

围绕双智试点建设和示范区建设，在政策引领下，经开区主导在智能化路侧设施建设、车路智能感知体系建设、数字交通底座建设等方面创新探索、落地应用。基于 AIR 智能道路系统打造的数字交通底座，赋能城市交通管理，推动经开区基础设施数字化建设与改造进程，为经开区逐步实现"经济、生活、治理"三大领域全面转型，整体提升注入新的活力。

城市机动车辆急剧增长引起的城市交通流量激增对交通道路提出了严峻挑战，城市硬件建设不完善、停车管理体制不健全等造成静态交通管理滞后也加重了动态交通的压力。依托经开区完善的基础设施条件和开放的政策环境，通过 AVP 试点，提升停车效率，探索有效缓解城市交通拥堵的路径。

经开区的智能网联汽车应用场景落地，实现了整车厂、运营商、市政企业等产业链上下游企业的共同发展，对构筑共建、共治、共享的数字化城市产生了积极影响。基于示范区建设的"底层打通、全网融合、多方投入、共同使用"原则，百度积极参与建设和运营，为智能网联汽车规模化发展与运营提供了先进的感知技术、信息支撑和网络服务，也为经开区智能网联汽车产业发展提供了技术支撑和创新动力（图 3-17）。

图 3-17　百度 Apollo 自动驾驶车

作为新一代信息技术与交通运输融合发展的产物，智能网联汽车能够实现良好的经济和社会效益，在促使行业探索商业化新模式的同时，也成为建设智慧城市的重要抓手，不断促使城市基础设施建设加快更新升级，推动城市数字化转型。不仅如此，城市交通数字化转型也为城市精细化治理提供了信息支撑，有助于城市治理向着现代化迈进。

2. 广州智慧城市与智能网联汽车协同发展试点情况

2021 年 4 月 28 日，住房和城乡建设部、工业和信息化部联合下发《关于确定智慧城市基础设施与智能网联汽车协同发展第一批试点城市的通知》城建函〔2021〕51 号，广州市获批为第一批试点城市。广州市积极落实试点部署要求，制定并出台了《广州市智慧城市基础设施与智能网联汽车协同发展试点工作方案》。

广州市是国内首批开展自动驾驶汽车道路测试工作的城市之一，拥有众多国内领先的自动驾驶企业。广州市也是全国自动驾驶封闭测试成本最低的城市，是全国第一个提出建设区一级先行示范区的城市。自 2020 年 8 月起，广州市就开展了城市级智能网联汽车道路测试规模化、综合性应用试点，推动先行试点区进行车路协同示范建设，探索智能网联汽车新型出行服务新模式。

2019 年，广州市首批发放 24 张智能网联汽车道路测试通知书后，又陆续发放了 59 张测试通知书。为拓展测试场景，首次在中心城区主干道（海珠区）开放 11 公里的测试道路，支持企业在更广泛、复杂的道路环境中开展道路测试工作。截至 2021 年，已累计发布开放一、二、三级测试道路共计 88 条，里程约 156 公里。

2020 年，共有 5 家自动驾驶企业的 71 辆自动驾驶汽车在广州开展自动驾驶测试，累计测试里程近 70 万公里，载客服务人数超 6 万人，零主动安全事故，已基本具备了示范运营的条件。此外，广州已在全国率先出台《广州市车联网先导区建设总体技术规范》《广州市 V2X 云控基础平台技术规范》，为全市车联网建设提供统一的标准与依据。

根据《广州市智慧城市基础设施与智能网联汽车协同发展试点工作方案》，广州结合双智试点"建设智能化基础设施、建设新型网络设施、建设'车城网'平台、开展示范应用和完善标准制度"五项试点任务，明确了七大类任务。一是建设智能化基础设施，基于"既有设施利用 + 部分设施新建"原则，推进既有道路基础设施智能化改造和新建道路配套智能化基础设施建设；二是建设新型网络设施，结合国家新型基础设施建设，加强 5G 组网、基站配套及分布式系统建设，为车路协同应用提供支撑；三是建设"车城网"平台，实现感知数据融合互通，支撑场景联合应用，优化交通治理水平；四是开展"车城网"示范应用，建设琶洲车城网项目、黄埔智慧交通"新基建"项目、番禺车联网项目；五是开展智慧停车应用，优化停车信息管理，提升既有停车场智慧化导航能力，实现停车资源高效利用；六是完善标准政策体系，注重流程再造和统一规范标准，强化趋势分析、智能预测、快速响应，开发更多应用场景和运营研究，创新政策环境，推动产业发展；七是推动车城融合产业发展，积极探索政府主导、多方共建的新模式，创建协作共赢产业环境，坚持聚焦长远发展，立足产业融合，加速规模化商用进程，推动形成包容开放的产业生态，推进车城融合产业发展。

试点聚焦琶洲车城网项目、黄埔区智慧交通新基建项目、番禺车联网项目，进行落实。琶洲车城网项目涵盖自动驾驶微公交、智能网联公交、社会车辆车路协同信息服务、全域停车信息服务、道路智能监测等 12 项应用场景；黄埔区智慧交通新基建项目建设隧道防汛应急指挥、城市巡检、商用车管理等应用场景；番禺车联网项目探索自动泊车、智慧物流、智慧出行、智慧售卖等应用场景。

试点任务由市住房城乡建设局、市工业和信息化局牵头组织实施，市公安局、市交通运输局、市政务服务数据管理局等 17 个相关职能部门、区政府和企业配合推进。至今，示范应用初见成效，2022 年底有望形成可复制、可推广的"广州模式"。

3. 南京市开展智慧停车深度应用情况

南京市市委、市政府高度重视静态交通问题。按照南京市市委、市政府"全市停车一张网"的工作要求，紧紧围绕"四新"行动计划，由南京市城市管理局牵头建设的南京市智慧停车管理平台已于 2019 年 11 月上线，同时在路内、路外领域开展多场景下的智慧停车改造试点工作，着力打造全市路内、路外数据一张网的智慧停车新格局。充分运用"大智云物移"等技术，先行完成智慧停车静态交通大数据平台建设，逐步推广共享平台、信用平台，立足公共服务定位，有序整合全市停车场（位）、设施等资源，制定平台统一接入标准，推进各类停车资源有序开放、共享，实现"路内、路外一张网"。把握车主的实际需求，通过大数据和云平台深度挖掘停车数据，以前端设备智慧改造和平台智能化运营为抓手，减少"跑冒滴漏"，降低人力成本，提升车位周转率，缓解南京市目前"停车难""交通堵"问题。

1）总体情况

一是积极推进城市公共停车场建设。随着社会经济的不断发展，汽车普及度越来越高，前期城市规划车位配比明显不足，增量投建是弥补缺口的重要方式。合理运用停车楼建设、利用地下空间建设车库、利用地上有限空间建设立体车库等方式，提高停车车位数量。其中，立体车库可以由政府直接采购或企业投建等方式实现，运用停车大数据分析达到综合考量、多点布局，根据目前城市的停车需求现状，权衡企业资源分配的情况下，逐步滚动开发。

二是探索存量单点停车场优化。着眼于整个城市的布局，把握时间维度和空间维度的一体化，进一步整合、优化城市停车管理信息系统，全面掌握城市停车资源信息，做到现有停车资源最大化利用与增量的最优化布局，从管理、车主以及区域动态交通的需求出发，将车主需求与现有车场进行有效匹配，将城市停车泊位进行多维联通、联动，资源整合。通过及时匹配给车主最优停车资源，从而提高现有存量的综合利用率，有效缓解信息不匹配造成的静态交通失衡。

三是开展智慧停车深度应用。针对静态交通停车中的问题，采用云计算、大数据、物联网等技术，搭建城市级公共停车服务平台，实时更新车辆动态数据，破解公共停车中遇到的诸多难题。搭建停车资源平台，覆盖城市各大停车场、小区、酒店、商场、大型超市、医院、餐饮场所等建筑，以停车场数据接入及部分停车场的改造与新建为主，同时兼顾泊位智能化建设。平台以停车为主，同时开放数据接口，可对接政务、交管、公安等其他外部系统；制定建设规划，市、区、街道三级联动，提供车位预约、反向寻车、手机缴费等信息手段的应用，将一线管理、收费服务由人工变为自动，由线下变为线上。

2）系统建设

南京市智慧停车管理平台按照"一个中心，两个领域，三个子平台，四个核心应用功能，多种数据接入手段"的总体建设思路，统一规划、分步实施，分步推进系统建设，逐步迭代完善系统功能，先行完成智慧停车静态交通大数据平台建设，逐步推广共享平台、信用平台，立足公共服务定位，有序整合全市停车场（位）、设施等资源，制定平台统一接入标准，推进各类停车资源有序开放、共享，实现"路内、路外一张网"。

一是面向政府的可实时监管以及决策支持功能。在实时掌握信息的基础上，通过停车信息的处理、挖掘和分析，为政府制定停车场建设规划布局、调整停车泊位分布结构、规范停车行业管理等提供科学化的决策依据和决策支持。在实时掌握信息的基础上，采用模拟仿真等技术手段为后续停车价格走向市场化提供了基础数据支撑。

二是面向智慧停车运营公司的管理运营功能。实现对前端设备的远程控制和管理、账务结算管理、客户服务管理、人员管理、停车交易管理等管理功能。

三是面向市民的客户端服务功能。提供面向市民的实时空余车位查询、空余车位预定、路线规划和导航、示范性停车场的反向寻车、电子支付、周边信息推送等基础功能，同时预留停车后服务南京市场的功能接口。

四是面向停车场业主的服务功能。根据停车场业主的性质和需求不同，为停车场业主提供账务查询和清算、停车场实时运营情况查询、停车信息挖掘和分析等基础功能，同时可根据业主需求，提供停车场室内导航、反向寻车、商业广告推送和精准营销等增值功能。

五是停车泊位共享的应用功能。实现停车泊位供方供给发布停车需求方的身份认证、需求查询、供需匹配、出入场凭证以及校验、费用支付、资金分配、系统对账、用户评价、信用评价等一系列共享平台的功能建设。

3）平台功能

一是路内板块。南京智慧停车大数据平台已覆盖全市道路临时泊位近 6.7 万个。为市、区、街三级城管部门提供完善的停车业务管理、停车运营分析、泊位资源管理、人员管理、停车行业监管等服务。2020 年全年主城六区累计产生路内泊位订单约 2500 万笔，总计收入约 1.5 亿元，增收效果明显。

二是路外板块。目前南京市智慧停车管理平台已经具备一套完整的面向停车场管理运营的系统，并完成与部分第三方系统的联通，实现了对停车场的监管服务能力，现已完成 83 座停车场的数据接入。通过后继的系统建设，平台将具备与停车场的数据深度联动的能力，可以为停车场的管理单位提供标准的管理过程，实时远程值守，全面经营监控，提升停车场的管理水平、营业收入、资源利用等多方面的能力，打造标准化的停车场经营管理体系。

三是"宁停车"客户端。"宁停车"APP 于 2019 年 12 月上线，微信公众号和支付宝生活号也已同步上线，提供停车缴费、找车位、停车诱导、预约停车、反向寻车、优惠加油、汽车充电、自助移车、夜间错时共享等功能，注册用户近 35 万，下一步将陆续上线非税电子发票、白天临停共享、无感支付以及面向车场的第四方支付等功能，为市民提供一站式出行服务。

4）积极推进新技术应用场景试点

（1）智慧化改造试点

组织路内停车前端采集设备试点。在秦淮区、玄武区城管部门支持下，分别在小火瓦巷站点试点高位视频，在高楼门站点试点 NB 地磁等前端设备，实现平台多种前端技术的兼容性。目前收费员在高楼门正式使用地磁系统进行收费，收费率较人工收费提高约 20%。

组织公共停车场智慧化改造试点。完成南京火车站南、北广场地下停车场以及五台山地下停车场 ETC 设备安装，经过整体智慧化改造，已实现"无感支付，集中管理"。南京火车站南广场地下停车场完成智能化硬件改造工程，通过安装视频车检器和蓝牙信标，实现车牌识别及车辆定位，车主手机蓝牙打开后，即可实现反向寻车和空位引导功能。随着本次停车智慧升级改造，可实现"无感支付，集中管理"的方式与"云＋人工智能"新型技术的结合，为停车场主提供停车场云端监管系统。

妥善接管人防停车设施，对人民中学、春江学校、田家炳中学、樱陀花园四座人防工程地下停车场开展代运营，实施智慧化改造。协助南京申请成为交通运输部ETC 智慧停车试点城市。

（2）动静态交通方案研究

协助南京市交通运输局完成中山陵园风景区智慧交通综合治理方案研究，提出针对城市风景区智慧停车及预约机制的实施方案。协助南京市城市管理局、南京市发展和改革委员会完成分时收费课题研究，并接入建邺区、栖霞区、雨花区分时收费试点路段前端设备，提出分时收费及绿色泊位技术解决方案。

（3）推进共享停车试点建设

南京市智慧停车管理平台携手南京电信实现停车位共享，南京电信内部 13 座停车场，共计 163 个车位对外共享，采取错时包月的形式向周边居民开放，有效缓解了周边居民的停车难题。试点将采用"线上申请，线下审核"的方式，车主需通过"宁停车"APP 共享停车功能进行线上申请，采取包月收取费用的形式。若市民未按时离场，则按照规定价格收取临停费用，且连续多次未按时离场的不再接受共享停车办理申请。

5）未来展望

南京市智慧停车管理平台将以数据应用、共享开放、模式创新、用户感知四个理念为本，在解决问题的基础上打造开放的发展生态，鼓励利用静态交通数据的应用创新。一是为政府提供停车资源实时监控、停车资源智能调度以及停车资源配置的决策依据，提供停车管理效能分析、信用管理以及社会治理应急联动等服务。二是为车主提供车位发布、车位预约、精准导航、反向寻车、无感支付、智能客服等服务功能。三是为停车场主提供停车场云端监管系统，利用大数据实现信息共享、精准发布、引流导流等服务，应用区块链技术推行统一支付（一码通行）。四是实现动态调价，以"价格为杠杆"，通过大数据分析，实现对医院、学校、商圈、景区、交通枢纽等各功能区的精准调度。五是从车位资源的错时共享、资源优化利用角度出发，激活闲置车位，提升车位周转率，打造一个连接车位、物业及需求者的供需平台，缓解南京市停车难问题。六是开发和丰富智慧运营产品，发挥大数据价值，鼓励通过市场化的手段，建设互利共赢的商业模式，以市场力量推动停车行业的长远发展，通过与涉车领域公司共同探讨线上线下合作模式，打造基于 MAAS 的智慧出行圈、维保圈和生活圈。

4. 成都市协同发展智慧城市基础设施与智能网联汽车情况

1）试点工作总体推进情况

成都市"双智"协同发展试点方案明确了"2+N+3"区域的试点内容安排，积极探索商业运营模式。一是成都高新区与智能驾驶头部企业百度合作共建模式。高新区与百度共同投资 2 亿元，在成都 5G 智慧城主干道、支路以及从地铁 1 号线广都站等的闭环线路进行车路协同智能基础设施建设，改造路段全长约 30 公里，并根据项目建设需求提供 Robotaxi 等类型自动驾驶车辆、设备、材料、人员等开展测试运营，提供载人接驳、站点送达等多类型自动驾驶车辆运行服务。高新区平台公司电子信息公司作为项目业主，按照"龙头企业领建，生态企业参建"模式开展项目建设。电子信息公司依法对项目建设单位进行招标，项目公司作为"龙头企业领建"应依法参与项目招标，中标后发布"生态企业参建"项目清单，"生态企业参建"比例不低于财政总投资的 30%，并同步启动项目建设，待相关政策出台后，及时开展车路协同测试。二是成都市龙泉驿区和中国信通院合作模式。中国信通院车联网创新中心（成都）有限公司在成都市龙泉驿区，并成为成都市智能网联道路测试管理单位。公司独立运作，龙泉驿区政府在办公等后勤保障方面给予一定支持。一方面中国信通院是国家在通信、智能网联方面的高端智库和通信技术标准的制定者，龙泉驿区引进后，将进一步夯实产业基础和扩大成都市在智能网联测试方面的影响力，推进智能网联汽车产业聚集；

另一方面中国信通院也需要落地项目，通过实践进一步促进研发、测试工作，同时扩大和丰富业务范围。三是招商引资模式。相继与相关公司，就 5G 项目场景建设、智慧交通、智慧城市建设等进行了积极洽谈。同时，成都市还密切对接移动等信息基础设施建设、运营企业以及导航定位企业，争取更多优质企业共同参与推进智能网联汽车产业发展。

成都市推进智慧城市基础设施与智能网联汽车协同发展试点成效明显。通过加快推进形成一批具有突出亮点的示范项目，推动城市市政基础设施智能化建设和升级，探索"车城网"平台建设，试点启动"车、路、边、云"一体化的车路协同建设。目前已出台相关标准制度 3 部；确认了信通院车联网创新中心（成都）有限公司（以下简称为信通院成都公司）为成都市智能网联汽车道路测试管理单位，有 61 位专家作为专家委员会成员；积极推动东西城市轴线等在建重大市政工程，按城运系统（CRTO）标准纳入智慧城市道路建设范畴，结合已初步建成的大运会直连通道及配套路测基础设施、感知系统，进行平台对接、数据融合；启动成都市道路交通城运系统（CRTO 一期）项目建设工作；"中德"智能网联汽车测试场项目、成都 5G 智慧城智能驾驶项目、龙泉大运直联通道智能网联示范线等项目试点成效显著。

2）智慧多功能杆建设情况

此前，成都市智慧多功能杆建设运营改革试点已经启动，由城投集团具体落实对中心城区 2.8 万根灯杆的智慧多功能改造和新建，同时按照城市车联网系统技术标准，安装路侧信号机、综合感知设备等，实现一体化部署。项目总投资为 15 亿元（不含经营性滚动投入），城投集团自筹资金 3 亿元，已申请使用地方政府专项债券 12 亿元，建设周期为 4 年。其中，已对一环路、羊西线、利民路等 10 多条道路进行了灯杆改造，完成 3000 余根智慧多功能灯杆建设，一环路车路协同先行试点，明确部署点位 57 个；中心城区车联网路侧系统点位第一阶段预计 2200 ～ 2400 个，预算资金 4.5 亿元。

城投集团积极着手将多功能杆作为复合型资产的建设运营长效机制和面向智能网联汽车用户端的商业化应用模式，力争在当前全国都亟需模式创新突破的形势下，取得成熟的实践经验。重点面向车联网行业应用平台商（VSP）做实做活数据资源，有偿开放供给，协同大数据交易机构和第三方供需平台开展数据资源市场化配置，切实形成多层次、开放包容的车联网基础电信业务持续经营能力。同时，集中孵化 2 ～ 3 个优质应用项目，打造丰富多元的产业生态，形成多元创收体系。

3）下一步工作计划

到 2022 年末，将高质量建成智慧城市基础设施开放、多元融合的接入网（智慧城市智能化底座），建成智慧多功能（一体化）灯杆 10000 根，建成 5G 基站 6.5 万座、C-V2X 车联网路侧系统部署点位 1000 个（套）、OBU 车载示范应用列装不少于 20000 台（套）、车路协同融合示范应用场景不低于 15 个、能够价值变现形成数字经济服务的场景不低于 5 个；公安交管、交通运输、智慧城市基础设施等按照行业规范和产业发展要求，实现跨部门、跨领域、跨系统、跨平台互联互通互认互操作，构建以数据集中处理机制为支撑的"车城网"平台等。

到 2025 年，通过前期试点示范，力争在道路基础设施智能化、车路协同等关键技术及产品研发和测试验证取得重大突破，形成行业引领优势；推动编制一批智慧城市及智能网联汽车相关的基础性、关键性标准；建成一批具有影响力的智慧城市基础设施建设运营、车路协同与自动驾驶测试应用示范工程，逐步实现城市级规模化部署，推动智能网联汽车产业化发展。

到 2030 年末，构建完成智慧城市建设及智能网联汽车产业发展生态体系，成为全球智慧城市建设的标杆，以及智能网联汽车和新能源汽车智造产业高地、全国智能网联汽车和新能源汽车产业自主创新示范城市。

5. 武汉市协同发展智慧城市与智能网联汽车情况

1）工作成效

一是加快道路智能化改造。编制了《智能网联汽车开发测试道路智能化改造技术规范》。建立了支撑智慧汽车、智能交通发展的智能化基础设施。2019 年智能网联汽车（武汉）测试示范区一期项目完成道路智能化改造 28 公里，2020 年二期，项目完成 78 公里，两年共完成道路智能化改造 106 公里。同时推动 5G 网络设施建设。试点区域共兴建了 260 个 5G 基站。

二是开展交通出行平台建设。在武汉示范区车联网系统建设中，选用了多家供应商的通信模组与设备，兼容移动和电信运营商网络，实现了芯片模组、设备、整车以及网络运营商的"四跨"。同时采用统一的 CA 认证平台、高精度地图、高精度定位以及 V2X Server 平台，在"四跨"的基础上实现了"四统一"。开发部署了统一的城市操作系统平台。管理全域智能基础设施，实现了开发区道路、车辆、城市建筑等实时数据的接入、汇聚和融合，支持智能网联汽车、智能交通、智能公交等相关应用。

三是深化智慧汽车场景应用。规划了 6 大类应用，包含 15 个具体应用场景，涵盖了公交、环卫、园区、出租等自动驾驶示范应用，涉及自动驾驶车辆 41 辆和参与车路协同应用的武汉开发区内公交车 236 辆、武汉市社会车辆 10000 辆。

2）经验做法

一是打造开源共建、开放创新、融合发展的建设模式。由百人会创新中心规划统筹，百人会联合百度、华为、中国移动、大唐等企业共同建设，打造智慧汽车基础设施。

二是建立基于联合创新实验室群的科研体系。联合创新实验室群协同多方制定智能网联相关标准，与管理部门共同制定智能道路建设标准，与芯片、车辆、5G 通信、北斗高精定位以及安全供应商等共同制定智能基础设施建设标准，与主流设备供应商共同制定车路协同应用层数据交换标准等。打造智能网联城市样本，形成"武汉经验"，并努力推动形成国家标准。

三是推动地方标准和技术规范的研究编制。由武汉市经信局牵头完成《智能网联汽车开发测试道路智能化改造技术规范》的编写，内容包括通信网络设施、智能感知设施、道路交通设施、支撑平台等方面。《高精度定位地图标准序列》《车路协同智能道路建设的安全标准》《AVP 专用智能停车场建设标准》等一系列标准规范制定工作正在推进中。

3）下一步工作

武汉市将建设 1 个核心基础平台（智慧城市基础平台—长江 0S）和 2 个应用平台（城市运行管理服务平台和城市智能化安全管理平台），开展加快推进城市基础网络设施建设和智能化市政基础设施建设与改造 2 项基本工作，建设智能化道路基础设施、智能网联汽车应用建设、建设全域停车信息服务与 AVP 应用示范、建设安全便捷的新型智慧社区示范、基于数字孪生的城市规划应用 5 大示范应用。

6. 苏州市协同发展智慧城市与智能网联汽车情况

1）建设城市道路基础设施智能感知体系

在试点区域内（常熟市、相城区、苏州工业园区）率先实施城市路网智能改造工程，通过对城市道路、车道线、车道柱、限速标示牌、方向指示、道路情况预警、车道护栏、公共停车场等基础设施的数字化改造，利用 V2X 技术和智能网联汽车进行信息互换，方便智能网联汽车辨识。开展全市公共泊位技术改造，建设机械泊位和平面泊位，逐步建成城市级智慧停车系统。

2）推动智能网联汽车多场景应用

围绕"三区一走廊"测试示范区，打造自动驾驶公交、出租车、景区游览车、园区物流、无人安防、无人配送等各类示范应用。重点围绕智慧高速、自动集卡等应用场景，结合智能交通前沿技术发展态势，超前布局建设"阳澄半岛智慧旅游体验""生态苏州工业园区智能交通世界大会综合应用场景""苏台智慧高速""太仓港四期无人驾驶集卡""相城高铁新城无人出租车"等一批示范项目，推动智能网联汽车多场景应用。同时，进一步优化封闭测试场地场景，支持产业链各级企业自主研发，实现技术创新。

3）打造智慧出行平台"车城网"

制定出台苏州市"车城网"发展规划，重点以常熟市、相城区、苏州工业园区为产业集聚区，发挥区域特色，推动产业链"建链、强链、补链"。围绕"三区一走廊"测试示范区建设布局，统筹资源优势，推动城市级"车城网"云控平台部署。到2022年底，车路协同道路总里程达到 354.75 公里，"车城网"接入用户数达 20 万，完成 5G"车城网"专用频段申请，制定"车城网"相关标准和技术规范不少于 17 个。

四、智能化城市安全管理平台总体研究

2018 年 1 月，中共中央办公厅、国务院办公厅印发的《关于推进城市安全发展的意见》强调指出，推进城市安全发展，要全面贯彻党的十九大精神，以习近平新时代中国特色社会主义思想为指导，紧紧围绕统筹推进"五位一体"总体布局和协调推进"四个全面"战略布局，牢固树立安全发展理念，弘扬生命至上、安全第一的思想，强化安全红线意识，推进安全生产领域改革发展，切实把安全发展作为城市现代文明的重要标志，落实完善城市运行管理及相关方面的安全生产责任制，健全公共安全体系，打造共建、共治、共享的城市安全社会治理格局，促进建立以安全生产为基础的综合性、全方位、系统化的城市安全发展体系，全面提高城市安全保障水平，有效防范和坚决遏制重特大安全事故发生，为人民群众营造安居乐业、幸福安康的生产生活环境。

2020 年，为做好城市建设安全专项整治，根据《全国安全生产专项整治三年行动计划》制定出台的《城市建设安全专项整治三年行动实施方案》确立六个方面的重点任务：一是加强对各试点城市城市规划建设管理工作的指导，将城市安全韧性作为城市体检评估的重要内容，将城市安全发展落实到城市规划建设管理的各个方面和各个环节；充分运用现代科技和信息化手段，建立国家、省、市的城市安全平台体系，推动城市安全和可持续发展。二是指导地方全面排查利用原有建筑物改建改用为酒店、饭店、学校、体育馆等人员聚集场所的安全隐患，依法查处违法建设、违规改变建筑主体结构或使用功能等造成的安全隐患行为，督导各试点城市整治安全隐患。三是根据城市建设安全出现的新情况，明确建筑物所有权人、参建各方的主体责任以及相关部门的监管责任。四是开展摸底调查，研究制定加强城市地下空间利用和市政基础设施安全管理指导意见，推动各试点城市开展城市地下基础设施信息及监测预警管理平台建设。五是完善燃气工程技术标准，健全燃气行业管理和事故防范长效机制，指导

各试点城市建立渣土受纳场常态监测机制，推动市政排水管网地理信息系统建设。六是督促企业落实主体责任，指导各试点城市开展起重机械、高支模、深基坑、城市轨道交通工程专项治理，依法打击建筑市场违规行为，推进建筑施工安全生产许可证制度改革。

党的二十大胜利召开，做好城市安全管理工作意义重大、责任重大，统筹发展和安全，坚持高水平安全服务高质量发展，挑战更多、要求更高。各试点城市要强化监管、精准服务，守住城市运行安全底线，提前谋划抓开局、细化措施稳全局、顺时应势开新局。

（一）发展现状

1. 建立和完善城市安全运行体制机制

各试点城市按照指导与协调相结合、事权与责任相一致的原则，统筹协调城市发展与安全，充分发挥党委、政府的综合协调职能，建立和完善城市安全运行体制机制，健全信息互通、资源共享、协调联动的风险防控工作体制，探索建立科学、有效、健全的城市安全管理体系，完善协同治理工作机制，加强相关部门和地区间的联动配合，形成分工明确、协同治理、共同发力的工作模式，强化监管，精准服务，实现对风险的源头管控、过程监测、预报预警、应急处置和系统治理，守住城市运行安全底线。比如，上海市加强统筹联动，聚焦体系建设，持续完善城市安全管理体制机制，打造数字化监管体系，推进智能化城市安全管理平台建设，推动城市发展和安全的网格化、精细化管理，构建信息共享、指挥一体、协同联动的精细化管理格局。全市城市安全发展工作由市安全生产委员会统一组织，市安全生产委员会办公室负责实施；各有关部门、单位在职责范围内负责具体工作；各级党委和基层政府担负属地安全发展责任，把城市安全发展纳入巡查考核和督查督办的重要内容，充分发挥有关部门和单位的职能作用，形成工作合力；鼓励引导社会服务机构、公益组织和志愿者参与推进城市安全发展；建立完善常态长效工作机制，紧盯重要领域、重点区域，重点行业企业、重要场所、重点设施全面滚动开展风险和隐患排查，从根本上消除事故隐患，深化整治成果，提高整治成效，督促企业以实际行动切实解决安全生产中的突出问题和薄弱环节；加强督导检查，对相关单位工作情况进行督查，确保工作开展到位。

2. 建设智能化城市安全管理平台

1）摸清底数，数据汇聚

各试点城市统筹推进房屋建筑和市政设施普查、房屋安全隐患排查整治及市政公用行业安全隐患排查整治等工作，摸清底数，建立档案，以 CIM 平台为依托，整合城市体检、市政基础设施建设和运行、房屋建筑施工和使用安全等信息资源，充分运用现代科技和信息化手段，加快建设智能化城市安全管理平台，加强城市安全智能化管理。比如，广州市在城市体检工作中，全国首创"广州城市体检观察员"制度，围绕生态宜居、健康舒适、安全韧性、交通便捷、风貌特色、整洁有序、多元包容、创新活力 8 个方面，构建了具有广州特色的"8+65+N"城市体检指标体系。广州在全国首创了"城市体检观察员"制度，公开招募了 620 名"城市体检观察员"，市、区两级社会满意度调查回收问卷超过 21 万份；已排查地质灾害风险点 2637 处，建立内涝积水监测点 425 个、窨井水位监测点 1507 个，抽查 124 座桥梁安全状况，完成 8 个建筑废弃物消纳场安全监测及评估；开展城镇房屋安全普查，采集约 100 万幢房屋安全信息数据，对全市 5522 幢玻璃幕墙建筑按照建设规模、区域位置、隐患危害程度等情况分类管理。比如，杭州市建设城市安全韧性感知数据池，整合危化品、道路桥梁、气象灾害、地下管网及其他灾害监测监控信息，建立全灾种、多源、异构的数据汇聚平台，通过整合各级用户专业领域的数据资源，建设跨部门、跨地区的应急管理数据资源池，为挖掘常态数据与识别深度模式提供条件。比如，深圳市福田区根据房屋安全管理需求和目标，结合房屋管理、幕墙管理、建筑边坡管理、风险源管理的一些具体要求，已将福田区所有建筑信息完全收录既有建筑智慧系统：福田区共有 18441 栋建筑，2781 栋建筑幕墙，103 个建筑边坡，5 条暗渠（影响房屋 21 栋），在建深基坑 47 个（影响房屋 276 栋）。系统自 2019 年 10 月投入使用以来卓有成效，此前 10 个街道办、2781 家物业服务企业已开始使用，受到各方一致好评。

2）加快构建国家、省、城市三级平台体系

各试点城市根据国家有关部门确定智能化城市安全管理平台指标体系和基本架构，加快构建国家、省、城市三级平台体系。比如，苏州市按照《国家安全发展示范城市评价细则（2019 版）》审委办〔2019〕16 号《省级安全发展示范城市评价细则（2020版）》等相关标准，研究制定配套政策性文件和城市安全标准规范和评价细则，加强智能化城市安全管理平台与国家级、省级平台体系等相关领域标准的衔接，构建以城市韧性为核心的城市安全运行评估监测指标体系，支持城市体检、城市基础设施建设和运行、房屋建筑施工和使用安全"综合评价"。比如，青岛市以 CIM 平台为依托，整合城市体检、市政基础设施建设和运行、房屋建筑施工和使用安全等信息资源，充分运用现代科技和信息化手段，加强城市安全智能化管理。系统梳理城市安全风险隐患，确定智能化城市安全管理平台指标体系和基本架构，与国家级、省级平台体系实现信息共享、分级监管、联动处置。

3）深化智能化城市安全管理平台应用

各试点城市结合推进城市建设安全专项整治三年行动，以 CIM 平台为依据，整合城市体检、市政基础设施建设与运营、房屋建筑施工和使用安全、城镇供水、排水、供电、燃气、供热、井盖、照明等信息资源，充分运用现代科技和信息化手段，深化智能化城市安全管理平台应用，对城市安全风险实现源头管控、过程监测、预报预警、应急处置和综合治理，强化城市运行安全智能化治理。比如，上海市在建筑安全管理方面，加强重大工程、改扩建工程、小型工程等施工领域安全管理，做好风险排查评估，落实应急举措。加强房屋全生命周期管理，健全覆盖住宅、非居住房屋、公共建筑的隐患排查和处置机制，建立房屋安全检查、周期检测及限制使用等制度。提升建筑抗震标准，加大市属保障性住房等外墙外保温系统安全隐患整治力度，加强既有玻璃幕墙建筑安全监管及空调外机等外立面附加设施安全整治，实现墙面上晾衣架、遮阳篷雨篷、花架、楼宇标识牌及立面上各类管线、线条的整体安全、有序、协调、美观。加强地下空间使用安全管理，落实地下空间权属、使用和管理单位主体责任。发展智慧电梯管理模式，建设全市一体化专业管理服务平台，完成使用满 15 年住宅电梯安全评估和治理工作，并实现远程监测全覆盖。比如，广州市打造智能化城市安全管理平台，加强城市安全智能化管理，打造燃气安全运行监测预警、综合管廊安全运行、桥梁安全健康监测、地面塌陷综合治理、供电设施安全运行、城市消防安全和路灯安全等典型城市安全专题应用场景，以"一张图"形式呈现城市整体安全运行态势。比如，杭州市利用智慧安全综合监管平台，助力"杭州城市大脑"建设。"城市大脑"是运用大数据、云计算等前沿科技，构建城市运行智能化中枢。通过整合汇集政府、企业和社会数据，在城市治理领域进行融合计算，实现城市运行的生命体征感知、公共资源配置、宏观决策指挥、事件预警预测等功能。随着杭州市城市大脑建设速度的日益加快，城市大脑的各场景应用系统平台的建设完善工作正在有序地推进中。杭州市西湖区根据《2019 杭州市"城市大脑"建设工作要点》的工作思路，全面推进城市大脑重点领域应用的对接落地。作为杭州市的重点项目，"城市安全综合监管平台"以"智慧物联"实时监测、安全风险管控、应急处置、安全风险分析一张图等应用场景，构建智慧安监应用场景，实现管理区域的安全管理智慧化，为城市安全生产和应急处置提供支撑。比如，苏州市积极拓展城市安全治理多功能、多场景应用，强化业务整合、完善应用支撑，推动城市体检评估信息系统建设，构建体检指标运算模型，跟踪监测体检指标，精准发现问题，及时采取防控措施；推动基础设施和房屋建筑安全监测系统、智慧电梯安全监管系统、城市排水的动态监测和"厂网河湖"

的一体化调度体系、管线智慧监测系统、城市地质灾害智能化管理系统等城市安全领域的深化应用，对城市安全风险实现源头管控、过程监测、预报预警、应急处置和综合治理；加强专项工作监督管理水平，建立健全建设企业安全诚信体系等；推动落实城市安全政府监管责任和企业主体责任，建立和完善城市应急和防灾减灾体系，提升城市安全韧性。

3. 强化城市安全隐患风险防控与排查治理

1）厘清城市安全责任链条

加强城市安全风险防控、确保城市运行安全，是城市治理的重要内容。各试点城市牢固树立以人民为中心的发展思想，坚持生命至上、安全第一，始终坚守发展决不能以牺牲安全为代价这条不可逾越的红线，切实承担"促一方发展，保一方平安"的政治责任，严格落实地方各级党委和政府的领导责任、部门监管责任、企业主体责任，按照"谁主管谁负责，谁拥有谁负责，谁审批谁负责"的原则，统筹规划、建设和管理，推动落实城市安全责任追究制度，全面厘清城市安全责任链条，进一步建立健全安全责任闭环管理机制。比如，广州市严格落实各方责任。督促建设各方实施安全生产主体责任清单制，压实建设施工监理等单位的主体责任。严格落实领导干部安全生产责任制，强化落实安全监管人员的日常巡查、重点督查和专项检查责任。比如，杭州市对全市域和重点行业风险进行评估和分类分级，基于 CIM 平台，汇聚基础设施信息，加载实时感知系统，实现源头管控、过程监测、预报预警、应急处置，落实政府监管责任和企业主体责任。比如，青岛市结合城市建设安全专项整治三年行动和城市房屋建筑违法建设和违规审批专项清查，深化智能化城市安全管理平台应用，对城市安全风险实现源头管控、过程监测、预报预警、应急处置和综合治理，推动落实城市安全政府监管责任和企业主体责任，建立和完善城市应急、防灾减灾和疫情防控体系。

2）全面梳理城市安全治理风险清单

各试点城市建立和完善城市安全运行管理机制，健全信息互通、资源共享、协调联动的风险防控工作体系，全面系统地梳理城市安全风险隐患，建立健全城市治理风险清单制度。一是在市政公用事业方面，重点围绕城市道路桥梁、地下管线管廊、生活垃圾处理设施、城市公园等，开展安全检测检查，及时排除险情，有效防范道路桥梁坍塌以及漏水、漏气、漏电等可能引发的安全事故。突出燃气设施设备安全运行、人员密集公共场所用气安全、集贸市场等场所用气安全、瓶装液化石油气使用安全、现场作业安全等重点，全面深入排查整治燃气安全隐患，坚决防范类似安全事故再次发生。二是在房屋市政工程施工方面，认真贯彻落实城市建设安全专项整治三年行动的有关部署，紧盯建筑起重机械、深基坑、高支模等危险性较大的分部分项工程和城市轨道交通工程等重点环节安全监管，从严从细排查安全隐患，坚决遏制群死群伤事故。三是在房屋安全管理方面，把房屋使用安全隐患作为此次排查的重点，尤其要加强汛期城市低洼、临河地段和老旧房屋使用安全隐患排查，下大力气推进违法建设和违法违规审批全流程专项排查工作，逐一排查建筑立项、用地、规划、施工、消防、特种行业等建设及运营相关的行政许可手续办理情况，落实相关部门责任，推进安全隐患整治到位。四是在城市管理方面，要强化城市治理风险防控，全面梳理城市治理风险清单，加快建设城市运行管理服务平台，推行城市治理"一网统管"，加强对城市管理的统筹协调、指导监督、综合评价。① 比如，广州市依托信息技术，建成全国首个城市信息模型（CIM）基础平台，对照三年行动重点攻坚路线图中的任务，完善问题隐患和制度措施"两张清单"，坚持系统治理、源头治理、综合治理，采取有力措施防范化解城市建设安全风险。比如，杭州市建立城市房建和基础设施管理系统，建立健全全市房建改建台账和风险清单，提供道路、桥梁的智能化巡检、养护和处置等功能。

3）深化城市安全隐患排查治理

各试点城市制定城市安全隐患排查治理规范，健全排查治理体系，进一步完善城市重大危险源辨识、申报、登记、监管制度，建立动态管理数据库，加快提升在线安全监控能力，全面排查整治风险隐患，防范化解重大安全风险，守牢城市安全底线。强化对各类生产经营单位和场所落实隐患排查治理制度情况的监督检查，严格实施重大事故隐患挂牌督办；督促企业建立隐患自查自改评价制度，定期分析、评估隐患治理效果，不断完善隐患治理工作机制；加强施工前作业风险评估，强化检维修作业、临时用电作业、盲板抽堵作业、高空作业、吊装作业、断路作业、动土作业、立体交叉作业、有限空间作业、焊接与热切割作业以及塔吊、脚手架在使用和拆装过程中的安全管理，严禁违章违规行为，防范事故发生；加强广告牌、灯箱和楼房外墙附着物管理，严防倒塌和坠落事故；加强老旧城区火灾隐患排查，督促整改私拉乱接、超负荷用电、线路短路、线路老化和影响消防车通行的障碍物等问题；加强城市隧道、桥梁、易积水路段等道路交通安全隐患点段排查治理，保障道路安全通行条件；推行高层建筑消防安全经理人或楼长制度，建立自我管理机制；明确电梯使用单位安全责任，督促使用、维保单位加强检测维护，保障电梯安全运行；加强安全社区建设。比如，广州市加强地下管线保护，切实保障城市生命线畅通，

---

① 2021 年 6 月 16 日，住房和城乡建设部召开住房和城乡建设领域安全生产视频会议。

针对施工过程中破坏既有管线的情况，制定加强施工过程中对既有管线保护的意见，推进管线信息化管理，加强现场督导检查，累计巡查排水管网 20 多万公里，累计清疏排水管网约 1.8 万公里、排水井约 15 万个。比如，深圳市福田区通过既有建筑智慧系统建立了建筑信息数据收集渠道，可快速获取建筑的外观、构造等档案类信息，并将建筑房屋排查、评估、鉴定的对应报告集成至数据平台，以达到对城市建筑"高效率、高保真、高科技"的智慧化管控。在建筑信息收集过程中，将在建隧道、隐患房屋、暗渠、深基坑等风险源纳入监管，系统自动识别各风险源影响的周边房屋，从而加强对受影响房屋的管理。

4. 提高市政基础设施安全性能和运行效率

1）加快推进城市基础设施安全运行升级改造

各试点城市加快运用新技术对城镇供水、排水、供电、燃气、热力等市政基础设施安全运行进行升级改造，建立基于各种传感器和物联网的智能化管理平台，对设施进行实时监测和智能化管理，提高市政基础设施安全性能和运行效率。比如，上海市加强消防安全管理，推进老旧高层建筑和老旧居民小区消防设施增配改造，鼓励有条件的居民小区运用物联网等提升消防管控能级。持续推进住宅小区电动自行车消防安全综合治理，督促相关单位落实消防安全管理责任，健全消防自主管理工作机制，强化执法监管。加强生命线安全管理，加快推进住宅小区老旧燃气地下管道和表前燃气立管改造，到 2020 年，累计完成了 225 公里地下隐患管网更新，30 万户居民住宅燃气立管改造。推进"海绵城市"建设，完善防汛基础工程和设施，提高城镇排水系统建设标准，加快排水系统空白点建设。比如，重庆市铜梁区积极推行市政设施安全监管智能化，充分运用大数据，实现市政基础设施的安全监管智能响应、精准处置。2021 年 9 月，铜梁城区所有大桥都装上了健康监测系统，提升道桥安全系数，桥梁智慧化安全管理水平大幅提升。该系统通过安装具有温度补偿功能的应变传感器、裂缝计等一系列抗干扰性强的传感器，可自动获取桥梁运营过程中的环境状态、裂缝变化、荷载作用、结构响应等数据，实现自动评估桥梁结构安全状态和报警，为桥梁维护、维修与管理决策提供了强有力的依据和指导。铜梁区对大桥进行定期现场巡查并实时采集数据，通过桥梁健康监测系统辅以必要的人工巡检，实现了桥梁信息化数据采集精细化管理。同时，铜梁区还建立市政基础设施智能巡检机制，有效避免了管网渗漏造成路面塌陷的安全风险，对城区公厕、学校、医院、加油站、广场、商圈等 101 处重点区域附近管网，安装了气体在线监测系统并接入区智慧城市管理指挥中心，实现气体超标自动报警、自动排气，避免因气体超标或油气泄漏引发爆炸事故，有力保障了人民群众的安全。

2）建设城市安全风险监测预警系统

以 CIM 平台为核心，将城市管理各项业务数据空间化、立体化、实时化，构建道路桥梁、城市内涝、地下管网、城市燃气等城市安全运行管理监测预警模型，建立感知网络系统，实时监测数据中隐藏的设施安全运行隐患，辅助保障设施安全运行，提升城市安全风险监测预警能力。比如，杭州市建设城市安全韧性监测预警系统。提供生命线安全运行监测预警、安全模式分析、应急救援辅助决策等，整体提升防范城市生命线运行原生、次生、衍生和耦合灾害的能力，整体提高城市韧性；建立城市自然灾害监测预警系统，打造全市自然灾害监测立体一张图。比如，合肥市建立了城市生命线工程安全运行监测系统，以确保城市生命线工程安全运行为目标，以先进信息技术为支撑，以预防桥梁垮塌、燃气爆炸、路面塌陷和大面积停水、停气、停热等城市安全重大事件为监测对象，实现全面监测、实时感知、早期预警和高效应对，提升城市管理效率，降低建设和运营成本，创新安全管理模式。数据显示，合肥市城市生命线安全运行监测系统的监测范围已经涵盖全市超过 50 座桥梁、2000 多公里的地下管线；系统运行以来，对重点桥梁、管线等实现了实时在线监测、预报预警和辅助决策。其中，月均有效报警 92.8 起，成功预警燃气管网泄漏、供水管网泄漏、路面塌陷、沼气浓度超标、桥梁重型车辆超载等各类突发险情 6000 多起。与监测系统运行前相比较，地下管网事故发生率下降 60%、风险排查效率提高 70%，有效提升了合肥市城市安全风险防控能力。

3）建立完善城市安全应急指挥调度与协同处置机制

对城镇供水、排水、供电、燃气、热力等市政基础设施实施智能化管理，建立健全城市安全应急指挥调度机制，实现对管网漏损、防洪排涝、燃气安全等应急事件的及时指挥调度和协同处置，保障市政基础设施安全运行，提升城市安全韧性。比如，杭州市建设城市应急管理指挥调度系统，实现对城市空间全时段、全方位的监控和管理，同时针对各类应急事件，能够快速响应、统一协调、紧急处置，实现对应急场所、应急物资和应急救援人员的有效管理和实时调度。在信息汇聚共享的基础上，将城市安全管理平台与供电、水务、燃气等单位建立协同处置机制，任何突发事件发生，都能快速调度各方力量，高效协同处置。比如，苏州市建设城市应急管理综合应用系统，整合市政基础设施、城市建筑物、城市地质环境、物联网监测数据等城市规划建设管理信息资源，构建城市安全运行数据库和感知网络；梳理城市安全风险隐患，确定应急管理综合应用指标体系和基本架构；建设苏州市应急管理综合应用系统，实现城市安全管理的信息汇集评估、灾情监测监控、事故预防、指挥决策调度、预警信息发布、应急救援处置等功能；积极探索建立城市安全智库、知识库、案例库，健全辅助决策机制，实现城市安全管理由"以治为主"向"以防为主"转变。比如，郑州市建立智慧市政综合管理平台。该平台充分利用物联网、大数据、三维建模等技术，建设城市基础地理信息综合数据库，实现市政工程全生命周期管理，通过物联网监测、综合巡线、综合考核评价等多个子系统获取多维度的市政设施日常运行过程中的状态数据、业务数据及管理信息。在市政大数据的支撑下，通过空间分析、数据分析，为日常的管理、应急处置提供辅助决策，提升郑州市市政设施的精细化、科学化的管理水平。郑州市智慧市政综合管理平台建设内容主要包括建立统一的市政公用基础设施普查标准和数据标准、搭建市政综合管理平台和构建智慧道桥管理系统。通过"网格化＋管理模式"，结合物联网，郑州市市政监管可以实现全要素、全时空数据融合、模型建设，支撑市政公用领域的空间分析和效果仿真。技术的变革倒逼管理模式的变革，借助网格化的市政公用设施管理手段，建设智能化的信息系统，完善各类基础信息和专题信息的充分融合，全面加强各类基础信息的实时采集，实现信息的互联互通，进而达到市政公用设施的有效管理、健康运行和高效维护，提高了公用事业的服务质量和群众满意度。

5. 建立健全城市应急和防灾减灾体系

实施城市建设安全专项整治三年行动，强化城市防灾减灾技术集成，积极推进城市安全科技创新和应用，加强城市应急和防灾减灾体系建设，提升城市安全韧性，保障人民生命财产安全。

1）提升应急管理能力

建立健全城市应急管理体系，推动各类应急指挥信息系统融合建设，健全多部门协同预警发布和响应处置机制；开展应急资源调查，完善各类突发事件应急救援预案，定期开展应急演练、评估；加强应急救援力量建设，强化高层建筑、地铁、大跨度建筑等救援队伍建设；完善街镇、居村应急管理组织和应急设施，发挥街镇城市网格化综合管理中心在应急联动中的作用；按照政府主导、统筹规划、平灾结合、属地管理原则，积极推进应急避难场所建设。比如，深圳市福田区大力加强建筑边坡管理能力建设，网格员、物业单位、专业技术单位等可以通过城市安全管理平台中的专业模块对城市建筑边坡进行巡查、监测、治理、维护保养。福田区存在的103个建筑边坡都已记录其中，巡查人员到达巡查部位签到打卡，拍照上传巡查记录，上报发现的问题；风险照片上传后，将有专业人员进行研判，发出整改指令；相关单位依据指令进行风险点的整改和维护并上传记录，形成全过程闭环管理。

2）强化城市防灾减灾技术集成 [①]

以提高城市应对风险能力为目标，研究韧性城市建设理论与方法，研究建筑和市政基础设施韧性提升、城市内涝治理、施工安全等关键技术，研发超高层建筑运行风险监测、探测识别与防控预警技术和装备，构建全过程、多灾种、多尺度城市风险综合防控技术体系，建设韧性城市。一是韧性城市设计与管控关键技术，研究韧性城市设计及评价技术体系，研究多尺度城市空间风险防控与全过程适应机制和调控方法、公共设施平灾转换技术、既有建筑安全韧性提升技术、市政公用设施韧性体系构建关键技术与装备。二是城市内涝系统化治理技术，突破内涝风险诊断识别与风险防控关键技术，构建城市内涝防治系统化解决方案，研究城市洪涝协同管控关键技术与设备，实现"内涝问题诊断—风险防控—系统化防治—可持续维护"全过程的精细化智能化管控。三是超高层建筑风险防范技术，研究超高层建筑风险排查、监测、预警、管控及损伤识别、评估等关键技术，研究城市超高层建筑防灾应急机制与火灾防控技术。四是城市地下风险防控技术，研发基于数字孪生技术的城市地下空间灾害仿真模拟、预警、协同管控技术，提高地下空间开发与利用的安全水平。五是抗震防灾关键技术，研究建筑抗震设防水平从宏观定性向风险量化转变的技术理论和应用技术、减隔震建筑抗震设防目标多水准设计和韧性性能设计技术、恢复建筑震后功能的装配式加固体系和设计方法。六是施工安全关键技术，研究地铁施工与环境相互作用机理、地铁暗挖及地下管廊工程施工安全技术，研究危大工程施工安全风险评估与事故预防关键技术，研究替代人工挖孔桩工艺的关键技术，提高施工风险应对能力。

3）注重城市安全科技创新和应用

加强城市安全监管信息化建设，建立部门公共数据资源开放共享机制，实现城市安全管理的系统化、智能化。聚焦城市安全事故防范、监测预警、应急救援等重点领域，推进重大关键技术攻关和重大智能装备研发；推进城市管网运行管理监控体系建设，建立地下燃气、供热管网安全监控系统；积极探索、建立健全城市安全辅助决策机制，为城市安全运行标准制定、评价评估、检测检验、事故抢险、事故调查、标准化建设、隐患整治、安全培训等提供技术支撑。比如，深圳市福田区积极推进幕墙管理创新，通过无人机定期扫描楼宇，自动识别和预警幕墙安全隐患，让以往看不见摸不着的高空幕墙风险得以快速精准呈现，高效完成幕墙排查。自系统上线以来，全区共计 2781 栋幕墙建筑纳入监管，已完成排查检查点超过 30000 处，照片记录 100 万张，处理风险点 4000 多处，系统普及率（幕墙）达 100%，例行检查完成率高于

---

① 2022 年 3 月《"十四五"住房和城乡建设科技发展规划》建标〔2022〕23 号。

80%，定期检查及专项检查完成率达 20%。

（二）存在问题

1. 部分城市安全事故多发、频发

近年来，一些城市甚至大型城市相继发生重特大安全事故，给人民群众生命财产安全造成重大损失，暴露出城市安全管理存在不少漏洞和短板。城市洪涝灾害、燃气管网爆炸、公路桥梁和房屋工程坍塌等安全事故多发、频发。据统计，我国平均每年因道路坍塌而产生的事故约 600 多起，其中因供水管网暗漏导致的事故占 50%，燃气管网、窨井盖事故也时有发生。对城市生命线工程灾害事故的耦合和链式特征以及衍生规律与风险研究不深不透，对城市生命线安全监测重视程度不够，安全运行监测系统技术水平以及安全事故处理处置水平都有待提高。

2. 城市基础设施总量不足、老旧失修，安全运行基础薄弱

城市基础设施是城市正常运行和健康发展的物质基础，对于改善人居环境、增强城市综合承载能力、提高城市运行效率、稳步推进城市高质量发展具有重要作用。一些城市普遍存在基础设施陈旧、配套设施建设滞后、老旧管网安全隐患多、房屋年久失修等问题，不仅影响了居民的生活品质，也直接制约中心城区的功能提升和面貌改善。

现有城市基础设施安全运行的基础薄弱，监测预警装备亟需智能化升级，城市级大数据分类采集、甄别分析、信息感知、实时监测和预测预警等能力建设有待提高，在运用人工智能、大数据、物联感知等新一代信息技术对视频内容实时分析、数据信息深度挖掘、风险隐患精确预测、突发事件及时处置、安全责任追溯复盘等方面还需要不断提高其精细化和精准化程度，全面运用数据信息为政府及其部门提供科学决策依据方面还有待进一步改进。

3. 城市安全管理现状与城市安全发展要求不适应、不协调

随着我国城市化进程明显加快，城市人口、功能和规模不断扩大，发展方式、产业结构和区域布局发生了深刻变化，新技术、新材料、新工艺、新能源广泛应用，新领域、新产业、新业态不断涌现，城市运行系统和基础设施日益复杂，安全隐患风险不断增大。由于传统的城市管理模式存在的固有弊端，管理部门的职责存在交叉，对其履职尽责缺乏有效的督办和问责机制，突击式、运动式等管理手段落后陈旧，应急处置措施缺失或者不得力，从而导致城市管理在一些领域存在"失效、失控、失灵"的现象，政府及其部门更为习惯于运用直接的行政措施，经济、法治、市场手段缺位，管理流程复杂且不便民，长效机制尚未完全建立，难以适应现代化城市发展基本要求。

4. 数据孤岛问题尚未完全解决，平台建设缺乏创新和城市特色

数据信息资源共享问题，一直是各试点城市在开展新型城市基础设施建设中长期存在的一个共性问题。政府及其部门、社会机构、企业之间的协同合作机制不健全，数据共享与数据保密之间的关系未能得到妥善处理，数据开放服务程度不高，数据全面性、准确性以及质量水平参差不齐，跨层级、跨城市、跨产业的数据对接衔接与资源共享机制欠缺，容易形成壁垒，信息孤岛问题长期未能得到有效解决，个别城市的平台建设水平仅限于数据汇总的初级阶段，缺乏必要的数据深度分析和场景运用。

试点城市政府及其相关部门、社会机构、企业的既有平台系统急需升级改造，但标准统一及标准执行效果不容乐观，平台存储数据的汇聚、对接、整合、融合相对比较滞后，实现对各类安全事故和灾害隐患的协同处置还缺乏充足有效的数据支撑。受制于建设理念思路、原有基础，经费支持等多因素的影响，个别城市满足于完成"规定动作"，与城市特色和发展需求相结合的"自选动作"不多，推进工作的力度和积极性有进一步提高。

5. 安全风险"识别难"、安全运行"管理难"、风险管控"应用难"

城市规模的不断扩张，必然带来人口大量流动、产业高度集聚、高层建筑和重要设施高度密集，高速度建设、高负荷使用等遗留下的隐患、问题、矛盾交织，形成复杂多样的灾害链、事故链，为城市安全运行带来风险。一是安全风险"识别难"。城市基础设施规模大，城市地下管网、道路桥梁、老旧房屋等底数不清、隐患分布不明。同时沿海临江城市的土壤土质、地质条件相对复杂，因降雨等因素影响，路面坍塌、地质沉降、管网腐蚀等次生衍生灾害风险相对较高，风险隐蔽、灾害耦合、事故连锁、后果叠加。二是安全运行"管理难"。城市安全问题应对和治理的主体相互独立，多头管理，缺乏统一性和协调性。城市各部门的公共安全管理局限于各自领域，建有的系统平台缺乏统一的标准和规范，缺少统筹的城市安全运行管理平台，数据资源无法有效整合，缺乏业务的有机整合。三是风险管控"应用难"。城市安全事故公共性高、涉及面广、相互关联性强，区域风险及耦合灾害风险高度聚集。目前尚未建立统一有效的监测预警机制和城市安全监测中心，缺乏全域级、城市级安全应用场景建设，城市运行情况很难及时掌握，被动应对。

6. 政策支持、法治保障、资金投入等有待进一步落实到位

新型城市基础设施建设是一项系统工程，城市实现互联网与传统产业的深度融合，实现信息畅享效益的最大化，需要在投资融资、空间规划、用地指标、财政支持、税收优惠等方面获得更多的政策支撑。城市基础设施运行安全以及数据信息共享、保

护与网络安全方面的立法需要加强，进一步保障和规范新技术创新，平衡数据共享与产业发展、政府监管与数据安全的关系，促进多场景应用和多产业发展，为智慧城市的安全运行提供稳定的制度保障。目前，我国城市安全运行设施的建设资金投入不足，单纯依靠政府财政预算难以持续支撑城市基础设施智能化改造的资金需求，尤其是中西部地区，由于财政资金有限，投资资金分散且缺口庞大，导致城市安全运行设施建设缓慢，信息系统建设滞后，市民体验感差。城市基础设施和信息平台建设投入巨大，需要大量资金稳定持续投入保障。当前建设资金的主要来源是政府，多地甚至以政府独资为主，引导鼓励社会资本投资的体制机制还未理顺。单纯依靠政府财政预算难以持续支撑城市基础设施智能化改造的资金需求，必须探索创新建设运营新模式。通过集约化建设、市场化运行，以"政策驱动＋服务驱动＋市场驱动＋数据驱动"，为政府监管、行业发展和社会公众提供多元化的安全服务。

（三）未来方向

1. 强化城市安全源头治理，构建城市安全治理新格局

坚持安全发展原则，制定国土空间规划、城市综合防灾减灾规划等专项规划和建设项目实施前，要进行安全评估论证工作；居民生活区、商业区、经济技术开发区、工业园区、港区以及其他功能区的空间布局要以安全为前提，统一规划、合理布局、严格控制，确保符合法定安全和环境要求；依法规范公众参与、专家论证、风险评估等重大决策程序。

通过智能化城市安全管理平台建设，将政府及其主管部门、街道社区、业主、房屋安全责任人、检测机构、物业企业等相关主体汇聚在同一数据平台，推动数据信息在不同部门、机构、企业之间的资源流动，通过平台数据的"共建共治共享"，将多方主体统筹组织起来，共同推进综合协作治理，打造城市运行安全治理新格局。

2. 积极推进"智治＋法治＋自治"的联动治理机制

智能化城市安全管理是一项复杂而艰巨的工作。推动新一代信息技术在城市安全和应急管理中的广泛应用并赋能增效，是构建联动治理机制的基础技术支撑。通过多维度、多层面海量数据的汇聚、甄别和解析，对城市房屋、市政基础设施、地下管网等运行状况进行智能监测，实时预警危险源，实现城市运行安全要素之间的智能关联、互联共享和视频感知，为多部门协同管理、科学决策、统一调度、应急指挥和应对处置等提供依据，并形成高效治理闭环。

法治是最好的治理方式。加快推进城市安全法治标准体系建设，地方立法要先行，通过城市运行安全和防灾救灾领域法律制度的完善，助推形成完善的城市安全法治体

系；建立健全城市高层建筑、大型综合体、综合交通枢纽、隧道桥梁、管线管廊、道路交通、轨道交通、燃气工程、排水防涝、垃圾填埋场、渣土受纳场、电力设施及电梯、大型游乐设施等的技术标准，提高安全应急设施的规划建设标准要求，增强抵御事故风险、保障安全运行的能力。

统筹推动、综合施策，加快推进城市治理体系和治理能力现代化；完善房屋和设施产权主体、安全责任主体、物业管理服务主体的自行治理机制；严格落实各类生产经营单位安全生产主体责任，加强全员全过程全方位安全管理；提升市民安全素质和技能，推广普及安全常识和自我应急救援知识，增强社会公众对应急预案的认知、协同能力及自救互救技能。

3. 系统建设，过程管控，健全城市安全运行体系

安全是城市基础设施建设和运行的生命线。加强基础设施安全管理的关键，是建立健全从立项、规划、设计、建设到运行、监测、评估、维护等各环节、全过程、全生命周期的安全监管制度，充分运用科技和信息化手段，加快推进安全风险管控、隐患排查治理体系和机制建设，保障城市安全运行。

下一步，健全城市安全运行体系的重点任务是：加强城市交通、供水、排水防涝、供热、供气和污水、污泥、垃圾处理等基础设施建设以及运营过程中的安全监督管理，严格落实安全防范措施；有序推进城市地下管网依据规划采取综合管廊模式进行建设；推动物联网基础设施建设，及时对市政基础设施安全配套设施进行更新和升级改造；加强城市更新、城中村和危房改造，加强自然灾害防御设施、应急避险设施、人防设施建设，提升基础设施安全功能；加强基础设施监测、评估和维护，强化系统性安全防范制度措施的落实，严密防范各类事故发生，提升城市安全韧性。

4. 分级分类监管，精准靶向治理，提升城市安全监管效能

健全城市安全防控机制的关键是实行城市安全风险分级分类管控。制定不同等级、不同类别的风险管理清单，并定期进行辨识评估；编撰风险预警蓝皮书，每年向社会公布；重点加强对高架桥梁、地下管廊和管线、城中村危房、大跨度建筑、改建工程等设施风险预警和联防联控；构建全覆盖、立体式风险分级管控和隐患排查治理双重预防机制，深化隐患排查和治理，摸排安全隐患重点点位，借助第三方对隐患整改加大专业指导，组织专家会诊，对重点监管对象加密检查频次，开展分级分类监管。

提升城市安全监管效能，重在精准靶向治理。城市规划布局、设计、建设、管理等工作实行重大安全风险"一票否决"；推行精准靶向治理，提高城市精细化管理水平和安全能级，扎牢事故防控的藩篱，切实提高城市安全运行效能；将数字信息技术与城市安全运行治理全过程有机结合，通过治理机制创新，实现信息技术与

管理过程的信息实时传递与处理，促进技术保障与体制保障的良性互动，以信息技术的运用，倒逼管理流程再造，提升风险防控和隐患治理能力，助力城市实现高质量发展。

建立完善城市安全运行长效管理机制。强化政府在社会治理中的主导引导作用和统筹协调功能，加大城市安全运行设施资金投入，发挥政府投资的杠杆撬动作用，制定完善政府购买安全生产服务指导目录，加快推进安全信用体系建设，建立"黑名单"制度，强化失信惩戒和守信激励；健全社会化服务体系，强化城市安全专业技术服务力量，引入第三方评估机制，对安全隐患的风险等级进行风险评估；大力实施安全生产责任保险，突出事故预防功能；完善城市社区安全网格化工作体系，强化末梢管理。

5.科技创新、优化服务，强化城市安全保障能力

鼓励和引导城市运行安全科技创新和应用。积极推广先进生产工艺和安全技术，提高安全自动监测和防控能力；充分发挥人工智能、大数据技术优势，针对人、车、物、地、事件信息进行实时采集与分析，将危险源、隐患、事故等数据相关联，实现对复杂场景的敏锐感知与精准掌控；加强城市安全监管信息化建设，建立完善安全生产监管与市场监管、应急保障、环境保护、治安防控、消防安全、道路交通、信用管理等部门公共数据资源开放共享机制，加快实现城市安全管理的系统化、智能化；深入推进城市生命线工程建设，积极研发和推广应用先进的风险防控、灾害防治、预测预警、监测监控、个体防护、应急处置、工程抗震等安全技术和产品。

从城市整体安全运行出发，以预防燃气爆炸、桥梁坍塌、路面塌陷、城市内涝、大面积停水停气事件等"里子工程"提升为目标，以公共安全科技为核心，以物联网、云计算、大数据等信息技术为支撑，构建"前端感知—风险定位—专业评估—预警联动"城市基础设施安全工程的全链条技术体系，建立城市生命线安全监测运营体系，实现城市基础设施安全运行的整体监测、动态体检、早期预警和高效应对。

第一，创新引领、攻坚突破，把科技治安作为关键举措。依托国内公共安全科研院所和学科优势，建设一批国际先进、国内领先的城市安全科研设施，聚集一大批科研和技术创新人才，构建一整套城市风险评估理论体系，攻克城市生命线安全监测的关键核心技术，实现"前端感知—风险定位—专业评估—预警联动"城市生命线工程安全运行与精细管控，及时发现安全隐患，快速响应突发事件，避免"小患"积成"大祸"。

第二，坚持系统思维、立体管控，把一线治安作为主攻方向。成立市委市政府主要领导担任组长的领导小组，统筹推进城市生命线安全工程建设，把城市安全作为

一个系统来认识，把风险放在一线来解决，建立覆盖燃气、桥梁、供水、排水、热力、综合管廊等城市安全空间的立体化监测体系，推动老旧改造、新建改建同步设计并同步实施，解决燃气泄漏触发火灾爆炸、供水泄漏引发路面塌陷、桥梁受损诱发交通瘫痪等多灾种耦合难题，构筑起立体"前置防线"，全面提升城市安全韧性。

第三，坚持协调联动、守土有责，把精准治安作为重要保障。压实部门责任、强化精准管控，建设期间"汇众智"，各应用部门精细提出需求，遍历安全管理过程中的突出问题，满足企业安全生产、群众安全生活的期望；运营期间"聚众力"，精确部署监测中心、管线权责单位、监管部门、应急部门防控联动，实现一般常见问题及时处理、重大疑难问题有效解决、风险防范关口主动前移，做到了平时好用、战时管用，全面提升城市安全治理水平。

第四，打造协同应急处置"一盘棋"。建立市政府统一领导、多部门联动的全市大应急协同机制，推进实现城市生命线运行感知、汇聚、研判、决策、处置、反馈全流程闭环，形成科技、管理、服务相结合的长效机制，赋能城市精细化治理，深化一网统管建设应用。全方位联动应急系统、应急信息、应急资源、应急预案，实现协同应急处置"一盘棋"，提升城市治理的现代化水平。

6. 持续推进形成系统性、现代化的城市安全保障体系

在深入推进示范创建的基础上，到2035年，城市安全发展体系更加完善，安全文明程度显著提升，建成与基本实现社会主义现代化相适应的安全发展城市。持续推进形成系统性、现代化的城市安全保障体系，加快建成以中心城区为基础，带动周边、辐射县乡、惠及民生的安全发展型城市，为把我国建成富强民主文明和谐美丽的社会主义现代化强国提供坚实稳固的安全保障。

（四）实践案例

1. 安徽省建成全国首家省级城市生命线安全工程监管平台

为进一步贯彻落实统筹发展和安全要求，始终坚持以人民为中心的发展思想，2021年，安徽省住房和城乡建设厅按照省委省政府推广城市生命线安全工程"合肥模式"的意见，坚持创新驱动发展，建成了安徽省省级城市生命线安全工程监管平台，并与全省16个市级平台实现互联互通和数据实时共享，用信息化手段助力对各市城市生命线安全工程建设、运行、维护、预警处置情况的监督管理，守护城市安全"生命线"，为各市在运行监测、预警研判等方面提供技术服务，为全省行业发展提供决策支持。

1）建设背景

2020 年 12 月，住房和城乡建设部印发《关于加强城市地下市政基础设施建设的指导意见》（建城〔2020〕111 号），要切实提高城市地下基础设施建设的效率，减少安全隐患以及事故，提高城市安全韧性，加强特大城市治理中的风险防控，全面梳理城市治理风险，实现对风险的源头管控、过程监测、预报预警、应急处置和系统治理。

2021 年 6 月 13 日，湖北省十堰市燃气爆炸事故造成重大人员伤亡，习近平总书记立即作出重要指示，李克强总理就救援工作作出批示。国务院安委会要求，充分运用好先进监测设备和大数据、物联网等现代化科技手段，及时发现风险、管控风险、化解风险，推动建立燃气等城市生命线工程监测系统性。刘鹤副总理在 2021 年 6 月 17 日下午召开的全国安全生产电视电话会议上要求，全面推广安徽省合肥市成立安全运行监测中心，建立城市生命线安全工程监测系统的经验做法，实现城市燃气、重大桥梁等基础设施安全风险可控可防。

2021 年 7 月 19 日，安徽省委全面深化改革委员会第十二次会议研究通过关于推广城市生命线安全工程"合肥模式"的意见，会议强调要建立覆盖全省地上地下的城市生命线安全工程数据库，编制出台工程建设指南和技术规范标准，要在抓好燃气、桥梁、供水、排水等重点任务基础上，适时拓展消防、轨道交通等建设领域，不断扩大智慧监测覆盖范围，要加强常态化监测、动态化预警、协同化处置，确保工程建好用好、发挥作用。

2021 年 7 月底，中共安徽省委办公厅、安徽省人民政府办公厅印发《关于推广城市生命线安全工程"合肥模式"的意见》（皖办发〔2021〕22 号）要求"建设覆盖全省的省级监管平台""2022 年 6 月，建成城市生命线安全工程数据库"。

2）建设内容

安徽省省级城市生命线安全工程监管平台（以下简称"省级监管平台"）建设内容主要包括风险管理、隐患管理、监测预警、考核评价等，实现与各市监测中心互联互通、数据实时共享，与省应急指挥系统衔接，实现对各市城市生命线安全工程建设、运行、维护、预警、处置情况的监督管理，打造城市生命线安全工程"1+16"运行体系，形成全省城市生命线安全工程监测网。具体如下：

一是加强风险管控。实现对全省燃气、排水、供水和桥梁专项公共安全领域数据及其他风险相关信息的统一汇聚，结合专项风险评估结果和城市人口密度、重要防护目标等城市脆弱性信息，以及应急救援力量信息对城市生命线工程进行风险评估，以风险指数综合反映城市各区域风险情况。

二是强化隐患排查。通过对全省各城市燃气、排水、供水和桥梁专项隐患信息的数据归集，从城市、行业多个维度对比隐患排查及隐患整改情况，综合反映城市隐患分布及治理情况，辅助城市管理者做好隐患治理。

三是及时监测预警。结合基础设施、实时监测、危险源、重要防护目标等数据，通过专业的技术模型对可能发生的灾害事故进行研判分析,研究预测事故的发展趋势、可能造成的复合型灾难、人员伤亡和财产损失等，为省级及各城市生命线安全管理提供有效的信息技术支撑。

四是实施考核评价。整合城市体检、城市运行管理服务评价指标，归集各城市燃气、排水、供水、桥梁等专项建设、运行、管理三个维度的指标数据，开展考核评价，有效提升全省城市生命线智能化监督管理水平。

五是优化数据治理。对 16 个城市不同领域、不同类型的数据进行及时有效的采集汇聚，实现对不同数据源的数据适配管理，同时完成各类分布式数据的可靠、安全传输管理;通过对基础数据、实时监测数据的汇集、治理等处理，形成全方位、多层次、综合性的数据服务体系。

六是提供技术支撑。为全省各市在城市生命线安全工程运行监测、预警研判、经验交流等方面提供技术服务和技术交流等。

3）应用成效

省级监管平台形成了全省一体化的城市生命安全工程监测网，对城市基础设施运行中的安全隐患"能感知、会预警、快处置"，实现了城市安全运行管理"从看不见向看得见、从事后调查处置向事前事中预警、从被动应对向主动防控"的根本转变。安徽省在城市生命线安全建设取得的成绩得到了国家安委会、省委省政府领导的充分肯定，"合肥模式"已在深圳市、武汉市等全国 30 多个城市以及新加坡等 10 多个"一带一路"沿线国家推广。

一是形成了城市生命线安全工程监测安徽样板。2021 年 9 月，全国城市安全风险监测预警工作现场推进会在合肥市召开，国务院安委办、安徽省市委省政府、安徽省政协、应急管理部等部门领导出席会议并观摩了省级监管平台的建设情况。省级监管平台的建设成效显著，加快推进了基于数字化、网络化、智能化的新型城市基础设施建设，探索出具有特色且可复制、可推广的经验模式，为全国树立了样板和示范。

二是提升了全省城市生命线安全风险主动防控能力。省级监管平台打通各城市生命线安全数据共享通道，建成省级数据统一标准、统一更新、统一共享的公共数据平台，完善健全省级城市生命线安全的管理体系，实现全省城市生命线安全管理一盘棋。

三是健全了城市生命线安全立体化风险防控体系。在积极防范和及时处置跨行业、跨部门城市地下管网突发事件的应急反应能力上明显增强，有效降低城市安全事故风险和损失。全面提升安徽省城市安全运行精细化管理水平，进一步提高城市安全监管和保障能力。

4）主要做法

一是强化组织领导。成立了省级监管平台建设推进领导小组，由安徽省住房和城乡建设厅主要负责同志任组长，厅业务部门、信息中心和清华大学合肥公共研究院等为成员单位，统筹推进省级监管平台建设，协调解决有关重大问题。

二是加强顶层设计。印发《安徽省城市生命线安全工程建设指南》，编制《城市生命线工程安全运行监测技术标准》和《安徽省城市生命线安全工程监管平台数据对接指南》，规范城市生命线安全工程建设和运行应满足的各项技术要求，为城市生命线安全工程规划设计、实施运营提供了指导依据。

三是严格督促落实。安徽省住房和城乡建设厅加大对地方生命线安全工程建设工作的督导力度，跟踪任务落实情况，每月召开工作推进会，适时开展工作提醒、通报或约谈。建立上下联动的沟通反馈机制，及时了解市级平台建设推进情况，督促指导地市研究解决系统建设和数据对接中遇到的问题。

5）创新特色

一是创新建设模式。全国率先建成了首个城市生命线安全工程省级监管平台，向上联通国家城市运行管理服务平台，向下联通16个市级平台，实现在运行监测层面的国家、省、市三级互联；横向与应急管理、数据资源管理等部门数据互联互通，形成省级跨部门业务协同机制。

二是创新技术手段。建设大数据服务模块，实现数据驱动决策，强化源头治理。省级监管平台数据实时更新、动态评估、阶段决策，实现了对燃气、供水、排水、桥梁风险评估及研判分析，结合省级专家力量，为全省各市提供日常管理及应急处置技术支持，提升全省生命线安全风险防控及行业管理能力。用动态数据分析精准指导管理决策、行业发展。

6）下一步工作

省级监管平台以燃气、桥梁、供水、排水为重点，已覆盖了安徽省16个市，建成区及部分县（市）的城市生命线安全工程，其中合肥市实现市县全域覆盖，率先建成国家安全发展示范城市；计划到2025年，实现全省城市生命线安全工程全面覆盖，城市安全风险管控能力显著增强，力争16个市全部建成国家安全发展示范城市，不断拓展城市安全发展的"安徽样板"。

2. 深圳市房屋建筑结构安全监测预警系统

1) 基本情况

深圳市结合隐蔽工程周边受扰房屋管理缺乏针对性以及全市房屋安全管理事多、量大、面广的管理特点，以解决危险房屋的"辨识—评价—预警"到管控闭合的全流程信息化设计为目标，从技术创新和管理标准两个维度，开发建设了房屋建筑结构安全监测预警系统（现名称为"深圳市房屋安全风险管控平台"）。

一是建立了全市既有房屋基础数据库及各种工程类风险源信息数据库，融合可视化平台、网格办基础数据进行清洗、梳理，实现了房屋基础数据的精细化管理。二是横向对接市水务、交通、地铁等部门的海量工程数据，在系统上自动辨识暗涵暗渠、在建深基坑工程、地铁隧道工程等风险源信息，实现了"以风险找房屋"和"以房屋查风险"双向风险辨识功能，保障高风险区域危险房屋的精准管控。三是从技术创新和管理标准化实现全市房屋安全全生命周期、全过程及全流程管理，实现外部扰动工程"规划—设计—施工"的全过程风险提示管理，实现市、区、街道和专业机构危房整治全流程管理。四是将城市建筑幕墙信息集成至大数据平台，利用移动终端进行三维地图可视化展示和管理，快速掌握辖区的建筑幕墙动态情况。

2) 建设内容

一是总体思路。该项目以科学性、系统性、适用性、拓展性为宗旨，制定深圳市高风险区域既有房屋风险评估与管控工作指引，开发建设"深圳市既有房屋安全风险管控平台"，涵盖房屋统计、风险评估、预警管理、联防联控、建筑幕墙管理和检测鉴定管理六大功能模块，实现对全市既有房屋基础信息管理、高风险区域风险源的全过程动态跟踪与风险房屋的全生命周期风险管控以及危险房屋解危整治全方位多层次协作管理，如图 3-18 ～ 图 3-20 所示。

二是主要技术成果。

（1）房屋统计。管控平台利用大数据、物联网、GIS 等技术，对接全市既有房屋基础数据，扩展隐患排查、检测鉴定、风险评估等关键信息，聚焦房屋安全隐患排查、风险评估、检测鉴定、隐患整治，建立房屋安全基础信息数据库、房屋风险信息数据库、房屋地理信息数据库和房屋整治信息数据库。

（2）预警管理。预警管理模块融合了风险预警、管理预警及监测预警，动态跟踪、提示报告全市新增风险源与风险房屋，以便各级主管部门迅速掌握房屋安全风险情况，统筹开展风险隐患处置。

风险预警，即房屋增量风险的预警管理。以新增风险源为主线管理房屋风险信息，实现对风险源全过程跟踪的房屋增量风险预警管理，如图 3-21 所示。

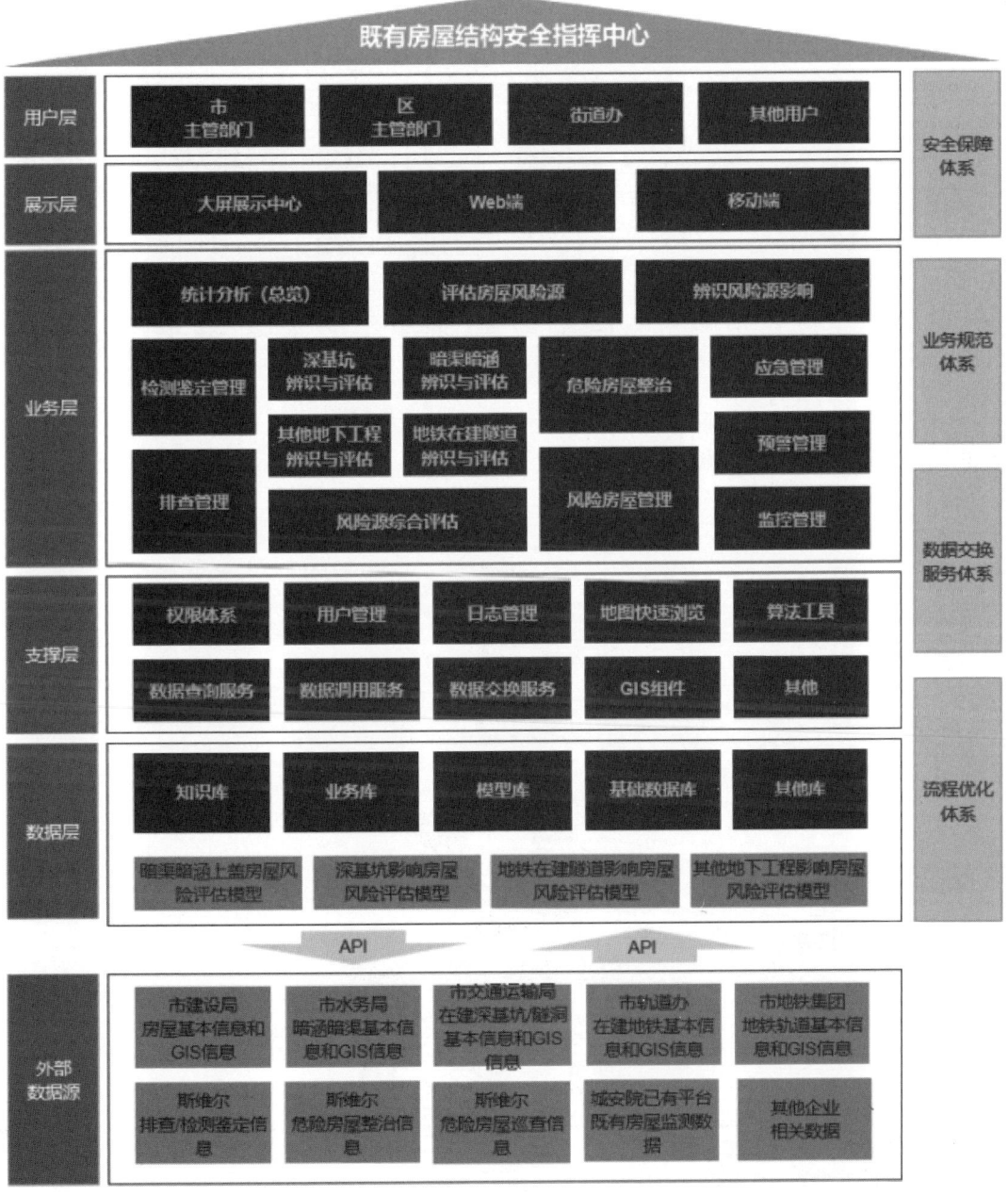

图 3-18　既有房屋结构安全指挥中心架构图

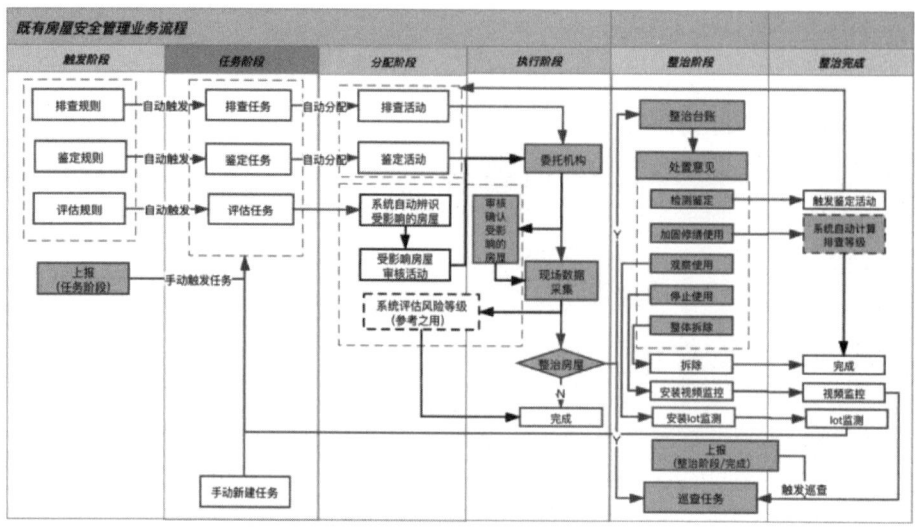

图 3-19　既有房屋安全管理业务流程图

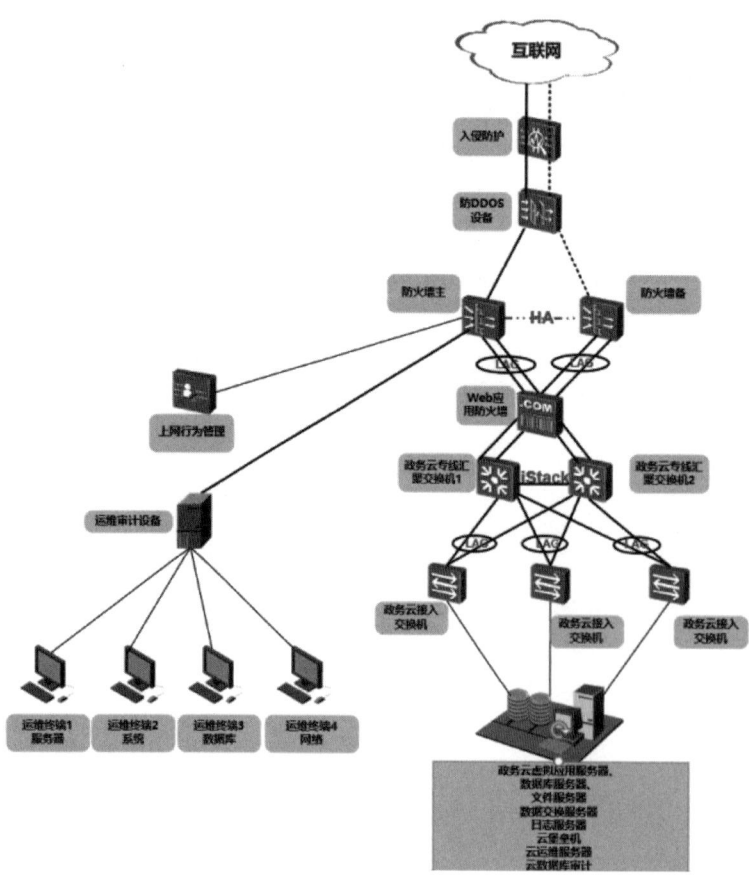

图 3-20　网络架构图

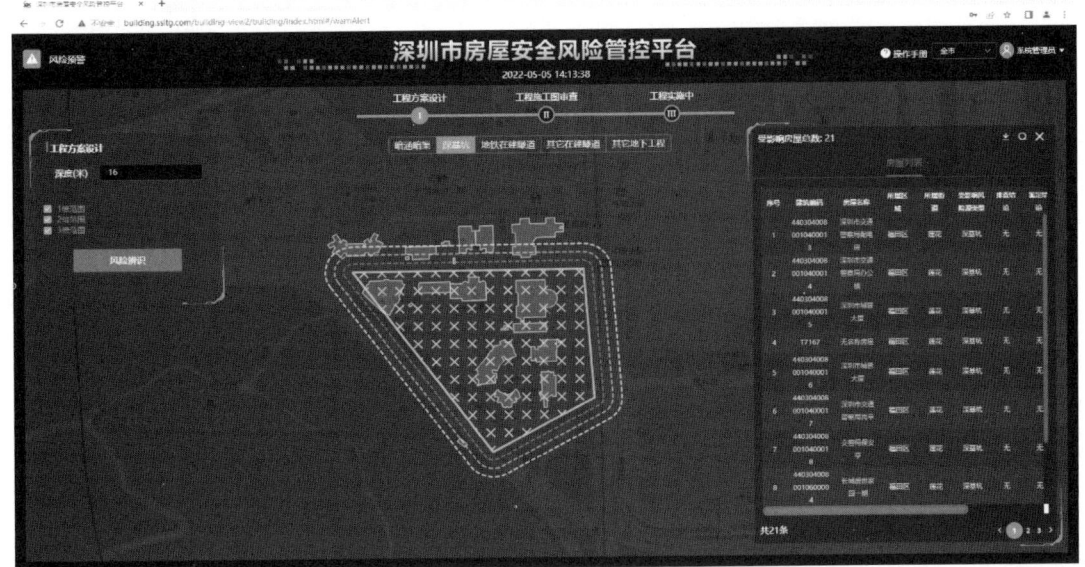

图 3-21　深圳市房屋安全风险管控平台风险预警界面

管理预警，即房屋存量风险的预警管理。根据《深圳市房屋安全管理办法》《深圳市既有房屋结构安全隐患排查办法》《深圳市既有建筑幕墙安全维护和管理办法》深建规〔2020〕7 号等相关规定，汇总需排查、评估与检测鉴定的房屋信息，推送给属地管理。

监测预警，即在线分析监测数据，实现动态监测预警。针对已鉴定为 C、D 级危险房屋、隐患排查结果为 C1、C2、C3 级房屋及存在改造加固、受相邻地下工程、暗涵暗渠影响、年代久远等房屋，通过 InSAR、自动化监测等技术手段实现对主体结构安全相关的物理量数据的实时采集与分析。

（3）风险评估。管控平台实现"以风险查房屋"和"以房屋找风险"双向风险辨识，研发基于多源数据融合技术的半定量化房屋结构安全风险评估法，嵌入房屋自身结构安全性与外部风险源危险性的风险评估模型，实现对暗涵暗渠、在建工程等周边区域受影响房屋的自动风险评估，如图 3-22 和图 3-23 所示。

（4）检测鉴定管理。检测鉴定管理模块实现对检测鉴定机构、检测鉴定报告、信用体系等方面的管理，规范机构和从业人员行为，建立行业诚信体系，促进行业健康有序发展。

（5）联防联控。联防联控模块主要实现对房屋管理任务落实以及整治过程的实时跟踪和管理。建立各部门协调工作机制，实现风险房屋"识别—预警—整治解危"的闭合链条管理，达到多方参与、协同合作、高效管控的目的。

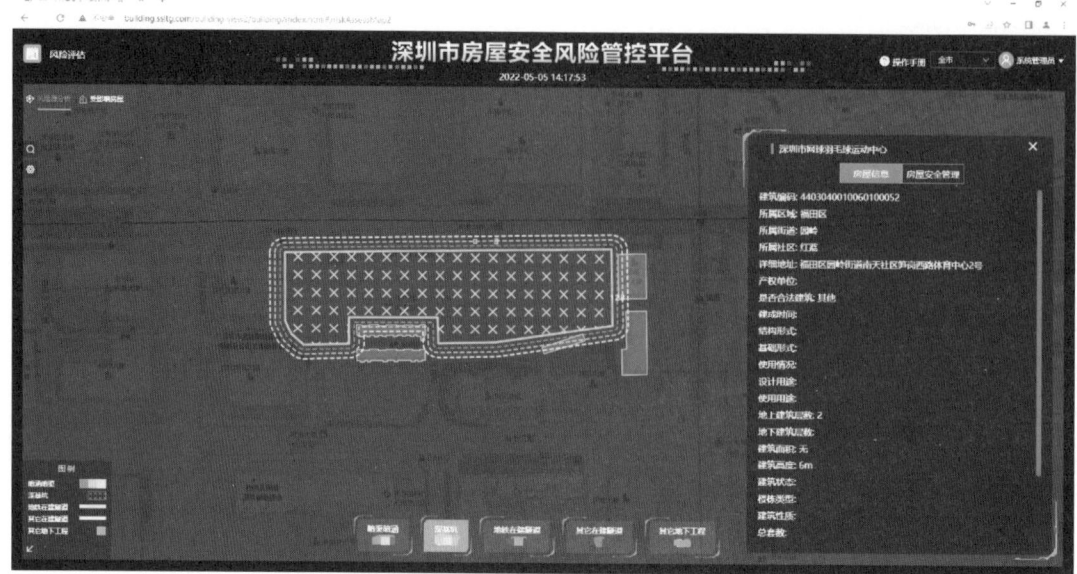

图 3-22　在建深基坑辨识受影响房屋界面

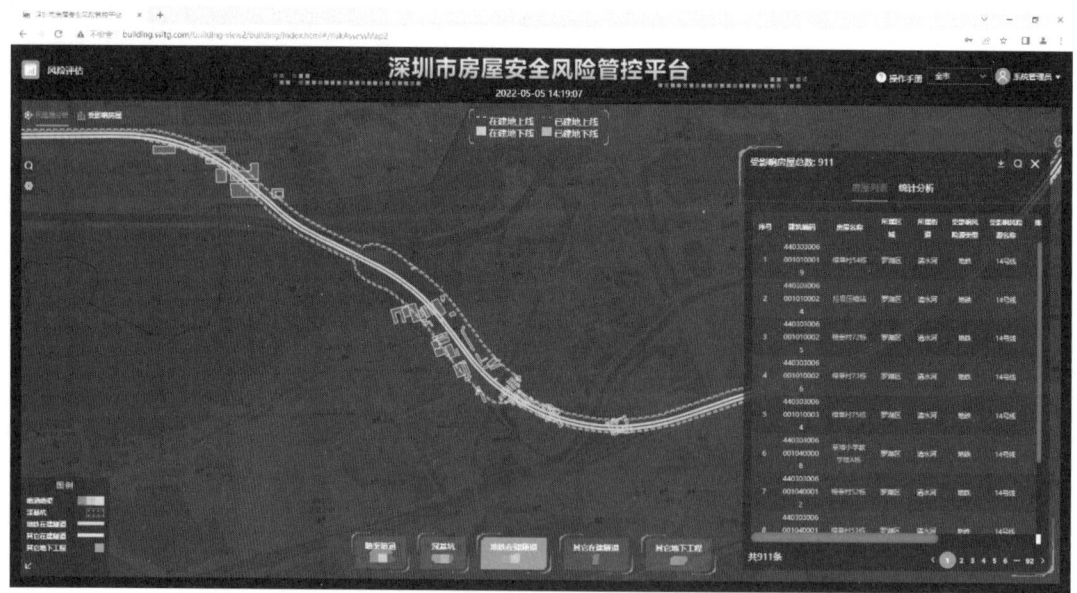

图 3-23　地铁在建隧道辨识受影响房屋界面

（6）建筑幕墙管理。建筑幕墙管理模块实现建筑幕墙全景三维管理，将物业服务、检测鉴定、维护单位和房屋安全责任人统筹纳入管理，配合无人机自动巡查及AI 识别方案，确保建筑幕墙风险可视可控。一是健全并完善建筑幕墙全生命周期数据，通过物联网 +5G 实现建筑幕墙数据被动采集，配合系统指令实现关键数据管理。

二是实现建筑幕墙管理智能化，达到"看得见、管得到、查得清"的效果，如图 3-24 所示。

图 3-24　建筑幕墙管理

3）应用效果

管控平台于 2021 年 3 月上线试运行，目前已面向市、区、街道房屋安全主管部门开放使用，已在深圳市深度应用和业务化运行，主要取得了下列成效：

一是梳理深圳市既有房屋底数。在各部门已掌握的房屋数据基础上进行了数据清理工作：一方面厘清了网格办房屋数据中包含的临时建筑数据，增加了保密建筑和新建建筑数据；另一方面与无人机航拍数据做了梳理分析比对。

二是摸清了高风险区域影响房屋底数。对全市地下工程进行数据处理及 GIS 落图，实现了"以风险查房屋"和"以房屋找风险"双向风险辨识，能够动态掌握高风险区域及其影响房屋情况。

三是实现了风险分级预警管控。针对 100 栋较大风险房屋，已完成自动化监测设备的安装、部署，平台上实时展示监测数据，实现了分级预警功能。

4）创新举措

为探索超大型城市既有房屋安全风险管控的基本特点和规律，本项目坚持立足本地实际，形成了一系列创新性研究成果。

一是开发了城市在建地下工程风险源数据标准化集成技术和受影响房屋自动辨

识技术。基于 GIS 技术，设计了在建工程数据批量提取和自动落图的快速实现路径，开发了地下工程风险源周边受扰房屋的自动辨识技术。

二是建立了地下工程施工影响范围内既有房屋结构安全风险评价指标体系与评估方法。基于专家打分法和层次分析法，建立了地下工程施工对其周边既有房屋结构安全影响的半定量化评价方法，开发了房屋自身结构安全性评价与外部风险源危险性评价的风险评估模型。

三是提出了超大型城市大规模房屋安全全方位、全过程、全链条信息化管理方案。基于房屋安全管理对象、管理节点、管理单位等维度，开发了风险自动预警、安全动态评估、危险点重点管控、实时在线监测等模块，建成了从排查、评估、检测鉴定到整治解危的全链条信息化管理体系，构建了房屋安全共建、共享、共治的长效管理机制。

四是开发了深圳市既有房屋安全风险管控平台系统，实现了城市既有建筑安全状态的实时预警与高效管控以及房屋安全管理工作的科学化、信息化与智能化。

5）面临的问题及下一步计划

一是升级底座与数据整合，将平台的基础底座打造升级为三维可视化的空间数据库，建立涵盖"地—楼—房—权—人"的全方位业务数据库，拓展可视化、智能化业务场景应用。从功能上全面打通房屋安全系统与深圳市城市空间可视化平台（CIM）以及超高层建筑 BIM 模型的对接和应用，打造智慧房安，实现业务管理精细化、智能化提升。

二是房屋安全管控纵向管理＋横向业务数据打通，强化市、区、街道及第三方专业机构等纵向联动机制，加强风险房屋包括 C3 类、C 级、D 级危房、老旧房屋、经营性自建房等"排查—巡查—整治"管理。横向与规自局、网格办等部门建立包含"新增—既有—灭失"的全周期房屋基础数据库运维长效机制；与市水务、交通、地铁等工程建设部门有关暗涵暗渠、在建深基坑工程、地铁隧道工程等风险源数据联动更新机制，建立风险源数据的动态更新运维机制。

3. 合肥市城市生命线工程安全监测系统建设情况

1）主要做法

2013 年，合肥市与清华大学合作共建清华合肥院，打造全国首个公共安全领域产学研用基地。2015 年启动城市生命线安全工程建设，以物联网、云计算、大数据等手段，监测预防燃气爆炸、桥梁坍塌、城市内涝、管网泄漏及其导致的路面塌陷等重大安全事故，探索出一条以场景应用为依托、以智慧防控为导向、以创新驱动为内核、以市场运作作为抓手的城市生命线安全发展新模式。

一是以场景应用为依托，织密城市生命线立体监测"网络"。"点、线、面"相结合，逐步建立起城市生命线工程安全运行监测系统，构建燃气、桥梁、供水、排水、热力、综合管廊、消防、水环境八大领域立体化监测网络。2015 ~ 2017 年实施Ⅰ期工程，覆盖 5 座桥梁、2.5 公里燃气管网、24.9 公里供水管网。2017 ~ 2021 年实施Ⅱ期工程，覆盖 51 座桥梁、822 公里燃气管网、760 公里供水管网、254 公里排水管网、201 公里热力管网、14 公里中水管网、58 公里综合管廊共 2.5 万个城市高风险点，布设100 多种、8.5 万套前端感知设备，透彻感知各类型城市生命线监测运行状态。Ⅰ期、Ⅱ期工程总投资约 10.5 亿元。目前正在实施Ⅲ期工程，推进主城区和新建城区监测预警能力全覆盖，并延伸至肥东、肥西、长丰、庐江、巢湖等县市重点区域，新增 6万余个城市高风险监测点，全面提升城市安全风险防控能力。

二是以智慧防控为导向，打造城市生命线安全运行"中枢"。针对城市生命线工程权属复杂、多部门交叉、缺乏统一技术支撑等难题，2017 年，合肥市成立国内首个城市生命线工程安全运行监测中心（以下简称"监测中心"），作为市级机构纳入市安全生产委员会，形成市政府领导、安委办牵头、多部门联合、统一监测服务的运行机制。监测中心主要有三项职能：监测值守，建立 7×24 小时值守制度，根据监测系统自动报警信息提醒，值守人员第一时间发现并利用专业研判模型，确定报警位置和分析周边影响情况，实时上报系统报警和研判信息；分析研判，结合危险源、防护目标、人口交通等数据，对报警信息进行综合分析和风险预警分级，及时向市政府、市安委办、市城乡建设局、市交通局等主管部门和燃气集团、供水集团等权属单位推送风险警情和安全隐患分析报告，定期提供城市安全风险综合分析月报、季报和年报；辅助决策，及时为现场风险处置提供抢险、开挖、泄漏点位溯源等技术支持，对可能引发的次生灾害进行趋势预判。

三是以创新驱动为内核，构建城市生命线科技治安"路径"。合肥市在人才队伍、平台建设、关键技术突破等方面持续发力，为城市生命线安全运行提供强劲创新动力。人才队伍方面，以清华大学一流高校、公共安全一流学科、范维澄院士领衔的一流团队为基础，集聚了一支国家顶级公共安全研究团队。其中，核心科研人员 120 人，技术开发人员 350 余人，60% 以上具有硕士、博士学位，院士、长江学者、国家"百千万"人才工程、国家杰青共计 11 人。平台建设方面，建成世界耦合灾种最多、亚洲最大的公共安全科技基础设施——巨灾科学中心，获批合肥市综合性国家科学中心交叉前沿研究平台和产业创新转化平台，正以此为基础申报国家城市基础设施技术创新中心。关键技术方面，先后攻克城市高风险空间识别、跨系统风险转移和耦合灾害分析等"卡脖子"关键技术，申请专利和软著权 300 多项；研发出一批国内首创产品，燃气传感器在地下空间使用寿命突破 5 年，供水管网检测智能球在 25 公里范围内泄漏定位精度达到 2 米。标准规范方面，主持编制安徽省地方标准《城市生命线工程安全运行监测技术标准》《安徽省城市生命线安全工程建设指南（试行）》皖城安办函〔2021〕8号等，自2021年10月14日起实施，规范安徽省城市基础设施安全监测系统技术指标、管理流程和运维准则，填补了国内本领域标准编制的空白。

四是以市场运作为抓手，夯实城市生命线产业发展"支撑"。合肥市高度重视以市场化方式提升城市安全综合支撑能力，支持科技成果加快产业化步伐。做好"无中生有"文章，2015年8月，市建投公司与清华大学控股北京辰安科技公司共同出资，成立合肥泽众城市智能科技有限公司，获得省首台（套）重大技术装备认定，从事城市生命线工程系统研发、工程建设、运营维护和成果转化等业务，启动产业化之路。做好"小题大做"文章，出台适应产业发展各阶段性特点的支持政策，推动优质资本与清华合肥院转化企业对接，加快城市生命线工程复制推广。截至2021年，城市生命线工程累计实现产值36亿元，上缴税收2.5亿元。做好"借题发挥"文章，深度挖掘电梯安全、消防安全、环境安全、安全文教等细分产业，助力清华合肥院打造全国消防安全云总IP，服务60多个城市、2万余家企业、5万余家商户，接入面积达6.1亿平方米，提供保险额度超过40亿元。

从合肥实践看，城市生命线安全工程通过整体监测、动态体检、早期预警和高效应对，实现了城市安全运行管理"从看不见向看得见、从事后调查处理向事前事中预警、从被动应对向主动防控"的根本转变。概括起来，主要有四大功能。一是整体监测。汇聚全市风险隐患点、危险源、重要基础设施和重点防护目标信息，全面梳理、辨识、分析城市生命线安全运行的交叉耦合风险，绘制"红、橙、黄、蓝"四色等级安全风险空间分布图，精准部署感知探测器，做到疏而不漏，初步解决了安全风险认不清、想不到、管不到的问题。以燃气管网为例，一环老城区和省市政务区管网总里程7700公里，系统精准识别出高风险线路822公里、风险点20万余个，采用空间风险量化模型部署2.4万个监测点，实现科学全面防控。二是动态体检。依托物联网技术实时监测城市生命线安全运行状态，根据监测报警和日常积累数据描绘城市安全运行画像，变"突击式"体检为"常态化"体检。系统上线前，合肥市桥梁一般1～2年全面检测1次，现在全天候不间断监测，每天2次综合评估，大大降低了风险发生概率。三是早期预警。运用智能化预警模型和大数据、人工智能技术，对异常监测数据进行自动分析、科学研判，及时推送风险类型、等级、发展趋势和具体位置等预警信息，将风险隐患控制在萌芽状态。通过模型算法，万分之一浓度的微小燃气泄漏即可快速定位泄漏管线、0.3升／分钟的微量水管泄漏即可溯源到泄漏点±1米，改变了传统排查式开挖无序低效现象。四是高效应对。预警发出后，系统实时预测事件发展趋势，分析制定应对建议，为突发事件信息接处、方案制定、力量调配、处置评估等提供决策支持。2019 年 5 月 3 日，监测中心发现北一环居民区一处地下供水管道大量漏水，立即制定抢修关阀和开挖方案，分析影响的企业和居民小区，协助市供水集团、城乡建设局和应急管理局完成供水抢修和交通疏导，提前消除了可能引发爆管和路面塌陷的重大风险隐患。

2）成效突显

合肥城市生命线安全工程投入运行已有 5 年多时间，取得显著成效。

一是抓实"一图览"，实现风险可视化。城市桥梁矗立在空中，燃气、供水、排水、热力等管网深埋在地下，过去对于风险隐患感知不到，发现不了。现在通过三维可视化地理信息平台，自动汇聚前端感知信息，以"一张图"形式立体呈现，对异常情况动态显示、实时更新，做到一目了然、一键推送，实现数据可取、可控、可用、可靠。系统运行以来，共成功预警燃气管网泄漏、沼气浓度超标、供水管网泄漏、路面塌陷等突发险情 6000 多起，风险监测能力实现"一降一升"："降"的是地下管网事故发生率——下降 60%，"升"的是风险排查效率——提高 70%，城市"生命线"成为发展"安全带"。2019 年 4 月 9 日凌晨，桥梁监测系统发现出城方向、跨南淝河大桥异常报警，桥梁安全指标剧烈变化，通过天网视频联动发现 20 多辆大型重载车堵在桥面的重大风险，及时的预警处置避免了 起车毁桥垮事故的发生。

二是抓实"一网控"，实现监测智能化。以往城市安全管理主要靠人力，效率低、准确度差。城市生命线安全工程通过前端传感器实现精准感知，通过监测系统实现精准分析，通过监测中心实现精准推送，反馈分析报告，明确责任主体，下达任务要求，快速响应、协同联动，构建了城市安全智慧化、全链条的管理网络，大幅度提升了城市管理效率。至今，城市生命线安全工程已建立 20 多个智能化预警模型，平均每天处理数据 500 亿条，每月推送预警信息 92.8 条，已成功预警燃气管网泄漏 216 起、供水管网泄漏 64 起、水厂泵站运行异常 45 起、重型车辆超载 4705 起，实现各类型城市生命线监测运行状态透彻感知、智慧分析、精准处置。

三是抓实"一体防"，实现处置联动化。以往城市基础设施安全都是以行业监管为主，"九龙治水"、合力不够。现在通过监测中心，安全管理集成到一个平台、一张网络、一套指挥体系中，第一时间将预警信息加推到行业主管部门和运管企业，第一时间由牵头的行业部门协同抓好风险处置，形成多部门联动的新型应急处置机制，初步实现"三全""四精"，即全领域、全过程、全时段监管生命线，精准感知、精准分析、精准推送、精准处置风险隐患，多部门联合处置风险时间从过去的 24 小时以上缩短到现在的 1 小时以内。2017 年以来，多部门联合开展风险处置 308 起，排除风险 492 个。

2017 年 9 月 22 日深夜，监测中心发现西一环居民密集区一处地下空间燃气浓度超爆炸下限，燃气泄漏填充长度超 50 米，影响范围涉及 2 个加油站、7 个住宅区、3 个学校和 2 个大型商场，立即联动燃气集团、城乡建设局和应急管理局，同时智能输出精准开挖、应急队伍调配和群众疏散方案。经过现场抢修协同作业，提前消除了可能引发重大人员伤亡的安全隐患。

四是抓实"一表清"，实现保障科学化。以往城市建设，由于不了解地下管线情况，经常发生误挖管线事故和"马路拉链"现象。合肥市围绕城市生命线建立了地下综合管线地理信息系统，对燃气、通信、供排水、电力、电梯等 26 种 4.4 万公里的市政管线精准普查、登记造册、风险定位、动态更新，并逐步将 89.2 公里地铁隧道、47 座地铁车站、4.3 公里人防坑道、36.4 公里地下管廊等地下空间纳入系统管理，为轨道交通、5G 基站、旧城区改造、水环境治理等城市建设提供了 13.6 万公里管线信息和分布态势，节约探测费 4 亿元，有效避免了重复开挖和施工风险，提升了城市建设质量。在骆岗中央公园、南淝河污染源治理、十五里河治理等项目建设中，根据地理信息系统提供的地下管线数据，科学设计施工方案，精准避开了相关管线，既加快了施工进度，也确保了工程安全，实现隐患显现化、运行透明化、管理精细化。

3）经验启示

"合肥模式"有效发挥拱卫城市安全的科技"哨兵"作用，实现了城市燃气、桥梁等基础设施安全风险可防可控，蕴含着有益启示。

第一，必须坚持生命至上、安全第一，把为民治安作为"国之大者"。习近平总书记强调，"要把人民生命安全和身体健康作为城市发展的基础目标"。 2015 年，合肥市成立了合肥市城市生命线安全工程建设推进工作领导小组，由市委常委、分管住建的副市长担任组长，合肥市城乡建设局牵头，联合市财政局、交通局、重点局、市供水、燃气、热电集团、清华合肥院等单位组成专项工作小组，专题推进城市生命线安全工程建设。2021 年 8 月，领导小组再升级，由市长任组长，常务副市长任常务副组长，分管住建的副市长任执行副组长，市直相关部门、各县市区政府等为成员单位，市城乡建设局负责工程建设的调度推进、督查考核等，不断强化城市生命线安全工程建设的统筹力度。合肥市拿出 10 多亿"真金白银"、130 个事业编制，在环境优美的南艳湖畔建设清华合肥院，让科研人员心无旁骛地开展科学研究，为"合肥模式"的孕育发展营造了优渥的外部环境。

第二，必须坚持创新引领、攻坚突破，把科技治安作为关键举措。"合肥模式"发挥安徽创新土壤丰沃、创新资源集聚优势，着眼用好科技"硬核力量"，引入清华大学共建合肥公共安全研究院，聚集一大批科研和技术创新人才，形成一整套风险评估理论体系，攻克一系列关键核心技术，实现"前端感知—风险定位—专业评估—预警联动"城市生命线工程安全运行与精细管控，实现了城市安全风险监测更敏捷、更智能，预警更迅速、更精确，做到了及时发现安全隐患、快速响应突发事件，避免"小患"积成"大祸"。

第三，必须坚持系统思维、立体管控，把一线治安作为主攻方向。摸清风险隐患是做好监测预警的基础性工作，也是建设智慧城市的第一道"难题"。"合肥模式"始终把城市安全作为一个系统来认识，建立覆盖燃气、桥梁、供水、排水、热力、综合管廊等城市安全空间的立体化监测体系，推动老旧改造、新建改建同步设计、同步实施，解决好燃气泄漏触发火灾爆炸、供水泄漏引发路面塌陷、桥梁受损诱发交通瘫痪等多灾种耦合难题，构筑起立体"前置防线"，全面提升城市安全韧性，让"安全线"成为"安心线"。

第四，必须坚持协调联动、守土有责，把精准治安作为重要保障。系统观念是做好各项工作的基础性思想和工作方法。合肥市把城市安全作为城市建设管理中的一个大系统通盘考虑、系统设计，压实部门责任、强化精准管控，建设期间"汇众智"，各应用部门精细地提出需求，遍历安全管理过程中的突出问题，满足企业安全生产、群众安全生活愿望；运营期间"聚众力"，精确部署监测中心、管线权责单位、监管部门、应急部门防控联动，实现一般常见问题及时处理、重大疑难问题有效解决、风险防范关口主动前移，做到了平时好用、战时管用，全面提升城市安全治理水平。

4.南京市加强智能化城市安全体系建设

南京市综合运用人工智能、物联网、云计算、大数据等新一代信息技术，有效整合城市规划建设管理信息资源，对城市安全风险进行源头管控、过程监测、系统监测和综合治理，加强智能化城市安全体系建设，建设安全韧性城市。

1）建设智能化城市安全管理平台

智能化城市安全管理平台的建设，综合运用新一代信息技术，多渠道收集汇总城市公共安全数据，通过交叉分析、统筹研判、统一调度，建立健全城市统一的动态化安全监管机制、常态化隐患排查机制和全覆盖安全责任体系，构建风险评估、预测预警、应急处置的高效运作体系，实现城市公共安全管理由事后处置向事前预警、事前预防、事前化解、事前管控、事中监管转变。智能化城市安全管理平台具备四大功能：一是基于CIM平台的公共安全资源全景展示，共享城市危险源、防护目标、专用车辆、专家、视频等安全基础数据，促进信息共享、统一调度。二是公共安全事件全流程管理，汇聚多渠道事件信息，统筹研判联动调度，实现公共安全事件的预警预防、科学决策、快速处理。三是网络热点舆情分析评估，对自然灾害、事故灾难、公共卫生、社会安全四大类网络热点舆情进行风险评估和风险警示。四是应急预案的"一键启动"，数字化、结构化处理各单位应急预案，量化影响范围和相应措施，将事件描述和处置责任一键通知各级领导，实时跟踪和落实预案执行情况。

2）推动城市视频监控的综合利用

建设城市物联感知平台，为城市提供统一的视频资源整合模块，整合城市辖区范围内重点单位、学校、医院、社区、旅游景点、交通、雪亮、天眼等各类联网视频监控资源，统一纳入平台管理（支持各厂商、型号、国标、非国标、加密、非加密的联网视频接入），有效推动城市视频监控的综合利用。充分利用人工智能、大数据、视频分析等新技术，通过摄像头的人脸、车辆、事件自动识别发现，全天候 24 小时零人工成本自动巡查，充分挖掘视频数据的深层价值，重塑感知体系。结合 GIS 地图展现，将所有视频在地图上打点，并可与前端物联网设备进行联动，例如设备报警摄像头自动旋转至设备现场，并发送报警信息，政府监管部门可通过视频实时查看现场的情况，为指挥决策提供依据。其他相关部门可查看自己权限范围内的摄像头信息，公共区域的摄像头信息可共享，实现多部门互联互通、资源整合共享。

3）提升城市重要基础设施和房屋建筑安全监管水平

建设城市重要基础设施和房屋建筑安全监测系统，根据应力、应变、震动、变形等结构属性，及风力、温度等外界条件，实现城市重要基础设施和房屋建筑健康度的快速评估，提高复杂建筑物安全运营的可靠性。建设房屋安全监测预警系统，判别分析，发现房屋安全隐患的规律性问题，根据房屋结构、房龄现状以及隐患房屋区域分布，对辖区房屋安全状况进行可视化、量化管理。一是实时监测。实时监测建筑物倾斜、位移、沉降、裂缝的安全状况，通过自动化监测平台，帮助管理单位实现信息化安全监控和过程管理，不再受天气影响。二是分级多重报警。现场任何地点一旦发生预警，根据预警等级，采取不同的报警方式，结合相关责任单位及时采取紧急预案措施，疏散人群，及时转移，减少事故灾害发生。三是结构趋势分析。通过对房屋结构的定量安全评价和监测指标数据安全度分析，可实现结构稳定性趋势分析。四是数据驾驶舱。用户可以在数据监控中心查看实时数据、历史数据。

4）建立城市智慧排水系统

建设城市排水监测与指挥调度系统，有效监管城市防汛排涝和日常污水排放、处理，全面掌握城市排水现状，及时采取防汛排涝措施，打造城市排水的动态监测体系。全面统筹流域厂、站、网的管理，建立起"厂网河湖"一体化全要素治水新模式和"厂网河湖"的一体化调度体系，从而实现城市排水系统的全方位监控和全局化调度管理。完善水雨情、排水量、排水水质、排水管网等排水感知数据，实现对排水基础设施的全方位自动化控制和感知，实现排水管理精细化、服务便捷化、决策智能化。将中水站、泵站、河道等 SCADA 数据及多种硬件采集数据整合纳入系统中统一管理，并根据用户需求进行统计分析，为应急指挥决策提供科学依据。通过中心站和遥测站（监测站）的协同工作，提供城市道路、隧道、地下停车场、排水管道、综合管廊、检查井、排水口、城市河流水系等监测点的实时信息，为市政排水调度管理机构提供数据支持。

5）加强管线安全隐患整治

建设管网安全隐患管理系统，实现对供水、排水、通信线路等地下管线行业在城市运行方面的指标数据的综合分析，并据此进行风险分析，实现对管线隐患信息的统一管理，并为地下管线监测信息的接入和展示预留扩展接口，将城市管网运行指标进行分项、分区域和综合展示，其主要功能模块包括管线隐患信息管理、管线生命周期管理、管线监测预警等，把分析结果直观地展现在决策者面前，实时、动态地掌握管网运行状态，监控和分析风险隐患，预防潜在的危害。一是隐患辅助排查。系统可根据当前掌握的信息，运用分析模型，提供独立的水平净距分析、碰撞分析、覆土埋深分析、占压分析、管径冲突分析等分析功能，进行快速计算，对事故分析和房屋事故发生后的事态发展和后果进行模拟分析，预测可能发生的衍生事件，确定事件影响范围、影响方式、持续时间和危害程度等，分析出受影响的小区以及附近的应急救援部门，辅助应急决策支持。二是隐患流程管理。实现对管线安全隐患排查、录入、核实、整改、消亡等全过程管理，系统首先通过隐患排查，确认隐患管线，进行隐患信息预录入，通过隐患核查部门核实后进行隐患核实确认阶段，进行隐患核实入库，在隐患整改阶段，隐患整改部门依据审核后的整改方案进行整改，对于隐患整改情况的核实，通常可以通过核查部门进行人工现场核实，同时系统也能通过整改后的竣工数据分析隐患处理情况，确认隐患的整改情况。

6）实现城市地质灾害智能化管理

建设城市地质灾害智能化管理系统，利用 CIM 技术打造城市地质灾害管理一张图，综合考虑致灾因子危险性、承灾体韧性、孕灾环境稳定性和应急能力四个要素，针对"平时"和"战时"两种业务场景，从点（隐患点）、面（行政区划、重点区域）、链（多灾种灾害链）这三个灾害服务的时空维度，利用应急管理综合应用平台提供的基础应用支撑、数据支撑、模型算法等支撑能力，对海量、多源、多灾种的风险监测数据快速处理，并进行多灾种综合分析；提供地面沉降、地面塌陷、水土流失、地震等地质灾害的灾害监测、风险早期识别、灾害分析、风险综合研判和预报预警服务，实现"让地质灾害发现在开始之前，让救灾行动启动在灾害之前"的目标，让政府管理人员做到"应急情况心中有数，救灾部署全面精准"。

5. 烟台智能化城市安全运行监测平台建设情况

1）建设内容

（1）总体规划

从烟台市公共安全的角度出发，整体上围绕燃气等市政管线安全、电梯安全、交通安全、突发事件应急等开展智能化城市安全运行监测平台的建设。采用"1+2+3+5"的设计模式："1"指建设城市安全监测运行中心；"2"指建设"一网一图"，即城市安全运行监测物联网和城市安全综合监测一张图；"3"指建设三大基础支撑，即城市安全大数据系统、安全保障体系和标准规范体系；"5"指建设 5 个城市安全运行监测系统，包括"燃气安全运行监测系统""供水管网安全运行监测系统""排水管网安全运行监测系统""电梯安全运行监测系统"和"交通安全运行监测系统"。

①城市安全监测运行中心

在烟台市应急管理局建设一个城市安全运行监测中心，设置大屏幕显示系统和值班坐席，实现 7×24 小时值守，为城市安全运行的日常监测和城市安全运行报警处置提供支撑。

②城市安全运行监测物联网

部署安装城市安全运行监测物联设备，包括燃气安全运行监测、供水安全运行监测、排水安全运行监测、电梯安全运行监测、交通安全运行监测相关的前端物联传感设备，作为城市整体安全运行状态监测的主要数据来源和城市综合风险评估、安全态势感知、应急分析研判的基础数据支撑。

③城市安全综合监测"一张图"

通过城市运行物联网监测数据采集、汇聚和分析，结合城市各部门的基础数据、地理信息数据、互联网数据、城市部件信息等进行综合分析，以"一张图"形式呈现城市整体运行情况，建立一套城市健康运行体征指标体系，以多角度、多维度清晰展现城市安全的大数据画像。

④基础支撑系统建设

城市安全大数据系统，依托现有城市政务信息资源共享机制，整合接入城市供水、排水、燃气、交通等信息化系统资源和城市运行物联网监测数据，构建城市公共安全大数据系统，实现城市基础数据、实时监测数据、管理部门业务数据、社会数据等的汇聚。通过大数据挖掘，实现城市风险综合评估、安全运行综合监测与预警、突发事件综合研判与协同处置等功能。

安全保障体系，包括物理场所安全、信息采集及传输安全、监测中心网络安全、数据库安全、应用层安全和管理安全六个部分。涵盖了信息传输、存储安全、应用系统安全等多个方面，实现信息传输畅通、安全保密，为城市安全运行监测系统的正常运行提供保障。

标准规范体系，充分考虑烟台城市特点和各部门信息化建设情况，建立城市安全的标准规范体系，规范各部门系统数据报送格式、城市安全运行监测系统建设和运行管理流程，使城市安全运行监测系统及其外延系统形成有机的整体。

⑤城市安全运行监测系统

建设城市安全运行监测系统，包括燃气安全运行监测系统、电梯安全运行监测系统和交通安全运行监测系统、供水安全运行监测系统和排水安全运行监测系统几部分，实现城市燃气、电梯、交通、供水、排水等运行状态的实时感知以及运行故障的早期预警和高效应对，创新城市管理模式，提升城市安全水平。

（2）城市安全运行监测物联网

选择烟台市芝罘区和莱山区80公里高风险的燃气管网及相邻地下空间作为监测对象，设计布放3640个前端监测设备。主要监测内容为燃气管线相邻地下空间内可燃气体的气体浓度，同时辅助监测地下空间温度。根据浓度、温度变化趋势可判别可燃气体的来源，确定监测设备报警原因是沼气集聚还是燃气管线泄漏，从而避免误报现象的发生。

选择烟台市芝罘湾、南迎祥路以西，夹河以东，幸福南路以南，蓁山路、红旗中路以北约28公里市政供水主干管道作为供水专项一期三维BIM建模范围，对主城区重点区域的市政消火栓进行智能化改造。针对市政主干管道消火栓水压、流量、水温进行在线监测，实时掌握消火栓运行状态，为巡检维修和火灾处置提供支持。

选择烟台市芝罘湾、南迎祥路以西，夹河以东，幸福南路以南，蓁山路、红旗中路以北约58平方公里，约382公里排水管网作为排水管网、泵站核心重点区域进行试点建设，对高负荷风险区域雨水管网设置流量和液位监测，并对现有易积水点设置水位和视频监测，同时采集8座雨水泵站运行信息。

重点选择芝罘区的100部电梯，包括公众聚集区域、行政办公区域、医院、学校、部分老旧居民住宅和市场监督管理局这些重点监管单位，监测范围内的电梯普遍存在人流大、高峰期长、隐患高、发生故障影响大等特点。

通过车载物联网设备和4G传输网络，实现对公交集团200辆公交车的安全运行监测，并同集团调度中心的 2400 台车的实时监控进行对接，实现对公交车整体安全运行状态的实时监控。

（3）城市安全运行监测系统

燃气安全运行监测系统通过建设燃气信息资源管理子系统、燃气管网爆炸风险评估子系统、燃气泄漏实时监测与报警子系统、燃气泄漏爆炸预测预警分析子系统、燃气泄漏爆炸辅助决策子系统，帮助相关部门全面把控烟台市燃气安全现状，有效感知燃气管网及相邻地下空间燃气泄漏爆炸风险，为相关部门提供燃气行业监管及燃气突发事件应急决策信息化手段，提升燃气企业突发事件处置能力，做到燃气爆炸风险及时预警、预防和应对，将危险消除在萌芽状态。

供水安全运行监测系统，利用 BIM、GIS 和物联网监测等技术，对烟台城市供水设施进行数字化、三维可视化建设，实现供水基础设施及运行状态的可视化展示，同时依托科学完善的风险评估理论和可视化展示技术，多维度多层面地评估城市供水系统综合运行风险，形成城市供水系统风险"一张图"，为城市管理者全面掌握供水系统运行风险，有效制定应对措施，提供科学依据。

排水安全运行监测系统主要实现烟台市排水系统基础设施的数据化、信息化、可视化管理，建立管网信息库，在梳理清晰的排水基础数据的基础之上，运用层次分析法按照不同因素得出排水管网溢流与渗漏、地面坍塌和城市内涝的风险评估等级，形成排水安全风险评估应用。同时依托物联网监测技术，对排水系统前端的关键运行参数进行综合监控，实现排水系统安全运行状态的实时掌控，监测数据结合排水专业模型对管网溢流和城市内涝的预测预警，为排水管理者对排水管网的科学运维改造、防汛调度辅助提供辅助决策支持。

电梯安全运行监测系统通过电梯安全运行监测系统，构建电梯质量安全全程监管链条。通过对电梯进行风险评估、实时监测、维保管理和信息公示，把电梯从生产、安装、使用维护直至报废的全周期进行一体化、精细化、可视化监管，使电梯隐患一目了然、电梯困人事件及时响应和维保工作规范透明，确保电梯管理"底数清、情况明"，提高电梯安全运行水平，降低了电梯安全隐患。

交通安全运行监测系统依托城市交通运输安全运行监测平台的基础数据，通过信息共享和互联互通，实现烟台交通安全运行状况的可视化、决策化，有效感知烟台市交通运输系统中车辆、船舶、交通参与者、道路基础设施等元素的安全态势，实现面向政府、监管部门和企业的安全运行监测和协同处置功能，为相关管理部门提供交通行业监管、突发事件应急决策以及未来城市规划建议，提升烟台市整体交通安全运行水平。

2）主要做法

（1）把握安全发展趋势，聚焦化解城市安全难题

把握全局与站位，树立城市安全发展理念。城市公共安全连着千家万户，事关人民群众的生命财产安全，事关改革发展稳定大局。习近平总书记指出，需要更好推进以人为核心的城镇化，使城市更健康、更安全、更宜居，成为人民群众高品质生活的空间，为我们做好城市公共安全管理工作指明了方向、提供了遵循。党的十九大报告指出，"树立安全发展理念，弘扬生命至上、安全第一的思想，健全公共安全体系，完善安全生产责任制，坚决遏制重特大安全事故，提升防灾减灾救灾能力"。2018年1月，中共中央办公厅、国务院办公厅出台《关于推进城市安全发展的意见》，要求切实把安全发展作为城市现代文明的重要标志，健全公共安全体系，全面提高城市安全保障水平。

城市公共安全是我们在新形势下面临的新课题，也是对各级执政能力和水平的重大考验。一是城市公共安全的领域范围更宽。城市公共安全是社会和公民个人从事正常的生活、工作、学习、娱乐和交往所需要的稳定外部环境和秩序，涉及的领域比安全生产更宽、更广。二是城市公共安全的目标定位更高。城市公共安全的定位是站在城市全局的角度，利用先进的公共安全管理理念与技术，开展城市风险隐患的全方位物联网监测、评估与精细化管理，对各类安全风险和突发事件进行跨部门、跨领域的综合协调、防范、治理和应对，打造全方位、立体化的城市公共安全网。三是城市公共安全的工作标准更细。从安全生产到城市公共安全，实质上是从单一的安全生产监管过渡到城市公共安全治理，从微观的对企业"保姆式"安全监管逐渐过渡到区域协同安全发展，从单纯的政府管理安全过渡到全社会共同治理安全，有效防范、化解、管控各类风险，不断提高维护公共安全能力的水平。

创新体制与机制，信息化赋能城市公共安全。为解决当前城市公共安全的突出问题，烟台市立足制度优化激发活力，技术赋能精准治理，在全国率先成立以市长任主任、各副市长任副主任的城市公共安全委员会，统筹制订城市安全发展重大政策，科学谋划重大项目，制定地方首部城市安全发展综合法规（烟台市人民政府令第148号）。加快构建"建立一套完整的保障机制，引进一个'智囊'支持，建设一个城市公共安全管理平台，构建一个综合应急救援管理体系，打造一批城市公共安全科技培训基地"为重点的"五个一"城市公共安全工作体系，以信息化推进城市公共安全治理体系和治理能力现代化建设。

（2）引入外脑聚数生安，立体构筑城市公共安全基石

2019年5月30日，市政府与清华大学公共安全研究院签订合作协议。通过引入

外脑，深入研究城市公共安全"往哪走""走到哪"，如何"走得到""走得好"，为城市公共安全信息化建设"有用""能用""好用""管用"提供智力支持。借助清华大学公共安全研究院技术成果、产业实力和创新服务模式，统筹城市生产、生活、生态空间和功能设施，通过建设工业安全云、消防安全云、城市安全运行监测中心、综合应急指挥中心和安全警示教育基地，即采用"两云两中心一基地"的形式，将清华大学公共安全的科技创新成果在烟台市落地生根，开花结果。

针对与城市安全运行和老百姓日常生活息息相关的城市供排水、燃气管线、电梯、交通等生命线工程运行安全，建设监测感知网络，搭建城市安全运行监测平台，一期工程建设了覆盖 80 公里燃气相邻空间、28 公里市政消火栓、100 部电梯的监测物联网，并将 1250 公里燃气管道、923 公里消防供水干线管道、382 公里排水管线、100 部电梯、4260 部"两客一危"车辆、633 部校车纳入监测，为城市安全运行提供主动式保障。监测中心由政府投资建设，与清华大学公共安全研究院合作成立的合资企业承担运营服务，以购买服务方式承担运营费用，实行"中心监测预警、企业及时处置，部门动态监管，城安委跟踪督导"的工作机制，有效预防事故发生。

（3）精准研判趋势动态，建立健全城市安全长效机制

从核心平台看，烟台市仍然处在"数据大爆发"的初期，随着"新城建"的深入发展，将带来更大的"数据洪流"，对物联网、人工智能、边缘计算等技术赋予新的要求，多技术集成创新需求更加旺盛，这就为城市安全大数据的采集、汇总、分析等带来更大的挑战与机遇，硬件与软件的融合、数据与智能的融合将牵引城市安全信息化技术再上新的台阶。

从应用场景看，城市安全应用正在从政府端向基层端延伸，从感知型应用向预测型、决策型应用发展。随着未来二期工程的启动，将全域推动烟台市公共安全领域信息全面感知、风险动态监测，预警早期精准、决策智能科学、处置快速有效，创新数字社会治理模式，打造数字烟台建设标杆。

从风险治理看，在综合性、全灾种、全领域、大应急的创新理念下，充分发挥先行先试的改革创新优势，着力打造全国范围内具有显著示范效应的城市公共安全风险治理体系和治理能力的现代化标杆。

从未来发展看，新的时代，新的机遇。烟台市将以创建安全发展示范城市为抓手，在系统规划、建设、运营和服务过程中，积极引入社会化、市场化的多元力量参与，推动业务流程优化、建设模式创造、运营机制创新，打造出一套适合烟台市实际的科学、规范、系统、智能的新型城市安全管理长效机制，加快推进城市安全发展体系和能力现代化，把烟台市建设成宜业宜居宜游的国际化滨海城市。

6.杭州市城市地下隐患智防场景建设情况

1）总体情况

对于难防难治的地下隐患，城市建设管理部门面临着"三个不清楚"，即地下家底不清楚、隐患成因不清楚、如何防治不清楚。建设地下隐患智防场景就是要解决以上三个不清楚的问题，以数字化手段化解开发与管理的矛盾。

杭州市采用"V"字工作法，对"需求—任务—业务—工作"进行层层拆解，按照"隐患产生—因素分解—数据汇集—算法集成—状态标识—职责分解—组织架构—协同处置"的思路，形成多跨场景应用，实现制度与技术的理性打通，系统性重塑地下隐患防治管理工作，推进政府治理的数字化变革。

2）主要做法

以数字孪生理念和方法为指引，解决地下隐患看不见、复杂体、危险体、缺乏系统性和预见性的问题。利用省域空间治理平台、杭州市 CIM 基础平台已有成果，增量开发，迭代升级，构建城市地下隐患智防多跨场景。注重静态数据和动态数据相结合，形成地下家底"一张图"，通过分析算法评估路面塌陷风险，分级分类指导防治工作，重塑城市地下市政设施建设管理的体制机制，解决路面塌陷隐患的防治难题。

一是摸清底数，勾勒地下空间三维底图。利用城市数据模型，汇集住建、规资、交警、城管、管线单位、地铁等部门信息要素，对地质条件、道路条件、深基坑、地下管线、重载车规定线路等静态数据，以及探地雷达、地铁盾构作业传感器等动态监测数据分门别类地进行标准化加工，形成三维透明的地下家底"一张图"。

二是准确判断，建立综合风险分析模型。邀请中科院岩土所和浙江大学专业团队，在地面塌陷作用机理和过程理论研究结合现场监测实践反复推演的基础上，归集提取多个地下隐患影响因子（涵盖地质土层类型和厚度、道路病害体、地下管线的使用年限和材质、基坑 / 盾构施工等人工扰动因素、道路重载车辆荷载等），研发路面塌陷综合风险分析算法模型，计算出路面风险指数，并通过红、黄、绿标签化的形式标识出高、中、低风险，直观展示为全市路面塌陷风险"一张图"。

三是协同攻坚，重塑跨部门联防联控机制。根据路面塌陷风险"一张图"，建立"横向到边，纵向到底"的地下空间安全隐患协同机制，横向整合建委、规资、城管等行业部门，城投、地铁等建设单位，动态监测隐患部位；纵向与区县市、属地建立风险标识信息及预案，即时联动推送和隐患监管处置情况反馈机制。针对中高风险路段，制定结构化防治清单，建立不同风险因素和风险程度下"横纵结合"的多部门协同处置流程。比如，针对红色高风险区域，市建委牵头开展处置措施。建设部门组织深基坑施工方案专家审查，对在建项目进行工程现状的安全评估，加密巡查监管频次，对严重隐患点位安装感应设备，指导落实隐患排除措施。城管部门对疏松区域加密观测，存在脱空、空洞隐患的及时消除。管线业主单位对管网进行结构性监测，定期跟踪。交警部门配合城管严格超限车辆的通行管理等。

3）当前进展情况

一是数据汇集：一屏可视，一图统览。最初以武林门区域、钱江新城核心区、亚运村及平澜路为试验区域约 13.5 平方公里，当前正在向杭州市十个区的建成区推广建设，现已初步覆盖十区建成区，第一轮约 109.5 平方公里范围。十城区政府及十余个相关市直单位按照数据汇集规范正在加紧推进相关数据生产和汇交工作，并同步在进行现有数据的治理、修正及入库。当前平台已经完成汇聚 89.5 平方公里地质体三维模型、103.5 平方公里实景三维模型、432 个在建基坑工程、5869 公里各类管线、1693 公里重型车辆行驶路线、4100 公里城管已检测道路、2822 个扫描发现病害体数据、137 处地铁站点及区间段外轮廓三维模型、56 处地下停车场和 19 处地下隧道等。

二是系统研发：以数践研，以学促行。通过数字化手段对地下隐患防治重大需求的实践，升级路面塌陷防治的科学研究，不断优化分析算法，迭代风险评估模型。同时，知行合一，将数字化科研成果的持续反馈用于实际防治工作的指导。随着平台系统开发和评估算法研究的持续推进，城市地下隐患智防应用体系初步完成当前数据覆盖区域内的系列空间专题库、主题图层及风险评估算法工具箱，能基于阶段性深化的综合评估分析模型，分析评估路面塌陷风险，同步生成路面塌陷风险图。基于评估分析后的结果，系统会将风险等级、风险因素、与风险因素相关的处置预案推送给属地和处置责任主体，在目前发现隐患的试点区域已启动试运行闭环处置措施。在浙江省政务办公统一入口——浙政钉的"数智杭州"已上线城市地下隐患智防多维应用系统和隐患处置业务管理系统，基本实现了风险评估分析、评估结果推送、各单位监管和处置措施完成情况填报。

三是处置闭环：创新机制，整体智治。打破原先各部门、各权属单位、各属地数据自管、分体自治、阶段参差的现状局面，通过创新的动态数据汇交及保密共享机制、多跨协同的部门联防联控机制等推动数据汇交、隐患防治、联动处突、绩效评估，再造管理流程闭环，实现政府履职整体智治、高效协同。经与市城管局、市规划和自然资源局、市交通运输局、市人防办、市公安局交警局、西湖风景名胜区管委会、市地铁集团、市城投集团、市交投集团，以及十城区区政府协商，杭州市城乡建设委员会制定了《地下隐患智防应用系统工作风险管理闭环暂行措施清单》，并由杭州市地下隐患智防应用体系建设工作专班发文明确。各隐患监管和处置责任主体单位工作人员可通过浙政钉"数智杭州"已上线的隐患处置业务管理系统，开展闭环处置情况填报、措施跟踪落实工作。下一步将进一步完善制度，强化隐患治理防范管理手段。在目前发现隐患的试点区域已试运行闭环处置措施，覆盖四十多平方公里范围。根据不同风险范围和等级，当前涉及具体监管和处置措施467条，涉及措施联系人106人。

四是联合推进：提升效能，复制推广。第一，与浙江省城市运行安全智慧监管平台共建。浙江省城市运行安全智慧监管平台建设是数字化改革"152"体系的重要内容，建设内容主要包括七大场景，分别是燃气安全、供水安全、排水管理、桥梁安全监管、城市内涝、地下坍塌预防和管线（管廊）综合管理，监管平台分为省、市、区三级，采取三级共建的形式进行，杭州市是全省示范试点区域，要求全市所有区县全面落实七大场景。浙江省住建厅计划桥梁安全监管、地面坍塌预防两大场景采用杭州市现有系统，要求杭州市参与桥梁安全监管、地面坍塌预防两大场景的数据标准制定工作，杭州市城乡建设委员会正在积极与浙江省住建厅对接该项工作，以推进平台共建。第二，与浙江省省地下市政基础设施普查工作共享共用。浙江省自然资源厅正在牵头开展地下市政基础设施普查工作，杭州市城乡建设委员会正在积极与浙江省自然资源厅共同推进双方数据标准的衔接和统一，并已发布相关普查标准和规范，为后续工作开展高效统筹和数据成果的共享共用做好铺垫。

4）主要收获

一是大规模数据可视化归集的新实践。以城市信息模型为基座，将地质、城市管线、地下空间等大量数据以地下隐患智防为牵引进行主题汇集。突出运用了CIM平台的直观可视化特征，将标准建设、数据汇集核校、数据运用同步考虑，一并实施，在数据归集过程中采用直观可视、实战应用对数据进行检查核校，是一次数据共建、共治、共享的新实践。本次地下智防场景建设收集的大量数据，将成为杭州市城市地下市政设施规划建设运行数字化管理的基础。

二是多部门数字化协同的新运用。地下隐患治理在实践中需要多个部门协同处置，但职责边界不够清晰。本次通过地下隐患智防场景的建设，出台地下隐患智防临时闭环措施，以CIM平台为基础，以浙政钉为载体，以数字化手段厘清因果、明确责任，在市域范围内实现"市—区"两级的建设、规资、城管、交警、城投等多个主体的多跨协同。

三是数字孪生在城市治理中的新探索。通过地下隐患智防场景的建设，形成的"数据归集—指标计算—闭环处置"的基本工作思路，是对数字孪生技术如何在城市治理中运用进行了有效探索。

5）下一步计划

经过集中攻坚，杭州市城市地下隐患智防应用场景在"三区一路"及十区第一轮试点区范围（约 109.5 平方公里）的试点工作取得如期目标，正在向覆盖杭州市十城区建成区范围（约 1000 平方公里）推广建设。下一步，将继续做好三个方面工作：一是加强机理和影响因子研究，优化迭代风险分析算法，提升风险预警精准性；二是针对地下隐患实时监测和预警，探索有效的物联感知设备及技术手段，形成更为完善的技防加人防体系；三是建立数据更新和校正的长效机制，落实数据安全保密制度，让本次地下隐患智防场景采集的大量基础数据脱敏后，服务于其他更多的应用场景。

五、智慧社区建设总体研究

居住社区是城市居民生活和城市治理的基本单元，要以安全健康、设施完善、管理有序为目标，把居住社区建设成为满足人民群众日常生活需求的完整单元。开展完整居住社区设施补短板行动。推动物业服务企业大力发展线上线下社区服务业。建立党委领导、政府组织、业主参与、企业服务的居住社区治理机制，推动城市管理进社区，提高物业管理覆盖率。开展美好环境与幸福生活共同缔造活动，发动群众共建共治共享美好家园[①]。

国家积极推进智慧社区建设，依托社区数字化平台和线下社区服务机构，建设便民惠民智慧服务圈，提供线上线下融合的社区生活服务、社区治理及公共服务、智能小区服务。持续推动家政服务业提质扩容，与智慧社区、养老托育等融合发展。推动政务服务平台、社区感知设施和家庭终端联通，发展智能预警、应急救援救护和智慧养老等社区惠民服务，建立无人物流配送体系。深化新一代信息技术在社区建设管理中的应用，实现社区智能化管理。

（一）发展现状

1. 智慧社区概念的提出及历史演进

1）智慧社区概念的提出

1992 年，圣地亚哥大学的通讯国际中心正式提出了"智慧社区"的概念，从 1997 年开始，该组织开始致力于智慧社区的建设与推广，出版了《智慧社区指导

---

① 王蒙徽 . 实施城市更新 // 本书编写组 .《中共中央关于制定国民经济和社会发展第十四个五年规划和二〇三五年远景目标的建议》辅导读本 [G]. 北京：人民出版社，2020.

手册》等一系列成果。该组织将"智慧社区"界定为有意识地使用信息技术改变其区域内的生活与工作，这是一种显著的、根本性的，而非增量式的改变方式。在技术上，它体现为无所不在的网络联系，并通过运用这种联系，将市民纳入网络化的活动中，范围包括电子化的政府服务、远程医疗、远程教育和电子商务等。

智慧社区作为智慧城市的热点领域，是未来城市社区发展和建设的重要方向。随着我国智慧城市的积极推进与 5G 网络技术的日益成熟，我国智慧社区也处于高速建设发展阶段，在政府的积极引导下，许多城市都在积极开展智慧社区建设的探索。

从国家标准的角度讲，智慧社区被定义为"利用物联网、云计算、大数据、人工智能等新一代信息技术，融合社区场景下的人、事、地、物、情、组织等多种数据资源，提供面向政府、物业、居民和企业的社区管理与服务类应用，提升社区管理与服务的科学化、智能化、精细化水平，实现共建、共治、共享的管理模式"[1]。

2）从智慧城市到智慧社区

2009 年，IBM 提出了智慧城市的概念。IBM 认为，智慧城市是运用先进的信息与通信技术，将城市运行的各个核心系统整合，从而使整个城市作为一个宏大的"系统之系统"，以更为智慧的方式运行。

随着智慧城市的实践在全球各城市推进，社区以其适当的空间尺度与相对完整的体系结构受到越来越多的关注，智慧社区开始成为智慧城市的重要应用领域。智慧社区充分借助物联网和传感器技术，通过物联化和互联化来实现人、物、网络的互联互通，从而形成现代化、网络化和信息化的全新社区形态，涉及智能楼宇、智能家居、智能交通、智能医院、智慧民生、智慧政务、智慧商务和数字生活等诸多领域。此外，有社会建设领域学者在此基础上指出：智慧社区是以提高服务水平、增强管理能力为目标，针对居民群众的实际需求及其发展趋势和社区管理的工作内容及其发展方向，充分利用信息技术实现信息获取、传输、处理和应用的智能化，从而建立现代化的社区服务和精细化的社区管理系统，形成资源整合、效益明显、环境适宜的新型社区形态。

3）智慧社区的范围界定

根据住房和城乡建设部发布的《智慧城市建筑及居住区 第1部分：智慧社区建设规范（征求意见稿）》，智慧社区系统的建设，包括基础设施、综合服务平台、社区应用、社区治理与公共服务、安全与运维保障等方面。

智慧社区系统总体架构由基础设施层、平台层、应用层、安全保障体系与运维保障体系等部分组成。按服务对象划分，智慧社区应用服务可划分为社区管理类应用

---

① 　根据住房和城乡建设部发布的《智慧城市建筑及居住区 第1部分：智慧社区建设规范（征求意见稿）》。

和社区服务类应用两大类。

其中，社区管理类应用包括社区治安防控类应用和社区隐患治理类应用，面向社区物业管理者的相关的应用，包括物业缴费、信息发布、在线管家、楼宇对讲、智能门禁、视频监控、周界报警、设施监测、环境监测、垃圾分类管理、停车管理等。社区治安防控类应用包括人口管控、车辆管控、房屋管理、重点单位管理、群防群治力量管理、安防设施管理等；社区隐患治理类包括基础公共设施隐患治理、消防隐患治理、高空抛物隐患治理、群租隐患治理、环境隐患治理等。

社区服务应用包括两类：一是面向社区居民的便民服务相关的应用，即智慧家庭、家政服务、出行服务、邻里互动、社区医疗、居家养老、社保服务、投诉建议等；二是面向社区商户的商业服务相关的应用，即无人超市、快递服务、教育培训、旧物回收、货物搬运、汽车养护、房产租售等。

2. 智慧社区政策体系

1）国家政策

近些年来，国家通过各种政策支持智慧社区建设，国家发展改革委、科技部、住房和城乡建设部、公安部等各部委发布相应政策规划，全力推进智慧社区建设。

从发展趋势看，我国智慧社区建设起步较晚，经历了从"信息惠民"，到"智慧城市"，再到"智慧社区"的发展历程。智慧社区最初是作为信息技术在服务领域的应用典范被提出，而后又被纳入新型城镇化建设的总体框架，成为智慧城市、城乡社区治理等的重要内容。最初，政策的重点在于强调将物联网、云计算等信息技术运用于民生服务，以此实现"信息惠民"。在此过程中，智慧社区的总体架构已初步完成，并形成了评价指标体系。后来，智慧社区逐渐融入智慧城市、城乡社区治理的相关政策，其内涵与评价指标体系得到了进一步深化，整体架构突破了高新技术层面的局限，在基层社会治理、城市公共服务等方面得到了扩展。

从政策内容看，我国智慧社区建设完成了"以信息技术为中心"向"以为市民服务为中心"的转变。前期智慧社区相关政策侧重于物联网、遥感遥测、北斗导航、地理信息等一系列高新技术层面，后期政策逐渐"人本化"，确立了"以居民需求为导向"的发展方向，愈加关注技术和居民之间的协同和互动，更加强调居民的体验；以城市为单位，充分利用现有基础建设智慧社区平台，对物业、生活服务和政务服务等数据进行全域全量采集，为智慧社区建设提供数据基础和应用支撑。推进智慧社区平台与城市政务服务一体化平台对接，推动"互联网＋政务服务"向社区延伸，打通服务群众的"最后一公里"，致力于创造"安全、便捷、舒适和愉快"的人居环境，增强社区居民的获得感、安全感、幸福感。如表 3-12 所示。

智慧社区国家政策体系 表3-12

时间	主体	摘要
2013年3月	科技部	《国家高新技术产业开发区创新驱动战略提升行动实施方案》国科发火〔2013〕388号提出，"要推广物联网、云计算等信息技术在智慧社区、智能医疗、智能家居等服务领域的广泛应用"。这是我国国家层面首次提及"智慧社区"的文件
2014年1月	国家发展改革委、中央编办等	《关于加快新型信息惠民工程有关工作的通知》发改高技〔2014〕46号提出，将推进社区信息化、建设智能家居综合应用平台、丰富家庭信息服务列为重点任务
2014年5月	住房和城乡建设部	《智慧社区建设指南（试行）》建内科〔2014〕22号主要内容包括智慧社区的指导思想和发展目标、评价指标体系、总体架构与支撑平台、基础设施与建筑环境、社区治理与公共服务、小区管理服务、便民服务、主题社区、建设运营模式、保障体系建设等
2014年8月	国家发展改革委、工信部、科技部、公安部等	《关于促进智慧城市健康发展的指导意见》发改高技〔2014〕1770号指出，要积极运用新技术新业态，推动信息技术集成应用。面向公众实际需要，重点在交通运输联程联运、城市共同配送、灾害防范与应急处置、家居智能管理、居家看护与健康管理、集中养老与远程医疗、智能建筑与智慧社区、室内外统一位置服务、旅游娱乐消费等领域，加强移动互联网、遥感遥测、北斗导航、地理信息等技术的集成应用，创新服务模式，为城市居民提供方便、实用的新型服务
2016年8月	民政部	《全国民政标准化"十三五"发展规划》民发〔2016〕142号指出，"应着重开展社区信息化和智慧社区建设等标准研制"，从国家层面引导智慧社区建立相关标准，进而实现规范化管理
2016年10月	民政部等	《城乡社区服务体系建设规划（2016—2020年）》民发〔2016〕191号提出，到2020年基本公共服务、便民利民服务、志愿服务有效衔接的城乡社区服务机制更加成熟；社区综合服务设施为主体、专项服务设施为配套、服务网点为补充的城乡社区服务设施布局更加完善；网络连通、应用融合、信息共享、响应迅速的城乡社区服务信息化发展格局基本形成等发展目标
2017年6月	国务院	《关于加强和完善城乡社区治理的意见》提出，到2020年，实施"互联网＋社区"行动计划，加快互联网与社区治理和服务体系的深度融合，指出"务实推进智慧社区信息系统建设，积极开发智慧社区移动客户端"
2019年3月	住房和城乡建设部	《住房和城乡建设部关于在城乡人居环境建设和整治中开展美好环境与幸福生活共同缔造活动的指导意见》建村〔2019〕19号提出，坚持社区为基础。把城乡社区作为人居环境建设和整治基本空间单元，着力完善社区配套基础设施和公共服务设施，打造宜居的社区空间环境，营造持久稳定的社区归属感、认同感，增强社区凝聚力，以"决策共谋、发展共建、建设共管、效果共评、成果共享"为手段，在城乡人居环境建设和整治中精心组织开展"共同缔造"活动
2019年11月	国家发展改革委	《绿色生活创建行动总体方案》发改环保〔2019〕1696号明确开展绿色社区创建行动。以广大城市社区作为创建对象。提高社区信息化智能化水平，充分利用现有信息平台，整合社区安保、公共设施管理、环境卫生监测等数据信息。培育社区绿色文化，开展绿色生活主题宣传，贯彻共建共治共享理念，发动居民广泛参与

时间	主体	摘要
2020 年 7 月	住房和城乡建设部	《智慧城市建筑及居住区 第 1 部分：智慧社区建设规范（征求意见稿）》对智慧社区系统的建设，包括基础设施、综合服务平台、社区应用、社区治理与公共服务、安全与运维保障等方面，提出了相应的规范和要求
2022 年 1 月	住房和城乡建设部	《完整居住社区建设指南》建办科〔2021〕55 号提出，建立物业管理服务平台，推动物业服务企业发展线上线下社区服务业，实现数字化、智能化、精细化管理和服务

2）地方政策

为提升居民在生活环境内的幸福感，国家"十四五"规划纲要提出了进一步推进智慧社区建设的一系列具体要求，包括便民惠民智慧服务圈建设、家政服务业提质扩容、社区惠民服务等，服务范围涵盖养老托育、政务服务、应急救援、供应链物流等。

此后，各试点城市区积极响应，15 省市"十四五"规划纲要均提及智慧社区相关内容，提出了更加具体、更加细化的智慧社区建设规划。除整体智慧社区的架构体系外，提及了管网、水务、停车、消防、门禁、养老、托育、医疗、物流、环保等一系列服务。如表 3-13 所示。

15 省市"十四五"规划纲要智慧社区相关内容 　　　　　　　　　表 3-13

省（自治区、直辖市）	主要内容
福建	加快"互联网＋政务服务"向城乡社区延伸，推动智慧社区信息系统和移动端应用全覆盖，健全社区信息化服务载体和治理平台，促进优质服务资源共享复用。推进近邻党建工作，健全社区治理机制，完善社区基本公共服务标准，加快智慧社区建设，提升网格化管理和精细化服务水平。建设智慧城市，大力发展智慧管网、智慧水务等，支持智能停车、智慧门禁、智慧消防、智慧养老等智慧社区应用和平台建设
青海	实施"感知青海"工程，建立城市物联网公共服务平台，推进物联网在仓储物流、智慧社区、智慧养老、生态环保等领域的应用。建设一批数字化景区。创新居民自治方式，搭建社区议事会、社区客厅等载体，建设智慧社区数字化精益管理平台，建设无盲区社区安全防护网
北京	实施泛在智能的城市感知全覆盖工程，在交通治理、应急调度、公共服务、智慧楼宇、智慧社区领域实施一批"揭榜挂帅"示范应用，培育一批品牌化示范项目和领军企业
甘肃	推进智慧社区、智慧安防小区建设，打造智慧社区警务享，加快实施"智慧交管"建设，着力打造城乡统筹、网上网下整合、人防物防技防结合、打防管控一体的社会治安防控新格局
江苏	积极构建数字化生活场景，在车联网、感知网、智慧社区、智慧家庭、智慧养老、智慧医保等领域先行突破，支持无锡等城市打造国家级车联网（智能网联汽车）先导区。加快智能终端的推广应用
陕西	加强网格化管理、精细化服务、信息化支撑、开放共享的基层治理服务平台建设，完善社区便民服务网络，推进智慧社区建设，提升社区服务智能化、便捷化水平

续表

省（自治区、直辖市）	主要内容
贵州	在贵阳、遵义、安顺等开展智慧社区试点建设，探索社区服务集成化、治理人性化、家居生活智能化模式，推进城市社区人像识别感应设施、社区管理服务平台和智慧安防等建设，建成 500 个智能社区。加强数字社会、数字政府建设，深入实施"数字治理"攻坚战，推进政府管理和社会治理模式创新，建设智慧城市、智慧社区和数字乡村，提升政府管理、公共服务、社会治理等数字化、智能化水平，打造数字治理示范区
浙江	扩大覆盖全生命周期的各类服务供给，持续推动家政服务业提质扩容，与智慧社区、养老托育等融合发展。大力支持社区社会组织发展，引导社会力量更好地链接社会资源、提供专业服务，参与基层治理，推动自治共治平台协同运转。提升社区治理规范化精细化水平，规范信息数据采集校查、集成共享，深化"社区云"、远程视频帮办等智慧社区应用
上海	建设新型智慧城市、海绵城市、韧性城市，融入山水风光和科学元素，打造科学场景丰富、山水田园交融、巴渝乡愁味道浓郁的未来城市。探索设立国际化科技特区，大力吸引高层次创新创业人才，打造"科学家的家""创业者的城"。构建智慧城市智能化中枢，推动交通、水利、能源、公共安全等基础设施智能化升级，实现传统和新型基础设施融合发展、多场景应用。加快新型智慧城市建设，完善城市综合"智"理体系，推进城市建成区数字化管理全覆盖
江西	建成南昌、九江、赣州、鹰潭、吉安等地"城市大脑"，推进新余、宜春、吉安、萍乡等地智慧城市应用，推进智慧县城示范项目建设
天津	建设优良的智慧城市开发生态，探索人工智能在城市管理、交通运行、环境监管、执法指挥、安全生产等方面的创新应用。聚焦医疗、教育、养老、文化、旅游等重点领域，提供智慧便捷的公共服务，推动智能服务的普惠应用。以中新天津生态城、海河柳林"设计之都"核心区、国家会展中心（天津）为试点，推进 50 全域示范应用，打造国内智慧城市标杆
黑龙江	开发培育智能化应用场景，拓展智能制造、智慧农业、智慧城市、智慧交通、智慧旅游、智慧供暖、智慧医疗等领域应用，打造 5G+ 智慧行业应用体系生态图。开展智慧城市试点，实施感知龙江工程，推进"城市大脑"建设
四川	建设智慧城市，推进社区治理、交通管理等领域的智慧创新应用
内蒙古	加快传感器、地理空间信息、卫星定位与导航、新一代信息网络等技术在智慧城市建设中的应用。实施新型智慧城市示范工程，重点建设乌兰察布智慧城市人工智能开放创新平台，将呼包鄂乌打造成全国新型智慧城市，其他盟市提升城市交通、公共安全、民生服务、城市管理等智慧应用水平，打造新型智慧城市"样板间"，建设"城市大脑"

3. 智慧社区标准体系

目前，与智慧社区和智慧建筑相关的标准较多，根据住房和城乡建设部标准定额研究所组织单位编写的《智慧住区及智能建筑产品系列标准应用实施指南》中的梳理，智慧社区和智能建筑已经颁布的相关标准有 194 项，其中国家标准 101 项（强制标准 71 项，推荐标准 40 项）、行业标准 73 项、地方标准 3 项、团体标准 2 项、国际标准 15 项。

　　从标准内容看，绝大部分国家标准都是从技术层面对建设智慧社区所需的数值计算、网络信息化平台、智能硬件等作出了规定，总体上对于智慧社区的服务内容方面尚没有作出标准规定。值得注意的是，2022 年 3 月 11 日，全国智能建筑及居住区数字化标准化技术委员会在北京组织召开《智慧城市建筑及居住区第 2 部分：智慧社区评价》国家标准编写启动会。该标准的编制旨在通过科学的测评体系，评价智慧社区建设的效果，发挥指引方向和量化评估作用，填补智慧社区评价国家标准的空白。推动以居民需求为导向的智慧社区建设，引导更好的智慧社区建设形态，不断增强社区居民的获得感、安全感、幸福感。由此可见，我国对于智慧社区建设的评价标准正在不断完善中，如表 3-14 所示。

代表性智慧社区相关国家标准　　　　　　　　　　　表 3-14

标准名称	标准性质	标准号／计划号
《建筑及居住区数字化技术应用第 1 部分：系统通用要求》	国家标准	GB/T 20299.1—2006
《建筑及居住区数字化技术应用第 2 部分：检测验收》	国家标准	GB/T 20299.2—2006
《建筑及居住区数字化技术应用第 3 部分：物业管理》	国家标准	GB/T 20299.3—2006
《建筑及居住区数字化技术应用第 4 部分：控制网络通信协议应用要求》	国家标准	GB/T 20299.4—2006
《住宅用综合信息箱技术要求》	国家标准	GB/T 37142—2018
《社区基础数据元》	国家标准	GB/T 29854—2013
《社区信息化术语》	国家标准	GB/T 29855—2013
《社区信息化第 1 部分：总则》	国家标准	GB/T 31490.1—2015
《社区信息化第 4 部分：数据元素字典》	国家标准	GB/T 31490.4—2015
《社区信息化第 7 部分：信息系统技术要求》	国家标准	GB/T 31490.7—2015
《建筑及居住区数字化技术应用 家庭网络信息化平台》	国家标准	GB/T 38321—2019
《建筑及居住区数字化技术应用 家居物联网协同管理协议》	国家标准	GB/T 38323—2019
《建筑及居住区数字化技术应用 智能硬件技术要求》	国家标准	GB/T 38319—2019
《智慧城市 建筑及居住区综合服务平台通用技术要求》	国家标准	GB/T 38237—2019
《建筑及居住区数字化技术应用基础数据元》	国家标准	GB/T 38840—2020
《智慧城市 建筑及居住区第 1 部分：智慧社区建设规范（征求意见稿）》		
《绿色建筑评价标准》		GB/T 50378—2019
《建筑工程绿色施工评价标准》	国家标准	GB/T 50640—2010
《城市居住区规划设计标准》	国家标准	GB 50180—2018
《声环境质量标准》	国家标准	GB 3096—2008
《物联网总体技术 智能传感器接口规范》	国家标准	GB/T 34068—2017

4. 智慧社区建设的三个阶段

随着城镇化进程的加快，社区作为城市的细胞，其地位也显著提高，智慧社区的建设成为时代潮流。我国智慧社区由信息技术和社区建设融合而成，遵循着智慧社区建设发展的一般规律。总体上看，我国智慧社区发展可以划分为三个阶段。

1）社区智能化阶段

随着城市人口的持续增加，我国传统的住宅建筑和社区发展模式已经难以满足人们日益提高的生活需求，甚至成为限制城市发展的重要因素。在此背景下，发展科学技术成为唯一的解决途径，只有将科学技术与社区相结合，才能突破社区建设瓶颈。由此，智能社区这一理念应运而生。

人们开始对建设智能化住宅的探索开始于 20 世纪 80 年代末。当时，上海国际工业博览会上展出了一个智能化住宅模型。由于当时我国智能社区建设还处于探索阶段，存在着建设标准不统一的问题，我国在 1999 年 12 月出台了《全国住宅小区智能化系统示范工程建设要点与技术导则（试行稿）》，指定了智能化社区建设试点，并确定了建设内容，以此统一建设标准、规范建设过程。1999 年下半年，上海创世纪滨海花园小区成功建成，成为我国第一个智能化试点小区。随后，智能化社区在北京、深圳、广州、武汉等城市迅速发展起来，拉开社区智能化发展的序幕。

我国智能化社区在发展过程中存在着很多主观与客观上的问题。例如，在智能化社区建设的浪潮中，开发商片面追求销售量，过分夸大信息化的含金量，从而在建设中追求华而不实的信息系统，导致系统建成后难以启用，造成资源浪费。在智能化社区的开发过程中，地方政府各自为政的情况和不同的建设理念导致智能化社区质量标准十分混乱。同时，由于开发商在建设过程中过分强调智能化程度，忽视了社区居民实际智能化的需求量和消化量，导致了技术过剩。

社区智能化建设已是社会发展的必然趋势。总体上看，在社区住宅内部及外部网络系统和智能应用的建设与升级下，人们的生活质量不断提高，传统的生活方式获得新的进步，推动城市的智能化发展。

2）社区数字化阶段

在社区智能化建设的基础上，原建设部在 2001 年提出了建设数字化社区的构想。此后，全国各试点城市普遍将现代科学技术融入社区建设，实现社区管理和服务数字化，建设数字化社区成为时代需求。实现社区数字化，需要利用各类技术，归纳处理社区信息，构建住户与各类服务组织之间高效互动的中介平台，达到社区资源得以充分利用、保护环境、提高服务质量，以及居民生活智能、安全且开放的目的。

我国数字社区在一些城市进行了一系列的实践，并取得了有效的建设成果，如北京市、上海市的社区 e 生活门户网站、社区远程教育和文娱系统等。数字化社区的进步之处在于它将各个智能化小区连接为一个网络。数字化社区强调信息资源的收集与处理，着力提高数据的时效性与权威性，其目的是实现数字化的生活方式，有效提高社区工作人员的效率，降低劳动强度。

当前数字化社区建设仍然存在一些问题。一是体制方面的制约。受原有管理体制的限制，某些领域的市场管理体制依旧存在垄断，使得成熟技术无法推广和使用。社会资源的配套落后于发展，社区的区域网与市政网脱节。二是建设思路与实际脱轨的问题，在建设思路上片面强调追求先进的科学技术，没有考虑到社区居民的实际需求和物业管理人员的素质。三是建设方案大多处于总体规划阶段，存在重建设、轻管理的问题，导致某些系统关闭或停机。四是小区局域网和宽带接入网重复建设，造成大量资源浪费。

3）社区智慧化阶段

智慧社区历经智能化、数字化建设，前两个阶段的建设为中国社区建设奠定了信息化的基石，促使我国社区建设朝着智慧化的目标奋进。2012 年，北京市通过了首个关于智慧社区建设的实施意见，随后上海市、广州市等地均通过了符合该地实际的智慧社区建设标准，北京市西城区、上海市陆家嘴地区等地均积极开展相关建设。截至 2015 年，我国已在多个城市开展智慧社区建设，并且智慧社区示范点已能提供智能化的服务、富有人情味的社区环境、完善的基础设施以及引进了一批有能力、有技术的人才。

当前，我国智慧社区的实践主要致力于居民、产业、商务、政务、科教、交通、医疗卫生、旅游休闲等智慧社区建设，从不同程度上解决社区的人口、政务、警务、医疗及老龄化等管理难题，提高社区管理和服务的效率。如智慧人口管理系统，该系统已在北京市长阳社区运用，它可以高效广泛地收集居民信息，并实现数据的比对与处理和共享。比如，北京市清华园街道通过运用物联网技术，在区域内建立了三级垃圾分类体系。通过智慧社区网络平台系统，街道辖区内实现了居民对服务商的考核。杭州市高新区（滨江）是浙江的国家级智慧社区建设试点。2014 年，南京市推行了智慧养老服务，以应对人口老龄化的难题。

我国社区智慧化发展仍然存在自主开发核心技术能力弱、法律支援数据保密性不强、政府支持力度有待加大、民间共建参与度有待提高和宣传力度有待加大等问题，需要社会各方不断共同努力，实现对普通社区的智慧化升级。

5.智慧社区建设参与者

1）政府

政府是我国现阶段智慧社区建设的主导者、推动者，在一些项目中也承担出资方的角色。在一些智慧社区的运营类项目中，政府则通过购买服务等方式介入，以提高社会治理的智能化程度。政府也是智慧社区建设、运营相关政策的制定者，主要发挥引导与监督作用，解决建设运营中的管理问题，并协调各方主体的关系。

2）企业

企业是智慧社区的具体建设者和运营者，如表 3-15 所示，为居民提供更多样、更智能服务，受政府的监督、管理和引导。

智慧社区企业 表 3-15

中枢平台	智能物联	社区物管	视频安防	社区增值	智能家居
阿里云	海纳云	碧桂园服务	海康威视	雅生活	前海居能
腾讯云	华为云	绿城服务	商汤科技	彩生活	小米科技
平安智慧城市	海尔智家	远洋服务	旷视 MEGVII	银城生活	普利科技
浪潮云	亿联科技	融创服务	中控智慧	乐生活	华数

3）业主

业主既有社区中的居民住户，也有商户。业主是社区的使用者和监督者，在传统社区，业主监督者的身份往往被弱化，在社区的建设运营中处于相较被动的地位。而在智慧社区中，得益于线上、线下平台的聚合，终端与平台的联系，多数业主可以重拾其监督者的身份，甚至通过自身的建议反馈，主动参与到智慧社区的建设运营中，成为智慧社区的共建者。业主对于智慧社区的自身演变（如季节变化、自然老化）、内部功能（如商业、服务、培训等功能的进入）、外部因素（周边配套、环境状况等）的变化过程中产生的问题最为敏感、最为关注，借助智慧社区平台对当前存在情况进行最及时的反馈，根据生活和工作中的诉求和痛点帮助智慧社区不断改进工作，依靠其生活体验，使智慧社区服务变得更为精准、更有效率。

4）社会组织

除了政府、企业和业主，越来越多的社会组织开始参与到智慧社区的建设运营中，例如不少案例中，NGO（非官方组织）、NPO（非营利性组织）对老旧小区的智能化改造提供了帮助，学界也从技术落地和社会治理两方面参与到智慧社区的建设和运营中。社会组织参与智慧社区的建设运营，有效提升了资源统筹能力和组织凝聚力，发挥了专业志愿服务者的技能，让社区的业主感到更温馨，更满意。

6. 智慧社区投资建设运营模式

我国智慧社区建设起步较晚，经历了从"信息惠民"到"智慧城市"，再到"智慧社区"的发展历程，完成了"以信息技术为中心"向"为市民服务为中心"的转变，这种转变成为建设新型数字政府的基础，也创建了政府、社区、为民服务的新型关系模式。在建设思路上，经历了从政府投资到政府和社会资本合作（PPP）模式，再到政府指导、共建、共享、共治的新模式。由政府主管部门、企业、非营利部门及居民共同参与，政府出台建设指南和建设纲领，企业带资建设、政府购买服务，统一标准和发展路径，借助企业在资源的组织、管理、运行维护上的优势，高质量、集约化地共同完成社区美丽家园的建设。

1）政府投资建设模式

该模式主要面向智慧社区建设中公共基础类、纯公益类等不适宜市场化运作或者明确缺乏商业模式的项目，由政府出资并进行统一规划部署。政府投资资金来源包括智慧社区专项资金、老旧小区改造补助资金、城市更新专项资金等。政府通过公开招投标的方式确定承建方，开展平台建设、运营保障、服务拓展、系统运维等工作，但项目整体由政府主导，政府通过联合多个部门发布指导文件或制定标准规范，对智慧社区的建设运营提出要求。该模式的优势是政府拥有绝对的控制权，劣势是容易造成政府财政压力，对团队的专业运营能力要求较高，且一般只能满足基本需求，难以提供优质、精细、个性的服务。政府投资建设模式的主要应用场景有智慧党建、智慧消防、智慧安防、网格信息管理、政务服务、社区矫正等。

2）企业投资建设模式

该模式主要面向智慧社区建设中具有较好盈利性的项目，通过政府授权，由企业完成项目的投资、建设、运营，项目的所有权归企业所有，企业通过提供产品或收费服务来回收投资并获得回报。该模式下的企业可以是房地产开发商、通信运营商、互联网企业、物业公司等。该模式的优势是能够缓解政府沉重的财政压力，充分发挥市场的效率、经验和服务优势。企业可以在市场竞争中通过提升服务质量、寻求合作等方式不断提高自身竞争力，社区居民能够享受到更优质的服务。劣势是对可持续的盈利模式和运营能力要求较高，且我国智慧社区建设起步较晚，缺乏统一的规划、协调和监督，市场服务质量参差不齐。

3）政府和社会资本合作模式

该模式是指政府和社会企业共同投资建设项目，即政府和社会资本合作（PPP）

模式。在社区范围，一般是企业负责市场化运营，政府对缺口进行补助付费，这是公共基础设施中的一种项目运作模式。在该模式下，鼓励私营企业、民营资本与政府进行合作，参与公共基础设施的建设和公共服务的提供。2019 年财政部发布《关于推进政府和社会资本合作规范发展的实施意见》（财金〔2019〕10 号）后，在社区政企合作模式中完全采用政府付费类的 PPP 项目数量逐渐减少，新增 PPP 项目大多数为市场化运营及政府缺口补助付费模式。PPP 模式明确界定政府和企业在公共项目中的权利与职责，双方通过优势互补和权益共享来提供公共产品和服务，在合作的过程中共享收益，共同承担项目的责任和风险，有效解决财政建设资金短缺、优化政企资源配置、提升公共服务质量。社区政企合作模式的主要应用场景有智慧安防、智慧梯控、智慧消防等。

4）委托经营模式

该模式是指委托方在一定条件下，依法委托特定主体在社区范围内开展的经营活动，向委托方支付相应的费用。委托方一般包括政府部门、物业、房地产商等具有产权的主体，这些主体可以向被委托主体授予特定的经营权，明确双方的权利义务和风险分担以及委托期限和范围。在获得委托授权后，被委托方可以得到提供服务和获取收益的权利，这种委托授权具有排他性。该模式具有产权清晰、政府财政压力小等特点。被委托主体应具有持续的盈利模式和较好的运营经验，充分利用自身经营能力，通过维持一定的经营规模，保障了合理的经营利润。对于委托方来说，委托经营模式可通过向被委托方收取委托授权费、收益分红等方式获取收益，保障了委托方相对稳定的收入。社区委托经营模式的主要应用场景有智慧养老、智慧停车、智慧物业、垃圾分类回收、数字便民生活圈等。若涉及基础设施，则委托经营模式通常是指政府部门就某个基础设施项目与运营商签订特许经营权协议，授予运营商来承担该项目的投融资、建设、经营与维护。在协议规定的特许期限内，运营商企业向设施使用者收取适当的费用，由此来回收项目的建设、经营成本并获取合理的回报；政府部门则拥有对基础设施的监督权、调控权。特许期届满，运营商将该基础设施无偿或有偿移交给政府部门。

7. 智慧社区建设内容

智慧社区建设利用 5G、物联网、人工智能、大数据等新一代信息技术，对社区"四务"进行整合升级和流程再造，形成社区数字化、智能化业务场景，全面提高社区生活的便捷性，为居民、政府、企业等多方提供便利，形成互利共赢的良好生态。针对社区居民最关注、最迫切的需求，打造典型智慧社区业务场景，以点带面推动智慧社区全业务场景发展，为居民提供便捷高效的社区智能化服务，增加居民的体验感和获得感，使居民发自内心地认同、接受、支持并参与智慧社区建设，是智慧社区长效发展的必要条件。

1）政务

随着新一代信息技术的快速发展，社区"政务"积极引入信息化手段，促进社区治理业务的数字化、网络化、智能化，同时提高政务服务效率，实现政务服务"就近办，一次办，网上办"。智慧社区"政务"常见的应用场景包括政务服务、智慧党建、智慧安防、智慧消防、智慧梯控、网格信息管理、智慧社区矫正等。

2）商务

智慧社区"商务"以传统社区商务为基础，紧密围绕社区居民生活，探索平台化集成创新模式，推动便民生活圈各业态联动发展，构建线上与线下深度融合、虚拟与实体互相补充的商业综合服务体系。集成线上线下商业资源，为居民提供更加优化的一站式服务，满足居民日常生活基本消费和品质消费。智慧社区"商务"常见的应用场景包括数字便民生活圈、智能快递柜、垃圾分类回收、共享场地、社区创客空间等。

3）服务

智慧社区"服务"是以人工智能、大数据、物联网等新一代信息技术为基础，对传统社区服务进行理念和形式上的不断创新，逐渐形成的数字化和线上化服务以及应用模式。一方面降低了社区的运行和维护成本，提高了管理效能；另一方面更好地满足了居民的生活需求，逐渐实现了服务事项不出社区、就近享用。智慧社区"服务"常见的应用场景包括智慧物业、智慧医疗健康、智慧停车、智慧充电桩等。

4）家务

智慧社区"家务"是在传统社区"家务"的基础上，利用物联网、互联网、大数据、人工智能等技术，对以往的"家务"处理流程进行再造与优化，提高传统家务服务效率，促进邻里关系和谐，提升社区居民生活幸福感。智慧社区"家务"常见的应用场景包括邻里交往、智能家居、智慧节能、家政服务、居家养老等。

8. 智慧社区建设市场潜力

智慧社区行业上游为基础的技术支撑，中游为硬件设备、基础设施、数据库、服务平台等，下游为社区应用终端，即政府、企业、居民。我国智慧社区市场规模近年来持续快速增长，据中国互联网协会与中国信息通信研究院联合发布的《中国"智能＋社会"发展指数报告（2020）》显示，截至 2020 年 12 月，全国约有 29.6 万个智慧社区，按照每个社区 30 万左右的预算计算，智慧社区平台整体规模约为 800 多亿，预计 2023 年，我国智慧社区市场整体规模将达到 6433 亿元。智慧社区的发展既是疫情之下的社会共识，也是技术进步、城市演变、市场发展带来的必然结果。

1）基础技术市场扩大

智慧社区行业上游的基础技术市场正在急速扩大，以互联网、物联网、人工智能、大数据等领域的核心技术底座云计算为例，其规模稳健提升，据中国移动 2020 年的《"网＋云 +DICT"融合转型，全面拥抱 5G 产业数字化时代》报告显示，2019～2020年中国云计算市场规模从 1334.5 亿元增长到 1781.8 亿元；预计 2020～2023 年云计算市场规模将达到 3754.2 亿元，其中公有云市场规模达 2307.4 亿元，2020～2023 年云计算市场规模平均增速达 29.51%。中国信息通信研究院 2021 年发布的《云计算白皮书》认为，伴随着经济回暖，2025 年全球云计算市场规模将超过 6000 亿美元，我国预计"十四五"末市场规模将突破 10000 亿元。

2）硬件设施覆盖拓广

硬件设备、基础设施、数据库、服务平台等设施设备在全国范围内的布置同样重要，其覆盖面的拓广为智慧社区的广泛落地提供了软硬件基础。以 5G 基站为例，据工信部数据报道，2019 年我国已经实现所有城市都有 5G 覆盖，2021 年 5G 网络已经覆盖全国所有一级地市和所有县城城区，87% 的乡镇镇区，且 2022 年年底我国5G 基站将达到 200 万个，如图 3-25 所示。

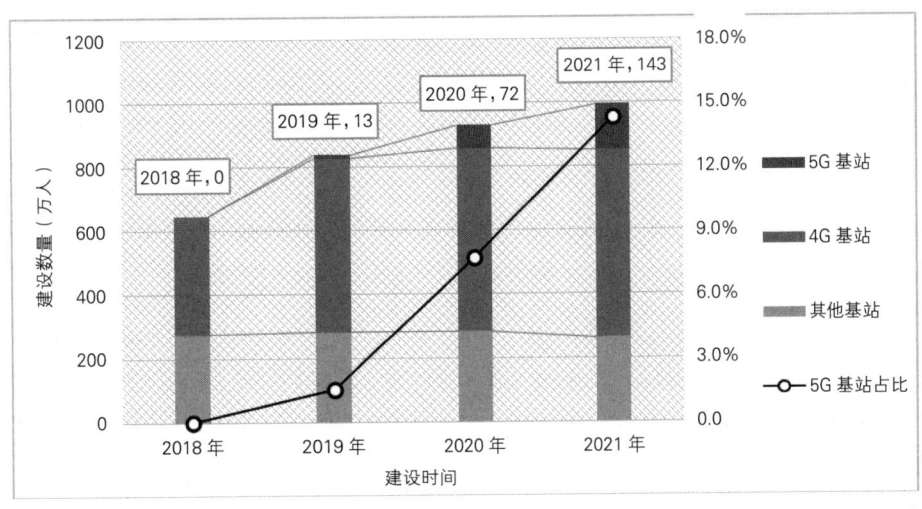

图 3-25　中国移动基站建设情况[①]

---

①　数据来自 2018～2021 年《通信业统计公报》。

3）应用诉求广泛

一是在政府方面，据国家互联网信息办公室发布《数字中国发展报告（2020年）》显示，截至2020年11月底，我国有23个省级（占比71.9%）和31个重点城市（占比96.9%）地方政府明确了政务数据统筹管理机构，有力推进本地数字政府建设，16个省级（占比50.0%）和10个重点城市（占比31.3%）政府已出台并公开数字政府建设相关规划计划、方案意见。而根据中国信通院发布的《云计算发展白皮书（2019年）》显示，2018年已实现全国政务云31个省级行政区全覆盖，地市级行政区政务云覆盖比例达到75%。另一方面，疫情、灾情频发，城市应急防控能力下沉成为趋势，国务院2021年12月印发的《"十四五"国家应急体系规划》国发〔2021〕36号中明确要求"增强城乡社区综合服务设施应急功能"，把社区应急防控接入城市智慧大脑势在必行。

二是在居民方面，随着科技的进步以及新一轮的城市建设与更新的开展，智能化应用场景在老旧小区改造、新一代社区建设等各个方面都有显现，且占比日益提升，居民对于便捷、安全、智能生活的诉求急速提高。以老旧小区改造为例，住房和城乡建设部2021年12月发布的《城镇老旧小区改造工作衡量标准》中提到把"北方采暖区建筑节能改造以及公共区域无障碍设施、适老化改造、适儿化改造""电梯、充电、安防、照明、智能信包箱及快件箱"等群众改造意愿强烈的内容作为老旧小区改造的底线要求，把"引导居民利用'互联网＋共建共治共享'等线上手段"等先进基层治理机制作为老旧小区改造需要破解的难点问题。我国老旧小区改造2018年选取试点探索模式，2019年正式推广，根据住房和城乡建设部披露数据，2019～2021年三年分别改造1.9万个、4.03万个和5.56万个，老旧小区改造正如火如荼地展开。

三是在市场方面，由于社区居民诉求多样，所以造成社区事务繁杂，既有包括社区自治、管理的社区政务，也有聚合线上线下商业资源的社区商务、负责日常运维的社区服务，更有满足家庭内部需求的社区家务，也就造成提供市场上为智慧社区提供产品的厂商和企业门类复杂，如物业服务商、互联网科技公司、安防安保公司都提出了基于自身业务的智慧社区产品。但目前各类产品还都在各自的探索阶段，距离能够接入"一网通管"的统一智能化平台，进而满足政府统筹治理的诉求还有段时间，这也造成智慧社区下阶段的市场空间仍旧广阔。

（二）存在问题

智慧社区建设经历10余年，从最初的摸索到如今的大范围落地，成效显著，社区服务体系日趋完善，社区服务功能显现，社区居民之间联系逐渐紧密，得到了政府及其相关部门的肯定，但仍然存在多个痛点、难点问题亟须改善和解决。

1. 智慧社区建设管理与城市末端服务体系缺乏有效整合

一是智慧社区建设的顶层设计注重自上而下，大多数还是保持着以"管理"为核心的社区治理模式，缺乏人性化思维，服务意识不足。二是智慧社区建设领域，政府间权责边界不够清晰，条块壁垒和部门藩篱亟待打破，重复建设现象较为明显，社区服务供给呈现碎片化。三是企业参与智慧社区建设时往往各自为战，打造自己的生态链，导致形成了一个个分散的"信息孤岛"，不同生产厂家的硬件很难兼容，在大规模推广智慧社区的过程中带来了极大不便。

2. 智慧社区建设尚不能完全满足城市治理精细化的需要

一是数据整合与治理程度低，大量的社区 APP、管理系统、智能产品都是独立运行的，虽然积累了海量的数据资源，却无法形成成熟的业务体系，加之部门间的边界，使得数据缺乏集成和运用。二是基层政府往往对物联感知、自动获取等新技术手段产生的数据采集、管理及利用不足，难以精准识别社区居民的需求，更谈不上对社区居民的精准服务。

3. 智慧社区应用产品碎片化现象明显，服务供应体系不够全面

一是智慧社区应用服务，多个场景对应多个应用，居民学习成本高，同时数据需求量大，使得基层工作人员工作量大幅增加，且存在重复劳动。二是多数重硬件投入而忽略供需对接，和业主密切相关的智慧医疗、智慧商业、智慧养老等智慧模块在产品设置、资源整合、服务跟进方面的发展还不充分。三是部分智慧社区建设未考虑灾时、疫情情况，数据互不打通，在应急状态下，出现大量临时、重复工作，基层工作人员难以对辖区内各方信息形成汇总、及时快速发现和解决问题，整体上韧性不足。

4. 基层政府缺少助力，多方主体参与协作力度有待加强

智慧社区建设离不开政府部门、街道办事处、社区居委会、社会组织、企业、居民等多方主体参与，但各方参与主体法律职责定位尚不清晰，权益诉求也不一致。这样不仅会影响到各方主体参与智慧社区建设的积极性，也会让基层政府缺少助力，迫不得已实施"大包大揽"。

5. 资金、人才、技术、商业运营模式等保障机制有待完善

一是智慧社区领域尚无领军企业，房地产企业、物业服务企业、互联网企业等服务商都是智慧社区的探索者与参与者，且部分项目的建设与社区居民的实际需求及后期运营维护脱节，缺少市场化的盈利模式。二是传统社区物业管理人员的投融资和计算机软件以及智能化管理等知识相对匮乏，在引入投资者、系统平台使用与技术维护、建设运营管理等方面经验不足，成为制约智慧社区建设的难点。

（三）未来方向

1. 技术层面：智能应用场景与大数据支撑服务更为精准化

在技术层面，"十四五"期间国家将进一步强化住宅品质提升技术研究，以提高住宅质量和性能为导向，研究住宅结构、装修与设备设施一体化设计方法、适老化适幼化设计技术与产品，开展住宅功能空间优化技术、环境品质提升技术、耐久性提升技术研究与应用示范，形成相关评价技术和方法。具体来讲，住宅品质提升技术重点任务主要包括：一是住宅功能空间优化设计技术，针对家庭人口结构多样、生活方式多元、气候条件不同、后疫情时代住宅健康要求等因素，研究户型设计新方法和各专业协同的一体化设计流程和方法，研究设备管线与主体结构相分离的集成技术，优化功能空间。二是住宅环境品质提升技术，研究住宅小区景观系统、道路系统、标识系统、无障碍系统及其他配套设施的精细化规划设计技术，研究建筑隔音降噪技术和室内环境污染风险管控技术，研发健康环保的装修材料和部品部件。三是住宅耐久性技术，基于建筑全生命周期管理理念，研究提高建筑耐久性能的新材料、技术体系和标准体系，研发提高住宅结构、装修、设备、外墙、门窗、防水等耐久性能的技术和产品，研究与建筑结构同寿命的墙体保温隔热技术和产品。四是住宅适老及适幼设计与设施，针对老年人和儿童身体机能、行动特点、心理特征等，研究适老化和适幼化的居住建筑空间、室内装修与设备设施、室内环境、部品集成等技术，研究社区公共设施、公共空间的适老化和适幼化设计技术与产品。五是既有住宅品质提升技术，研究不同场景低碳装修改造设计技术，研发既有住宅功能提升与改造技术及产品，构建新型低碳、绿色、环保的装配化装修成套技术体系。六是住宅品质评价技术，研究高品质住宅的建设要求、全过程质量管控技术和方法、全生命周期的质量检测技术与产品，形成高品质住宅评价技术与标准。七是数字家庭智能化服务技术体系，开发数字家庭系统关键技术、应用标准和平台，开展基于云服务和大数据的智慧社区与数字家庭示范应用。

智慧社区的发展方向将是依托大数据支撑，覆盖更全面并定位更精准的应用场景。纵向联通家庭内部的智能家居、社区内部的服务管理及更大范围的智慧城市，横向应用场景则包括社区服务和社区管理两大类场景。其中，社区服务将根据服务对象细分为住户服务应用场景和商户服务应用场景，如图 3-26 所示。一是住户服务包含社区医疗、社区康养、邻里交往、家政服务、房产租售、快递驿站、社区政务等应用场景。二是商户服务包含租赁平台、就业招聘、货物搬运、线上平台等应用场景。三是社区管理同样将根据管理对象分为社区空间管理和物业事务管理：社区空间管理包含社区物业、社区安防、人车管控、社区综治等应用场景；物业事务管理包含出勤打卡、接诉即办、工单响应、进度核查等应用场景。

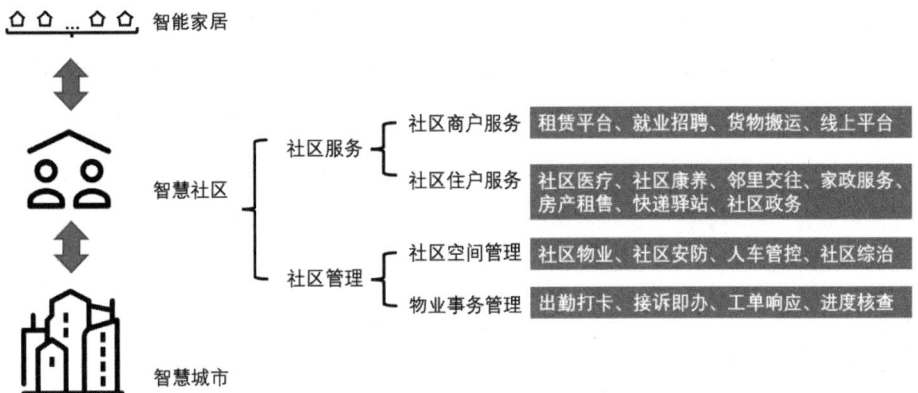

图 3-26 智能应用场景

2. 人文层面：提供人本化和属地特色化的优质场景服务

在人文层面，智慧社区建设坚持以人为本、创新引领原则，围绕建设"宜居、宜业、宜乐、宜游"的高品质人居环境，强化科技创新引领，通过搭建兼具监测、投诉、评价功能的平台系统，将自然环境、周边环境、文化环境纳入一体化的服务体系中，不断提升人民群众获得感、幸福感和安全感，如图 3-27 所示。一是自然环境，根据社区及周边的生态基地，因地制宜，养护社区内部的生态要素，同时对社区内的声、光、气进行监测，保证社区的宜居度；二是周边环境，以儿童友好、老年友好为理念布置丰富且完善的绿色慢行系统、康体健身设施，根据居民需求在老年住户家中安装"一键呼救"设备，户外则需要在人群密集场所配置相同的设备，并接入社区应急响应系统中；三是文化环境，构建属地智库，将公众参与作为社区运营的主要手段之一，结合属地文化打造具有地方特色的文化节庆和空间氛围。

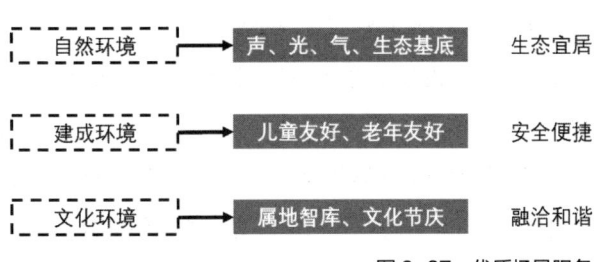

图 3-27 优质场景服务

3. 制度层面：与城市更新工作相结合完善制度保障体系

在制度层面，与城市更新工作相结合，以制度建设为基石，切实提供流程、财政、利益、专业保障。一是完善智慧社区项目申报与评选制度，在符合法律规范的基础上，建立完善申报与评选流程，打破行业壁垒，激发市场潜能，为智慧社区建设提供流程保障。二是创新资金筹备与管理体系，引导业主和产权单位合理支付共有资金，拓展共有收益，反哺小区管理维护成本，为智慧社区建设提供财政保障。三是落实共建协商与议事制度，广泛调动社会力量，考虑多方主体的利益，为智慧社区建设提供利益保障。四是推广责任规划师制度，推动社区规划师与居民共同参与社区的常态化管理，提高社区建设的可持续性，为智慧社区建设提供专业保障如图 3-28 所示。

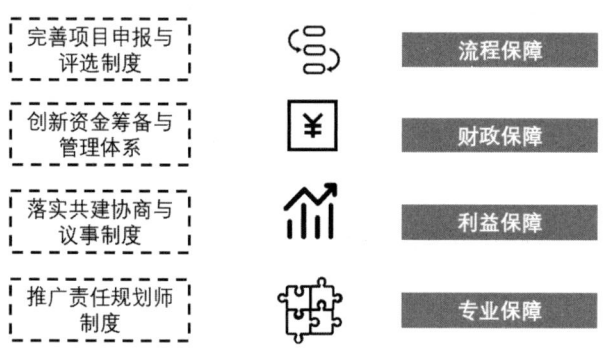

图 3-28　城市更新制度保障支撑体系

（四）实践案例

1. "金地健康家"显温情，智能化服务暖民心

社区是城市的"细胞"，只有每一个"细胞"都健康，城市才能焕发生命的活力。随着更多资源、服务、管理进入社区，推动建设舒适宜居的新型社区、提高城市居民生活幸福感成为当前社区建设的大势所趋。

1）"金地健康家"成就品质社区

社区是城市居民生活和城市治理的基本单元，社区基础设施建设质量、水平直接关系人民群众的获得感、幸福感、安全感。当前，城乡社区存在若干问题，主要包括：基本公共服务设施不健全，社区服务种类单一；市政配套设施建设短板凸显，部分地方管道等质量不高；基本公共服务设施不健全不完善、公共活动空间不足难以满足居民需求。如何以完善居住社区配套设施为着力点，在社区层面更好地维护人们的安全与健康，是现阶段社区建设需要考虑的重要课题。

山东青岛的金地华章项目，建设适合不同年龄段的"全龄健康社区"理念贯穿始终。由此，以"健康"为核心的"金地健康家"建设成为金地华章项目的一大亮点。

"金地健康家"理念源于三大健康原点，即健康的生活习惯、健康的生存环境和健康的心理情绪。"金地健康家"价值主张包括三大内容：以"健康"为起点，通向客户"健康"的终点；以1%健康产品的支点，调动客户99%的自主健康行动；将"健康"作为产品基因，初期就将其作为设计与成本取舍的基本原则。

从社区建设的角度出发，"金地健康家"理念在三大健康原点的基础上延伸出"健康社区"的内涵。通过打造科学动线、mini综合体、微环境改善、能量聚场、运动聚场等板块，提升社区建设质量，帮助社区居民养成健康的生活习惯。通过打造阳光宽景墅宅、静音安享、系统净化、轻松易洁、欢乐互动等板块，建设高品质户内环境，为社区居民提供健康的生存环境。通过提供社群服务和提高物业服务标准，提升社区服务质量，帮助社区居民养成健康的心理情绪。

金地华章项目以"金地健康家"价值理念为依托，从"健康社区"和"健康户内"两个维度出发，从空气、水、舒适、健身、人文、服务等方面着手提升社区品质，建设健康社区，不仅可以为居民提供最直接、最舒适的服务与保障，也可以有效促进儿童成长，减轻青壮年群体压力，提高老年人居家养老的积极性。

2）全生命周期赋能健康社区

社区里不同年龄段的居民的健康状况、需求存在一定的差异。因此，社区建设一方面要以人的生命周期为主线，关注人的成长性，对社区里不同人群进行持续的健康管理和服务安排。另一方面，也要考虑家庭中不同群体健康活动需求的差异性，整合资源，打造代际共享空间，推进家庭友好型社区建设。

在金地华章项目，"健康社区"的打造在社区规划的那一刻就已经开始——通过改善社区户外环境，不断提升社区居民个性化需求。在金地华章项目，"自然学校""活力星球""氧气森林""大孩子乐园"等各个板块分布在社区，居民走出单元门就能找到属于自己的"乐园"。如"自然学校"板块主要为亲子设计，为家长与孩子一起玩耍提供足够的空间；"活力星球"与"氧气森林"板块则为年轻人的运动、社交提供了空间；"大孩子乐园"通过投放适合老年人的康复器材与活动器材，为社区老人打造了一块专属的空间。

随着城市化水平的提高，城市热岛效应日益明显。为改善城市环境，金地华章项目将微气候智慧决策系统运用于社区之中。基于"科学筑家"的发展理念，金地华章项目通过数字景观技术，根据不同年龄段的社区居民在24小时内不同的活动轨迹，制定适宜时间点的最佳活动场地。基于软件分析，围绕"风、光、湿、热、声、气、色"等人体易感因素，使得社区活动场地夏季遮阳通风、冬季日照充足。同时，通过精心搭配功能性植物，实现固碳释氧、除尘杀菌和驱蚊避虫，不仅提升了社区"颜值"，还改善了社区微气候环境。

近年来，多地探索建设儿童友好型社区、老年友好型社区，"既顾老又看小"已经成为社区居民的普遍需求。面对如何解决老有所居、幼有所长等难题，以"金地健康家"理念为主打造的"健康社区"建设则为社区适幼化、适老化建设与改造提供了新的"解题思路"。

3）智能化升级打造智慧社区

"十四五"规划提出，要"推进智慧社区建设"。2021年7月，青岛市住房和城乡建设局发布《关于进一步明确和落实住宅小区智慧化基础设施配置条件的通知》青建发〔2021〕7号，提出"分类设定智慧化基础设施配置条件，引导住宅小区品质有序提升""智慧化基础设施配置纳入新建住宅项目土地出让和老旧小区改造常规条件"等内容。

人脸识别进出小区门、刷卡识别自动呼梯、视频全景实时监测高空抛物……信息化服务已经渗透至社区居民的日常生活。在金地华章项目中，电子围栏、智能门禁、梯控、车辆识别、视频监控、电子巡逻等多项智慧社区建设内容不仅使居民生活更方便安心，也使社区管理更安全更高效。

以社区高空抛物治理为例，近年来，高空抛物、坠物现象频繁发生，给人民群众的生命财产安全带来巨大隐患。随着城市住宅智能化发展，针对预防治理高空抛物事件的"高空抛物监测系统"也应运而生。金地华章项目通过安装"高空抛物监测系统"，一方面实现了对社区高空抛物事件的溯源，通过该系统可以找到高空抛物者，并能够提供录像文件作为有效证据；另一方面，该系统运用最新的智能算法实现了智能识别，如可识别烟头大小的物体的坠落轨迹。此外，还可以在后端平台上进行弹屏报警，提醒监控中心人员，起到主动识别、干预的作用，方便物业管理人员管理。

金地华章项目还引进了智能无感通行搭配电动开闭门器系统，居民进入小区出入口、单元入口时可以智能人脸识别无感通行；业主、访客进入单元门时，身份验证成功后可以智能联动呼梯。社区内每栋楼都设有智能门禁管理系统，每户室内设有室内对讲主机，方便物业管理人员、居民、访客等对话，保障门禁通行有效，更提升了居家安全等级。

作为智慧城市建设的基本单元，智慧社区是实现城市精细化治理的"最后一公里"。金地华章项目智慧社区建设不仅为社区基础设施赋能科技力量，还从居民的获得感、体验感出发，探索搭建智能家居等应用场景，提升社区居住环境的舒适性、社区服务的便捷性和社区管理的安全性。

"小细节"体现"大民生"。通过社区基础设施智能化建设和"金地健康家"理念的提出，金地华章项目积极培育社区积极向上的邻里风尚、营造具有共同精神的社区文化，不断提升社区居民的归属感、认同感、自豪感，努力补齐社区生活设施建设的短板、满足社区居民的日常生活所需。

2.南京智慧社区建设

1）搭建智慧社区平台

一是社区社情"一张图"。建立包括社区工作人员移动终端、物联网 IoT 感知等多渠道数据采集平台，实现对人口、房屋、城市部件、事件、社区民意等信息的实时采集，运用空间网络技术、地理编码技术、嵌入式地理信息引擎技术，实现对区域内的人、地、事、物、组织信息的直观管理以及相对应的深入应用，包括人员定位、区域统计、应急指挥和视频监控整合等功能。二是社区台账服务。采用 BIM 技术将人与户、单位与房、建筑与公共设施进行关联，统计整理区域内的小区、人、户、房、建筑、单位及公共设施的基础数据。建立社区区域画像，从不同维度对社区区域人、小区、建筑、单位、公共设施等进行精准管理，同时也为社区区域人口流动及重点场所分析做铺垫。三是安防管控。采用 CIM 技术，实现对社区公共基础设施、区域环境、建筑安全等方面的识别、信息采集、监测和控制，达到身份、位置、图像、状态等信息的全方位、多维度感知，为社区人车出入管理、访客管理、行为轨迹追溯、刑侦辅助、安全预警、消防应急、高空坠物等治安防控管理提供基础数据支撑。

2）推动智慧社区设施建设和改造

一是安防设施建设。在小区进出通道、停车场和公共区域等重点部位安装智能门禁、电子道闸、AI 摄像头等设备，利用车辆识别、人脸识别、视频分析、周界防护、电子巡查、行为异常和风险识别等技术，进行全景监控、多维无感信息采集、人车智能识别。二是能耗设施改造。通过新建智能电梯、智能电表、智能水表、智能燃气表等实现各能耗设备的远程能耗监测。通过加装各类温湿度及声光检测传感器、RFID智能卡等采集空间环境数据，实现对空调、新风、照明、锅炉等能耗设施的远程操控。三是消防设施改造。通过加装传感器将站房器材物联网化，监控器材的状态及使用情况，同时对器材进行一体化管理，方便数据查询。四是公共设施改造。通过加装物联网传感器或 RFID 智能卡对城市部件、楼宇硬件、停车设施、充电桩、体育设施、文化设施等，进行智能化改造，实时回传其状态、位置等信息。

3）延伸智慧社区平台功能

推动物业服务企业大力发展线上线下社区服务业，通过智慧社区平台，加强与各类市场主体合作，接入电商、配送、健身、文化、旅游、家装、租赁等优质服务，拓展家政、教育、护理、养老等增值服务，满足居民多样化需求。推进智慧社区平台与城市政务服务一体化平台对接，推动"互联网＋政务服务"向社区进一步延伸，打通和深化服务群众的"最后一公里"。

3. 成都市智慧社区建设

1）完善智慧社区综合信息平台，建设 N 类智慧应用场景

《智慧蓉城运行管理平台建设实施方案》明确提出"6+8+N"工作任务，着力打造包括智慧社区在内的 8 大重点领域智慧应用场景，拓展深化 N 个智慧应用场景。衔接智慧蓉城"6+8+N"总体部署[①]，成都市正加快完善智慧社区顶层设计，构建智慧社区整体架构，完善智慧社区综合信息平台，健全社区主题基础数据库动态更新、综合应用、开放共享管理使用机制，围绕社区安全、社区治理、社区服务、社区发展、社区党建等板块，建设 N 类智慧应用场景，为智慧蓉城整体运行奠定基层基础。

2）智慧社区建设首批应用场景三大清单攻坚行动

一是"智慧社区主题数据库"数据攻坚任务清单：其内容是要求社区工作人员复核最新社区的数据情况，详细地将之导入系统；二是"社区疫情防控"场景应用推广攻坚任务清单：在数据处理标准、响应速度、特殊人群的监管、硬件接入等方面提出要求；三是"小区治理"场景攻坚推广任务清单：即聚焦落实小区场景的实现，便于市、区、街道等不同层级做好协调统筹，包括资金公开等内容，致力于使小区治理更加公开透明。

3）以智慧社区建设为依托，提升社区治理水平

成都市积极探索基层治理新路径，推动社会治理重心向基层下移，依托天府市民云"社智在线"平台，建立基层社区数据库，构建社区管理、小区治理、社区服务、生活服务等场景，全市小区建立全住户"一户一档"，集成数据看板，将社区相关数据汇聚积累成数据资产，方便基层人员利用移动端工具走访排查，提高基层社区防控、治理基础数据支撑，与街道、社区智慧应用行为数据汇聚、整理、存储、分析，建立全面社区基础信息库，为基层治理赋能增效。

---

① 《智慧蓉城运行管理平台建设实施方案》明确的工作任务可概括为"6+8+N"。其中，"6"即建设 6 类共享性基础平台和支撑体系，主要包括智慧蓉城运行管理平台、城市运行数字体征体系、市域物联感知体系、数据资源体系、"城市一张图"五类共享性基础平台，以及算力算法、安全保障、标准规范等一整套基础支撑体系。"8+N"即打造 8 大重点领域智慧应用场景，拓展深化 N 个智慧应用场景，以智慧大运、疫情防控、交通管理、应急管理、智慧公安、生态环保、水务管理、智慧社区当前急需完善的 8 大领域为重点，不断完善公共管理、公共服务、公共安全体系，推进提升一网统管、一网通办、一网通享、一键回应能力。

4）物业智慧管理与社区智慧治理有效对接

成都市智慧物业管理服务平台按照"一个数据中心，五个子系统"的整体架构进行构建，"一条主线（以建筑区划为主线），两个焦点（以设施设备全生命周期管理和以参与主体行为记录为焦点）"充分运用互联网、物联网、大数据、云计算、人工智能等先进技术为物业服务居民小区赋能，以智慧物业政务服务、智慧物业生活服务等多场景关联运用，提供线上线下融合物业服务，融入便民惠民智慧服务圈，实现物业智慧管理与社区智慧治理有效对接。

5）以"天府市民云"为依托，动态分析市民需求，打造智慧社区生态圈

成都依托天府市民云"社智在线"平台，面向市民生活服务，动态分析市民需求，快速响应市民诉求，不断融入生活服务，打造数字化社区便民服务中心，为居民提供线上线下相结合的社区服务和生活服务，联合生活类服务商，提供生鲜配送、垃圾回收、智能门禁、养老教育、旅游出行、房屋租赁等多种垂直亮点服务，居民可扫码参与社区活动，完成社区民意调查，获取社区动态公告，参与邻里互动交流，为居民提供线上线下社区服务和交流机会，形成居民"15分钟可信生态圈"，探索形成富有成都特色的智慧社区治理模式。

4. 郑州智慧社区建设

1）围绕民生，推动改革，智慧社区建设初见成效

智慧社区4级平台、9大模块和24项场景应用已完成线上测试。基于"城市大脑"项目，搭建了无主管楼院信息系统，实现了对全市4137个无主管楼院、老旧小区的基础信息采集、群众意见征集、各类组织建设、治理成效评议等工作的扁平化、智能化管理。围绕基层治理和民生服务需求，大力推动"一网通办"政务服务改革，立足解决群众热切期盼的难点堵点问题，着重梳理开发了一批跨部门、跨层级、跨领域的民生热点"一件事"服务。已上线公积金提取"刷脸秒办"、新生儿出生登记"零跑动"、新生入学"零材料"等与居民密切相关的328项"一件事"，赢得了良好的社会反响。在全市"一张网"的基础上，协同打造"四端口"优化服务，开发上线"郑好办"APP、政务服务网、办事大厅综窗、政务服务一体机，推动实现政务服务掌上办、网上办、一窗办、就近办。

2）创新模式，复制推广，开展"5G智慧社区"试点

成立郑州市智慧物业建设工作组，完成《郑州市物业管理条例》修订、《郑州市智慧物业管理服务平台建设工程实施方案》《郑州市智慧物业管理服务平台建设试点工作方案》的方案起草及技术论证。初步确定郑州市智慧物业管理服务平台由物业管理子平台、政务服务子平台、公共服务子平台、生活服务子平台、可视化决策分析子平台五个子平

台构成，基本可满足相关部门要求，也可与其他平台进行对接。开展智慧物业落地小区调研工作，遴选有亮点、有特色、可借鉴、可复制的智慧物业小区，为试点落地和全面推广做好基础工作。此前已在惠济区新城街道办开元社区天伦物业采用"社区党建＋志愿者＋社区治理＋物业服务＋共建单位"模式落地"5G 智慧社区"试点。

3）营造开放生态体系，分类探索建设模式

按照"全市整体规划，社会共建运营，多方共享使用"的设计思路，促进智慧物业和其他信息平台的融合，实现在智慧物业场景下的设备、服务与人的开放互通；智慧物业建设必须坚持开放性原则，通过通用标准化接口，整合资源信息，对多主体、多来源、多应用产生的数据进行全周期系统管理，防止出现"信息孤岛"现象。同时，针对不同小区类型分类施策，对商品房小区，直接叠加社区政务服务；对老旧小区、无主管楼院等，尝试采取政府购买服务的模式。

4）注重夯实基础，完善物业管理服务平台功能

注重区分管理平台和开放平台，结合实际分类推进。管理平台侧重行业管理服务，由行业协会负责筹集资金建设，服务于全市物业企业，基本功能围绕信用管理、档案管理、会员管理、培训管理、单位管理、会议管理六个方面完善。开放平台侧重实用性，由政府引导，鼓励企业自建，或者与互联网公司联合建设通用型平台，基本功能围绕通知公告、报事报修、物业缴费、家政服务、便民服务、信息记录等内容完善，后期扩展到快递代收、社区团购、金融服务等，并实现与水、电、汽、暖等公共服务平台的对接。至今，管理平台注册企业 518 家，上线小区 1452 个，登记从业人数近 26.5 万；开放平台入驻企业 178 家，上线小区 394 个。下一步，郑州市将进一步强化平台制度保障，研究出台智慧物业发展政策措施，完善智慧物业管理服务平台功能，扩大平台覆盖范围，初步实现社区管理信息化、智能化和精准化；提高场景处理能力，指导建设通用版"物业服务，生活服务"平台，围绕物业服务、物业经营、金融服务、智慧物联、智慧家庭等，引导物业服务从传统以"物"为管理重心向以"人"为服务重心的转变。

5）坚持行业主导，支持企业建设智慧物业平台

积极构建以行业为主导、企业为主体、市场为导向、各方力量相结合的推动体系，鼓励企业通过自建、购买、合作等模式建设平台，推动大型企业自建平台，引进互联网公司为中小企业搭建 SAAS（通用性）平台。一是积极引进外援，邀请信息化高端人士进行理论指导和实践探讨，开展经验交流，丰富完善平台功能应用，提升行业整体认知。二是根据企业规模，按照先简单后复杂、先基础再提升，逐步推广使用平台，实现平台使用价值最大化。三是对企业智慧物业信息化应用进行评估，总结经验教训，表彰先进。四是加大指导培训力度，一方面突出线上指导，对全市物业服务企业，划

分5个大区、26个大组、88个小组，形成横向到边、纵向到底的组织管理网络，及时指导推进工作；另一方面加强线下培训，对组织管理网络工作人员，每年开展2次线下培训，并组织技术上门咨询讲解，不断促进物业服务管理和平台使用的融合。

6）积极组织引导，融合平台线上线下服务

充分利用会议、检查、观摩等时机，积极引导企业主动适应经济发展，尽快转型升级，增强服务理念，扩大服务范围，大力开展线上线下服务。同时，主管部门和行业协会适时组织观摩交流，开展论坛讲座，提供技术服务，及时跟进指导。郑州市智慧物业开放平台不仅提供通知公告、报事报修、服务缴费等基础功能，还提供快递代收、家政服务、社区团购、社区金融、便民服务、政务到家等线上线下多元化服务项目。物业服务企业也可以通过智慧物业平台，不断拓宽服务领域，赋能企业转型升级。

5. 苏州智慧社区建设

1）推动智慧住区基础设施改造

统一布局、加快推进社区网络设施建设，逐步扩大社区公共区域 Wi-Fi 无线网络覆盖率。立足需求、持续改善社区便民服务环境，在社区逐步配备标准化办公配套设备，配备电子信息显示屏、缴费和公共服务信息查询一体机，为居民提供信息化服务，进一步发挥社区"一厅一校"的作用，在广电、传媒等领域探索高清交互数字终端进入家庭，加快推进落实民用水表、燃气表到期轮换，保障器具准确和居民权益，提升社区服务的便捷性。

2）建设智慧住区综合信息管理服务系统

全方位、立体式推动智慧住区的信息化建设，建立各级政务服务系统，推动公共服务事项进社区，以"前台一口受理，后台分工协同"为原则，整合各部门业务系统，优化办事流程，推广"苏周到"智慧应用，实现公共事务通办、联接联办。构建网格化管理体系，实现对社区人员、部件和事件信息的三维可视动态化管理。完善社区志愿者管理服务、社区事务跟踪管理、社区内部协同工作平台及社区日志、台账等应用系统。

3）深化社区信息惠民服务应用

推进社区车辆智能化管理、水电气远程抄表、有毒有害气体检测预警、电梯安全监测等系统建设。规范引导各类企业、社会组织，开发生活信息发布、搜索、交易平台，提供家政、配送、教育、健康等增值服务，进一步提升社区信息化服务水平。推进社区安防应急体系建设，综合运用数字化手段发布气象灾害预警、应急避难场所、民防设施地理位置等信息。建设基层综合性文化服务中心，积极打造分级分类、具有特色的智慧住区，创新开展共建共治共享的智慧住区治理新模式。

6. 青岛智慧社区建设

1）开展智慧物业线上线下融合发展试点

按照先试点探索、后全覆盖的模式，区分商品房、保障性住房和老旧小区等不同类型，结合城镇老旧小区改造、绿色社区创建、完整社区创建等工作，以点带面、分类推进，逐步推高物业服务智能化水平。推动物业服务企业大力发展线上线下社区服务业，通过智慧社区平台，加入与各类市场主体合作，接入电商、配送、健身、文化、旅游、家装、租赁等优质服务，拓展家政、教育、护理、养老等增值服务，满足居民的多样化需求。

2）构建智慧物业管理服务平台

加强政策引导，鼓励物业服务企业广泛运用 5G、互联网、物联网、云计算、大数据、区块链和人工智能等技术，建设智慧物业服务平台，对接 CIM 基础平台和城市运行管理服务平台，引入政务服务和公用事业服务数据资源，链接各类电子商务、科技、金融、快递等平台，打造多元化的物业管理、政务服务、公共服务和生活服务应用，构建高品质居住社区服务生态，为居民提供智慧物业服务。利用智慧物业管理服务平台加强对物业服务企业及从业人员的信用信息管理，规范物业企业经营行为。

3）推进物业管理智能化

推动社区公共设施数字化、网络化、智能化改造和管理，运用感知、识别等技术，全面记录水、电、气、热、安防、消防、电梯、水泵、照明、管线等设施设备运行数据，对设备故障、消防隐患、高空抛物等进行监测预警和应急处置，实现智能化运行维护、安全管理和节能增效。推动车辆管理智能化，加强车辆出入、通行、停放管理，增设无人值守设备，实现扫码缴费、无感支付，提高车辆通行效率，对出入社区车辆、人员进行精准分析和智能管控，保障居民人身财产安全；统筹车位资源，实现车位智能化管理，提高车位使用率；完善新能源车辆充电设施，实时监控充电桩等相关设备运行情况，保障车辆停放安全；加强社区智能快递箱等智能配送设施和场所建设，纳入社区公共服务设施规划；促进社区安全管理智能化，推动智能安防系统建设，建立完善智慧安防小区，完善出入口智能化设施设备，为居民通行提供安全快捷服务；加强对私搭乱建、侵占绿地等危害公共安全和扰乱公共秩序的行为进行分析，及时报告有关部门，为居民营造安全居住环境。

4）为居民提供生活便利服务

鼓励物业服务企业依托智慧物业管理服务平台，发挥熟悉居民、服务半径短、响应速度快等优势，通过分析居民消费需求，对接各类电子服务平台，链接周边各类商业网点，为居民提供生活便利服务。促进"互联网＋政务服务"向居住社区延伸，打通服务群众的"最后一公里"。对接房屋网签备案、住房公积金、住房保障、城市管理、行政审批、公安等政务服务平台，为政务服务下沉到居住社区提供支撑。通过智慧物业管理服务平台调动居民参与居住社区事宜的积极性和主动性，建立"网上议事厅"，完善业主大会议事规则，畅通电子投票渠道，对重大事项进行表决。公开利用业主共有部位开展停车、广告、租赁等经营收支明细及住宅专项维修资金使用及结存情况，接受居民监督。

六、智能建造与建筑工业化协同发展总体研究

当前在国家提出要加快推动智能建造与建筑工业化协同发展的大背景下，全面向工业化、智慧化转型已成为建筑行业的主要发展方向。2017年国务院办公厅发布《国务院办公厅关于促进建筑业持续健康发展的意见》（国办发〔2017〕19号）等相关文件，[①] 提出"推进建筑工业化、数字化、智能化升级，加快建造方式转变，推动建筑业高质量发展"。2020年，住房和城乡建设部、国家发展和改革委员会、科技部等十三部委联合印发了《关于推动智能建造与建筑工业化协同发展的指导意见》（建市〔2020〕60号），要求"围绕建筑业高质量发展总体目标，以大力发展建筑工业化为载体，以数字化、智能化升级为动力，创新突破相关核心技术，加大智能建造在工程建设各环节应用"。2021年是"十四五"开局之年，住房和城乡建设部发布的《"十四五"住房和城乡建设科技发展规划》建标〔2022〕3号中提出"迫切需要加快推动智能建造与新型建筑工业化协同发展，促进中国建造从价值链中低端向中高端迈进"。

本专题通过论述我国智能建造和建筑工业化的发展现状、存在问题，剖析其未来发展方向，并通过案例举证的方式分析其可行性，最后总结其发展路径，展望了短期与长期发展目标，以期为政策制定、企业转型提供依据及可行性强的解决方案。

（一）发展现状

1. 建筑工业化发展特色

建筑工业化是我国建筑业转型必经之路。建筑业作为国民经济支柱产业之一，也是重要的传统产业和基础产业，近10年投资占比多超过当年GDP的25%。与此同时，建筑业长期以来也存在着管理粗放、效率低下、浪费较大、能耗过高、技术和管理手段落后等问题。大力发展建筑工业化，对于推进建设领域节能减排，加快建筑

---

① 张嘉芮. 新规定下《公路工程标准施工招标文件》有关问题的探讨 [J]. 黑龙江水利技，2018，46（5）：97-99，111.

业产业升级具有十分重要的意义和作用。[①]

我国建筑工业化相比其他国家起步较晚。从全球建筑工业化发展来看，国外发达国家经过几十年的发展，建筑工业化已进入相对成熟的阶段。据相关机构统计，欧美国家建筑工业化水平可以达到 75%，瑞典更是高达 80%，日本为 70%，2020 年（"十三五"末）住房和城乡建设部统计数值约为 15%。由此可见我国建筑工业化水平介于 1.0 和 2.0 之间，发达国家已进入 3.0，并向 4.0 时代迈进。

开启中国的建筑工业化特色转型升级之路。早在 2002 年，党的十六大报告就提出了"中国特色新型工业化道路"的概念，我国的工业化不必遵循"先工业化，后信息化"的既定技术发展路线，而是"信息化带动工业化，工业化促进信息化"的新型发展道路，由此可见中国建筑行业要走异于国外发展路径的特色发展之路。[②]

2. 智能建造带来的新机遇

如表 3-16 所示，工业革命 4.0 是基于工业发展的不同阶段作出的划分。按照共识，工业 1.0 是蒸汽机时代，工业 2.0 是电气化时代，工业 3.0 是信息化时代，工业 4.0 则是利用信息技术促进产业变革的时代，也就是智能化时代。[③]这个概念最早出现在德国，2013 年的汉诺威工业博览会上正式推出，其核心目的是提高德国工业的竞争力，在新一轮工业革命中占领先机。随后由德国政府列入《德国 2020 高技术战略》中提出的十大未来项目之一。[④]德国所谓的工业 4.0 是指利用物联信息系统（Cyber—Physical System，简称 CPS）将生产中的供应、制造、销售信息数据化、智慧化，最后达到快速、有效、个性化的产品供应。

四次工业革命主要技术　　　　　　　　　　表 3-16

历次工业革命	工业革命 1.0	工业革命 2.0	工业革命 3.0	工业革命 4.0
时代特征	蒸汽时代	电气时代	信息时代	智能时代
技术发展	蒸汽作为新的动力，推动机械革命代替手工业的机器生产，以蒸汽为动力的运输发明	电力作为新的动力，推动通信革命与电相关的家用电器及大众娱乐内燃机，催生新交通运输方式	电子计算机推动信息控制技术革命新能源、新材料，空间技术与海洋技术	数字技术驱动技术融合革命、移动互联网、物联网、智能建造、人工智能

① 李永健 . 基于 IFD 理论的钢结构住宅设计研究 [D]. 北京交通大学，2018.
② 刘心婷 . 有限权能政府视角下地方产业结构调整问题研究——以南昌市青山湖区为例 [D]. 江西：南昌大学，2018.
③ 郑子龙 . 智能化时代的电影创新 [C]. //2020 清华文创论坛论文集 . 2020：71-83.
④ 袁甜桂，杨浩艺 . 工业 4.0 背景下"1+5+1"一贯制中职高技能人才培养实践研究 [J]. 科学咨询，2021（30）：75-77.

"中国制造2025"与德国"工业4.0"的合作对接渊源已久。[①]2015年5月，国务院正式印发《中国制造2025》国发〔2015〕28号，部署全面推进实施制造强国战略。[②]工业4.0已经进入中德合作新时代，中德双方签署的《中德合作行动纲要：共塑创新》中明确提出工业生产的数字化就是"工业4.0"，对未来中德经济发展具有重大意义，双方认为，两国政府应为企业参与该进程提供政策支持。[③]

2017年后，国务院办公厅、住房和城乡建设部、国家发展和改革委员会等相继出台"建筑工业化与智能建造"的相关政策。如表3-17及图3-29所示，我国建筑行业要把工业化、数字化、智能化三个阶段合为两个阶段，从工业化1.5向信息化、数字化3.0快速迈进，并在4.0智能时代达到世界领先。

"建筑工业化与智能建造"相关政策条文　　　　　　　　　表3-17

序号	时间	政策名称	部门	重点条文
1	2017年	《国务院办公厅关于促进建筑业持续健康发展的意见》（国办发〔2017〕19号）	国务院办公厅	推进建筑工业化、数字化、智能化升级，加快建造方式转变，推动建筑业高质量发展
2	2020年	《关于推动智能建造与建筑工业化协同发展的指导意见》（建市〔2020〕60号）	住房和城乡建设部、国家发展和改革委员会、科技部等十三部委	围绕建筑业高质量发展总体目标，以大力发展建筑工业化为载体，以数字化、智能化升级为动力，创新突破相关核心技术，加大智能建造在工程建设各环节的应用。力争到2025年，建筑工业化、数字化、智能化水平显著提高，打造"中国建造"升级版；到2035年，我国智能建造与建筑工业化协同发展取得显著进展，"中国建造"核心竞争力世界领先，建筑工业化全面实现，迈入智能建造世界强国行列
3	2021年	《"十四五"住房和城乡建设科技发展规划》建标〔2022〕3号	住房和城乡建设部	迫切需要加快推动智能建造与新型建筑工业化协同发展，促进中国建造从价值链中低端向中高端迈进

关于智能建造，国内相关学者给出解释：智能建造就是在工业化和数字化基础上实现建造对象自身、建造装备、建筑过程和建筑系统的感知、分析与控制，实现全面升级。不同于传统模式下的设计与施工，智能建造在规划设计阶段是建筑设计与工业设计的深度融合，在施工阶段则是工业化生产与智能装备的深度结合。在此基础上，对人工智能、大数据、云计算、5G技术的应用，形成涵盖科研、设计、生产加工、

① 诺伯特·魏斯特.当德国工业4.0遇上中国制造2025[J].现代制造，2016，0（33）：12.
② 李大明，胡少林.基于WPF的PLC语音控制系统研究[J].电脑知识与技术，2019，15（33）：190-191.
③ 李建春.基于工业4.0的数控综合实训探究[J].中外企业家，2016（18）：238-239，247.

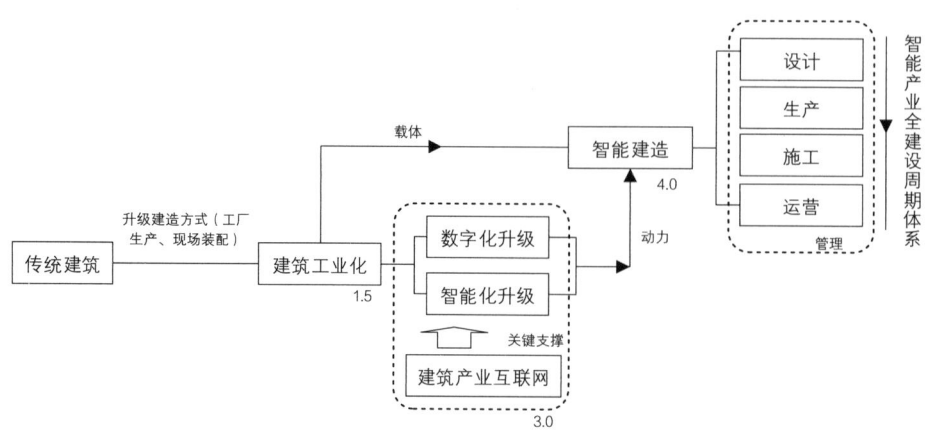

图 3-29 建筑工业化与智能建造关系图

施工装配、运维等全产业链融合一体的智能建造产业体系[①]、"智能建造与建筑工业化"全生命周期相关技术，如图 3-30 所示。

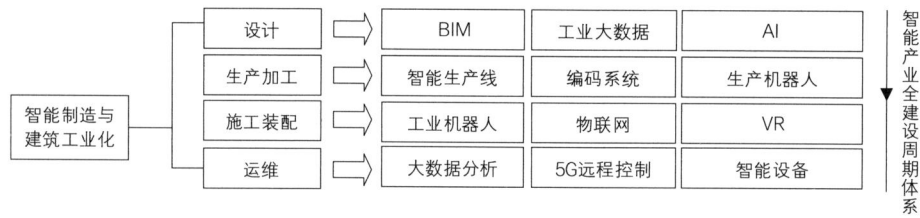

图 3-30 "智能建造与建筑工业化"全生命周期相关技术

智能建造能够产生降本、增效的巨大价值，是"制造业＋工业软件"双轮驱动的结果。智能生产线、3D 打印机、工业机器人等智能装备的研发与控制，建筑产品本身的研发，智能设计、制造、安装都离不开工业软件。但我国家自主研发的工业软件，特别是研发设计、生产控制软件在国内市场占比不到 5%，严重依赖国外工业软件，故在现今国际局势下，研发我国自主平台的工业软件是建筑业转型的重中之重。

3. 小结

智能建造与建筑工业化协同发展是复杂的系统，更是建筑业整体转型升级关键。二者协同发展涉及建造生产要素升级、企业更迭与组织调整、产业升级等多种因素，且以诸多因素的有效作用为前提条件，在其相互作用之下形成有序的、层次结构庞大且复杂的动态系统。因此，本节以下内容立足于全生命周期，在设计、生

---

① 沙峰峰 . BIM 技术在装配式建筑中的应用——以科创中心为例 [D]. 江西：华东交通大学，2021.

产、施工、运维等重要环节开展智能化创新应用和典型场景，收集整理了最佳实践案例，对智能建造的未来发展作出展望，为推动智能建造提供了系统性的方法和实例指导。

（二）存在问题

综观发展现状可见，智能建造与建筑工业化协同发展的大幕刚刚拉开，智能建造在建筑工业化领域的应用还远远不足。以下我们将根据设计、生产、施工、运维、管理以及智能制造应用深度问题来分别描述现有发展问题。

1. 设计问题

工业化建筑的产品设计思维是对现有设计师能力的挑战。设计环节是工业化建筑技术体系建立的重要环节：从横向看，建筑、结构、设备、室内各专业设计师需要协同配合；从纵向看，设计师还需要了解用户需求、部品、材料生产、施工安装等环节。这对现有习惯于传统建造方式的设计师的能力是一种挑战，且鲜有设计师能统领全局，达到工业级产品交付的目的。

国外设计软件不符合国内建筑设计需求。BIM 技术作为信息集成的工具，为工业化建筑各阶段施工搭建了沟通的桥梁。目前 BIM 技术在工业化建筑设计中已经有了较多的应用，主要集中干在传统设计流程基础上提出的软件优化、多主体协同、信息编码、数据库建立等[1]，而非真正的建筑、结构、设备、室内各专业协同，且大多数设计还停留在翻模层面，属于逆向设计方式。在设计过程中，BIM 模型被视为附加设计成果，是设计院为应对相关要求而采取的"被信息化"手段，未体现 BIM 的真正价值。[2] 究其原因，与现有国外 BIM 软件不符合中国的标准规范和工作流程，上手难不容易学习，后期服务跟不上设计要求有直接关系。

在全球化竞争新格局的背景下，我国"卡脖子"技术的窘境日益凸显，工业软件领域尤甚。作为"工业制造的大脑和神经"，我国工业软件市场被国外工业软件巨头所垄断，国产工业软件行业的羸弱成为中国建筑业进一步发展的瓶颈之一。尤其随着近年来美国对华贸易战、技术封锁的升级加码，我国高科技产业面临的技术封锁风险不断增加，工业软件特别是研发类高端设计软件和芯片一样也存在被"卡脖子""捏软肋"的巨大风险。[3]

---

① 朱慧娴，徐照. 装配式建筑自上而下设计信息协同与模型构建 [J]. 图学学报，2021，42（2）：289-298.
② 朱慧娴，徐照. 装配式建筑自上而下设计信息协同与模型构建 [J]. 图学学报，2021，42（2）：289-298.
③ 隆云滔，黄婷婷，罗训. 国产工业软件如何突围 [J]. 小康（财智），2021（4）：22-23.

2. 生产问题

随着我国建筑工业化的不断发展，国家也出台了相应的预制件生产标准、法规。国内相关企业也研发自己的生产信息化管理系统，通过平台对生产各环节进行管理。然而，在生产信息化管理系统的应用中存在较多问题，如不同格式的设计文件无法指导构部件生产；只关注生产环节管控，无法直接对接设计与施工环节；系统以信息登记功能为主，无系统生产驱动机制；材料信息、材料领用单、生产计划、生产任务单等数据需人工编制录入，无法通过算法生成；无法发挥设备自动化与信息化结合的优势；堆场管理以构件位置记录为主，未结合先进技术查看构件实际位置与堆场码放规划。

3. 施工问题

工业化建筑施工过程复杂，涉及单位较多，机械设备和人工配置变化多样，通过人为很难对项目做到精确控制。

现有二维图纸无法满足工业化建筑搭建安装需求。在现行的工业化建筑项目施工的过程之中，必定会产生数量较为庞大的 CAD 图例，因为项目管理工作较为简陋的原因，导致了建筑项目内各专业的技术图样信息之间无法进行有效的连接，每项图样信息分别呈现出独立的形式，在进行图样汇总工作的时候，就会出现图样信息不协调的情况，严重影响到施工现场不能够整体地施工。

质量控制方案的缺乏。在现行建筑项目施工的过程中，大部分都是通过监理和验收的方式来控制项目工程的质量，但是这一类的方式通常都是在施工之后进行的，同时这也说明了若是在隐蔽工程上出现问题并不能及时处理问题，并且这种控制质量的方式也不符合工业化建筑施工把控质量的预防理念。

工程整体施工技术协调性不足。工业化建筑工程项目的建造是系统化的，在施工建造的过程中无法避免要使用诸多不同的专业技术，通过复合应用来完成施工工作，在这一前提下就必须要令各种专业技术之间有着良好的协调关系，能够有效地保证整体工程的综合质量。就目前实际情况而言，在大多数的项目工程之中，各类专业人员之间的交流较少并且存在较多的问题，例如水电施工的工作人员在未与管理部门和专业人员交流的情况下，在施工建筑的主体结构上进行开凿，因此，导致了整体施工质量有所下降，而在施工建造的过程出现这种情况不但会降低施工的整体质量，还会进一步增加施工工期和施工成本。

施工工序制定不合理。在传统的施工工序中，已形成了相对固定的工序系统，但是在实际的过程之中，因每个项目施工的需求不同，施工的工序已经存在一些不合理的情况，例如，施工人员在进行水电施工的时间内，还有部分其他工程也在施工的现象，这样一来就导致施工工序出现冲突，而究其原因就在于制定的工序不合理，不及时解决这些问题必然会影响到工业化建筑的施工质量。

4. 运维问题

不管是工业化建筑，还是传统建筑，在使用过程中难免会发生一系列问题，在问题发生后，更新和维修就显得尤为重要。传统建筑业因为施工工艺的缘故，建筑问题很难发现，也很难进行维修。工业化建筑由于构件繁多，在寻找问题和解决问题上，也并非十分简单。[①]我国由于正处工业化建筑发展阶段，交付运维当中的问题不够凸显，但是可以预见的是，工业化技术和 BIM 技术的强关联性，以及跟设计、生产、施工环节的串联型都是保证运维提质增效的关键因素。

5. 智能建造应用深度问题

建筑业科技创新能力不足。不足之处主要体现为三个方面：一是对现有技术成果借鉴和利用不充分。开发智能建造技术时，首先要研究梳理现有的公开研究成果。如果没有将现有的研究成果搞清楚，有可能做低水平重复工作。二是对智能化基础技术研发不深入。由于前期研究工作不够扎实细致，只规定待开发系统的功能，不规定系统的性能，开发的系统成为信息填报、存储和查询系统，在实际工作中发挥作用有限。三是对新技术的创新研发重视不够。一些企业更加习惯于从国外引进的技术或者依靠模仿国外产品，而很少结合工程项目开发创新性应用技术。以建筑自动化和机器人技术为例，随着当前云计算、大数据、物联网、移动通信和人工智能等新兴信息技术和新材料的发展，研发新型建筑自动化和机器人产品也具备了更好的基础条件，从而可能研发出更加实用的智能化产品。[②]

智能化系统集成程度不高。在推动智能建造与建筑工业化协同发展的过程中，智能化系统具有不可替代的作用。智能化系统集成有利于共享信息，避免信息孤岛，实现高效协同。智能化系统集成的条件是有较为完整的数据库和严格的数据标准。通过数据库，实现信息一次录入、处处使用，避免重复录入，且进入数据库的所有数据需要符合一定的数据标准，所有从数据库读写数据的智能化系统需要支持相同的数据标准。如果能够做到这一点，即使在一个项目上使用大量的机器人，每个机器人也可以自动从数据库获得所需的数据，并自主地开展工作，而不需要人的大量介入。同时，每个机器人由于都在一个数据环境中，也可以自组织的方式协同工作。[③]显然，现有建筑工业化系统在这一板块的系统性是不足的。

部分建设单位对智能化和深化设计重视不够。现有建设单位对智能化系统工程

① 王信信，金坚强，周慧 .BIM 技术在装配式建筑运维阶段的应用 [J]. 建筑与文化，2020（01）：178-179.
② 马智亮 . 智能建造与建筑工业化协同发展的技术创新思考 [J]. 中国勘察设计，2020（9）：28-30.
③ 马智亮 . 智能建造与建筑工业化协同发展的技术创新思考 [J]. 中国勘察设计，2020（9）：28-30.

了解不多、重视程度不够，个别建设单位缺乏长远观念，认为智能化只是一个卖点，尚未真正认识到建筑智能化的社会经济效益。个别建设单位还认为，选择有无资质的企业对项目的建设影响不大，选择无资质的企业或者不进行招投标，不进行智能化深化设计，可以节约投资。

（三）未来方向

围绕智能建造与建筑工业化协同发展的重点问题，本段落将基于设计、生产、施工、运维、管理几大环节提出未来的发展方向及实施路径。

1. 设计阶段

1）基于 BIM 的多专业协同设计

基于 BIM 平台的多专业、多参与方和全过程的数字化协同设计，搭建 BIM 协同设计平台，提供构件级协同能力，实现以 BIM 数据交换为核心的协作方式；通过 BIM 协同平台集成各专业设计成果，提供模型参照、互提资料、碰撞检查、差异比对等多专业协同设计方式，消除各专业设计中的冲突；通过基于云服务的多端（PC 端、WEB 端、移动端）协同平台，集成云存储、图档管理、模型共享与批注等功能，提供跨企业和跨地域的协同应用模式，满足不同场景下的多类型协同工作需要。

2）基于数字模型的智能设计

将 BIM 技术与人工智能技术相结合，利用数字化模型，智能化完成建筑方案优化、结构优化设计、机电管线智能设计、多专业管线综合、建筑性能分析、精细化统计算量、自动出图等设计任务；通过基于人工智能技术的施工图纸识别技术，智能识别施工图中的各类构件、封闭空间、构件编号、表格及标注信息等，形成具备完整信息的 BIM 模型。

3）BIM 模型数字化交付和审查

采用统一数据格式文件汇总各类 BIM 报建模型，满足各阶段 BIM 审查要求，保证建筑工程信息安全性；建设 BIM 数字化审查系统，实现对建筑、结构、水、暖、电、人防、消防、节能等专业 BIM 设计模型的智能审查；通过 BIM 报审模型检查工具，确保设计阶段模型数据的有效性和完整性，提升交付模型的质量。

4）基于 BIM 的一体化集成设计

针对建筑工程体量大、专业多的特点，将 BIM 技术与专业技术深度融合，使数字化设计覆盖建筑设计全要素和全流程，实现全专业一体化集成设计，提升 BIM 技术应用效果和价值；通过 BIM 设计模型质量验证，实现伴随设计过程的规范检查；从建筑项目全生命期数字化角度提升 BIM 设计软件功能，结合生产、施工和运维阶段的应用需求，完善各阶段 BIM 模型交付标准，使设计 BIM 模型达到后期应用的交付要求，实现"设计—施工—运维"一体化。

5）建立基于公有云的设计共享资源库

基于云服务，建立设计共享 BIM 资源库，如标准构件库、设备库、做法库、户型库等，提供统一的共享 BIM 资源，并使标准部品部件成为贯穿建筑设计全流程的基础单元，提升设计标准化程度；建立基于公有云的设计共享资源库管理平台，以标准化产品数据表达方式及开放的数据接口，提供审批分级、入库存储、模型下载、统计分析、完善更新等功能，实现跨专业、多用户互操作及数据集成更新，提供标准化的构件模型数据服务，保证模型信息的准确性和唯一性；通过设计软件与共享资源库链接技术，实现设计软件中自动调用库资源，完成预制构件拆分、户型组合等功能，提高设计效率和精细化程度。

6）搭建基于 BIM 的三维数字化成果管理平台

建立数字化设计成果相关的交付标准、质量标准及数据标准，搭建 BIM 的三维数字化成果管理平台，建立完善包含设计成果数据接入、数据治理、数据存储在内的数据集成体系；建立面向 BIM 数据的数据管理体系，实现设计数据全专业、全流程、全周期的多维管理；建立数据检索、访问控制和数据服务的数据服务体系；建立基于不同业务应用场景的数字化展示系统，基于数字孪生的应用需求，综合使用最新的三维技术、实时渲染显示技术实现交互式展示及数据查询与分析；将三维数字化成果管理平台与行业业务应用系统的集成，为数字化设计成果的多方面业务应用提供基础数据底座。

7）构建智能方案与户型库及智能建筑产品库

利用积累的设计成果、建筑产品数据根据项目要求进行方案的智能匹配、智能比选与智能优化，满足常规建筑产品的大规模建造要求；强化通用的建筑产品建模、设计及交互编辑能力，着重实现通用设计成果的生产建造数据生成、存储与交付，满足个性化产品设计建造过程的要求；建设公共的建筑产品信息平台，对接智能建筑产品库数据，对建筑产品的供需信息进行智能匹配与推荐，满足标准建筑产品的快速检索与选用，同时利用云端三维可视化手段，结合三维协作工具，针对个性化建筑产品为需求方与供应商提供产品需求交流协同服务平台，探索个性建筑产品以需定产、高效高质的智能设计生产建造过程。

2. 生产阶段

利用数字化技术手段，提升经营和生产的水平，改善经营效果，是构部件生产企业和通用产品供应商发展的必然趋势。生产过程只有与数字技术深度融合，才能够实现精益管理、精准决策、集约化经营，切实提高核心竞争力。[①] 通过数字生产线，

---

① 广联达科技股份有限公司. 建筑产业数字化转型新方略 [J]. 中国勘察设计，2019（9）：34-41.

基于数据驱动实现自动化排程和精益化生产，将工厂与工地现场形成有机整体。

1）面向生产与组装的设计方法

研究生产过程、仓储物流过程、组装过程中对于建筑产品本身的唯一标识、空间定位、几何尺寸、材料用量、预留附件等各类信息的数据需求与数据运用过程。根据各阶段的数据要求补充建筑信息模型的数据信息，通过建立模型数据输出层与生产数据适配层的两层数据生产与管理结构，满足不同系统、不同设备、不同终端的生产组装数据需要。根据各生产与组装的数据要求，建立智能生产数据设计工具，实现生产数据的高效生成与校验。建立虚拟生产与组装系统，基于完整的建筑模型、生产数据、工厂现场信息等进行生产、运输、组装等过程的整体生产方案设计与优化。结合5G、IoT、大数据技术对整体生产过程进行数据采集与跟踪，对整体生产过程进行进度管控与变更处理。

2）构件智能生产线实现柔性化自动生产

在数字生产线进行任务分发、智能计划排程、生产参数优化、智能时序配送、作业面管理、质量管理等。在物理生产线，通过引入数控机床、机械手臂等先进生产设备，可以实现生产设备的自动化、柔性化生产，从而规模化实现构件及产品的大规模、个性化生产，实现建筑从现场建造向现代工厂制造的转变。[①]

3）"厂场"一体化联动。

通过融合工厂生产和现场施工的一体化"项目大脑"，充分连接工厂和现场。以现场工业化施工驱动工厂智能化生产，通过任务驱动的方式实现生产排产、备料采购、构件生产自动化流转。在现场的工业化施工目前智慧工地实现了基于云的智能化现场作业，而智能调度系统通过最小作业单元连接工厂和现场，形成厂场一体化的智能化闭环流程，达到"厂场"一体化紧密联动。

3. 施工阶段

现有中国建筑业施工环节很大一部分原因就是仍然享受着人口红利，随着人口老龄化的加剧，更多年轻人更愿意选择环境舒适体面的白领和蓝领工作，数字孪生的虚拟建造和建造机器人等技术也会逐年提高。采用数字化云平台，将全面提升施工过程的精细化、精益化和集约化水平。

1）基于数字孪生技术的虚拟建造

基于数字孪生的智能施工以工序为核心进行线上数字虚拟建造与线下精益实体建造，先模拟后实施，以精益理念推动精准管理，实现数字孪生精益建造。在建造过

---

① 广联达科技股份有限公司. 数字建筑平台为工程项目"赋能"[J]. 中国勘察设计，2019（9）: 24-33.

程中，通过在线化对实体建造成果进行反馈，实现过程动态调整和优化。其中虚拟建造包含线上的深化设计、进度排程、资源采购和施工模拟，实体建造包括线下的资源供应、施工作业、验收交付和现场措施。通过数字和实体两条生产线，实现数字孪生、虚实联动的精益建造。

2）利用机器人提高施工安装精度

从工厂端到工地端，机器人的应用可提高建造过程的智能化水平，减少对人的依赖，达到安全建造的目的，提高建筑的性价比和可靠性。

3）基于智能供应链的精细化采购管理

建筑工业化工程项目通过对采购需求、供应资源、交易行为、物流配送、资金运转等各关键环节，进行数字化、在线化、集成化管理，运用大数据、云计算、物联网、移动互联网、人工智能等技术集成供应资源，与施工现场形成一体化的智能供应链。实现在设计阶段为设计师提供物料辅助选型，辅助数字化设计；施工阶段优化物料运输方案，助力项目数字化管理。通过精准的数字化采购需求，实现供应商的节材、降本、增效和智慧化营销，促进建筑产业转型升级。

4）搭建数字平台，实现项目的精益化管理

在数字化云平台上，企业所有项目的生产情况可被全部纳入实时动态监控范围，通过后台大数据计算、云计算、人工智能等手段，对全企业范围内的资源进行高效的优化配置和资源整合，对在建项目的质量、成本和工期等关键指标进行精准控制，对"人、机、料、法、环"等关键因素进行实时管理，使精益管理的理念真正落地并获得实效。

5）数据汇聚，提升企业集约管理能力

将企业经营过程中产生的营收、利润、成本等数据信息，通过企业数字化云平台的整合汇总。经过大数据技术、人工智能算法等深入分析，传递至决策层进行统筹安排，使企业经营者能够高效地集中调配人力、物料等资源，统一优化配置资金，集中管理企业招采、促进集约化管理，加强企业对项目的管控。此外，数字化转型带来的组织机构扁平化、工作流程线上化等转变，使施工企业减少运营成本投入，更好地实现集约化经营。

4. 运维阶段

建立基于 BIM 的智慧建筑设备机电系统管理和调控协同策略，采用智慧建筑水力平衡分析计算技术、智慧化空间环境监测和设备控制产品及系统集成技术、智能调控技术、智慧建筑运维多系统及统一平台集成技术，建立完善的智慧建筑运维评价方法和关键技术体系；将智慧家居系统与 5G 结合，通过 AI 与边缘计算的结合，实现高度互联化和人工智能化的智慧家居管理。基于集成一体化的监测技术，结合人工智能、图像识别及大数据分析等技术，建立楼宇智慧运维系统。

5. 构建智能建造产业体系

集成智能建造和建筑工业化共性技术，将标准化、数字化、智能化、网络化相结合，围绕数字设计、智能生产、智能施工，构建先进适用的智能建造及建筑工业化标准体系。[①] 通过工业化建筑全产业链，智能建造平台整合工程全产业链、价值链和创新链，推动智能建造创新成果推广应用，提升工业化建筑产业链主链（设计—生产—施工—运维）的集成创新能力，带动原材料供应、物流运输、装饰装修、金融服务、监理咨询等相关产业链的协同发展，充分发挥企业协同创新主体作用，融合各企业的工作平台与工作方式优势，实现多标准合一、多企业合一和多系统合一，形成全产业链融合一体的智能建造产业体系。[②]

（四）实践案例

工业化建筑工程项目作为建筑业生产和经营活动的业务原点，其全要素、全过程、全参与方的升级是项目成功的关键，通过智能建造，将打造"软件＋数据"的数字生产线，推动工程建设过程从传统的实体建造，转变为全数字化虚拟建造和工业化实体建造，赋能项目全过程，实现设计、生产、施工、运维一体化，再结合精益建造的管理手段，更高效提升生产效率。[③] 通过数据驱动和加快数据要素的自动化流动升级生产要素，优化"人、机、料、法、环"等生产要素的配置。本节根据前文总结的未来发展方向及路径，以设计、生产、施工、运维、管理等几大影响要素进行相关工程的列举说明。

1. 设计、生产、施工一体化案例

1）项目概况

丽水市城西公租房及安置房项目（安置房）工程位于丽水市消防支队西北侧，项目新建住宅 23 幢，预制率为 21%，实现了建筑工业化，如图 3-31 所示。此项目为中国建筑科学研究院牵头承担的国家"十三五"重点研发计划项目——"基于 BIM 的预制装配建筑体系应用技术"，从设计阶段运用国内自主开发的 BIM 平台进行协同设计，并运用 BIM 模型串联工程生产、施工环节，获得了浙江省标化工地、创优工程（丽水市九龙杯）的项目奖励。

[①] 中华人民共和国住房和城乡建设部，中华人民共和国国家发展和改革委员会，中华人民共和国科学技术部，等. 住房和城乡建设部等部门关于推动智能建造与建筑工业化协同发展的指导意见 [J]. 江苏建材，2020（5）：1-3.

[②] 创新打造智能建造平台赋能装配式建筑全产业链高质量发展——专访湖南省住房和城乡建设厅党组书记、厅长鹿山 [J]. 建筑，2021（18）：12-33.

[③] 刘刚. 数字建筑平台构筑产业数字化转型新基建 [J]. 中国测绘，2020（10）：64-67.

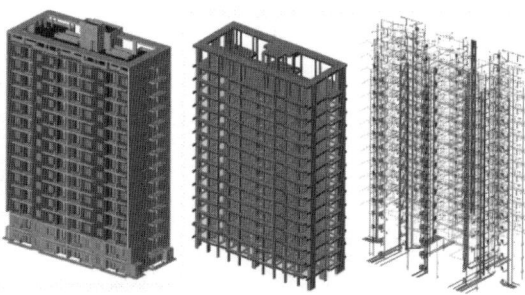

项目效果图　　　　　　　　　　基于国内自主 BIM 平台的全专业协同设计

图 3-31　丽水市城西公租房及安置房项目（安置房）工程

2）项目亮点——应用 BIM 软件协同设计

在设计阶段，利用"基于自主 BIM 平台的工业化建筑分析设计 CAD 商品化软件（PKPM-PC）"的自由设计功能与部件库，进行项目建筑、结构、机电建模以及细节化设计、结构计算、深化设计、碰撞检测、预制率统计等，实现了工业化建筑的标准化设计，满足了建筑工业化、信息化所亟需的多专业协同设计要求，保证了工业化结构设计安全度，提高设计质量与效率如图 3-32 所示。

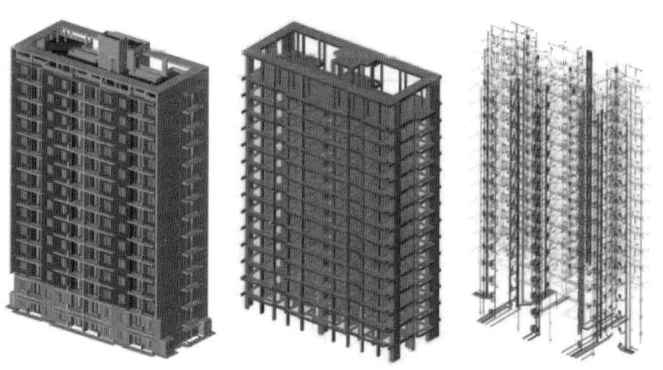
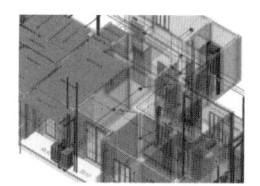

建筑、结构、机电等专业协同设计　　　　　　　　基于 BIM 深化设计

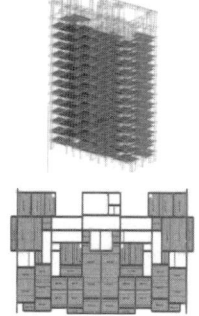
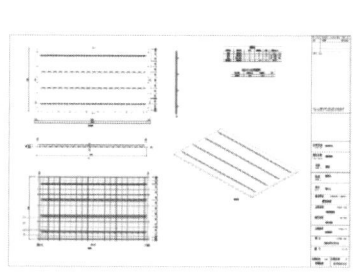

预制构件自动拆分　　　自动生成的构件加工详图

图 3-32　应用 BIM 协同设计

在生产阶段，工程根据"基于 BIM 的工业化建筑构件工厂生产管理系统"功能进行应用，如图 3-33 所示。通过与生产模具的信息传递，实现与设计数据自动对接，并通过项目进度模拟以及生产控制，实现构件生产的精细化管理。

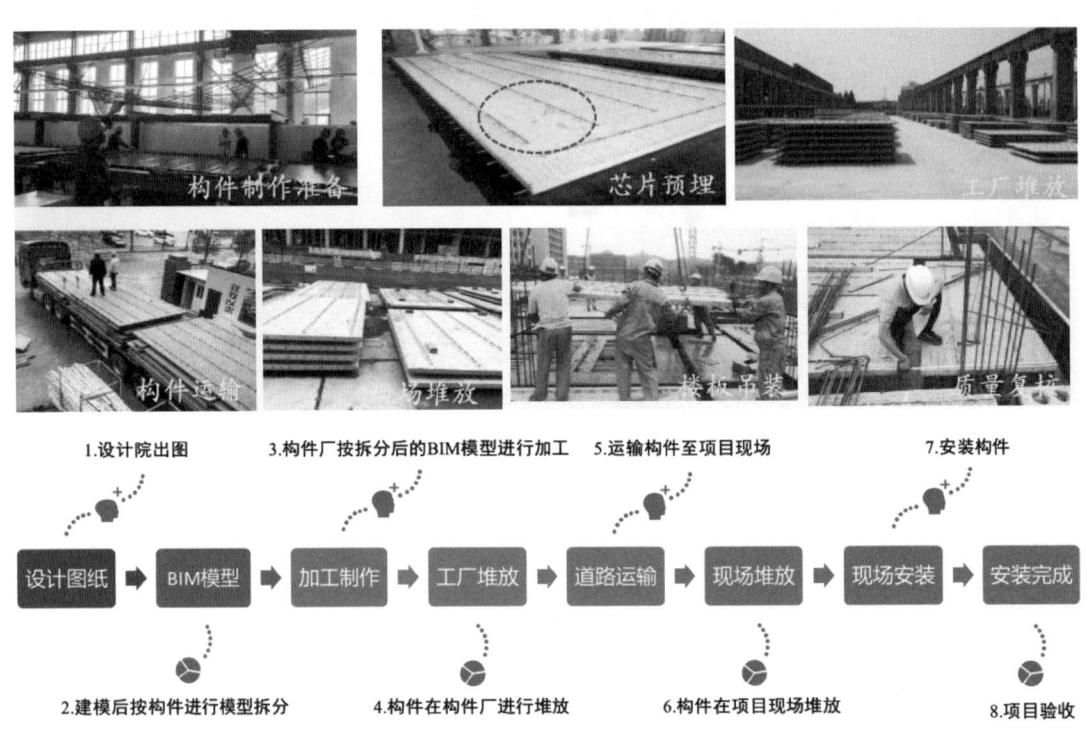

图 3-33　生产阶段示范应用

在运输和施工阶段，根据"基于 BIM 和物联网的工业化建筑智能施工安装系统"功能进行应用，包括项目进度管理、工序管理、芯片 ID 构件管理等，实现运输、施工阶段精细化管理，如图 3-34 所示。

3）应用效果

本工程应用了"十三五"国家重点研发项目"基于 BIM 的预制工业化建筑体系应用技术"自主研发的 BIM 平台和工业化建筑等研究成果，有效提升了设计效率和设计品质，提升设计效率 30% ~ 40%，减少项目风险、降低构件成本、优化库存、提高工厂生产效率和应变能力、优化施工现场管控流程、提高施工质量，解决了基于 BIM 的工业化建筑设计、生产、运输和施工各环节中的关键问题，建立了完整的基于 BIM 的预制工业化建筑全流程集成应用体系，通过此项目的全过程示范应用，使科技成果有效转移转化，促进预制工业化建筑 BIM 产业化。

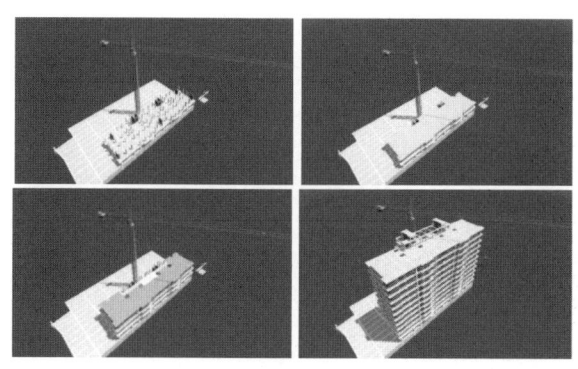

施工模拟

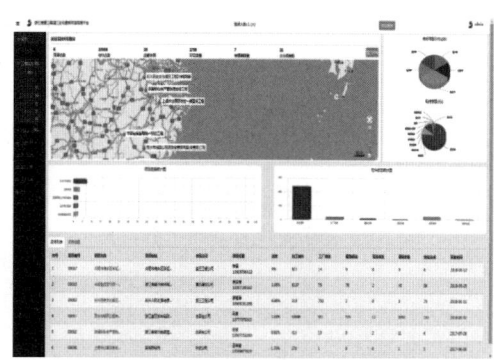

浙江省建工集团工业化建筑项目管理平台

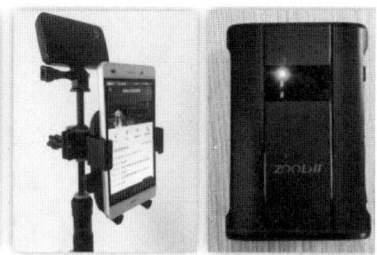

手持终端　　　　　　北斗定位

平台移动端

图 3-34　运输、施工阶段示范应用

2. 生产案例

1）项目概况

深圳市长圳公共住房项目，装配率最高的楼栋达到 93%，项目总用地面积 20.61 万平方米，总建筑面积约 115 万平方米，包含两层地下室、25 栋高度达 150 米的装配式塔楼和 1 栋高度 110 米的院士技术综合示范楼，共有住宅 9672 套，是目前深圳市万套保障房的首个示范项目，同时也是全国最大的装配式建筑公共住房项目。

2）项目亮点——BIM 模型指导生产

深圳市长圳公共住房项目的主要工程亮点是 PKPM 研发基于 BIM 的工业化建筑预制工厂信息化技术。该技术实现精益生产、精益建造，提升企业综合管理水平，关键技术有以下几点内容：

（1）建立项目模型统一管理，同一个项目构件可以按楼号、楼层、构件类型拆分给不同工厂生产加工如图 3-35 所示。

（2）设计数据对接

基于 PKPM-BIM 设计信息直接导入。PKPM-BIM 模型可直接被工厂生产管理系统读取并识别，BIM 模型存储于云端，云端与本地系统双向交互，如图 3-36 所示。

项目模型浏览能够查看项目整体模型、单层模型以及单层的各个构件。

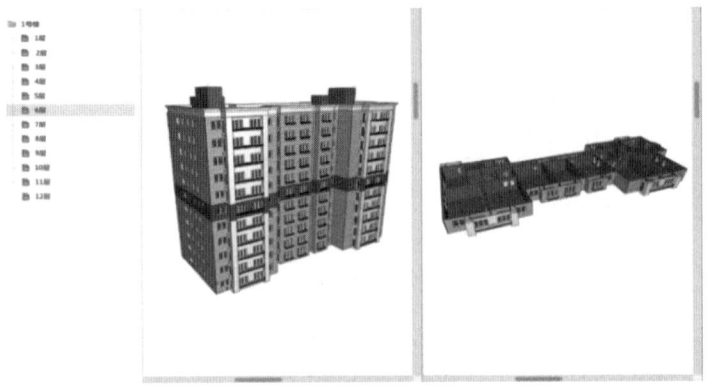

图 3-35 长圳项目 BIM 模型

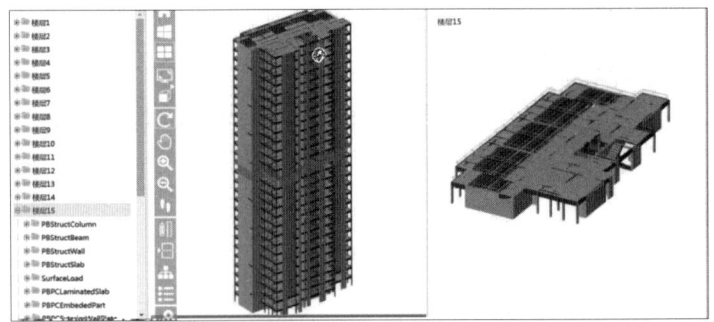

图 3-36 工厂读取 BIM 模型信息

考虑到不同工厂对 BIM 需求和数据源的不同，系统可导入 PKPM-BIM 软件转化的后缀为 .json 的轻量级数据交互文件，如图 3-37 所示。该项技术和功能，提出了不同软件生成的 BIM 模型的标准化导出导入思路，便于系统整合读取不同类型 BIM 软件生成的物料清单。

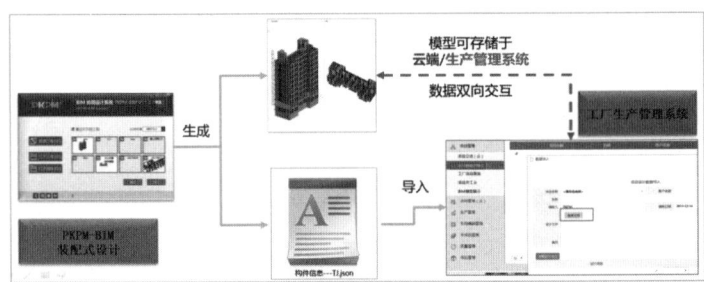

图 3-37 生产设备读取 BIM 信息

（3）管理平台和设计数据及生产线、生产设备数据进行对接，提高生产效率

管理平台直接接收 BIM 设计数据，包括构件的类型和数量、每个构件的基础信息和各种详图以及构件的组成信息，如构件的钢筋信息、混凝土信息、模具信息和预埋件信息等。

管理平台针对工厂生产数据进行管理，并能和生产线或者各种生产设备直接进行对接。平台能够直接导出生产数据给 MES 系统，避免数据二次录入，从而实现钢筋自动化加工、混凝土构件自动浇筑、工厂的排产优化和堆放等，加强数据流转和共享，提高生产效率。平台内置多种设备的数据接口，并通过接口池对接口进行管理。

（4）信息化智能管理

结合生产数据的任务工作量，按照工程建造的构件安装需求进度，依据工厂的既有产能和生产节拍，合理制定工厂构件生产计划。按生产线、项目、楼号、楼层、构件类型，提前下达日生产任务单。待生产构件数量、已生产构件数量一目了然，根据日生产任务单，提前领取生产所需用料。

配筋图、主视图、俯视图等直接接收使用。生产数据四个来源包括动接收设计数据、构件库选择、Excel 导入以及录入新建。

多项目、多版本、多类型的生产数据管理，设计变更及时调整数据，数据同步各生产车间。

（5）生产过程管理

通过生产管理系统中的生产工序记录卡，实时查看、监控每个工序的作业时间，可以作为考核生产班组的依据。

（6）生产信息与装配信息协同共享

以工业化项目管理和工厂管理为两条主线，搭建项目管理和工厂管理协同及内控管理体系。针对工业化项目的合同、设计、生产、施工、进度、质量、安全、成本和风险进行规范化管理，采用信息管理平台进行流程优化和固化，提升项目管理和业务管理成熟度。针对工厂的生产加工过程进行流程化管理，通过管理平台解决库存控制、生产过程物料控制、进度控制、质量管控和成本管控，从而促进工厂的精细化管理。

构件进度模型与工厂生产和现场装配进度关联，形象展示构件的生产和装配状态。

（7）标准化流程与个性化需求融合

针对现阶段，不同构件厂和不同构件生产工艺工序存在差异，系统针对性开发了生产工艺管理模块，能够对不同构件自定义工艺工序。既保证了生产的流程标准化，又保证了个性化需求。

（8）全过程信息可追溯、形成大数据，智能分析

生产过程中，通过二维码对构件生产过程进行管理；生产准备、隐检、成品检、入库、装车、卸车、安装等通过 RFID 进行构件信息跟踪追溯。通过数据采集与分析，对工厂的整体运营状态进行图形化表达，便于做出及时的决策。

（9）整体实施效果评价

系统以 PC 构件全生命周期为主线，涵盖了从设计、生产到现场施工等功能。通过平台，可在设计环节与 BIM 系统形成数据交互，提高数据使用率；在工厂生产环节，对 PC 构件的生产进度、质量和成本进行精准控制，保障构件高质高效地生产；在施工现场，实施获取、监控装配进度。平台操作简单便捷，产业工人基本上只需在各个场景使用 PDA 扫码枪对构件唯一标识的二维码进行扫描，即可完成操作。系统贯穿设计、生产、装配三个环节，通过产业链信息共享，以生产进度形象化、产品质量追溯化以及成本分析精细化，把控项目进度和质量，极大地降低了沟通和管理成本，提高了工作效率。

3）应用效果

如表 3-18 所示，均为 PKPM 智慧工厂管理平台解决的实际问题。通过基于 BIM 的工业化建筑工厂信息化技术的研发与示范应用，形成了工业化建筑设计环节与生产

智慧工厂管理难点及解决方案

表 3-18

阶段	管理难点	解决方案	应用的功能模块组合
生产准备阶段	根据深化设计图纸，按楼号、楼层、构件类型统计，计算构件清单、钢筋用量、预埋件数量、混凝土数量，计算工作量大	方案1：与设计数据对接，系统直接读取项目各楼号、楼层、构件类型统计，计算构件清单、钢筋用量、预埋件数量、混凝土数量； 方案2：提供方便快捷的录入方式，构件库选择录入，新建录入等，为每个构件生成唯一编码及相应的二维码、RFID	生产数据管理、生产管理、设计数据导入
生产准备阶段计划管理	1. 根据项目安装需求计划，编制构件月、周、日生产计划； 2. 根据构件清单，编制模具加工计划、材料需求计划，材料采购计划； 3. 编制模具加工计划，无法查到现有可用模具库存； 4. 编制材料需求计划后，无法查到材料现有库存，材料采购计划只能大概预估	1. 通过系统可以按规则更快捷地编制构件月、周、日生产计划； 2. 通过生产数据，系统可以自动生成材料需求计划； 3. 建立工厂模具库，可以实时统计模具可用库存； 4. 建立企业原材料库，可以实时统计原材料库存，并可以设置库存预警，为材料采购计划提供准确的数据支持	生产计划、模具管理、原材料管理

阶段	管理难点	解决方案	应用的功能模块组合
生产完成阶段成品入库	1. 构件标识未统一，未对成品库房库位统一管理； 2. 用 Word 单独制作合格证	1. 成品质量检测合格，自动生成入库单，减少录入操作； 2. 成品质量检测合格，自动生成合格证，减少录入操作	成品管理、质量管理、PDA 功能
生产完成阶段发货管理	1. 按月录入统计出入库台账； 2. 不能综合分析统计查询； 3. 手写发货单	1. 终端设备（PDA）扫描发货； 2. 自动生成物流运单	成品管理、PDA 功能、物流管理、施工管理

环节数据信息的完整有效传递，形成了设计信息与加工信息无缝对接及共享，实现了"设计—加工"一体化；同时，形成了基于 BIM 的智能化加工和信息化工厂管理系统，提升生产效率和工厂管理水平。

（1）社会效益

有效地助推了建筑产业链的产业化。系统以工厂生产管理为重点，并向上下游整合工业化建筑设计、材料、生产、施工等环节，并通过"建筑＋互联网"的形式助推产业链条内资源的更加优化配置，也为建筑业技术与经济和市场的结合提供了公共平台。

有助于加速建筑工业化、信息化、协同化。系统有助于推动一个高度灵活的数字化和协同化的建筑产品与服务的生产模式。BIM 技术、MES 与 PCS（生产工控系统）与生产设备的高度融合，为工业化中的重要环节——加工工厂的自动化、协同化、智能化生产提供了技术保障。同时，BIM 技术与其他环节一一打通，加速促进建筑行业全过程、全产业链的工业化、信息化、协同化的转型升级。

（2）经济效益

实行设计、生产和施工一体化，通过设计、生产和施工的有效分工和合作，在设计、生产和施工环节形成互动、协同、优化的工作机制，达到缩短工期、确保工程质量、降低投资，实现精益建造。

基于 BIM 的工业化建筑工厂信息化生产技术的研究与应用，是通过攻克设计、生产与施工环节的信息化管理瓶颈，形成了高度集成的、共享的、协同的信息系统，有效地为工程总承包的 EPC 五化一体模式的落地实施提供技术和平台支撑。

提高了预制构件的产品加工精度，降低工人的操作误差，使得构件的精细化生产与施工得到真正的实现与推广。提高预制工业化建筑生产效率 20% 以上，大幅提高工作效率，降低项目成本，缩短项目周期，产生明显的经济效益。

3. 智能建造平台案例

1）项目背景

湖南省工业化建筑全产业链智能建造平台是由湖南省住建厅牵头组织，中国建筑科学研究院有限公司为技术总支持单位，湖南省住建厅信息中心、湖南省住宅产业化促进会、湖南省建工集团有限公司为总协调单位，并联合湖南省建筑科学研究院、湖南省建筑设计院、湖南省东方红建设集团等 6 家企业共同建设。

智造平台在中国建筑科学研究院牵头承担的国家"十三五"重点研发计划项目——"基于 BIM 的预制装配建筑体系应用技术"研发成果的基础上，将 BIM 技术应用从工业化建筑建造全流程进一步扩展到全产业链。平台依托自主可控 BIM 技术，融合互联网、云计算、物联网、大数据等新型信息技术，建立全流程标准化和数字化应用体系，实现了工业化建筑的数字设计、智慧生产和智能施工。通过搭建工业化建筑全产业链智能建造管理和综合服务平台，将全省工业化建筑企业和项目纳入平台管理，集成并打通工业化建筑项目设计、生产、运输、施工、运维、管理全流程信息通道，实现全过程、全要素、全参与方的互联互通，形成全产业链融合一体的智能建造产业体系。

2）建设内容

智造平台由湖南省政府侧产业公共服务平台和企业侧产业应用平台两大板块组成。政府侧平台包括一库两标准六图集三平台：一库是指湖南省装配式建筑标准部品构件库；两标准是指《湖南省装配式建筑部品部件分类编码标准》《湖南省装配式建筑信息模型交付标准》；六图集是指《装配式建筑预制构件标准化图集》（六本）；三平台是指装配式建筑标准部品部件标准库云平台、装配式建筑全过程质量监管和追溯平台以及装配式产业大数据分析和公共服务平台。企业侧平台包括一软件两平台四系统：一软件是指工业化建筑标准化智能化设计工具软件；两平台是指装配式建筑 PC 结构全流程综合管理平台、装配式建筑钢结构项目全生命周期数字建造平台；四系统是指装配式建筑设计协同集成系统、装配式建筑 PC 构件生产管理系统、装配式建筑智慧施工管理系统以及装配式建筑运维管理系统，通过数据传递，可实现各子系统的互联互通，如图 3-38 所示。

3）应用效果

智造平台项目有效解决了当前工业化产业中的诸多"瓶颈"问题，实现资源的合理配置，大幅提升行政监管效率。智能设计技术提升设计效率 50% 以上；数字化工厂提升生产效率 40% 以上，降低 30% 左右的人工量；施工平台大幅提高施工效率，缩减项目工期 30% 以上；推动绿色建筑发展，节能 70%、节地 20%、节水 80%、节

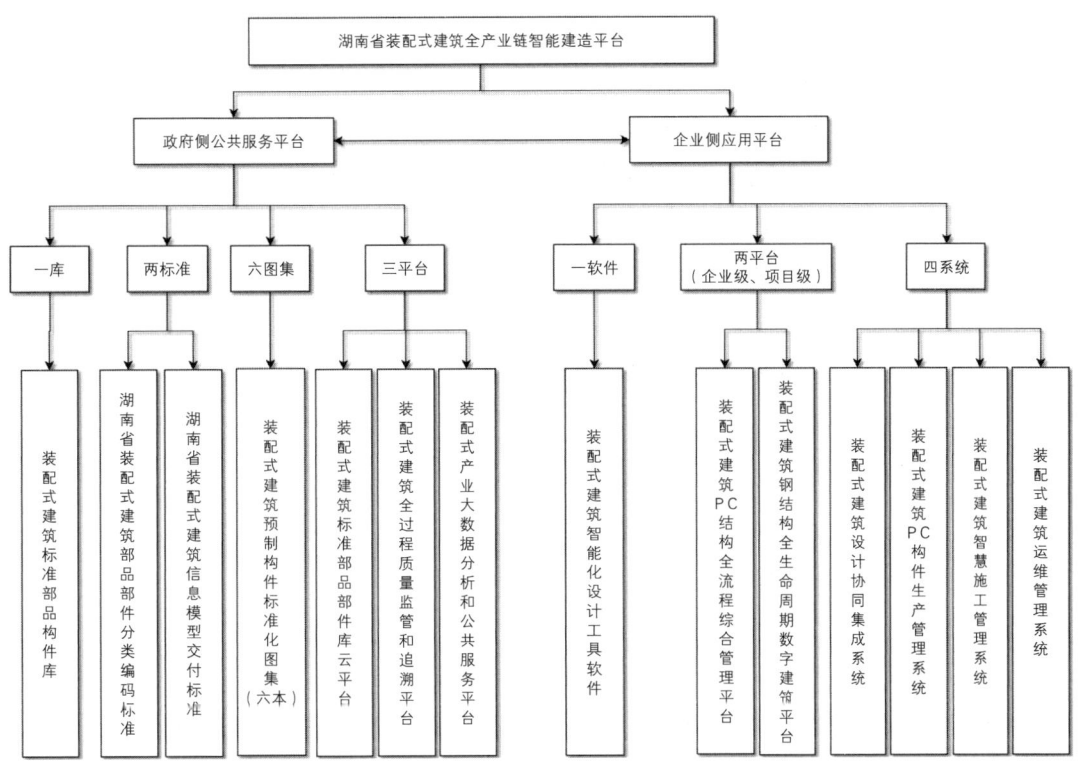

图 3-38 湖南省工业化建筑全产业链智能建造平台框架图

材 20%；大幅降低施工环境影响，基本做到无噪音、扬尘和建筑垃圾；智能化生产施工大幅降低安全事故发生；建筑全生命周期质量管理能够最大限度地消除质量隐患；建造精度提升 2 倍以上，工程精度由厘米级提升至毫米级[①]。

4）应用项目案例

吉首大学师范学院教学生活设施建设项目新建教学楼 2 栋，建筑面积 25170 平方米，其中地上 7 层，面积 18200 平方米，地下层面积 6970 平方米。新建学生食堂，其建筑面积 5210 平方米。改造 5000 平方米旧教学楼。新建南院车行通道、绿化、亮化等配套设施。采用装配式建筑实施建设，项目总投资 11742 万元，资金来源为财政资金及单位自筹。

在吉首大学师范学院教学、生活设施建设项目中，建设单位通过"智慧住建"系统中的工改系统取得批复，建立项目编码，设计单位依据建设单位设计任务书展开项目设计，采用智能化设计系统建立 BIM 模型，完成装配方案设计和构件深化设计，

① 创新打造智能建造平台赋能装配式建筑全产业链高质量发展——专访湖南省住房和城乡建设厅党组书记、厅长鹿山 [J]. 建筑，2021（18）：12-33.

一键完成施工图和构件加工详图绘制。设计成果交付省施工图管理信息系统，完成施工图审查和 BIM 审查；生产阶段，所有预制构件数据传递到构件厂，在生产管理系统中建立 BIM 生产模型，自动生成 BOM 清单，完成排产计划，在钢筋加工和混凝土浇筑等环节实现了数据驱动设备自动化生产；施工阶段，设计 BIM 模型传递给施工现场管理平台，完成施工进度计划，指导构件运输、堆场、吊装及装配流程，施工过程的质量安全记录通过移动设备传递到管理平台，实现精细化施工；项目全程采用综合管理平台记录和传递各阶段信息，并通过网络将关键数据上传到政府侧的全过程质量监管和追溯平台，实现全流程质量管控。

4. 用户级平台案例

1）项目概况

为了架设建筑垃圾资源化利用企业和新型建材使用方的沟通"桥梁"，形成高质量发展的有力抓手，南京市建设了建筑用品利用交易平台。

2）项目亮点

（1）建筑再生产品的"淘宝"市场

一是建筑再生产品的分类集市。该平台以建筑垃圾再生产品信息发布、查询和线上交易功能为主，旨在为建筑垃圾资源化处置企业和建筑垃圾再生产品需求方提供供求信息，提升再生产品资源化利用率。[①] 目前平台利用大数据，将资源化产品的供给信息与"南京市智慧工地"1680 个在建工地的需求信息对接，为工地建材需求提供多方位服务。平台现有再生产品分为土材类、再生建材类、石材类、草木类、铁制品类、再生废品、其他类共 7 大类，覆盖南京市 11 个市辖区，为市区级资源化交易提供了良好的沟通平台。

二是建筑垃圾资源化企业的宣传平台。围绕建筑固废资源，南京市形成了相应的上下游产业链。平台建立"再利用企业库"，就是收集整理本地资源化企业并加以推广，现已包含南京市 55 家企事业单位，相关内容涉及公司介绍、供应产品、联系方式等。平台"再利用企业库"中的供应信息与提交的产品信息挂钩，形成了相应的产品库，便于企业推广和工地购买。

三是行业协会的信息集散中心。平台依托单位南京环境集团为南京市建筑垃圾资源化利用协会和南京市再生资源协会副会长单位，为两个协会搭建交流互通的桥梁。市建筑垃圾资源化利用协会企业将平台作为宣传的窗口，而南京市再生资源协会已择优选取 40 家企业，入驻平台，拆建项目中涉及可回收资源，可就近交由 40

---

① 孙琳. 保障全城垃圾分类，城建集团在冲刺 [N]. 南京日报，2020，10，30：A05.

家资源化回收企业处置。

（2）"口袋"里的交易中心

为忙碌的项目工程师提供更便利的查询条件，平台推出了微信公众号服务和移动服务端，力争使平台成为"口袋"里的建筑资源化产品交易中心。

一是一键注册，减少注册手续。为减轻 PC 端冗长的注册流程，移动服务端采用一键注册模式，仅凭手机号即可注册，并浏览相关资源化产品信息。涉及交易等敏感信息时，才接入验证码，在后台审核完成后才授予相应权限。在满足交易安全的同时，具有良好的便捷性。

二是信息推送，及时送上信息大餐。平台以微信公众号作为推送主体，实时推送建筑垃圾资源化相关信息，成为南京市建筑垃圾领域小而精的特色平台。现已推送的信息包含平台使用介绍、平台发展近况和建筑垃圾资源化政策。相关优秀的资源化企业也通过平台进行推介，拓宽了资源化产品的宣传渠道。

三是产品、需求信息随手查。为了方便用户随时随地登录使用平台，及时查询最新的资源信息，上线了平台手机版。界面非常干净清爽，将供给资源和需求资源放在了首页，资源化企业和施工单位可随时查看资源化再生产品信息。通过价格比选、距离比选、产品比选，为建设单位降本增效提供助力。

上线手机版后，用户可以随时随地随心地在移动端登录交易平台，将平台实时的资源信息掌握在手中，突破地域的局限性，轻松地在手机上就可以对接资源，给企业创造更多效益。

3）应用效果

建筑用品利用交易平台是以建筑垃圾资源化为目标的市场化交易平台。作为 B2B 的电商平台，同样有着"降本增效，改善供应链管理"的建设理念。一方面降低信息交流不对称，让信息更加透明；另一方面增加了建筑再生产品的销售渠道。通过平台将供需双方信息进行撮合，促进再生产品交易的发展，符合现阶段社会的发展需求。与淘宝等 B2C 面向大众的平台不同，受 B2B 模式的约束，南京市地方上下游产业链的企业数量相对较低，导致"熟客"模式越发普遍，重私下关系、轻平台的现象越发严重。为解决该问题，平台改善推广策略，形成多矩阵宣传模式，移动端、短信、微信公众号、抖音多端同步，提高目标客户对平台的关注和访问量，有效增设相关服务链接，提高客户转化效率。同时，平台已设立线下推广小组，由资深项目经理带队，从城建系统向南京市所有工地推广平台服务。通过产业、数据整合，打造南京市建筑可再生资源一张网，建立"资源化监管"与"服务企业"并举的平台运作模式，为全市建筑工地、建筑再生资源企业提供信息服务，包括再生产品信息、工程渣土调配服务等，实现建设工程建筑废弃物"零弃置"。

七、城市运行管理服务平台建设总体研究

党中央、国务院高度重视城市治理智能化工作。习近平总书记指出，要抓一些"牛鼻子"工作，抓好"政务服务一网通办"和"城市运行一网统管"，坚持从群众需求和城市治理突出问题出发，把分散式信息系统整合起来，做到实战中管用、基层干部爱用、群众感到受用。《中共中央关于制定国民经济和社会发展第十四个五年规划和二〇三五年远景目标的建议》提出，"完善城市信息模型平台和运行管理服务平台，构建城市数据资源体系，推进城市数据大脑建设。探索建设数字孪生城市"。《"十四五"国家信息化规划》提出，"完善城市信息模型平台和运行管理服务平台，探索建设数字孪生城市。实施智能化市政基础设施建设和改造，有效提升城市运转和经济运行状态的泛在感知和智能决策能力。推行城市'一张图'数字化管理和'一网统管'模式"。2022 年 1 月 20 日召开的全国住房和城乡建设工作会议提出，"推进国家、省、市三级城市运行管理服务平台建设"。"加强城市治理，构建全国城市运行管理服务平台'一张网'，建立部、省、市城市管理工作体系，建立超大特大城市治理风险防控机制。"加快建设城市运行管理服务平台，是贯彻落实习近平总书记重要指示批示精神和党中央决策部署的重要举措，运用数字技术推动城市管理手段、管理模式、管理理念的创新，就抓住了城市治理的"牛鼻子"，对于系统提升城市风险防控能力和精细化管理水平、推动新型智慧城市高质量发展，构建城市发展新格局具有重要意义。

（一）发展现状

1. 五位一体：贯通城市运行管理服务全流程

遵循"一体化"目标，推进城市运行管理服务平台建设，建立集感知、分析、服务、指挥、监察"五位一体"的城市运行管理服务平台，提升城市科学化、精细化、智能化管理水平。比如，南京市在 12345 政务服务平台、城市安全运营中心、市政务大数据平台等基础上，融合智慧城管、智慧公安等系统平台，构建集感知、分析、服务、指挥、监察"五位一体"的城市级综合管理服务平台，为城市管理者构建统筹协调、全面综合、平战结合的城市运行管理中枢。比如，苏州市在城市运行管理服务平台建设试点过程中，探索建设融合城市管理行业应用数据、相关行业数据、公众诉求数据和舆情监测数据等的综合性城市管理数据库；逐步构建集感知、分析、服务、指挥、监察于一体的智慧城管综合管理服务平台，有效调配区域公共资源，实现政务服务事

项"一网通办"、城市管理事项"一网统管",形成可复制、可推广的苏州经验。

2. 三级融合：促进数据资源利用最大化

以整合资源为基本导向，加强支撑国家、省、城市三级平台互联互通、数据同步、业务协同的技术研究，加快构建国家、省、城市三级综合管理服务平台体系，逐步实现三级平台互联互通、数据同步、业务协同，深化数字化城市管理。比如，南京市以城市运行管理服务平台为空间载体，全面打通融合城市各部门各层级业务数据、物联感知数据、手机信令大数据、互联网实时数据，促进城市多源数据融合，构筑基础数据服务能力，进而与国家、省级平台找数据对接，实现三级融合。比如，青岛市积极建设以 CIM 平台为基础的城市运行管理服务平台，提升城市科学化、精细化、智能化管理水平。搭建市域范围统一的市、区（市）平台，逐步实现与城市云脑互联互通、数据同步、分级监管，并与国家级、省级平台体系实现信息共享。

3. 一网统管：实现城市治理智能化

研究"一网统管"目标下，5G、大数据、云计算、人工智能等新一代信息技术在市容市貌、公共空间秩序、基础设施运行监测等领域的应用技术。以城市运行管理服务平台为支撑，强化监管、突出服务，加强对城市管理工作的统筹协调、指挥监督、综合评价，及时回应群众关切，有效解决城市运行和管理中的各类问题，推进城市管理进社区，实现城市管理事项"一网统管"。探索"大数据＋城市管理"新模式，健全综合协调、问题发现、问题处置、监督考核等工作机制，增强城市管理统筹协调能力，实现城市治理目标。比如，青岛市以城市运行管理服务平台为支撑，以 CIM 平台为底座，推进城市市政公用、环境卫生、园林绿化和综合执法领域的标准化、规范化、智能化场景建设和应用，将城市市政管理、物业管理、城市建设安全和房屋清查等城市建设管理信息平台纳入城市运行管理服务平台，加强对城市管理工作的统筹协调、指挥监督、综合评价，及时回应群众关切，有效解决城市运行和管理中的各类问题，实现城市管理事项"一网统管"。

比如，苏州市强化"一网统管"建设，打造苏州城市运行中心，构建包括城市运行、城市管理、社会治理、应急管理以及拓展应用在内的"4+N"大管理体系，成立集中枢运维、指挥应用、成果展示于一体的城市运行中心，构建纵向到各市（区）、横向到各部门（单位）的子系统，围绕经济、政治、文化、社会和生态等领域的应用场景，以"数字驾驶舱"的形式可视化呈现丰富内容，形成具有城市级数据综合运营能力、大数据分析挖掘能力和预测预警能力的城市运行中心。

4. 数据分析：提供城市风险智能预警研判

结合大数据分析、机器学习、仿真推演等技术，结合城市视频监控、物联监测和互联网开放数据，通过 AI 图像识别、多源数据交叉挖掘分析等技术，实现城市风险智能预警和城市问题快速识别，提升城市风险发现能力和处置效率。比如，郑州市按照新型城市基础设施建设试点要求，以数字化、现代化为引领，打破条块分割、条线孤立的碎片化模式，结合以郑州市"一事件"为牵引的一网统管平台，形成郑州市城市管理业务流程再造。智慧城管一期工程共涉及决策指挥平台、智慧停车、智慧市政、综合执法、物联网共享基站、智慧照明和基础平台 7 个领域、11 个子项目、77 子系统。利用物联网、大数据、云计算、人工智能等新技术，实现综合执法、智慧市政、智慧停车、共享基站等重点场景突破，在信息化管理、设施病态预判、智能分析、辅助决策等方面逐步完成智能化转型升级，使城市管理更智能、更精准、更高效，为民服务更细致、更周到。同时，城市运行管理服务平台搭建公众服务系统，如 12345 热线对接、12319 热线系统、郑好办对接等应用系统，拓宽市民参与渠道，提升市民满意度，让郑州市民有更多幸福感和获得感。

5. 部门联动：实现城市应急事件高效处置

深化城市综合管理改革，推进"网格化＋城市综合管理服务系统"应用，切实提高城市风险防控能力。在发生城市应急事件时，指挥中心可以调用事件周边的城市基础设施、管网、主要单位、危险设施等信息，可以分析周边的人口信息，为管理者快速提供事件影响程度的研判。同时可以将应急事件共享给公安、交通、环保、气象等各个部门，在平台的流程引擎基础上，根据应急预案，通过各个部门的配合联动，协调指挥交通、快速疏散人群、及时组织医疗机构全力营救，将应急事件影响控制在最小范围内，实现实时网上处置。比如，济宁市在 2020 年已完成城市运行管理服务平台系统升级，接入相关部门视频监控资源，共享监测数据信息，着力打造城市安全、城市建设、城市管理、城市交通等领域的智能应用场景，推动对城市运行的源头管控、过程监利、预报预警、应急处置和综合治理，拓展智慧环卫、智慧渣土、户外广告、共享单车等系统应用，对主城区 238 条主干道路、417 辆环卫车辆、945 辆渣土车全时全域监管，广告门头录入系统 1 万余家，部署 19 个共享单车监测仪，累计将 4 万余辆共享单车纳入监测体系，初步实现部门联动对应急事件高效处置的能力建设。

（二）存在问题

1. 协同推进机制有待进一步完善

一些省、市住房和城乡建设（城市管理）主管部门在城市运管服平台的建设协调推进机制方面还有些滞后，平台建设缺乏有效的顶层设计，平台建设运行中的重大事项统筹协调不够，平台建设资金落实不到位，对推进工作的指导和监督检查有待进一步加强。

2. 平台建设技术方案的科学性有欠缺

虽然一些省级平台、市级平台建设技术方案也是依照住房和城乡建设部《城市运行管理服务平台技术标准》CJJ/T 312—2021《城市运行管理服务平台数据标准》CJ/T 545—2021 的要求制定的，但是缺少组织专家审查或者评估、验收环节，在实践过程中暴露出一些设计问题。

3. 一些地方存在重复建设、资源浪费的问题

各试点城市建设城市运行管理服务平台，首先要立足现有基础。经过多年发展，城市建设领域已具备一定的信息化基础。据了解，目前我国 90% 地级及以上城市都建成了数字化城市管理平台。推进"新城建"试点工作，应当注重利用和整合现有系统资源、数据资源，可以此为基础进行智能化升级改造，拓展更多应用场景，打造城市运行管理服务平台，避免重复建设。

4. 城市基础设施运行监测系统智能化程度不高

建设城市基础设施运行监测系统，对于保障城市安全高效健康运行、提升城市综合承载能力具有十分重要的作用。但是由于历史原因，一些城市在市政设施、房屋建筑、交通设施和人员密集区域等领域的运行监测工作仍存在统筹力度不够的问题，对防洪排涝、燃气安全、路面塌陷、管网漏损、桥梁坍塌等风险隐患的运行监测手段模式落后、预警处置机制不健全，对城市运行风险进行识别、评估、监测、预警和处置还不够及时和科学，城市基础设施领域运行安全事故时有发生，给人民群众的生命财产安全造成不同程度的损失。

5. 平台建设综合评价体系亟需细化完善

城市运行管理服务平台是各级党委、政府抓好城市运行管理工作的重要抓手，也是为市民提供精准、精细、精致服务的重要窗口。目前，我国城市运行管理服务平台综合评价指标体系和评价工作机制还未完全建立，评价目标不明确，评价数据采集自动化程度不高，评价方法的科学性有待继续完善。

（三）未来方向

1. 分期目标、分级建设

一是 2022 年底前，直辖市、省会城市、计划单列市及部分地级城市建成城市运管服平台，有条件的省、市、自治区建成省级城市运管服平台。二是 2023 年底前，所有省、市、自治区建成省级城市运管服平台，地级以上城市基本建成城市运管服平台。三是 2025 年底前，城市运行管理"一网统管"体制机制基本完善，城市运行效

率和风险防控能力明显增强，城市科学化、精细化、智能化治理水平大幅提升。

2. 横向联通、纵向贯穿

实现城市运行管理的"一网统管"关键在体制、机制创新。在原有城市网格化管理系统的基础上，深化 CIM/BIM 技术的创新运用，统筹整合市政基础设施数据、国土空间地理数据、气象数据、物联感知数据等各类数据资源，构建城市运行管理"一网统管"的数字底座，推动跨部门、跨区域、跨层级应用，搭建"横向到边，纵向到底"的城市运行监管体系，横向联通市政、国土空间、应急、公安、交通各部门，纵向贯穿市（区）、街（镇）、社区等基层组织，打造适应城市高质量发展要求的常态化监督、指挥和协调管理体系，真正实现"一网管全城，一屏观天下"。

3. 融合发展、集约高效

整合现有信息系统、统一平台建设标准和汇聚海量数据，是全面建成城市运行管理服务平台的前提和基础。围绕城市运行安全高效、城市环境整洁有序、为民服务精准精细等建设目标，以物联网、大数据、人工智能、5G 移动通信等前沿技术为支撑，坚持需求导向，平稳对接衔接，共享数据资源，加强对城市运行管理服务状况的实时监测、动态分析、统筹协调、指挥监督和综合评价，在科学融合中促进发展，确保城市运行管理服务集约高效。

4. 场景拓展、服务至上

在"一网统管"的目标导向下，随着技术进步和体制机制的健全，城市运行管理服务将逐步从单一场景拓展到多元场景，向城市运行安全、城市综合服务、市政基础设施运维、应急事件处置、交通疏解、生态环境、疫情防控、社区治理等诸多场景延展将会成为趋势，海量数据汇集在统一平台，通过数据共享，不断增强城市管理统筹协调能力，提高城市精细化管理服务水平，让城市运行安全、高效、健康。始终秉持以人为本的理念，人文关怀，服务至上，满足人民群众对城市美好生活的向往，让城市生活更安全、更舒心、更美好。

5. 智能感知、实时处置

一是实时感知城市运行态势。在数据融合的基础上，通过场景、图形、图表、三维地图等各种形式，动态展现城市管理、疫情防控、交通出行、产业经济、生态环保、应急事件、民生服务等各领域的运行状况和发展态势，切实做好数据和图像的汇集、同步传输、实时感知。二是实现场景可视化呈现。平台依标准分类识别监测数据和图像，与相应地理位置信息相匹配，形成可视化的实时位置、状态、属性等加工信息，对各领域运行状况和发展态势进行多维可视化呈现，实现城市治理"一图通览"。三是智能处理、精准决策。借助 5G、大数据、人工智能等前沿技术，加快平台智能化改造，完善平台对数据和图像等要素的读取功能，对监测数据和图像进行实时处理，结合地理位置信息可视化模式提供更加精准的定量判断，通过图层智能化研判，逐步形成全面感知、可靠传输、智能处理、精准决策的城市治理体系，为城市、人民、政府及其部门依法、依程序决策提供场景化数据支撑。

（四）实践案例

1. 青岛：科技赋能"绣花功夫"，善治凸显"青岛智慧"

建设智慧城市、加快数字化转型是城市发展的大势所趋，也是新一轮城市竞争的关键所在。一座城市，三分在建，七分在管。作为住房和城乡建设部城市运行管理服务平台建设试点之一，青岛市推动云计算、物联网、大数据、人工智能等信息技术与城市治理深度融合，建设城市运行管理服务平台，推动城市管理手段、管理模式、管理理念创新，系统提升了城市风险防控能力和精细化管理水平。

1）聚焦应用场景，城市治理"一网统管"

城市治理领域一直存在各类问题"发现难""参与难""查找难""管理难"。2021年5月，青岛市城市运行管理服务平台（以下简称"平台"）正式上线，初步形成了数据资源"一中心"、业务支撑"一平台"、城市运行"一张图"、行业应用"一张网"的全新模式，有效提升了城市治理的科学化、精细化、智能化水平。

丰富智能化场景应用是实现城市运行管理精细化的助推器，也是"一网统管"的关键所在。青岛市将城市供热、燃气、供排水等7个城市运行专题全部纳入平台建设体系，实现了城市运行"一屏展示"、综合分析和预测预警，增强了城市运行基础保障能力。同时，还建设了智慧环卫、智慧广告、建筑垃圾监管等16个行业管理类场景，实现违法建设"智能感知"、渣土车"统一监管"、环卫作业"数字管控"、责任区"电子承诺"、户外广告"智能监管"等，城市管理行业监管能力全面增强。平台上，公用设施类、交通设施类、市容环境类等114类、250余万个城市管理部件标明统一标识编码，并结合地理信息技术，在城市管理部件库里可以一一查看。一旦哪个部件出了问题，平台可以自动识别、预警，并将问题部件第一时间流转给相关部门处理。

基于平台，青岛市抓实抓细民生实事。以渣土车治理为例，在平台上可以直观看到全市6200余辆渣土车停放、运输、消纳的整体情况，并且可以实现渣土车辆实时显示和轨迹回放，对驾驶员规范作业和车辆的密闭状态等方面进行远程监管，对未密闭或不安全的行为进行语音提醒，保障车辆运输安全。

在燃气监测方面，通过建设针对天然气加气站、液化气灌装站的远程视频监管系统，对接覆盖全市所有燃气场站的燃气远程视频监控，实现了远程实时监管。燃气行业监管部门通过实时监控和调取录像，能够及时发现问题，并将第一时间通知燃气企业予以纠正。同时，采用可燃气体探测、无线通信等高技术手段，实现了对市内687处燃气管线、重点路段、人员密集区域等24小时不间断连续监测。在发生燃气泄漏等情况时，监控中心显示屏会自动显示监测点的地理位置，并发出声、光警示信号，调度工作人员准确、快速到达现场，确保城市燃气运行安全。

2）关切民之所盼，便民服务"一网通办"

《青岛市国民经济和社会发展第十四个五年规划和二〇三五年远景目标的建议》明确了青岛市"十四五"时期经济社会发展主要目标，提出城市治理效能率先走在前列，包括"现代化治理水平明显提升，城市数字化转型更有成效"。城市数字化转型的出发点和落脚点就是以人民为中心。一方面，由于群众生活为城市数字化转型提供了大量应用场景，而这些应用场景的开发必然会催生新技术、带来新风口、崛起新经济。另一方面，城市发展本身就是为了让群众生活更便捷、更舒适，有更佳的体验感。

群众身边"小事"就是城市管理工作的大事。为更好"把民生小事当成大事来办"，平台打造了更加便民化、服务型的应用场景，实现全社会和多主体管理。依托"点·靓青岛"小程序，平台搭建了便民服务功能模块，设置了"有奖随手拍""家政服务""公厕查询""广告招牌前置服务"等14个模块。

平台开发建设青岛市智慧城管视频智能抓拍系统，对接共享全市有效视频监控资源，实现监控区域内环境卫生、店外经营等11类常见城市管理问题自动抓取、快速流转、迅速处置和违规信息"点对点"推送。现阶段，青岛市在全市推进系统案件自动派遣功能应用，试点区案件自动派遣率达到60%以上，案件流转时间缩短至1～2分钟，极大地提高了城市管理问题的解决速度和处置效能。据悉，2021年，流转处置案件384余万件，结案率99.47%，实现多元民情民意"一网通办"，市民满意度大幅提升。

通过平台，青岛市建立起市民群众了解城市管理、参与城市管理的便捷窗口，信息采集员、网格员采集和社会公众、媒体等渠道报送城市管理问题，报送的问题进入平台后均可受理处置，实现城市管理问题"掌上报，掌上问，掌上查，掌上办"，为城市精细化管理注入"全民化"动力。

3）创新治理手段，"善治"提升发展效能

青岛市第十三次党代会提出，要打造"六个城市"。其中，"打造宜居宜业宜游高品质湾区城市"和"打造现代化治理样板城市"对青岛市城市治理工作提出了更高要求。随着平台的建设与运行，新一代信息技术为城市治理工作增添了新动力，"一屏统览""一网统管"和"一网通办"正在成为青岛市城市治理的新标签。

平台通过构建立体感知体系、推动数据全域互通、加强基础数据建设等方法全方位整合信息资源，全面汇聚、有效利用全市城市管理领域信息要素，纵向上与国家平台、省级平台以及区（市）平台实现对接联通；横向上与市直属部门实现了协调联动，城市管理领域各类数据大汇聚、全打通。基于先进的信息技术，平台整合多方面资源，打破了"信息孤岛"，实现政府部门信息资源的共享利用，增强了管理的科学性、服务的高效性，减少因部门条块分割、职能重叠、管理滞后而造成的部分政府效能的损失，让城市变得"更聪明"，不断推动青岛市城市治理体系和治理能力现代化。

城市治理手段创新带来的是城市功能品质的显著提升与群众获得感、幸福感和安全感的显著提升。城市运行管理服务平台不断赋能青岛市城市精细化管理，通过城市管理目标量化、管理标准细化、职责分工明晰化等，不仅提升了城市治理效能，也能更好地服务群众。通过搭建便民服务功能模块，在用好现有数据基础、前端感应资源等基础上，充分调动群众参与性，真正做到民有所呼、我有所应，不断增强人民群众的获得感、幸福感、安全感。

数字化不仅是信息处理方式的变革，也是城市治理模式的变革。从数字化到智能化，再到智慧化，已经成为城市治理体系和治理能力现代化的必由之路。以城市运行管理服务平台建设试点为契机，青岛搭建数据更加融合、功能更加完善、处置更加高效的城市运行管理服务平台，全面提升城市运行管理服务数字化、智能化水平，以绣花般的精心、细心和巧心，紧盯城市治理方方面面，凸显城市治理的"青岛智慧"。

2. 上海市城市运行管理服务平台建设情况

2019 年 11 月，习近平总书记在上海考察时强调，搞好城市治理，关键要抓一些"牛鼻子"工作，以智能化为突破口，重点抓好"政务服务一网通办"和"城市运行一网统管"两张网建设。上海市深入贯彻习近平总书记重要指示精神，践行"人民城市人民建，人民城市为人民"理念，积极转变城市治理模式，加快建设城市运行管理服务平台，推动城市治理"一网统管"。

1）以城市网格化管理信息系统为基础，加快推进"一网统管"建设

一是探索完善网格化管理机制，构建"1+3+N"的网格化管理体系。自 2005 年全国推广网格化管理模式以来，上海市不断探索完善网格化管理机制，建立起横向到边（联通各条线业务部门）、纵向到底（贯穿市、区、街镇并下沉至网格、居村）的常态化监督、指挥和协调管理体系，实现"发现—立案—派单—处置—核查—结案"闭环管理，为城市管理精细化工作提供了有力支撑。目前，已升级形成覆盖市、区、街镇三级的"1+3+N"网格化管理系统——"1"即城市管理领域的各类部件、事件

问题；"+3"即融入 110 非警务警情、社会综合治理和市场监管业务；"+N"即逐步纳入公共卫生、防台防汛、基层治理等内容，构建起更大范围、更广领域、更深层次上的城市治理领域问题处置闭环管理机制。

二是建立"三级平台，五级应用"城市运行管理服务平台体系，推动城市治理分层分级分类协同。围绕"屏观全域，一网管全城"的目标定位，以全市统一的电子政务云、城市运行主题库、政务外网和移动终端为底座，以网格化管理平台为基础，在市、区、街镇建设三级城市运行管理服务平台，打造"三级平台、五级应用"体系。三级平台各有侧重，市级平台抓总体、抓大事，统筹城运系统战略规划、组织建设、管理维护，平时重在"观全域"，对全市域重大事项统一实施指挥处置；区级平台发挥枢纽联通作用，衔接上下左右，整合区级有关业务系统，发挥系统枢纽作用，实现对本地区重大风险的源头管控、过程监测、预报预警、应急处置和综合治理；街镇平台重在实战联动，做实责任网格，配足工作力量，用好网格系统，推动线下作业，第一时间发现问题、第一时间控制风险、第一时间解决问题，打造快速反应、处置高效的一线作战平台。在三级平台的基础上，依托移动终端将应用延伸至责任网格、社区（居村），形成五级城市运行管理系统应用。

2）推动数据汇聚和城市感知体系建设，强化城市运行监测

一是推进城市要素"一图汇聚"。依托全市空间底图，建立统一地名地址标准和数据库，打造城市运行空间底图，实现基础地理信息、建筑物模型、基础设施等各类城市治理要素的"一图汇聚"和动态呈现。将建筑信息模型（BIM）、地理信息系统（GIS）和物联网（IoT）等多项技术统一集成，构建城市三维空间数据底座，截至 2020 年 12 月底，已集成 1500 多万个城市部件、26000 多公里地下管线、4000 多个建设工地、14000 多个住宅小区、3000 多处历史保护建筑、近 13000 栋玻璃幕墙建筑的静态数据和执法车辆、巡逻人员、物联网等设备采集的动态数据。

二是建立城市体征指标体系。按照城市体检指标体系，推进涉及基础设施、城市环境、城市交通、城市保障、城市安全、城市活力 6 个维度的城市生命体征监测系统建设，生动立体地呈现城市运行宏观态势和微观脉动，目前已归集各类体征指标 202 项，为城市体检提供有力支撑。

三是织密城市治理感知网络。在全市现有 110 万个摄像头、微卡口等感知设备的基础上，提高在建筑物、道路、供水、电力、燃气等城市设施上的布放密度，新增布设 90 万个智能化神经元，聚焦"人、物、动、态"，准确了解城市基本体征信息。

3）聚焦重点领域城市运行风险，开发智能化应用场景

一是开发智能应用场景。通过采集、汇聚、共享海量数据，增强智慧分析能力，

聚焦工程建设、地下空间市政基础设施、住宅小区等领域风险隐患，强化数据汇聚、系统集成和智能化场景开发应用，努力实现源头管控、过程监测、预报预警、应急处置和综合治理。探索研发疫情防控、违建治理、防台防汛、智慧电梯、玻璃幕墙、深基坑、燃气安全、群租治理、渣土管理、修缮工程、历史建筑保护、架空线等应用场景的数字化解决方案。

二是健全安全预警体系。构建智能分析模型，实现全周期安全监管。在深基坑施工安全应用场景已监管的 160 个工地中，及时有效预警并排除险情 11 次。玻璃幕墙建筑全面纳入智能化监管，从玻璃幕墙安装时开始，综合楼龄、幕墙结构、环境因素、无人机巡查、传感器数据等，建立算法模型，进行预判预警。防汛防台场景对近年来出现反复积水区域进行智能分析，在台风来临时，及时预判风险。智慧电梯场景归集全市 27.2 万部电梯基础数据，对其中 48813 台电梯运行情况一目了然，电梯困人救援时间大幅缩短。

4）强化流程再造和联勤联动，推进管理模式革命性重塑

一是推动内部业务流程再造。坚持以线上信息流、数据流倒逼线下业务流程全面优化和管理创新，以技术手段倒逼业务部门开展流程再造和业务创新，推动相关部门按照"一网统管"要求，全面梳理内部工作流程，推进城市运行各类问题处理模式从传统人工处理向"机器派单，智能管理"转变，实现"指令到人"，做好内部事项处理"小闭环"。

二是推进部门之间协同管理。围绕"高效处置一件事"，建立全市统一的城市运行管理事件分类标准，规范各类事件的处置流程。依托城市运行管理服务平台，采集、汇聚事件相关的全量多维实时动态数据，打通跨部门跨层级指挥调度系统。突发事件发生时，各职能部门和区、街镇都能第一时间响应、协同治理、就近处置，改变了以往九龙治水、推诿扯皮、效率低下的被动局面。

三是推进基层勤务模式再造。依托城市运行管理服务平台，探索基层治理模式创新，推动"多格合一，人进网格"，综合统筹城管、警务、市场监管、公共卫生等基层力量下沉到"网格"，责任细化落实到"网格"，逐步建立起"网格一岗位一部门一人员"的对应关系，精准实施联勤联动，打造全天候响应处置的一线管理执法队伍，实现"天上有云，地上有格，格中有人，人能管事"。下一步，上海市将以"实战管用，干部爱用，群众受用"为落脚点，以城市生命体征监管和数字孪生城市建设为抓手，加快推进"一网统管"建设，着力在数据汇聚、系统集成、联勤联动和共享开放上取得新成效，努力为超大城市治理贡献上海智慧和一流经验，不断增强人民群众的获得感、幸福感、安全感。

3. 广州市城市运行管理服务平台建设情况

为深入贯彻习近平总书记关于推动城市治理体系和治理能力现代化的重要指示精神,根据住房和城乡建设部关于开展城市运行管理服务平台建设和联网工作的要求,广州市按照"高标准规划,分步骤推进"和"数据驱动,技术赋能"的总体思路,大力推进城市运行管理服务平台建设,取得了阶段性成效。

1）健全工作机制,搭建平台架构,有序推进建设

一是强化组织领导,健全工作机制。广州市城市管理和综合执法局成立了以局领导为组长的领导小组,组建了以科技信息部门牵头,有关业务处室、开发单位组成的工作专班,按照"领导小组统筹、工作专班统建"的机制开展日常工作。领导小组每周召开项目例会,研究解决遇到的困难和问题,保障平台建设工作顺利推进。

二是确定建设思路,搭建平台架构。根据《城市运行管理服务平台技术标准》CJJ/T 312—2020 明确的市级平台"6+X"的业务系统建设要求,广州结合实际确定了"6+X+N"（6 个业务系统、X 个拓展系统、N 个特色场景）建设模式。在特色场景方面,以"垃圾流向""用气跟踪""渣土溯源"为先导,探索基于数据赋能的行业监管应用,从源头、过程、末端三个关键环节对管理对象进行精细化管理,建立"过程全留痕,全程可追溯"的管理体系。

三是坚持实用为先,有序推进建设。第一阶段,夯实数据底座,以整合局内部以及各区级平台数据为主,实现市级平台与省级平台、国家平台互联互通。第二阶段,扩大接入范围,整合住建、公安、水务、林业园林等部门数据,实现城市综合管理数据的全接入,构建综合性城市管理数据库。打造多元数据融合的场景应用,利用视频智能分析、大数据挖掘、区块链等技术,对渣土运输、垃圾分类、燃气管理等进行智能监管,破解行业管理难题。第三阶段,创新公众服务方式,坚持以群众满意为标准,以"一码扫城"应用为核心,切实解决与民生息息相关的城市管理诉求。

2）汇聚数据信息,打造智能场景,细化评价指标

一是全量汇聚城市综合管理数据。构建统一高效、互联互通的数据资源服务体系,梳理建立了涵盖城市基础数据、城市部件事件监管数据、城市管理行业应用数据、相关行业数据以及公众诉求数据等 5 大项、15 小项、183 子项数据资源目录,汇聚了环卫、燃气、渣土、户外广告、城管执法等数千万条业务运行数据,并建立了相应的数据汇聚、校验、治理、更新等全生命周期管理规范,保障了数据的准确性。

二是打造智能应用场景。优先在"环卫、燃气、渣土、执法"四个行业开发集日常监测、预警研判为一体的智能应用场景。针对各个场景梳理出 100 多个常规指

标、20多个核心指标、30多个可比指标，建立各指标的计算模型，展现城市运行状态，及时对异常状况进行研判预警。如城市管理视频智能分析系统基于"雪亮工程"视频资源，通过视频图像的智能识别算法，实现了对店外经营、乱摆卖、暴露垃圾、渣土运输抛洒等20余类事件全天候、自动化、智能化采集，逐步成为发现问题的主要手段；瓶装液化气监管系统通过对充气站、燃气瓶等设备进行改造，依托"钢瓶二维码"关联瓶装燃气的充装、运输、交付、钢瓶回收等环节，实现对燃气运行的全过程监管。

三是建立了城市综合管理服务评价指标体系。根据住房和城乡建设部制定的《城市综合管理服务评价指标体系（试行）》，围绕干净、整洁、有序、安全、群众满意五个方面，细化评价指标所涉及的数据项和计算方法，累计梳理了涉及全市16个部门的135项评价指标，综合采用大数据、人工智能等手段进行数据采集、分析、应用，客观反映当前城市管理服务存在的问题和短板，为完善城市治理体系、提高城市治理能力提供数据支撑。

下一步，广州市将以完善标准规范为基础，引领数据采集、交换、利用、更新的标准化、规范化；以加快城市管理多元数据汇聚为重点，推动业务数据"跨部门、跨层级、跨系统"交互应用；以CIM平台为依托，创新智能应用，加强区块链、物联网在城市管理中的融合应用，形成以数据为核心、以技术为驱动、以智能为特色的统一指挥、调度、应用的创新体系，打造既符合城市运行管理服务平台总体要求，又具有广州实践特色的平台样板。

4. 杭州市城市运行管理服务平台建设情况

杭州市根据住房和城乡建设部城市运行管理服务平台的建设要求，围绕业务指导、指挥协调、行业应用、公众服务、数据汇聚、数据交换及创新拓展功能构建"6+X"应用体系，建立集感知、分析、服务、指挥、监察等为一体的杭州城市运行管理服务平台。通过CIM平台带动整个"大城管"的信息化和可视化治理能力提升，从而实现业务融合化、调度智能化和服务公众有温度的建设目标，实现监督物联化，为领导决策提供高效的数据支持，全面提高城市治理科学化、智能化、精细化水平。

1）实现城市综合管理数据感知

通过统一感知数据标准，实现对部件、事件的全面感知，构成智能感知中心。建设杭州城市综合管理数据中心，汇聚目前分散在各部门及企业自建的城市管理相关数据。整合市政设施、轨道公用、市容景观、环卫固废、水设施河道、数字城管和综合执法等城市管理系统的基础数据、监管数据和行业应用数据，城乡建设、市场监管、公安交管、生态环境、园林绿化、民政、房管和电力等与城市管理相关部门的政务数据，以及公众诉求数据和网络舆情数据等，并能通过"数字驾驶舱"一体化展示。

2）提升城市综合管理精细化水平

充分运用人工智能等新一代信息技术，围绕城市管理难点热点问题，建设公共慢行交通管理、市容秩序管控、渣土管理、智慧市政管理、智慧水设施管理、执法智能办案等行业智能化应用系统，通过流程再造和模式创新，实现城市微环境提升和综合执法管理智能化，有效解决城市运行中的各类问题，推进城市管理事项"一网统管"。

3）提升城市综合决策指挥与服务能力

整合相关城市管理基础业务应用数据，以 CIM 平台为核心将城市管理各项业务数据空间化、立体化、实时化，利用大数据技术开展全局层面的信息综合展示、智能分析、预研预判，形成数据驱动的科学决策；持续提高城市管理服务民生水平和服务效能，打造共建共治共享的城市治理新格局。

5. 南京市 BIM 规划报建智能审查审批系统建设情况

1）全市应用与重点推进相结合

为达到试点推广应用的最佳效果，南京市规划和自然资源局充分考虑南京实际，通过开展座谈研讨、对行业单位进行调研等方式，深入了解当前 BIM 技术应用现状和其他城市相关试点经验，结合以往开展建筑、交通市政规划数字报建工作的经验，在"积极稳妥"的原则下，分阶段有序开展 BIM 规划报建应用推广工作。按照限定条件的不同，首批确定了在全市域、9 个新城新区及 5 个重点试点片区三个不同的试点区域层次和城市轨道交通试点行业的具体试点范围标准，并将根据第一阶段的试点推广应用效果和经验，逐步扩大试点覆盖面。

2）实现建筑市政 BIM 规划报建"全业务覆盖"

在试点要求明确的建筑工程、城市轨道交通工程的试点专业基础上，自加压力，将专业范围拓展至交通市政工程的全部专业领域；实现了建筑、城市轨道交通、公路、城市道路以及水电气等各类市政管线共 22 个专业的业务全覆盖，并基于"规划资源一体化政务服务系统"实现了规划设计方案审查、规划建设许可的全流程贯通。

3）深入开展 BIM 规划报建审查指标分析研究

梳理建筑工程审查指标 179 项，明确自动审查指标 98 项、半自动审查指标 44 项、人工审查指标 37 项；梳理交通市政工程审查指标 439 项，明确自动审查指标 179 项、半自动审查指标 213 项、人工审查指标 47 项。在对各指标逐项分析和设计的基础上，实现了智能审查指标的"一键审查"和非智能审查指标的"应审尽审"，例如，明确工程管线之间及其与建构筑物之间净距、报建主体与六线之间的间距等智能审查指标，实现自动计算工程建设项目 BIM 模型与现状工程之间的空间距离等，从而实现审查工作的立体化、自动化，并做到了"条件设什么，模型建什么，审查审什么"的逻辑闭环，显著提升了审查审批管理的科学性、智能化和效率性。

4）多部门联合协作推进实现"全流程贯通"

在市委、市政府的重视指导下，形成了"同一城市，统一标准"的思想共识，以"宁建模"BIM 自主格式为纽带，市规划和自然资源局和市城乡建设委员会、市大数据局、市政务办、市发展改革委、市交通局、地铁集团等部门单位的密切协同，探索了 BIM 技术在工程建设项目改革全过程四阶段的贯通式应用与关联，为工程建设项目 BIM 全过程应用的分阶段有序推进、跨部门协同推动、上下游工作无缝衔接奠定了坚实基础。

5）贯彻"多端设计、云端审查"理念

支持 Revit、ArchiCAD、Bentley 等主流 BIM 软件的多端设计理念，研发"南京市工程建设项目 BIM 规划报建辅助设计软件"系列产品，并授权建设单位、设计单位免费使用，最大程度贴合和兼容设计市场，为设计和建设单位的 BIM 应用提供了极大便利和适应性，有效降低了用户再学习、再升级的使用成本，有利于夯实和扩大工程建设项目 BIM 规划报建的用户基础；建筑、市政一体化的云端智能审查审批系统采用自主 BIM 图形渲染引擎开发，在继承保留既有工作流程的同时，实现了智能化审查审批功能，有效降低了规划报建审批人员应用 BIM 的专业技术门槛。

6）实现"自主可控、标准统一"目标

南京市按照住房和城乡建设部提出的自主可控要求，创新研发了"宁建模"BIM 自主数据格式，实现了"同一城市，统一标准"。无论是 BIM 规划报建，还是 BIM 施工图报审、竣工验收管理，都可通过"宁建模"格式实现工程建设项目 BIM 模型数据的一致性要求和全过程无缝流转，也有利于设计、建设单位进一步降低成本、提高效率。通过免费提供 BIM 规划报建辅助设计系列软件，确保设计、建设单位无论采用 Revit、ArchiCAD、Bentley 中的何种 BIM 软件，都可以将最终成果输出为"宁建模"格式。未来，"宁建模"格式不仅会成为南京市工程建设项目 BIM 规划报建、施工图审查、竣工验收等实现无缝衔接及全生命周期管理的重要载体，也会成为南京市构建城市信息模型（CIM），实现建筑、城市部件、基础设施、自然环境要素等各类信息模型对象实体化存储、通信、操作的信息桥梁。

6. 成都市城市运行管理服务平台建设情况

1）试点工作情况

（1）建立工作机制

①建立领导机制。成立了由市政府主要领导为组长的城市体检和新城建领导小

组，将城市运行管理服务平台建设工作作为"新城建"试点的六大板块之一，纳入成都市"十四五"期间"幸福美好生活十大民生工程"重点推进，加强对城市运行管理服务平台工作的统筹协调。

②建立推进机制。按照成都市城市体检和"新城建"工作会议部署，市网络理政办牵头推进城市运行管理服务平台建设，市委政法委、市住房和城乡建设局、市城管委等 11 个市级部门参与推进城运平台建设。按照市智慧城市建设领导小组专项工作设立要求，市网络理政办牵头推进数字政府建设，重点推进城市运行"一网统管"工作。

（2）编制试点方案

①学政策学先进。组织专班人员研究上海、广州、郑州等地"一网统管"和杭州"城市大脑"、深圳"数字政府"做法，先后三批次实地考察上海城市运行管理服务中心、浦东新区城市运行管理中心、普陀区曹杨新村街道城市运行管理中心、杭州市"城市大脑"，学习建设经验。

②调研本地实情。组织专班人员先后到锦江区、彭州市、市住房和城乡建设局、市规划和自然资源局、市委政法委、市城管委等单位调研摸底，并深入了解市、区（市）县两级"一网统管"业务需求及现有综合治理、数字城管、综合执法等业务系统建设运行现状以及同城市运行管理服务平台的工作边界等情况；同百度智能云等企业交流探讨城市运行管理服务平台建设思路、技术路径和实现方式。同时，确定了四川天府新区、成都高新区、成华区、青白江区、郫都区和彭州市六个地区作为区（市）县级城市运行管理服务平台建设试点。

③完成方案编制。编制《成都市城市运行管理服务平台建设试点方案（征求意见稿）》，在全市相关部门征求第一轮意见后，于 2021 年 1 月 27 日召集市委政法委、市经信局、市规划和自然资源局等相关部门研讨。在 11 个市级相关部门和 6 个试点区（市）县开展第三轮意见征集的基础上，报经住房城乡建筑部城市管理监督局审核后进行了修改完善，于 2021 年 4 月提交市城市体检和"新城建"工作领导小组 2021年第 1 次会议审议并原则通过，于 2021 年 6 月正式印发实施市城市体检和"新城建"工作领导小组文件。

（3）推进平台建设

①设计技术架构。根据试点实施方案,开展城运平台技术架构设计,初步形成《成都市城市运行管理服务平台建设试点方案技术方案》。平台定位为城市运行"一网统管"的支撑平台，以城市大脑、CIM 平台和城市运行各领域系统为基础，建设指挥调度、运行监测、事件综合处置、赋能共享等子系统，通过整合汇聚城市管理部件事件、行业应用场景、公众诉求等相关数据，实现城运事项一体化指挥调度；建立城市体检评

估信息和城市体征指标体系，一张图呈现城市运行态势；构建"一件事"高效处置闭环管理体系，推动跨部门、跨层级、跨区域事件协同处置。

②梳理应用场景。按《成都市城市运行管理服务平台建设试点实施方案》要求，明确市级相关部门聚焦群众需求和城市治理的突出问题，重点从城市管理、应急管理、公共安全等11项领域着手，2021年计划打造22个"一件事"高效处置应用场景并完成相关业务流程再造。同时，为提前谋划城市运行"一网统管"应用场景，会同百度等企业初步梳理出38个跨部门"一件事"高效处置应用场景，供市级相关部门及试点区（市）县参考。

③建设重点系统。根据《住房和城乡建设部关于开展2021年城市体检工作的通知》（建科函〔2021〕44号），作为市城市运行管理服务平台的支撑系统，建设城市体检信息平台一期形成由生态宜居、健康舒适、安全韧性、交通便捷、风貌特色、整洁有序、多元包容、创新活力八个方面65项指标构成的城市体检指标体系，同时在生态宜居、健康舒话、安全韧性、整洁有序、创新活力五个方面增加了37个特色指标。现已完成市城市体检信息平台一期建设，计划每年拓展2个城市体检应用场景，为城市精细化治理提供支撑。

2）试点工作经验梳理

一是夯实基础支撑。制定《成都市公共数据管理应用规定》等制度，打破信息孤岛和数据壁垒，建成统一政务云平台，推进市、区（市）县两级1379个非涉密应用系统迁移上云，基本实现全市各级政务部门基础设施统建共用。建成统一政务信息资源共享平台，日均交换数据3100万条，共享数据334亿条，支撑全市200项应用业务协同。建成统一电子政务外网，覆盖市县乡村四级7万余个终端。建成一体化协同办公平台，活跃用户超过4.5万人。分类建设市政设施等八大领域感知体系，启动感知信息管理平台建设。

二是建设城市大脑。建成市网络理政中心，开发"城市大脑"信息系统，采用"打管道，架立交"方式，不替代部门业务信息系统、不打破部门应用体系格局，对接联通全市66多个行业部门273个业务系统、30万路视频和物联感知点位信息、23个区（市）县建成智慧治理中心；开展数据大会战，全面清理和录入43个市级部门改革开放以来历史数据，汇聚政府、企业和社会753类58.5亿条数据，形成城市数据资源池，支撑各级建设城市运行管理服务场景。今年市级"城市大脑"迭代开发24次，新增汇聚委办局60项1000余万条数据，更好支撑城市运行管理服务工作。

三是赋能一网统管。依托"城市大脑"赋能城市运行管理服务智慧应用，打通"城市大脑"与管理末端的"神经"，将单打独斗的业务重构为协同联动的应用场景，建成新冠肺炎疫情防控、防汛应急等 43 个应用场景，初步构建形成市和区（市）县两级联动的在线监测、分析预测、应急指挥的城市运行指挥体系，实现重点项目调度、工业企业运行、环保在线监测，支撑全市各类调度分析会 2000 余场。新冠肺炎疫情防控期间，建成统一疫情防控信息化平台，开发"天府健康通"，生成健康码 3365 万个，衍生开发应用 27 个，有力促进精准防控；"城市大脑"集中接入 160 余个定点医院、医学观察点和隔离场所监控视频，支撑防疫调度会议 160 余场。

3）主要范例

基于"城市大脑"系统，构建以人、经济、社会、生态、空间、基础设施、信息为基础的各项城市运行专题。汇聚城市运行相关数据资源，围绕打造"一件事"高效处置应用场景，推动实现"一屏观全域，一网管全城，一体防风险"。

范例 1：在经济运行领域。经济运行以经济一张图汇总分析及呈现全市经济概况。按"行业""专题""部门"等多维度分类呈现经济内容，包含"工业经济""服务业经济"等行业经济平台，"在蓉世界 500 强""重点项目专题"等专题平台，"统计大数据""财源监管（原采购监管）""审计大数据"等市属部门综合展示平台。

范例 2：在公共服务领域。汇总分析及呈现全市公共服务概况。同时，按"领域""部门"等多维度分类呈现公共服务内容。二级页面包含政务服务、教育、卫生、旅游、住房服务、人社、国土资源等公共服务领域平台，以及医保监控、水电气等部门综合展示平台。

范例 3：在城市设施领域。基于数字城管系统的城市部件设施及设施相关案件数据信息，在 GIS 地图上展示设施总数、当前处置数、部件设施图标库展示及在线监督员展示等。并且能够基于数字城管系统提供的基础数据从各个角度提供对案件的情况分析，包括案件总量、案件类别、部门分布、区域分布及当日高发类别统计。

范例 4：在城市体检领域。依托"城市大脑"建成城市体检信息平台，以大数据为手段，整合城市体检数据、相关部门信息平台资源，以"生态宜居，健康舒适，安全韧性，交通便捷，风貌特色，整洁有序，多元包容，创新活力"八个方面为目标，采集 65 项基础指标以及 7 项成都市特色指标数据。平台包括 9 个子专题（其中 1 个总评子专题、8 个体检专项子专题），各子专题集中展示了城市体检情况、社会满意度调查情况，同时基于 GIS 技术对全市"12+2"市辖区的相关体检情况分区域展示。

4）试点工作成果

（1）积极探索商业运作模式与资金保障机制

①探索商业运作模式

探索政府引导、市场运作的投融资运营机制，支持金融机构信贷投放向城市运行管理服务平台建设和城市运行"一网统管"相关领域倾斜。成都市相关基金管理公司联合上海、深圳等基金管理公司设立 11 只产业子基金，聚焦成都相关重点发展产业领域，在此支持下，通过城市运行管理服务平台和城市运行"一网统管"等项目建设，带动相关产业发展，促进核心企业并购转型和新型企业创新发展。支持企业、市民、媒体、社会组织、行业协会和科研院所发挥各自优势，参与城市运行管理服务平台建设、场景构建、标准研制等。鼓励市级相关部门、区（市）县引进或联合行业头部企业，分行业研究、推进、探索城市运行管理服务建设运营长效机制。

②探索资金保障机制

结合城市运行管理服务平台技术架构，考虑城市运行管理服务平台是基于"城市大脑"现有基础资源和技术体系进行构建，参照"城市大脑"建设模式，计划采取"企业投资建设，政府购买服务"方式实施平台建设，由市级国资平台公司投资建设，市网络理政办组织市大数据中心采购服务，按五年分期支付投资建设费用。为加快推进试点工作，市网络理政办积极对接市城市体检和"新城建"试点工作领导小组办公室，通过统筹全市"新城建"试点财政资金需求，积极协调市财政局安排城市运行管理服务平台建设专项资金预算。

（2）推动平台积极发挥社会化效应

通过试点工作，推动城市运行管理服务平台建设，聚焦群众需求和城市治理的突出问题，重点从城市规划、城市建设、城市管理、卫生健康、应急管理、公共安全、生态环境、交通管理、公园城市、水务管理、市场监管等领域着手，充分利用现有信息系统和数据资源，打造"一件事"高效处置应用场景，实现城市运行管理服务快速反应、信息交互、联勤联动，实现城市治理"一屏观全域""一网管全城""一体防风险"，有效破解人口密集、环境污染、交通拥堵、资源紧缺、公共安全等"大城市病"问题，促进城市高效运行、推动资源科学配置，促进城市精细管理、提升市民生活品质，促进城市防控风险、创造平安有序环境，推动城市治理体系和治理能力现代化。

附录：政策文件

文件名称	发文日期	文件号
国务院关于加强城市基础设施建设的意见	2013 年 9 月	国发〔2013〕36 号
国务院办公厅关于加快新能源汽车推广应用的指导意见	2014 年 7 月	国办发〔2014〕35 号
住房城乡建设部关于印发城市停车设施规划导则的通知	2015 年 9 月	建城〔2015〕129 号
国务院办公厅关于加快电动汽车充电基础设施建设的指导意见	2015 年 10 月	国办发〔2015〕73 号
住房城乡建设部 国土资源部关于进一步完善城市停车场规划建设及用地政策的通知	2016 年 9 月	建城〔2016〕193 号
交通运输部 住房城乡建设部关于促进小微型客车租赁健康发展的指导意见	2017 年 8 月	交运发〔2017〕110 号
住房城乡建设部办公厅关于印发贯彻落实城市安全发展意见实施方案的通知	2018 年 11 月	建办质〔2018〕58 号
工业和信息化部办公厅关于深入推进移动物联网全面发展的通知	2020 年 4 月	工信厅通信〔2020〕25 号
关于支持新业态新模式健康发展激活消费市场带动扩大就业的意见	2020 年 7 月	发改高技〔2020〕1157 号
住房和城乡建设部等部门关于推动智能建造与建筑工业化协同发展的指导意见	2020 年 7 月	建市〔2020〕60 号
国家发展改革办公厅关于加快落实新型城镇化建设补短板强弱项工作有序推进县城智慧化改造的通知	2020 年 7 月	发改办高技〔2020〕530 号
住房和城乡建设部等部门关于印发绿色社区创建行动方案的通知	2020 年 7 月	建城〔2020〕68 号
国家标准化管理委员会中央网信办 国家发展改革委科技部工业和信息化部关于印发《国家新一代人工智能标准体系建设指南》的通知	2020 年 7 月	国标委联〔2020〕35 号
国务院办公厅关于全面推进城镇老旧小区改造工作的指导意见	2020 年 7 月	国办发〔2020〕23 号
《关于做好基础设施领域不动产投资信托基金（REITs）试点项目申报工作的通知》	2020 年 8 月	发改办投资〔2020〕586 号
住房和城乡建设部等部门关于加快新型建筑工业化发展的若干意见	2020 年 8 月	建标规〔2020〕8 号
住房和城乡建设部等部门关于开展城市居住社区建设补短板行动的意见	2020 年 8 月	建科规〔2020〕7 号
国务院办公厅关于以新业态新模式引新型消费加快发展的意见	2020 年 9 月	国办发〔2020〕32 号
《中共中央关于制定国民经济和社会发展第十四个五年规划和二〇三五年远景目标的建议》	2020 年 10 月 29 日中国共产党第十九届中央委员会第五次全体会议通过	
国务院办公厅关于印发新能源汽车产业发展规划（2021—2035 年）的通知	2020 年 11 月	国办发〔2020〕39 号

续表

文件名称	发文日期	文件号
住房和城乡建设部等部门关于推动物业服务企业加快发展线上线下生活服务的意见	2020 年 12 月	建房〔2020〕99 号
住房和城乡建设部关于加强城市地下市政基础设施建设的指导意见	2020 年 12 月	建城〔2020〕111 号
住房和城乡建设部等部门关于加强和改进住宅物业管理工作的通知	2020 年 12 月	建房规〔2020〕10 号
关于印发《国家车联网产业标准体系建设指南（智能交通相关）》的通知	2021 年 2 月	工信部联科〔2021〕23 号
住房和城乡建设部等部门关于加快发展数字家庭 提高居住品质的指导意见	2021 年 4 月	建标〔2021〕28 号
住房和城乡建设部 工业和信息化部关于确定智慧城市基础设施与智能网联汽车协同发展第一批试点城市的通知	2021 年 4 月	建城函〔2021〕51 号
住房和城乡建设部等 15 部门关于加强县城绿色低碳建设的意见	2021 年 5 月	建村〔2021〕45 号
国务院办公厅转发国家发展改革委等部门关于推动城市停车设施发展意见的通知	2021 年 5 月	国办函〔2021〕46 号
商务部等 12 部门关于推进城市一刻钟便民生活圈建设的意见	2021 年 5 月	商流通函〔2021 年〕176 号
住房和城乡建设部办公厅关于印发《城市信息模型（CIM）基础平台技术导则》（修订版）的通知	2021 年 6 月	建办科〔2021 年〕21 号
关于印发《5G 应用"扬帆"行动计划（2021—2023 年）》的通知	2021 年 7 月	工信部联通信〔2021〕77 号
《关于近期推动城市停车设施发展重点工作的通知》	2021 年 8 月	发改办基础〔2021〕676 号
关于印发《物联网新型基础设施建设三年行动计划（2021—2023 年）》的通知	2021 年 9 月	工信部联科〔2021〕130 号
住房和城乡建设部 工业和信息化部关于确定智慧城市基础设施与智能网联汽车协同发展第二批试点城市的通知	2021 年 12 月	建城函〔2021〕114 号
关于印发《"十四五"推动高质量发展的国家标准体系建设规划》的通知	2021 年 12 月	国标委联〔2021〕36 号
住房和城乡建设部关于发布行业标准《城市运行管理服务平台技术标准》的公告	2021 年 12 月	
国务院关于印发"十四五"数字经济发展规划的通知	2022 年 1 月	国发〔2021〕29 号
住房和城乡建设部办公厅关于印发完整居住社区建设指南的通知	2021 年 12 月	建办科〔2021〕55 号
国务院办公厅转发国家发展改革委等部门关于加快推进城镇环境基础设施建设指导意见的通知	2022 年 1 月	国办函〔2022〕7 号
住房和城乡建设部等部门关于加强和改进住宅物业管理工作的通知	2020 年 12 月	建房规〔2020〕10 号
国务院关于印发"十四五"国家老龄事业发展和养老服务体系规划的通知	2021 年 12 月	国发〔2021〕35 号

文件名称	发文日期	文件号
住房和城乡建设部办公厅关于全面加快建设城市运行管理服务平台的通知	2021 年 12 月	建办督〔2021〕54 号
住房和城乡建设部关于印发"十四五"住房和城乡建设科技发展规划的通知	2022 年 3 月	建标〔2022〕23 号
关于开展社区医养结合能力提升行动的通知	2022 年 3 月	国卫老龄函〔2022〕53 号
住房和城乡建设部办公厅关于进一步做好市政基础设施安全运行管理的通知	2022 年 4 月	建办城函〔2022〕178 号
住房和城乡建设部关于印发"十四五"工程勘察设计行业发展规划的通知	2022 年 5 月	建质〔2022〕38 号
九部门印发《关于深入推进智慧社区建设的意见》的通知	2022 年 5 月	民发〔2022〕29 号
国务院办公厅关于进一步盘活存量资产扩大有效投资的意见	2022 年 05 月	国办发〔2022〕19 号
国务院办公厅关于印发城市燃气管道等老化更新改造实施方案（2022—2025 年）的通知	2022 年 6 月	国办发〔2022〕22 号
国务院关于加强数字政府建设的指导意见	2022 年 6 月	国发〔2022〕14 号